CB061833

MUTAÇÕES O NOVO ESPÍRITO UTÓPICO

Sesc 70 anos

SERVIÇO SOCIAL DO COMÉRCIO
Administração Regional no Estado de São Paulo

Presidente do Conselho Regional
Abram Szajman
Diretor Regional
Danilo Santos de Miranda

Conselho Editorial
Ivan Giannini
Joel Naimayer Padula
Luiz Deoclécio Massaro Galina
Sérgio José Battistelli

Edições Sesc São Paulo
Gerente Marcos Lepiscopo
Gerente adjunta Isabel M. M. Alexandre
Coordenação editorial Clívia Ramiro, Cristianne Lameirinha, Francis Manzoni
Produção editorial Ana Cristina Pinho
Coordenação gráfica Katia Verissimo
Produção gráfica Fabio Pinotti
Coordenação de comunicação Bruna Zarnoviec Daniel

Catherine Malabou • David Lapoujade • Eugênio Bucci • Francis Wolff • Franklin Leopoldo e Silva • Frédéric Gros • Guilherme Wisnik • Jean-Michel Besnier • Jean-Pierre Dupuy • João Carlos Salles • Jorge Coli • Marcelo Coelho • Marcelo Jasmin • Maria Rita Kehl • Miguel Abensour • Olgária Matos • Oswaldo Giacoia Junior • Pascal Dibie • Pedro Duarte • Renato Lessa • Vladimir Safatle

MUTAÇÕES
O NOVO ESPÍRITO UTÓPICO

ADAUTO NOVAES (ORG.)

© Adauto Novaes, 2016
© Edições Sesc São Paulo, 2016
Todos os direitos reservados

Arrepensamento

Diretor
Adauto Novaes

Tradução
Paulo Neves

Preparação
Silvana Vieira

Revisão
Beatriz de Freitas Moreira, Valéria Ignácio

Capa
Rita M. da Costa Aguiar

Diagramação
Negrito Produção Editorial

M98   Mutações: o novo espírito utópico / Organização de Adauto
Novaes. – São Paulo: Edições Sesc São Paulo, 2016.
408 p.

ISBN 978-85-69298-83-0

1. Filosofia. 2. Mutações. 3. Utopia. I. Título. II. Subtítulo.
III. Novaes, Adauto.

CDD 121

Edições Sesc São Paulo
Rua Cantagalo, 74 – 13º/14º andar
03319-000 – São Paulo SP Brasil
Tel.: 55 11 2227-6500
edicoes@edicoes.sescsp.org.br
sescsp.org.br/edicoes
/edicoessescsp

Agradecimentos

A Danilo Santos de Miranda, José Jacinto de Amaral, Celise Niero, Alice Toulemonde, André Scoralick, João Paulo Cunha, Agostinho Resende Neves, Luis Eguinoa, Hermano Taruma, Pedro Hasselmann, Thiago Novaes, Ricardo Bello e Marcellus Schnell.

Os ensaios deste livro foram originalmente escritos para o ciclo de conferências *Mutações: o novo espírito utópico*, concebido e realizado pelo Centro de Estudos Artepensamento em 2015. O ciclo aconteceu no Rio de Janeiro, Belo Horizonte, São Paulo, Brasília e Curitiba com o patrocínio da Petrobras e apoios culturais da Caixa Econômica Federal, Banco do Desenvolvimento de Minas Gerais, Sesc São Paulo, Sesc Paraná, Embaixada da França e Fundação Biblioteca Nacional. O curso foi reconhecido como Extensão Universitária pelo Fórum de Ciência e Cultura da Universidade Federal do Rio de Janeiro.

Obras organizadas por Adauto Novaes

Anos 70 (1979)
O nacional e o popular na cultura brasileira – música, cinema, televisão, teatro, literatura e seminários (1982)
Um país no ar – televisão (1986)
Os sentidos da paixão (1987)
O olhar (1988)
O desejo (1990)
Rede imaginária – televisão e democracia (1991)
Ética (1992)
Tempo e História (1992)
Artepensamento (1994)
Libertinos libertários (1996)
A crise da razão (1996)
A descoberta do homem e do mundo (1998)
A outra margem do Ocidente (1999)
O avesso da liberdade (2002)
O homem-máquina (2003)
A crise do Estado-nação (2003)
Civilização e barbárie (2004)
Muito além do espetáculo (2004)
Poetas que pensaram o mundo (2005)
Anos 70 (segunda edição – 2005)
Oito visões da América Latina (2006)
O silêncio dos intelectuais (2006)
L'autre rive de l'Occident (2006)
Les aventures de la raison politique (2006)
Ensaios sobre o medo (2007)
O esquecimento da política (2007)
Mutações: ensaios sobre as novas configurações do mundo (2008)
Vida vício virtude (2009)
Mutações: a condição humana (2009)
Mutações: a experiência do pensamento (2010)
Mutações: a invenção das crenças (2011)
Mutações: elogio à preguiça (2012) / Ganhador do Prêmio Jabuti
Mutações: o futuro não é mais o que era (2013)
Mutações: o silêncio e a prosa do mundo (2014)
Mutações: fontes passionais da violência (2015)

Sumário

9   Apresentação: O nosso lugar
DANILO SANTOS DE MIRANDA

11   Onze notas sobre *O novo espírito utópico*
ADAUTO NOVAES

31   As três utopias da modernidade
FRANCIS WOLFF

53   A utopia do pensamento
PEDRO DUARTE

71   Os dois caminhos da conversão utópica: a *epoché* ou a imagem dialética
MIGUEL ABENSOUR

93   História e utopia
FRANKLIN LEOPOLDO E SILVA

115   Por uma utopia não utópica?
DAVID LAPOUJADE

129   Hans Jonas: uma ética para a civilização tecnológica
OSWALDO GIACOIA JUNIOR

147   A traição da opulência ou o colapso da utopia econômica
JEAN-PIERRE DUPUY

167   Utopia: do espaço ao tempo
MARCELO JASMIN

189 Utopia e ponto de fuga: fronteira e espaço sideral
OLGÁRIA MATOS

217 Formas estéticas do discurso autoritário
JORGE COLI

231 A utopia da cura em psicanálise
MARIA RITA KEHL

241 Meios e fins
MARCELO COELHO

263 A utopia contemporânea dos corpos
FRÉDÉRIC GROS

279 A sexualidade como utopia?
PASCAL DIBIE

293 Viver sem esperança é viver sem medo ou contra a utopia
VLADIMIR SAFATLE

307 Utopia e negatividade: modos de reinscrição do irreal
RENATO LESSA

323 O pós-humano: rumo à imortalidade?
JEAN-MICHEL BESNIER

331 Utopia e regeneração: a fênix, a aranha e a salamandra
CATHERINE MALABOU

341 Projeto e destino: de volta à arena pública
GUILHERME WISNIK

351 Ladrões da utopia: uma crítica tardia do entretenimento que serviu de linguagem a um sonho de esquerda
EUGÊNIO BUCCI

377 Pensamento e utopia: breves anotações militantes sobre a universidade
JOÃO CARLOS SALLES

387 Sobre os autores
397 Índice onomástico

Apresentação: O nosso lugar
Danilo Santos de Miranda
Diretor Regional do Sesc São Paulo

Rearfimando a atualidade da série *Mutações*, que já abordou questões extremamente atuais, como as novas configurações do mundo, o futuro e a violência, este nono livro da série vem a discutir o tema da utopia. Ele foi inspirado pelos 500 anos do clássico *Utopia*, de Thomas Morus, completados em 2015, cuja atualidade vai muito além desta efeméride.

Durante meio milênio, a utopia, termo que quer dizer "não lugar", mas também pode ser traduzido como eutopia, ou "lugar da felicidade", vem gerando uma série de reflexões e inspirando pensadores e artistas. *Mutações: o novo espírito utópico* busca relacionar as novas perspectivas advindas das grandes mudanças tecnocientíficas e biotecnológicas – amplamente debatidas na série – a diversas propostas utópicas da humanidade.

Este livro oferece uma visão crítica de assuntos de vieses diversos, que tem como base tanto a distopia e o atópico lugar nenhum, quanto a utopia em diversos foros, inclusive o da idealização máxima do mundo. Nesta época de fim das ilusões em relação ao humano e suas criações para normatizar ou facilitar a vida em sociedade, as utopias, as distopias ou a ausência delas coexistem de forma muito sutil e oscilante.

Qual é o lugar delas em meio ao desencantamento com as esperanças depositadas em representantes políticos? O que pensar em relação ao que pensávamos do humano? Existem utopias factíveis ou este é um contrassenso em sua essência? Até que ponto a utopia foi utilizada como desculpa para atrocidades cometidas em nome do progresso e da evolução humana? Esse progresso nos trouxe mais perto da utopia ou da distopia? Até que ponto as ilusões da mídia alimentam novas utopias consumistas? As novas formas de relacionamento estão se dirigindo a novos espaços ou indo para não lugares?

São muitas as perguntas que não têm respostas cabais, mas que alimentam prolíficas reflexões sobre "o novo espírito utópico" – e certamente nos auxiliam a encontrar novos posicionamentos e proposições de soluções tão satisfatórias quanto efêmeras. Talvez por isso esse assunto seja tão sedutor, por não conter axiomas que, cedo ou tarde, deverão ser suplantados pelas mudanças inerentes às sociedades humanas.

No entanto, continuamos buscando essas perguntas e respostas reiterada e renovadamente no âmbito das *Mutações*. Para o Sesc, contribuir para tornar públicas tais discussões e amplificar seu alcance é mais um meio de realizar nosso ideário de democratização do acesso à cultura e ao conhecimento como fatores fundamentais para a formação dos sujeitos. Que este ideário seja sempre um lugar especial, ao qual possamos recorrer para não perdermos a possibilidade da utopia.

Onze notas sobre *O novo espírito utópico*
Adauto Novaes

OBSERVAÇÃO PRELIMINAR

  Um livro de ensaios que relaciona mutações e utopia nos remete, de imediato, às perspectivas criadas pelas revoluções tecnocientíficas e biotecnológicas ou, mais precisamente, ao futuro pensado pelo que se convencionou chamar de advento do pós-humanismo. Para muitos dos pós-humanistas, 2030 será a data da grande virada: triunfo da inteligência artificial superior à inteligência biológica, milhões de nanorrobôs circularão por todo o corpo humano, no sangue, nos órgãos, no cérebro, para corrigir "erros" do DNA, e a vida poderá ser prolongada ao infinito, quando então será anunciada *a morte da morte*. O homem será, enfim, moderno, escreve Jean-Michel Besnier no livro *Demain les posthumains*: "nada seria mais importante aos nossos olhos do que a autonomia em relação aos outros, à natureza, às tradições e aos deuses". Enfim, a criação pelo homem de um novo homem que passaria a habitar o admirável mundo novo! O desenvolvimento tecnológico dispensaria o homem de nascer, sofrer, morrer e até mesmo do sexo para reprodução como prometem os centros de pesquisas conhecidos pela sigla NBIC – convergência das nanociências, das biotecnologias, das ciências da informática e das ciências cognitivas. Seria o "fim do nascimento, graças às perspectivas abertas pela clonagem e ectogênese; fim da doença, graças às promessas das biotecnologias e da nanomedicina; fim da morte não desejada, graças às técnicas ditas de *uploading*, isto é, ao telecarregamento da consciência sobre materiais inalterados dos quais os chips são a prefiguração". Pensadores humanistas respondem a tais utopias científicas ao dizer que a primeira e a mais evidente das consequências de tais experiências consistiria no apagamento da memória. Isso dá a entender que o espírito, diz o filósofo Francis Wolff, é uma caixa na qual se podem pôr e da qual se podem tirar representações à nossa vontade: "Ora, a nossa memória não é uma memória de computador. Ela vive na primeira pessoa, ela é mobilizada *hic et nunc*, nas relações que teço com outrem. Ela não está em mim. É uma relação contextualizada com o mundo que construo em função do que vivo no presente". Ao lado dos cientistas trans-humanistas, concentrados no Vale do Silício, que sonham em prolongar a vida, outros "profetas pragmáticos" imaginam uma sociedade utópica sem Estado que pretende aliar *pesquisa tecnológica e capitalismo dinâmico*. Utopia neoliberal? Assim pensa um dos seus idealizadores, o empresário Peter Thiel, um dos fundadores do PayPal, que se apresenta como discípulo do filósofo Leo Strauss. Recentemente Thiel doou mais de 1 milhão de dólares para projetos de pesquisa trans-humanistas.

Este é o desafio do ciclo de conferências *O novo espírito utópico*: percorrer os dois mundos da utopia, o mundo do humanismo e o mundo dos pós-humanos.

1. NOSTALGIAS DO FUTURO – UTOPIA DA FALA

Utopia, o livro célebre de Thomas Morus, faz quinhentos anos. Durante meio milênio, esta bela palavra, que quer dizer *não lugar* mas também se pode traduzir por eutopia – *lugar da felicidade* –, fez um longo percurso cheio de enigmas. Promessa, esperança, simulação antecipadora, horizonte de nossos desejos, a utopia tem um destino comum: a "severa e lúcida crítica da realidade". O fundamento da utopia é, pois, a crítica do presente. Mas vemos hoje a construção de certo silêncio não só sobre o desejo utópico, como também de triste silêncio em torno do pensamento sobre a utopia. É como nos adverte Miguel Abensour no ensaio "O novo espírito utópico": um dos lugares-comuns da nova opinião consiste em dizer que quem pensa a democracia deve fazer o luto da utopia; inversamente, quem insiste em pensar a utopia afasta-se da democracia. Nada mais danoso para a política e para o pensamento:

"Esta hipotética contradição entre o pensamento do político e o pensamento da utopia faz pouco-caso de toda uma tradição da filosofia política moderna", escreve Abensour. O ódio da utopia alimenta-se do ódio à emancipação. O pensamento conservador vai além e tenta justificar esse ódio de maneira sinuosa, desqualificando a utopia com mais um lugar-comum: "a política é pensamento; a utopia é ilusão". Pensando assim, utopia não pode, portanto, pertencer ao mundo do pensamento e muito menos ao mundo da política. Identificando-a, pois, à coisa que não se pensa, a utopia é jogada para o campo do teológico, do não existir. Eis uma das razões que fazem com que a utopia se torne uma das noções mais "esquecidas" hoje. Deliberadamente esquecida. Além da tendência a ligar a utopia à fé supersticiosa e ao fanatismo religioso e político, uma das causas essenciais da recusa da utopia está, certamente, tanto no modelo científico desenvolvido e difundido por certas ideologias – entre elas a de uma sociedade absolutamente pacificada, mito da sociedade reconciliada (o que não representa necessariamente o pensamento de Marx como querem alguns) – como no domínio da visão científica e técnica do mundo hoje. A tecnociência dispensa o pensamento e a imaginação.

Mas o espírito utópico contemporâneo enfrenta um desafio maior: se é próprio da utopia pensar o social em toda a sua amplitude, como imaginá-la em um mundo no qual predomina o individualismo exacerbado, mundo descrito por Musil como o *egoísmo organizado*, ou, como diz Engels com maior propriedade no texto sobre a utopia de Fourier no *Anti-Dühring*, mundo do "espírito de butique universalmente expandido"? Como pensar, enfim, a utopia quando vemos o predomínio de nova forma de determinismo expresso no controle e no autocontrole através dos novos meios eletrônicos que impedem o indivíduo de desenvolver sua singularidade?

No mundo dominado pela racionalidade técnica, pensar é também utopia quando se sabe que o espírito (ou inteligência) tende a tornar-se coisa supérflua. A utopia consiste no trabalho do espírito sobre si mesmo que se expressa na ação pensada. Através do movimento incessante, o espírito trabalha utopicamente a própria negação descobrindo os segredos do pensamento e da natureza através da promessa do novo e do julgamento. É o que também diz o utópico Campanella, que relaciona o trabalho do espírito às palavras (ou conceitos): "O mundo é o livro em que a inteligência eterna escreve os próprios conceitos". Movimento que se faz, portanto, nos objetos, na política, no humano, muitas vezes de forma flutuante como podemos ler na bela imagem de Kojève: "O universo do Discurso (o Mundo das Ideias) é o arco-íris permanente que se forma sobre uma catarata". Se não houvesse espera, se se seguisse apenas a ordem circular, determinista e mecânica, o espírito não seria mais espírito; deixaria de ser *potência de transformação*.

Pensamos, com Abensour, que uma das exigências hoje para retomar, de maneira consequente, a ideia de utopia consiste em abolir de um lado a resignação do seu fim e, de outro lado, a sua valorização acrítica (no caso das experiências revolucionárias do século xx). Para isso, é preciso "democratizar a utopia e utopizar a democracia". A vontade cada vez mais renovada de atribuir à emancipação um novo rosto dá-se, segundo Abensour, da seguinte maneira, seguindo a trilha aberta por Adorno e Benjamin: "no lugar de ir em direção ao que deve ser, importa trabalhar a negatividade – a negação determinada daquilo que é". É certo que a filosofia crítica tem aqui, como alvo, "o processo paradoxal através do qual a emancipação moderna tornou-se o seu contrário, dando nascimento a novas formas de opressão e barbárie", além da mercantilização do mundo.

Estas são algumas das condições necessárias para a construção dos novos laços entre utopia e política. Mas, para que isso seja possível, devemos responder à questão: como pensar a utopia de outra maneira?

2. A PALAVRA E A INVENÇÃO DE MUNDOS

Fala-se hoje que chegamos à era do fim das utopias e que a política libertou-se, enfim, dos sonhos de uma sociedade que jamais poderia existir. É como se as utopias se reduzissem a esta ideia. Ao abolir a utopia, o pensamento dominante expõe, involuntariamente, um dos grandes problemas do nosso tempo: ele é incapaz de lidar com ideias abstratas que ajudam a ordenar a vida e a sociedade. Os fatos e a atualidade nos dominam. Ora, como nos diz o poeta e ensaísta Paul Valéry, a barbárie é a era do *fato*, e é necessário, pois, que a era da ordem seja o império das ficções: "não existe potência capaz de fundar a ordem apenas através da violência de corpos contra corpos. É preciso que haja forças fictícias. A ordem exige, pois, a *ação de presença de coisas ausentes*". Ou ainda, como

Valéry escreveu em outro ensaio, as invenções fabulosas são o princípio das coisas. E ele interroga: "Que seríamos nós sem a ajuda daquilo que não existe? Pouca coisa, e nossos espíritos, sem o que fazer, feneceriam se as fábulas, as desatenções, as abstrações, as crenças e os monstros, as hipóteses e os pretensos problemas da metafísica não povoassem de seres e imagens sem objetos nossas profundezas e nossas trevas naturais". Esta é, certamente, uma ideia de utopia em tempos de materialismo vulgar. Assim, o espírito "ousa especular sem limites com sistemas infinitamente complexos". Entendemos estas abstrações com seus seres e imagens sem objetos, sem lugar nem tempo, como indispensáveis para a criação de referências simbólicas que asseguram a estabilidade de qualquer sociedade. São elas que fundam também o aspecto mental da vida coletiva, capaz de construir um pensamento comum e um saber partilhado. Contrários, portanto, à era dos fatos. O simbólico, que ganha expressão na palavra, cria novas relações entre sujeitos e estabelece, com eles, novas dimensões da vida. Projeta na linguagem as errâncias do espírito. É, pois, com a fala que criamos o mundo, como nos lembra Jacques Lacan em conferência diante de padres em torno do tema de São João da Cruz: *Le mythe individuel du névrosé, ou Poésie et vérité dans la nevrose*:

> Voltemos, pois, à noção do mundo a partir da fala. Antes da fala, não havia nada, era o nada, o caos, e o espírito de Deus talvez pairando sobre as águas – mas não estamos em comunicação com Ele! A partir da fala, algo surge no mundo que é novo, e que introduz poderosas transformações [...]. Quando o homem se esquece de que é portador da fala, deixa de falar. E é exatamente o que acontece: a maioria das pessoas não fala mais; elas repetem, o que não quer dizer, de nenhuma maneira, a mesma coisa. Quando o homem não fala, ele é falado.

Muito além do psiquismo individual, Lacan nos lança em audaciosas extrapolações: o que conta não é apenas a finalidade da fala, mas o conteúdo do que se fala. Parafraseando a ideia de "Deus pairando sobre as águas", podemos dizer com Nietzsche que os sonhos iniciam os homens no divino (ou na utopia), o "esplêndido nascimento dos deuses do fundo do sonho". A diferença hoje é que o homem não sonha, nem mesmo paira nem sobre o caos. Vive no caos. Pior, constrói o caos na repetição de palavras sem pensamento. Eis, pois, o desafio de uma nova forma de utopia: a construção de outro mundo através da recuperação da fala. Essa nova utopia começa com um discurso sempre original.

Mas, no mundo da precisão técnica e da fala repetida e imitada, a utopia tende a ter menos lugar na mesma medida em que se enfraquecem as *coisas vagas*, as ideias e o simbólico. Para sair da barbárie – era dos fatos –, voltemos, pois, às utopias. Mas ao se falar de império das ficções, como diz Valéry, somos levados a reconhecer que a utopia tem pelo menos dois caminhos antagônicos: o reino da liberdade, o lugar da felicidade, e as ficções que tentam expressar o domínio futuro absoluto da tecnociência e da biotecnologia – aquilo que Norbert Elias chama de utopia pesadelo –, tão bem representado por filmes como *Blade Runner, Minority report – a nova lei, Eu, robô,* entre outros. Mas fica a pergunta: podemos chamar de utópico um mundo feito de afasia, como diz Henri Michaux no seu livro *Passages*? "O robô melancólico, que sabe que é robô, não tem mais lamentos nem gritos. Não ousa mais tê-los, sabendo agora que é robô. Por que gritaria? Por que faria histórias?" É certo que há uma mudança radical do homem pela técnica. O filósofo Günter Anders fala em desaparecimento do mundo humano da seguinte maneira: a humanidade não passa a outro período da história, mas, sim, a um período de *a-historicidade renovada*. Anders define assim nosso tempo: diferentemente das análises feitas por Walter Benjamin a partir da imagem simbólica do anjo de Klee, que, empurrado pela tempestade da história, volta o rosto para o passado, a humanidade atual não olha para o passado e muito menos para o futuro. "Durante a passagem da tempestade", diz ele, "seus olhos permanecem fechados, ou, no melhor dos casos, fixados no instante presente". Eis uma modalidade de pós-humano: o tempo sem passado nem futuro.

3. A UTOPIA NO TEMPO

A ausência da ideia de duração nos leva a propor a discussão sobre um dos grandes problemas da utopia: o tempo. Tendemos a dizer que a própria ideia de utopia dos tempos futuros, defendida por Adorno e Ernst Bloch, talvez já esteja superada pelos acontecimentos tecnocientíficos. Em entrevista radiofônica que data de 1964, eles falam da *metamorfose da utopia*: "No começo, em Thomas Morus, a utopia era a determinação de um lugar situado em uma ilha dos Mares do Sul. Depois, essa determinação se transformou: saiu do espaço para entrar no tempo". Será assim hoje? Teóricos contemporâneos insistem em dizer, com razão, que assistimos hoje não mais à passagem da utopia à *ucronia*. Ou melhor, não mais a passagem do não lugar ao não tempo (utopia do tempo futuro), mas ausência de espaço e tempo. No ensaio "Biontes, bioides e borgues", publicado no livro *O homem-máquina*, Luiz Alberto Oliveira descreve as três grandes promessas do século XXI que redesenham a forma humana, a saber:

> A robótica (a produção de sistemas capazes de comportamento autônomo), a biotecnologia (a manipulação dos componentes dos seres vivos, incluindo o código genético) e a nanotecnologia (a fabricação de dispositivos moleculares) têm como fundamento comum a crescente capacidade de manipular objetos infinitesimais; contudo, seus campos de aplicação incluem, decididamente, desde a partida, nossos próprios corpos e espíritos. Estamos a caminho de redesenhar a forma humana.

O mundo dessa nova forma humana seria o virtual. Não estamos hoje longe desse mundo. Em um comentário ao ensaio de Luiz Alberto Oliveira, a filósofa Marilena Chaui nota que a revolução da informática e da cibernética modificou o conceito de virtual. O virtual já é real e já existe:

> Não se opõe ao real, e sim ao atual. Agora, entende-se por virtual algo real e existente que aguarda atualização; é aquilo que pode ser infinitamente atualizado. O virtual é o que não pode ser determinado por coordenadas espaciais e temporais, pois ele existe sem estar presente num espaço e num tempo determinados – ou seja, para ele, a *atopia* e *acronia* são seu modo próprio de existência. No mundo virtual, a atualização é o modo de relação dos indivíduos humanos com sistemas informacionais. A virtualização dispensa o que sempre foi o núcleo da experiência humana: a presença. Em seu lugar operam redes de comunicação *atópicas* e *acrônicas* [...]. A noção de espaço universal desprovido de lugares e estados de coisas significa que a noção de mundo perdeu sentido, seja na acepção fenomenológica, seja na de Wittgenstein.

Isto é, "espaço" universal sem espaço e sem tempo. Mais: a *atopia* e a *acronia* do mundo virtual "significam, ao fim e ao cabo, um processo ilimitado de desincorporação dos seres humanos" e um processo contínuo de sua reformatação. Enquanto a cultura do ciberespaço propõe a desmaterialização do homem, conclui Marilena, a tecnociência toma a direção oposta, "pois propõe a pura materialidade do espírito, ou seja, a indistinção entre o sistema nervoso e a consciência. Ao mesmo tempo, no entanto, essas duas atitudes possuem um ponto de encontro, qual seja: a imagem do humano como mescla de carbono e silício". A pergunta é: como fica o trabalho da percepção em um mundo que abole as maiores invenções da humanidade, o passado e o futuro, ou o espaço e o tempo?

4. UTOPIA, TEMPO E DESEJO

Ora, o que se quer dizer com *tempo* quando se fala de utopia? Para Hegel e Marx não se trata de tempo biológico e sim histórico, tempo que tem como centro o futuro. Desejo e promessa de outro mundo, isto é, movimento que se engendra no futuro em direção ao presente passando pelo passado. Esta é a estrutura específica do tempo propriamente *humano,* isto é, *histórico*. Este movimento engendrado pelo futuro é o movimento que nasce do desejo, como escreve Kojève:

> Do desejo especificamente humano, isto é, do desejo criador, isto é, do desejo que reporta a uma entidade que não existe no mundo natural real e que não existiu nele [...]. Ora, sabemos que o desejo só pode recair sobre uma entidade absolutamente *não existente* sob a condição de cair sobre outro desejo visto como desejo. Com efeito, o desejo é a presença de uma *ausência*.

Mas, como observa ainda Kojève, se o desejo é presença de uma *ausência*, ele não é uma *realidade empírica* e, portanto, não existe de maneira positiva no espaço. Se, de outro lado, se aceita o real presente, espacial, nada é *desejado*. Portanto, conclui, para se *realizar*, o desejo deve reportar-se a uma *realidade* mas não de maneira *positiva*; deve reportar-se a ela *negativamente*. Alain diria a mesma coisa em estilo poético: o gosto do devaneio jamais se separa do amor pela natureza. A utopia sem ordem exterior é frágil e inconsistente. Mas este amor pela natureza tem uma condição, adverte Kojève:

> O desejo é, pois, necessariamente o desejo de *negar* o dado real ou presente. E a *realidade* do desejo vem da *negação* da *realidade* dada. Ora, o real *negado* – isto é, o real que *deixa* de existir é o real *passado*, ou o passado *real*. O desejo determinado pelo futuro só aparece no *presente* como realidade (isto é, como desejo satisfeito) na condição de ter negado o real, isto é, o *passado*.

Vivemos sempre, portanto, a imagem do vir a ser.

Gaston Bachelard – que não fala diretamente de utopia, mas que se aproxima dela nos devaneios e na busca da felicidade – vê o destino natural do homem mais como um ser de desejos do que um ser de necessidades. Tomemos como exemplo outro filósofo do desejo, Charles Fourier (este, sim, utópico declarado), que afirma que existe uma incontável diversidade de desejos (sexuais, por exemplo) e imagina todas as situações possíveis no *novo mundo amoroso*. Para ele, observa o filósofo Thierry Paquot, "os homens e as mulheres estão condenados a reprimir os seus mais secretos desejos e a se satisfazer com uma normalização imposta". Nesta constelação, poderíamos citar ainda os libertinos do século XVIII – tema do ciclo e do livro *Libertinos libertários*: Mirabeau (*Le libertin de qualité*), La Mettrie (*L'Art de jouir*), Réstif de La Bretonne (*L'Anti-Justine*), Marquês de Sade e outros. A utopia passa, portanto, pela crítica da moral. Mas não fiquemos apenas no desejo amoroso. Há um desejo utópico maior, o desejo de liberdade.

5. PASSIVIDADE

Normatização da vida e passividade são dois fenômenos antiutópicos. Maine de Biran, pensador do século XVIII, exerceu grande influência sobre a fenomenologia europeia do século XX, mesmo sem ser filósofo de profissão. Ele nos ajuda a entender um dos fenômenos contemporâneos que anulam as utopias: os hábitos. Habituamo-nos com as convenções, as normas, o estilo de vida, a política instituída, enfim, com todas as coisas que regulam nossa existência. Como nos desfazermos daquilo que o hábito faz conosco? Maine de Biran nos mostra no livro *Influence de l'habitude sur la faculté de penser* [Influência do hábito sobre a faculdade de pensar] de que maneira o indivíduo recebe passivamente as impressões exteriores: "O indivíduo permanece passivamente entregue aos impulsos das causas exteriores que o movem muitas vezes sem que ele perceba [...]. O hábito apaga a linha de demarcação entre os atos voluntários e involuntários". Este é o lado passivo do hábito, mas De Biran aponta também na outra direção, o que ele define como hábitos ativos: desfazer, através da reflexão, aquilo que faz a passividade. Para isso, ele recorre à noção de signo. Ele reconhece que o exercício do pensamento é inseparável da linguagem, mas, como nos lembra o filósofo Émile Bréhier, De Biran dá ao signo outro sentido: ele faz nascer do signo um caráter, "segundo ele primordial, que é um *movimento*, e um movimento que, para preencher o seu papel de signo, deve permanecer 'disponível'; ele está à nossa disposição para evocar uma ideia e assim, indiretamente, ele nos torna senhores de nossas ideias". Mas devemos ter atenção: sem a ideia de movimento o signo, mesmo reinterpretado, perde-se no hábito. A conclusão é de Bréhier: a história do pensamento traz nela mesma permanente contradição: é a "história dos fracassos quando insiste em manter a 'disponibilidade' destes signos (e com ela o domínio de si), e a descrição dos esforços que ela insiste em fazer contra a rotina".

Assim, passando por diversas noções de utopia, propomos um novo ciclo de conferências – o nono da série *Mutações* – sobre *O novo espírito utópico*.

6. UTOPIA-SONHO/UTOPIA-PESADELO

No ensaio "Note (ou L'Européen)" [Nota (ou O europeu)], escrito logo depois da Primeira Guerra Mundial, Valéry nos alerta: "A tempestade passou e, no entanto, estamos inquietos, ansiosos, como se a tempestade fosse começar. Quase todas as coisas humanas permanecem em terrível incerteza [...]. Não sabemos o que vai nascer mas podemos, racionalmente, temê-lo [...]. Nossos temores são infinitamente mais precisos que nossas esperanças". Eis, em poucas palavras, o que se pode esperar da história hoje: um desdobramento utópico fundado no medo. Se até aquele momento a utopia resumia-se no sonho de um lugar de felicidade, a partir de agora temos que conviver com dois tipos de utopia, como pouco mais tarde iria escrever Norbert Elias. Em um ensaio publicado em 1981, Elias distingue, de um lado, sonhos que exprimem os desejos de felicidade, e, de outro lado, sonhos que nascem do medo. Ele define assim a utopia contemporânea: "Para mim, uma utopia é uma representação imaginária de uma sociedade que contém sugestões e soluções para alguns de seus problemas ainda não resolvidos, uma representação imaginária de soluções, desejáveis ou indesejáveis, segundo o caso, de um problema". Eis uma espécie de mutação: nas épocas recentes, conclui Elias, as utopias passaram a adotar cada vez mais um caráter de pesadelo, de espanto. Algo de decisivo aconteceu para transformar as utopias, "coisas relativamente agradáveis que predominaram até fins do século XIX, como aquelas de Edward Bellamy, Theodor Hertzka, William Morris e seus contemporâneos, que cedem lugar a utopias-pesadelo como *O melhor dos mundos*, de Aldous Huxley, ou *1984*, de George Orwell". Razões de Norbert Elias para esta grande mutação? Automatismo socialmente cego do progresso, emergência do desencantamento do mundo tal como ele é, ilusões perdidas. Na realidade, escreve ele,

> na sua maioria, os progressos científicos são indeterminados nas suas consequências: poder-se-ia dizer que eles têm o duplo rosto de Janus. Os processos cegos e incontrolados da sociedade no seu conjunto podem fazer dela instrumento de uma vida melhor tanto quanto instrumentos de destruição e de guerra. As formidáveis esperanças que as gerações passadas puseram na ciência, considerada como um invariável vetor do progresso social e do bem-estar dos homens, cedo ou tarde iriam decepcionar [...]. Estas esperanças perdidas agravaram-se com medos do futuro.

Para ilustrar as revoluções tecnocientíficas e biotecnológicas ligadas às utopias-pesadelo, Elias cita várias criações da ficção científica não só na literatura mas principalmente no cinema, como o filme *Dr. Fantástico*, de Stanley Kubrick, simbolizando o perigo de ameaça do gênero humano, "por meio de antecipações imaginárias de tais possibilidades".

Uma das características do domínio da tecnociência consiste naquilo que Hans Jonas define como o excesso do nosso *poder fazer* bem acima da nossa potência do *prever* e mais acima ainda do nosso *poder de avaliar e julgar*. Mais: há um desconhecimento dos efeitos últimos de nossas ações. A extensão inevitavelmente utópica da tecnologia moderna, escreve Hans Jonas, no livro *O princípio responsabilidade*, "faz com que a distância salutar entre projetos cotidianos e projetos últimos, entre ocasiões de exercer a inteligência e ocasiões de exercer uma sabedoria esclarecida diminui de maneira permanente". Jonas vai além no diagnóstico de uma utopia submetida às leis da tecnociência:

> Pelo fato de vivermos hoje de maneira sempre à sombra de um utopismo não desejado, automático, fazendo parte do nosso modo de funcionamento, somos perpetuamente confrontados a perspectivas finais cuja escolha positiva exige suprema sabedoria – uma situação impossível para o homem como tal, porque ele não tem essa sabedoria, e em particular impossível para o homem contemporâneo, que nega a própria existência do seu objeto, a saber, a existência de um valor absoluto e de uma verdade objetiva.

Perspectivas finais para Jonas são as catástrofes que nos esperam e é a partir daí que ele define sua *ética da responsabilidade*, "impossível para o homem contemporâneo", que tende a negar uma das terríveis verdades objetivas – a destruição. Quando as gerações futuras quiserem reclamar pelos estragos que fazemos hoje, já não estaremos mais aqui. Resta-nos, pois, trabalhar utopicamente, hoje, pela ética da responsabilidade – uma ética voltada para o futuro – para tentar salvar o que nos resta.

7. A POÉTICA DO ESPAÇO

Este é o lado trágico das utopias contemporâneas. Mas existem outras visões – ou conceitos – de utopia bem diferentes e devemos dar atenção a elas. Pensemos no que escreve Michel Foucault no ensaio "As utopias reais" ou "Lugares e outros lugares". Existem utopias, diz ele, que nascem na cabeça dos homens, no interstício de suas palavras, países "sem lugar e histórias sem cronologia". É a alegria das utopias. Mas, apesar disso, continua Foucault, acredito que existem – e isso em qualquer sociedade – utopias que têm lugar preciso e real, um lugar que se pode situar em um mapa; utopias que têm um tempo determinado, um tempo que se pode fixar e medir segundo o calendário de todos os dias [...]. Eis o que quero dizer: não se vive em um espaço neutro e branco. Não se vive, não se morre, não se ama em um retângulo de uma folha de papel.

Citando o Bachelard de *A poética do espaço*, para quem "o espaço tomado pela imaginação não pode permanecer espaço indiferente entregue à medida e à reflexão da geometria", Foucault cria uma espécie de fenomenologia da imaginação:

> Estes contraespaços utópicos localizados, as crianças os conhecem perfeitamente. É o fundo do jardim, é o sótão, ou melhor, a tenda dos índios no meio do sótão; ou ainda, a quinta-feira à tarde, a cama de casal dos pais: é nesta grande cama que se descobre o oceano uma vez que se pode nadar nela entre cobertores; esta grande cama é também o céu [...] é a floresta onde se pode esconder, é a noite, pois se pode tornar fantasma entre os lençóis; é o prazer, enfim, porque, com a chegada dos pais, vai-se ser punido.

As crianças têm muito a ensinar. Os contraespaços utópicos são, certamente, uma maneira de sair do mundo já feito para entrar em um mundo em construção. O primeiro gesto da criança consiste em se recusar a sacrificar a própria natureza obedecendo a ordens; o segundo gesto é também a recusa de imitar e ser imitada em tudo o que os adultos fazem. Aqui, imaginação passa pela experiência (ainda que seja experiência da vida imediata da criança), o que, para aquele que é dominado pelo costume, é difícil de compreender. Ainda assim, a imaginação criadora da criança não abre mão da presença do mundo; este mundo visionário e mágico, onde não existe o possível e o impossível, que as crianças criam, pode ser também uma fonte do entendimento. Elas são senhoras dos seus sentidos, fazem o que querem, como querem, construindo com o toque, com o olhar, com o olfato, explorando voluntariamente os sentidos desejados. Pelo menos até a chegada da ordem estabelecida, os pais. Mas vemos aqui um problema: por que Foucault escolheu as crianças para falar dessa utopia se sabemos que, de certa maneira, elas têm um entendimento limitado do mundo, isto é, não têm ainda consciência de si para esclarecer o próprio entendimento? "Via, mas não sabia o que via", poderíamos assim definir esta percepção primeira, à qual falta o saber de si e do mundo. Tanto que elas fogem do combate com os pais, porque só o seu outro, a consciência de si, poderia enfrentá-los. Desafiar a autoridade é o primeiro passo para a solução da contradição ligada à consciência, por mais obscuro que seja o primeiro passo, como é o caso das crianças. É certo que estes primeiros instantes da vida são envoltos em uma indiferença, mas devemos reconhecer que mesmo assim há um lento e obscuro trabalho do desejo. É este conflito entre desejos e obstáculos, latente nas crianças e que não vem ainda à expressão, que dá ao ser a consciência de si. A lição é de Hegel: o ser sem consciência não deseja porque ainda não é um ser dividido. Falta às crianças o desejo de emancipação. Estas questões nos levariam longe, são importantes para o nosso tema, mas não cabem nas nossas notas e nos desviariam de nossa modesta observação. Mas só gostaria de deixar assinalado que o desejo de conquista, ainda que não inteiramente consciente (talvez imaginário) – aqui simbolizado na cama dos pais – é um dos fundamentos da utopia. Talvez tomando como exemplo a ação fugaz das crianças, Foucault queira reafirmar que a utopia tem um espaço e um tempo determinados e que a utopia é um processo permanente de criação. Ele se interessa menos pelo *não lugar* e mais pelo *lugar* da utopia e suas disciplinas de poder. Uma coisa é certa: sabemos que com esta *experiência* imaginária, as crianças apontam para um mundo utópico.

Em outro ensaio, *O corpo utópico*, Foucault amplia o conceito de utopia. Ele diz: "Uma coisa é certa. O corpo humano é o ator principal de todas as utopias". Através da máscara, do disfarce e da tatuagem, por exemplo, ele mostra de que maneira o corpo é posto em outro espaço que o faz entrar em um lugar que não tem lugar diretamente no mundo. Elas fazem desse corpo "um fragmento de espaço imaginário que vai comunicar-se com o universo de divindades ou com o universo de outrem [...]. De qualquer maneira, a máscara, a tatuagem, o disfarce são operações através das quais o corpo é retirado do seu espaço próprio e projetado em outro espaço".

Partindo desta proposta de Foucault, poderíamos ir além: a ideia que faço do meu semelhante é também utópica. Mesmo olhando com atenção seu corpo, seu rosto e seus gestos, acompanhando cuidadosamente seus movimentos, ignoro o mundo de segredos que ele guarda e só sei que ele é um estrangeiro e, portanto, habita um não lugar. Não há outra maneira de chegar a este outro a não ser recorrendo à imaginação para criar uma comunidade dos semelhantes.

Citando estes autores – Norbert Elias, Miguel Abensour, Valéry, Alain, Walter Benjamin, Michel Foucault e outros – pretendemos mostrar que o conceito de utopia pode e deve ser alargado. Insistimos: nada mais errado, pois, dizer que vivemos em um mundo sem utopias.

Se o conceito de utopia tem história, isto é, se ele acompanha as mutações ao longo de quinhentos anos, como ele deve ser pensado hoje diante das revoluções tecnocientíficas, biotecnológicas e digitais? É certo que estamos caminhando para modificações genéticas que tendem a alterar não só a espécie mas os desejos e a espera desta nova espécie. De que maneira a utopia deve enfrentar o novo mito das construções científicas que pretendem tudo dominar e, principalmente, definir o futuro?

8. DIALÉTICA DA EMANCIPAÇÃO

Não se pode falar de utopia sem relacioná-la à ideia (e prática) da emancipação. Mas atenção: a utopia entende por emancipação não o modelo comum e difundido da produção que valoriza a exploração da natureza, sonho de certa concepção de modernidade, "sem discernir que tal 'vitória' traz nela a possibilidade de domínio do homem pelo homem". Muito menos a ideia de progresso como pensou a modernidade. Assim, o significado filosófico do novo espírito utópico consistiria em "atar uma relação crítica à dialética da emancipação na modernidade". E, em particular, uma crítica ao domínio da ciência e da técnica sobre todas as áreas da atividade humana, em particular sobre os desejos do homem. Em um ensaio provocante sobre o século XX, o filósofo Alain Badiou nos mostra que o terror que nos domina vem não das utopias de emancipação, das promessas e muito menos de construções em nome de um futuro indeterminado, mas do real, entendendo por real os ideais de progresso. Ou, se quisermos, da ideia de civilização tal como foi instituída pelo capital. Badiou trabalha com dois enunciados que nos ajudam a compreender alguns problemas da *realização* utópica.

O primeiro enunciado é o que ele designa como finalidade ideal:

> O século XX realizou as promessas do século XIX. O que o século XIX pensou, o XX realizou. Por exemplo, aquela com que os utópicos e os primeiros marxistas sonharam. Em termos lacanianos, isso pode ser dito de duas maneiras: o XX é o real daquilo que o XIX fora de imaginário; ele é o real do qual o XIX fora o simbólico (aquilo com o qual ele fez doutrina, pensou, organizou).

O seguindo enunciado é descrito por Badiou como descontinuidade negativa: "O [século] XX renuncia a tudo o que o XIX [idade de ouro] prometia. O XX é um pesadelo, a barbárie de uma civilização".

As ideias de Badiou remetem, indiretamente, a outra vertente de utopia que não pode ser esquecida: Marx, da utopia imaginária-simbólica à utopia real (é preciso distinguir as ideias filosóficas de Marx das "utopias" do socialismo real). Voltemos às noções expostas por Marx, que dão um sentido material às utopias. Para ele, o materialismo permite, à diferença dos utópicos abstratos, ver na miséria não apenas miséria mas também o ponto do reflorescer. No lugar de construir sociedades a partir de um idealismo utópico sem ação, Marx recorre à experiência e esta mudança faz toda a diferença nas utopias. Não se pode, pois, pensar a dialética da emancipação abrindo mão de alguns pressupostos fundamentais do marxismo. Eles nos levam, como lembra Ernst Bloch, a ver, por exemplo, no proletariado (penso que proletariado aqui não é apenas uma classe, mas um *proletariado de espírito*) "não apenas a negação do homem mas também, por causa mesmo desta desumanização levada a seu ponto extremo, a condição de uma 'negação da negação' [...]. É no horizonte do futuro que se situa a matéria dialética. É na direção deste futuro, ao qual se encontra reenviado mesmo o passado, que o materialismo dialético vê a matéria em obra". Enfim, sabemos que a essência das coisas e a matéria em obra jamais se manifestam plenamente. O mundo e as utopias no mundo jamais esgotam todo o campo do possível.

9. DESPERTAR NO SONHO

Vivemos hoje a paixão do real. Isto é, vivemos em um mundo que tende a abolir "as duas maiores invenções da humanidade" que são o passado e o futuro, como escreveu Valéry. Utopia é pensar o futuro, é promessa, daí sua permanência. Promessa remete à espera e, no mundo dominado pela pressa e pela velocidade, "esperar é agir". O sujeito concentra-se no possível e sobre *o estado nascente* das coisas. Esta é a única maneira dada ao homem ou ao coletivo para fugir da ordem dominante em busca daquilo que não existe ainda, passagem de um lugar para um não lugar, em direção "à expressão imaginativa de um mundo novo", de Marx. As mutações das noções de espaço e tempo de hoje têm precedente: Abensour cita um fragmento da *História da Revolução Francesa* de Michelet sobre o que acontecia em 1790: "O tempo chegou ao fim, o espaço chegou ao fim, duas condições materiais às quais a vida está submetida [...]. Estranha *vita nuova* que começa para a França, eminentemente espiritual, e que faz de toda a sua revolução uma espécie de sonho, ora encantador, ora terrível [...]. Ela ignorou o espaço e o tempo". O que chama a nossa atenção aqui é a ideia de *sonho*, mais tarde retomada por Walter Benjamin com a noção de *sonho do coletivo* que ele alia à imagem dialética para tratar da utopia: "Cada época", escreve Benjamin em 1935, "não sonha apenas com a próxima; ela busca, ao contrário, no seu sonho, sair do sono [...]. A exploração dos elementos do sonho no despertar é o caso típico do pensamento dialético. Eis por que o pensamento dialético é o órgão do despertar histórico". Todo sonho tem fundamento material, como nos lembra Alain:

> O espírito dorme todas as noites. Ele renuncia a governar esta máquina de ossos, músculos e nervos que não é senão uma colônia de animais que se banham em uma espécie de água marinha. É daí que ele despertará: e é de seus absurdos sonhos que ele construirá pensamentos; sim, a cada manhã [...]. É preciso saber que o sonho não é de outro mundo mas deste mundo [...]. Ora, é esta passagem do sonho ao despertar, do mesmo sonho ao mesmo despertar, que me interessa porque isso é pensar, porque não temos outros pensamentos reais a não ser estes.

Os sonhos são percepções incompletas traduzidas pela linguagem e pela narrativa. O trabalho do pensamento e das artes é pois o momento do despertar "não deste sonho mas neste sonho [...] não por ideias estrangeiras mas pela própria ideia que está nele". Mais: através de um esforço crítico, desfazer-se das ideias já dadas. É assim que lemos a seguinte "história": certa vez, perguntaram ao poeta e ensaísta Paul Valéry o que ele mais desejava e ele respondeu "ser despertado". É assim também que devemos pensar a ideia do sonho do coletivo na utopia, o político no sonho. O sonho aqui é entendido como uma deriva no real ou, para usar o termo trabalhado de maneira incessante por Adorno, *linhas de fuga*: no lugar de se dirigir no sentido do que deve ser, observa Abensour, o que importa é estabelecer-se na negatividade: "negação determinada daquilo que é [...]. Desta morada na negatividade pode surgir uma eclosão de linhas de fuga laterais, marginais, imprevisíveis, indomáveis, longe de um novo princípio de realidade", sem a reprodução pura e simples da lógica da sociedade mercantil.

10. UTOPIA E CONSTRUÇÃO DO SUJEITO

Não se deve reduzir a utopia ao plano do político. É preciso dar atenção também à construção utópica da subjetividade. A construção utópica do mundo não se separa da construção do homem, *construção de si*. Se se quer destruir o homem, destrua-se seu mundo interior. Paul Valéry definiu assim sua existência: "À força de construir, eu me construí a mim mesmo". Isto é, o conhecimento do mundo está (eticamente) ligado ao fazer: "só sei o que sei fazer". O sonho só é construção de si quando esvazia o espírito de um conteúdo de pensamento para preenchê-lo com outro (ou outros pensamentos), numa verdadeira "eclosão de linhas de fuga marginais". "Extrair de si o que o eu ignorava", escreve ainda Valéry. Podemos dizer que há um forte traço de utopia no pensamento de Valéry que se expressa na noção de espírito: "entendo por espírito", diz ele, "não uma entidade metafísica; entendo-o como potência de transformação". Uma vez transformada, a coisa não interessa mais: interessa o *fazer e o imaginar fazer*. Aqueles que condenam a utopia só pensam no já instituído, no já pensado.

Fala-se muito hoje na morte do sujeito. Ou melhor, da não consciência de si. O homem tornou-se hoje passivo, imagem de marca do espetáculo. Como se pode falar aqui de *despertar do pensamento* no sonho se os homens da sociedade do espetáculo e do consumo não desejam dormir para acordar no sonho, se estão permanentemente acordados, ou estão, na melhor das hipóteses, em um sono dogmático?

11. UTOPICIDADE?

O termo *utopicidade*, usado por Philippe Boudon em pequeno ensaio, resume bem a relação entre utopia e arquitetura. Ele reafirma o que todos sabem: a arquitetura moderna é rica de utopias, resultado de projetos da imaginação "extravagante" de arquitetos. Não poderia ser diferente, se não tivéssemos caído nas mãos de interesses puramente econômicos e técnicos que condicionam o espaço e a representação do espaço. Negação da própria ideia de arquitetura porque é próprio dela criar lugares. A imaginação do arquiteto cede lugar ao interesse, fruto da mecanização e da industrialização do mundo, negando o que disse certa vez Boullée, arquiteto utópico: "Nossos pais só construíam sua cabana depois de tê-la concebido em imagem". O que vemos hoje, fora poucas exceções no espaço urbano, são prisões do espaço e da imaginação. Resta-nos o que poderíamos chamar de nostalgia utópica, utopia do passado, verdadeira ucronia/verdadeira utopia: Tiradentes, espaço que acolhe a cada ano os autores das conferências e dos ensaios, é o melhor exemplo da *utopia concreta* de que fala Ernst Bloch.

As três utopias da modernidade
Francis Wolff

Temos necessidade de utopias. As utopias são para as comunidades o que os sonhos são para os indivíduos. Uma utopia é um refúgio num ideal irrealizável quando o real parece insuportável. É a aspiração ao impossível. Sim, toda comunidade, toda época, toda geração tem necessidade de utopias. Como escreveu Adauto Novaes, na bela apresentação deste livro:

> Durante meio milênio, esta bela palavra [*utopia*], que quer dizer *não lugar* mas também se pode traduzir por eutopia – *lugar da felicidade* –, [significou] promessa, esperança, simulação antecipadora, horizonte de nossos desejos [e, sobretudo,] a "severa e lúcida crítica da realidade". O fundamento da utopia é, pois, a crítica do presente. Mas vemos hoje a construção de certo silêncio não só sobre o desejo utópico, como também de triste silêncio em torno do pensamento sobre a utopia.

Adauto idealizou este livro para fazer cessar esse "triste silêncio em torno do pensamento sobre a utopia". Ao inaugurá-lo, gostaria de fazer falar o suposto silêncio de nossa atualidade sobre esse *desejo utópico*.

De fato, é verdade que certa concepção da utopia se tornou silenciosa. Novas utopias, por sua vez, se fazem ouvir – e, como sempre, para o melhor e para o pior. Mas, antes de tentar ouvir essas novas vozes, é preciso primeiro compreender quais utopias estão mortas hoje e de que maneira nascem novas sobre a ruína das antigas.

O que é uma utopia? Descrevamos antes de definir. Houve dezenas de utopias literárias, mas os dois exemplos mais célebres são os de Platão e de Thomas Morus. Em sua *República*, Platão descreve uma sociedade perfeitamente justa na qual cada um exerceria uma função de acordo com sua natureza; na qual os filósofos seriam reis ao cabo de uma longa educação física, moral, científica e metafísica, e após uma seleção severa controlada pelo Estado; na qual as mulheres seriam iguais aos homens e destinadas às mesmas tarefas, inclusive a guerra; na qual a família e a propriedade seriam abolidas; na qual as uniões seriam orientadas e vigiadas pelo Estado, graças a uma política eugenista. Thomas Morus, por sua vez, descreve sua utopia assim: 100 mil pessoas vivem numa ilha com cidadãos agrupados por famílias. Cinquenta famílias constituem um grupo que elege um chefe. Estes formam um conselho que elege um príncipe vitalício, mas que pode ser demitido caso se torne tirânico. Isso quanto à política. A economia utopiana se baseia na propriedade coletiva dos meios de produção e na ausência de trocas mercantis. Essa sociedade vive sem moeda, pois é uma sociedade de abundância: "Cada pai de família vem buscar tudo de que necessita e o leva sem pagamento, sem compensação de espécie alguma. Por que recusar alguma coisa a alguém se tudo existe em abundância e se ninguém teme que o vizinho peça mais do que precisa?". Esses dois exemplos são suficientes para mostrar as características de toda utopia:

1) Uma utopia está fundada na crítica do presente, mas não lhe opõe nem o futuro nem o possível, e, sim, o impossível realizado, ou seja, o ideal;
2) Uma utopia não é um ideal de felicidade individual, é sempre um ideal de realização coletiva;
3) Uma utopia não é um projeto político: um projeto político se preocupa com os meios reais de atingir um fim possível; uma utopia não analisa nem os meios reais nem os fins realizáveis, mas se contenta com imaginar o melhor;
4) Enfim, uma utopia não é uma teoria puramente abstrata; é uma descrição concreta de outra maneira de viver em comunidade.

Dessas quatro características, pode-se facilmente inferir as razões pelas quais nossa época carece de utopias.

FIM DAS UTOPIAS?

A utopia é política, mas nossa época parece ter perdido a fé na política. E isso, em primeiro lugar, porque as grandes utopias libertárias do século XIX foram esmagadas sob o muro da realidade. É o que acontece com todas as formas de comunismo imaginadas em teoria. Por exemplo, Étienne Cabet e seu comunismo cristão, sua cidade ideal de Icária e a tentativa de fundação de uma colônia icariana em Nova Orleans, em 1847. Por exemplo, Charles Fourier e sua busca de harmonia universal, seu falanstério que se forma pela livre associação e pela concordância afetuosa de seus membros. Assinalemos que houve, no Brasil, o Falanstério do Saí ou Colônia Industrial do Saí, comunidade experimental fourierista formada em 1841 por colonos franceses, na península do Saí, perto da atual cidade história de São Francisco do Sul, com o apoio do coronel local, Oliveira Camacho, e do presidente da província de Santa Catarina, Antero Ferreira de Brito.

Ou ainda o mais realista de todos, Saint-Simon: ele descreve uma sociedade fraterna cujos membros mais competentes (industriais, cientistas, artistas, intelectuais, engenheiros) teriam por tarefa administrar a França o mais economicamente possível, a fim de fazer dela um país próspero, onde reinariam o espírito empresarial, o interesse geral e o bem comum, a liberdade, a igualdade e a paz. A sociedade seria uma grande oficina. Os industriais se associariam com seus operários em nome do interesse geral e do bem público. Sua direção fraterna se basearia na afeição, na estima e na confiança. Mas os saint-simonianos não tardaram a virar grandes capitalistas empreendedores, seja no canal de Suez ou nas estradas de ferro francesas.

Alguém dirá que os verdadeiros teóricos do comunismo no século XIX, Karl Marx e Friedrich Engels, não são utopistas. São teóricos da luta de classes e de um comunismo fundado numa teoria da economia política dita científica. Ao contrário da definição que demos da utopia, eles se preocupam com os meios políticos e sociais de atingir seus fins; em suma, são autores de um verdadeiro projeto político. Isso é verdade: não há nada de utópico nas teorias econômicas e sociais de Marx. No entanto, a ideia comunista de abolição de toda propriedade privada permanece em Marx no estado de esboço. Nos *Manuscritos* de 1844, ela é apenas uma pura especulação conceitual em torno da "apropriação real da essência humana pelo homem e para o homem", ou "a verdadeira solução da luta entre existência e essência, entre objetivação e afirmação de si, entre liberdade e necessidade"[1]; em *A ideologia alemã* ela não é mais que uma simples fórmula verbal para designar "o movimento real que abole a ordem estabelecida"[2], ou ainda, em Engels, "o ensinamento das condições de libertação do proletariado"[3]. Ou seja, a ideia comunista no século XIX permanece separada de toda análise dos meios reais e como um vago ideal, apoiado sobre uma visão messiânica da história. Portanto, ela também não é senão uma utopia no sentido que dei a esse termo: *uma crítica do presente que não lhe opõe nem o futuro nem o possível, mas o impossível realizado*. E é por isso que, a despeito da formidável esperança de emancipação que representou para as classes exploradas, esse ideal se despedaçou no século XX ante o muro da realidade: o socialismo real, nos antípodas do comunismo sonhado ao qual devia conduzir ineluctavelmente, transformou-se numa imensa máquina tirânica, burocrática e totalitária. A sociedade sem Estado esboçada por Marx no *Anti-Dühring*[4] virou seu contrário, uma ditadura do Estado contra a sociedade. As realidades

1. "O comunismo, abolição positiva da propriedade privada (ela mesma alienação humana de si) e, portanto, apropriação real da essência humana pelo homem e para o homem; logo, retorno total do homem para si enquanto homem social, isto é, humano, retorno consciente e que se operou ao conservar toda a riqueza do desenvolvimento anterior. Esse comunismo, enquanto naturalismo acabado = humanismo, enquanto humanismo acabado = naturalismo, é a verdadeira solução do antagonismo entre o homem e a natureza, entre o homem e o homem, a verdadeira solução da luta entre existência e essência, entre objetivação e afirmação de si, entre liberdade e necessidade, entre indivíduo e gênero." Karl Marx, *Manuscritos econômico-filosóficos*, São Paulo: Boitempo, 2004.
2. "O comunismo, para nós, não é um estado que seja preciso criar, nem um ideal para o qual a realidade deve se orientar. Chamamos comunismo o movimento real que abole a ordem estabelecida." Karl Marx; Friedrich Engels, *A ideologia alemã*, São Paulo: Boitempo, 2007.
3. "O que é o comunismo? O comunismo é o ensinamento das condições de libertação do proletariado." Friedrich Engels, "Princípios básicos do comunismo", 1847. Disponível em: <http://www.simerj.org.br/arqs/materia/86_a.pdf>. Acesso em: 22 jan. 2016.
4. "O proletariado se apodera do poder do Estado e transforma os meios de produção primeiro em propriedade do Estado. Mas com isso ele se suprime a si mesmo enquanto proletariado, suprime todas as diferenças de classes e oposições de classes, e igualmente enquanto Estado. A sociedade anterior, que evoluía em oposições de classes, tinha necessidade do Estado, isto é, em cada caso, de uma organização da classe exploradora para manter suas condições de produção exteriores, portanto, sobretudo, para manter pela força a classe explorada nas condições de opressão dadas pelo modo de produção existente (escravidão, servidão, salariado). [...] A partir do momento em que não há mais classe social a manter na opressão [...], a intervenção de um poder de Estado em relações sociais torna-se supérflua num domínio após outro, e então naturalmente adormece. O governo das pessoas dá lugar à administração das coisas e à direção das operações de produção. O Estado não é 'abolido', ele se extingue." Karl Marx, *Anti-Dühring*, São Paulo: Boitempo, 2015.

do século XX, portanto, puseram fim a todas as utopias do século XIX: tal foi a primeira morte da utopia, o fim dos sonhos de libertação coletiva.

No último terço do século XX, porém, as esperanças de emancipação retornaram, a despeito dessas realidades, ou em parte por *recusa* da realidade. Mas eram diferentes: não se sonhava mais, exatamente, com a libertação política de uma classe ou de um povo, mas com uma libertação política dos indivíduos. O ideal proletário tingiu-se de uma cor libertária: foram os movimentos ditos de maio de 1968. O conceito de revolução recuava na história social, progredia nos costumes da juventude. Nesses movimentos dos países capitalistas ocidentais, acreditava-se, sustentava-se, afirmava-se, nos textos e nos discursos, que *tudo*, na vida de cada um, era político por natureza, para além da política mesma. O amor, por exemplo, era político: as relações homens/mulheres, os sentimentos, a sexualidade eram vistos como determinados pela existência social – portanto, eram políticos. A arte igualmente era política: a falsa arte era a arte reacionária, a música tonal, a pintura figurativa, o romance ou o cinema narrativo etc. A *verdadeira arte* era a das vanguardas, revolucionária em sua forma e messiânica em seu conteúdo. Quanto à moral, ela era política de uma ponta à outra. Ou então era oca, ridícula. Assim se mostrava a nova utopia, a da libertação coletiva dos desejos individuais.

Desde o começo do século XXI, vivemos uma segunda morte da utopia política. A primeira fora um sonho de libertação social, que se chocou contra o muro da realidade totalitária e se espatifou com a queda do muro de Berlim. A segunda utopia era um sonho libertário; ele se chocou contra o fim das ilusões e o retorno do conservadorismo.

A extinção dessas utopias pareceu marcar o apagamento *do político*. Em outras palavras, a triste realidade *da política* pôs fim às esperanças *do político*. A política, isto é, a vida política real, retomou seus direitos contra o político, isto é, contra o sentimento de pertencer a uma coletividade. Pois a palavra *política* tem dois sentidos. O político são as condições do viver junto. A política é o âmbito de estratégias coletivas ou de táticas individuais, o império dos *eles* ou o reino dos *eus*. O político é a afirmação da existência num *nós* (*nós, o povo*), para além das comunidades familiar, regional, religiosa, para além das identidades de gênero ou de origem, e aquém da comunidade humana em geral. O político diz (e deve dizer): apesar de tudo que nos une, eis o que nos separa e deve nos dividir. Não há mais utopia política porque hoje a política parece ter vencido o político. O império do *eu* triunfou sobre os sonhos do *nós*. Platão, Thomas Morus, Cabet, Fourier, todas as utopias defendem, cada uma a seu modo, uma ideia comunista. Quem fala ainda de comunismo hoje?

Vivemos hoje o triunfo dos sonhos individualistas. Ser bem-sucedido! Ganhar! Se possível, sozinho. Se necessário, contra os outros. Isso é verdade no topo da escala social, pois essa escala ou escada tem cada vez mais degraus, à medida que avançam, pelo mundo todo, as desigualdades sociais. Isso é verdade também em todos os outros níveis da escala. Em toda parte reina o *self help*, a autoajuda. Entrem numa livraria e verão ali dezenas de títulos assim: *Como ter sucesso na vida*, *Conhecer-se melhor para viver melhor*, *Como ser feliz em dez lições*, *A felicidade está ao alcance da mão*, *Guia prático para uma existência melhor* etc. Mesmo os grandes movimentos de retorno à espiritualidade (por exemplo, nas igrejas evangélicas que ganham terreno no Brasil, nos Estados Unidos ou na África Oriental), contra o *desencantamento do mundo*, contra a perda dos valores ou a privação do sentido, não apostam mais na salvação coletiva nem mesmo na salvação no além, mas prometem um bem-estar imediato, íntimo, pessoal. Tudo isso são sinais da vitória das teorias liberais da sociedade. Outrora pensávamos que as comunidades (as culturas, as classes sociais, a sociedade política) existiam por elas mesmas, que existíamos nelas e que nos libertaríamos por elas. Para o liberalismo, as comunidades não são senão agregados de indivíduos que buscam apenas sua vantagem pessoal: apenas os indivíduos existem por eles mesmos, e eles são tanto mais livres quanto mais independem de qualquer comunidade.

O que pode restar das utopias coletivas na era do indivíduo? Vivemos então o fim da utopia? Sim, num sentido, se só houver utopia comunista e anti-individualista, se só houver utopia na e pela adesão a um *nós* contra o *eu*. Mas, em realidade, não, de modo nenhum! Porque assistimos, desde a virada do século, ao nascimento de novos *nós*. Mas são *nós* apolíticos. *Nós que se buscam*. *Nós problemáticos*.

EM BUSCA DE NOSSA IDENTIDADE E DE NOVAS UTOPIAS

Quem somos *nós*, afinal? No auge do triunfo do *político* e de suas utopias coletivistas, teríamos respondido: somos, conforme o caso, intelectuais ou proletários; operários ou burgueses; colonizadores ou colonizados; exploradores ou explorados etc. Ou ainda, mulheres ou homens. Mas hoje não acreditamos mais que nossa identidade se reduza a uma identidade de classe ou mesmo de gênero. Nas grandes épocas portadoras de utopias humanistas, no Renascimento ou nas Luzes, à questão "quem somos nós?" teríamos respondido: somos todos seres humanos, livres e iguais. Mas será que hoje podemos crer que somos somente seres humanos?

Esse é o problema. Nossas utopias contemporâneas buscam um *nós*. Elas deixam transparecer uma dúvida. Não podemos mais nos definir por nossas comunidades de pertencimento; nem por uma identidade de raças, que não existem; nem por identidades de culturas, que são porosas; nem por identidades de classes, que se tornaram insuficientes. Então quem somos nós? Seres humanos? É em torno dessa questão e dessa dúvida que se construíram as duas principais utopias contemporâneas.

Na Antiguidade, em Aristóteles particularmente, os homens eram definidos por duas grandes oposições. Acima deles havia deuses; abaixo deles, animais. O que os homens compartilhavam com aqueles os opunha a estes; e o que os distinguia daqueles os ligava a estes. Os homens tinham em comum com os deuses o fato de serem racionais – o que os opunha aos animais, que não podem argumentar ou raciocinar. Mas os homens tinham em comum com os animais o fato de serem viventes mortais, o que os opunha aos deuses, que são viventes imortais. Havia, portanto, três espécies de viventes (*zoa*), três *faunas*, por assim dizer: os viventes imortais racionais, os viventes mortais sem razão, e o homem, entre seus dois *outros*: nem irracional como os bichos, nem imortal como os deuses. Eis aí o que garantia a natureza humana: estar entre duas naturezas. O homem está no centro do mundo não no sentido de que seria sua espécie mais alta, mas no sentido de que sua própria natureza, por imperfeita que seja, está contida, e como que a meio caminho, entre duas outras naturezas perfeitas, o animal e o deus[5]. Sabíamos o que tínhamos de fazer, porque sabíamos quem somos. Mas, porque sabíamos que não somos nem animais nem deuses, sabíamos também o que não podemos

---

5. Cf. Francis Wolff, "L'animal et le dieu: deux modèles pour l'homme", em: *L'être, l'homme, le disciple*, Paris: PUF, 2000, pp. 113-ss.

fazer. Querer se elevar até o céu dos deuses era, como diziam os gregos, pecar por *húbris*, por desmedida de quem quer ultrapassar seus limites naturais. Inversamente, rebaixar-se até o nível dos animais, abandonar sua faculdade racional, era cair na bestialidade vergonhosa. Mas como hoje não sabemos mais quem somos, nós, homens, nos identificamos ora a animais, ora a deuses. Tais são as duas utopias da nossa modernidade. Não uma utopia no sentido de imaginar estar num *outro* lugar. Mas uma utopia no sentido de imaginar *ser um outro*.

Não podemos mais pensar o que somos, seres humanos. Perdemos as duas referências que nos definiam, nossos limites superior e inferior. De fato, as teorias evolucionistas nos ensinaram, e nos confirmam diariamente, que somos, como os outros animais, o fruto da evolução natural, e que o que nos diferencia dos animais não é nem uma diferença absoluta nem uma oposição de natureza. Sabemos hoje que há consciência na maior parte dos animais superiores; que há modos de comunicação em numerosas espécies sociais; que há inteligência entre os primatas; que há inclusive modos de transmissão de aquisições culturais entre algumas espécies de chimpanzés etc. Por outro lado, não acreditamos mais que o Céu seja habitado por deuses imortais. Para uma boa parte da modernidade, o Céu é vazio – é o que chamam a secularização do mundo; e, para outra parte da modernidade, Deus, por ser infinito, inconcebível, incompreensível ou oculto, como diria Pascal, é tão elevado e está tão longe de nós que não podemos mais nos definir em relação a ele. Portanto, nenhuma distinção nos separa dos animais, ao mesmo tempo em que uma distância infinita nos separa do Além.

Daí as duas grandes utopias opostas que dividem hoje o horizonte humano: a utopia antiespecista e a utopia pós-humanista. Incertos quanto à nossa natureza, e duvidando mesmo ter uma, sonhamos para o homem um futuro animal ou divino.

A UTOPIA BIOSFÉRICA

A primeira utopia que nasce sob nossos olhos, vemo-la surgir em alguns novos movimentos que se desenvolvem na juventude das grandes cidades ocidentais: os movimentos de *libertação animal*, os movimentos em favor da vida vegana, os movimentos antiespecistas.

Esses movimentos radicais são o sintoma do desaparecimento do horizonte revolucionário mesmo, do apagamento das crenças numa salvação comum, da emergência de uma desconfiança ante todo ideal de libertação política ou social ou de uma perda de confiança nos projetos coletivos de libertação. Os conceitos políticos, forjados, não faz muito tempo, para pensar a subjugação dos homens, tomaram outro rumo: fala-se de libertação animal como se falava ontem de libertação de certos povos ou de certas classes (embora continue havendo tantos homens no mundo que vivem *realmente* subjugados!). Fala-se da *exploração* dos animais como se falava ontem da exploração do homem pelo homem (a qual, no entanto, realmente não diminuiu). Qualifica-se mesmo de *genocídio animal* certas formas de abate. Aos olhos desses combatentes da causa animal, é como se os animais fossem os novos proletários do capitalismo produtivista, os últimos mártires, as únicas incontestáveis vítimas.

É verdade que o produtivismo contemporâneo ocasionou uma degradação das condições de criação de certos animais destinados ao consumo humano (especialmente porcos, bezerros e frangos), reduzindo-os à condição de mercadorias. A tomada de consciência desse fenômeno acabou por sensibilizar legitimamente as populações que, aliás, mal avaliam o preço que teriam de pagar por um eventual retorno a uma criação mais extensiva ou mais respeitosa das condições de vida dos animais. Lutar pelo bem-estar animal, contra a mercantilização do ser vivo, contra a coisificação dos animais, faz parte do combate das Luzes. Mas não é esse, de modo algum, o combate na nova utopia antiespecista.

O que os novos utopistas declaram não é que devemos condições de existência decentes aos animais que vivem sob a dominação humana, mas, sim, que *nós* somos animais como os outros: desse modo, devemos respeitar os outros animais, *todos* os outros animais, quaisquer que sejam, sem fazer diferença entre eles. Para a nova utopia, nada diferencia moralmente os homens dos outros animais, e devemos a todos os animais os mesmos direitos e os mesmos deveres que devemos aos outros homens. Assim, o processo de domesticação pelo qual o homem, desde o Neolítico, aprendeu a produzir, manter, cuidar, adestrar certas espécies, a criar novas raças e variedades, não seria senão um gigantesco empreendimento de escravização. Segundo esses novos movimentos *liberacionistas*, formamos uma única comunidade com os bichos: por isso, os homens deveriam abandonar a selvageria na qual se lançaram desde 11 mil anos atrás, quando inventaram a criação de animais. A civilização foi em realidade uma barbárie da qual nós mesmos devemos nos libertar ao libertar nossos irmãos animais. Não teremos mais, portanto, animais de companhia, simples fetiches que servem apenas ao nosso egoísmo, que vivem sob nossa dependência, quando deveriam viver sem dono. Evidentemente não comeremos mais carne, nem peixes nem crustáceos. Seremos vegetarianos. Mas não teremos tampouco uma terra prometida, essa terra "onde corre o leite e o mel", como diz a Bíblia, já que o leite e o mel também procedem da exploração dos animais. Seremos estritamente vegetarianos. Mas com isso não teremos também peles de animais, pulôveres de lã, calçados de couro, plumas de avestruz, não usaremos matéria alguma que provenha da comunidade animal. Seremos então veganos.

O princípio fundador desses movimentos antiespecistas foi formulado pelo filósofo Peter Singer em seu best-seller *Libertação animal*: "Afirmo que não pode haver razão alguma – a não ser o desejo egoísta de preservar os privilégios do grupo explorador – de recusar estender o princípio fundamental de igualdade de consideração dos interesses aos membros das outras espécies"[6].

A nova utopia antiespecista afirma, portanto: não devemos diferenciar os animais em função de sua espécie – isso é especismo –, exatamente como não devemos diferenciar os homens em função de sua raça, o que é racismo; ou de seu sexo, o que é sexismo. De fato, dizem, já que não há diferença essencial entre o homem e os outros animais, *não há razão* para tratar diferentemente, no plano moral, os animais e os homens: seria praticar *especismo*, isto é, discriminação dos seres em função de sua espécie.

Comparemos essa utopia com as precedentes. Nas utopias do século XIX, não se devia dizer *a humanidade* – não era essa a verdadeira comunidade. Assim não era preciso ser humanista, porque as comunidades *essen-*

---

6. Peter Singer, *Libertação animal*, São Paulo: WMF Martins Fontes, 2010. O termo *antiespecista* data do início dos poderosíssimos movimentos de libertação animal dos quais, em meados dos anos 1970, o filósofo utilitarista australiano Peter Singer foi o mais célebre promotor e divulgador. O impacto direto ou indireto dessa ideologia antiespecista é considerável e não cessa de crescer; ela é infinitamente mais influente, em todo caso, que o movimento antiespecista francês, sobre o qual se poderá ler o estudo sociológico de Catherine-Marie Dubreuil "L'antispécisme, un mouvement de libération animal", *Ethnologie française – Les animaux de la discorde*, vol. 39, 2009/1, Paris: PUF, 2009.

ciais estavam *aquém* do humano: eram as dos proletários, dos colonizados, das mulheres, dos aborígenes, dos judeus etc. *Não vejo o homem*, repetia-se depois de Marx, *vejo apenas operários, burgueses, intelectuais*. O homem não era a medida de todas as coisas; era preciso buscar um padrão de medida inferior. Hoje, para a nova utopia antiespecista, ocorre o inverso: não se deve dizer *a humanidade* – não é essa uma verdadeira comunidade. Não se deve ser humanista, porque a comunidade essencial está *além* do humano, o *Homo sapiens* sendo apenas uma espécie entre outras. *Não vejo o homem*, pode-se dizer, *vejo apenas animais que não se diferenciam senão pela espécie*. O homem, de agora em diante, não é mais a medida de todas as coisas; deve-se buscar um padrão de medida superior, o animal em geral. Disso a nova utopia tira uma consequência moral: porque somos hoje *animais como os outros* e porque uma sensibilidade comum, dizem, nos une aos animais, devemos tratar os *outros animais* como devemos nos tratar uns aos outros: com proteção e solicitude.

Vê-se o que aproxima essa nova utopia das precedentes, as dos séculos XIX e XX. Ela se funda, como todas as utopias, na ideia de que devemos formar uma nova comunidade, a comunidade verdadeira, legítima. Não é mais a família, a cidade, o Estado, a comunidade dos crentes, a Igreja, o falanstério; não é mais sequer a comunidade humana; é a comunidade animal. Como em toda utopia, os membros dessa comunidade são *livres* e *iguais*. Livres de não depender dos outros (é preciso, pois, libertar os animais domésticos de seus donos); e iguais: todos os indivíduos de todas as espécies são iguais. Belo programa!

Mas programa absurdo, evidentemente. Quem não percebe que, nessa nova utopia de um outro *nós*, a liberdade e a igualdade se tornaram, em realidade, loucas? Que sentido há em libertar os cães de seus donos, sem os quais eles não poderiam viver? Que igualdade há entre o gato e o rato, entre o lobo e o cordeiro, entre a raposa e a galinha, entre o cachorro e suas pulgas? Quem não percebe os perigos gravíssimos dessa utopia? Por trás dos "bons sentimentos", liberdade dos animais e igualdade de todos os animais, esconde-se uma terrível negação da especificidade da comunidade moral que formamos entre seres humanos.

Sim, é imoral maltratar seu cão. E por isso não é imoral maltratar as pulgas do seu cão – prova de que não formamos *uma* comunidade moral com *todos* os animais. É imoral maltratar seu cão, mas é igualmente imoral tratá-lo como uma pessoa. Pois, a partir do momento em que trato um cão como uma pessoa, não tenho razão alguma para não tratar uma pessoa como um cão – prova de que devemos subordinar nossos deveres para com os animais àqueles que devemos às pessoas. A igualdade das espécies, portanto, sob aparências simpáticas, é uma tolice e conduziria em realidade à pior das barbáries. Não é porque, num sentido do termo *animal*, os homens são animais que o conjunto dos animais forma uma única comunidade: que comunidade moral os camponeses africanos podem formar com os gafanhotos que dizimam suas colheitas ou com os mosquitos que propagam a malária? Que comunidade podem formar entre si o lobo e o cordeiro, mesmo na mais otimista das utopias? Do mesmo modo, não formamos uma única comunidade moral com o conjunto dos seres vivos do planeta, a comunidade biosférica. É verdade que o futuro da biosfera é ameaçado pelo aquecimento climático e, portanto, pela utilização indiscriminada dos gases de efeito estufa e das energias fósseis pelas grandes potências. A biosfera está nas mãos da humanidade. Mas não é por isso que o conjunto dos seres vivos forma uma única comunidade. E é de fato porque o futuro da humanidade é ameaçado pelo aquecimento climático que devemos, primeiro e antes de tudo, apelar à comunidade humana, não à pretensa comunidade biosférica.

É verdade que, a essa utopia naturalista, antiespecista, a esse *devir animal*, opõe-se outra utopia em nossa modernidade, igualmente perigosa e perfeitamente simétrica. A utopia pós-humanista.

A UTOPIA TRANS-HUMANISTA

Se tivéssemos que resumir a utopia trans-humanista por uma ideia, seria a ideia absolutamente oposta à da utopia antiespecista. O futuro do homem não é seu devir animal; ao contrário, é seu *devir máquina*. Segundo os pensadores do trans-humanismo, os progressos das ciências e das técnicas permitirão em breve desenvolver indefinidamente as capacidades físicas, mentais, psicológicas ou morais dos seres humanos. O *super-homem* é para amanhã. A utopia trans-humanista afirma, portanto: um dia o homem não será mais um mamífero, nem mesmo um animal. Ele se libertará do seu corpo, será igual ao computador e, graças à inteligência artificial, terá acesso à imortalidade.

Como a utopia antiespecista, a trans-humanista começa por uma constatação. Mas a constatação é inversa. Os antiespecistas partiam do fato de que, desde o século XIX, o progresso científico e técnico contribuiu para deteriorar o estado do meio ambiente natural e as condições de vida animal. Isso é verdade. Os trans-humanistas partem do fato de que, desde o século XIX, o progresso científico e técnico, especialmente biomédico, contribuiu para prolongar a existência e melhorar as condições de vida humana. Isso também é verdade. A lista das invenções a creditar ao século passado é imensa: anestesia, vacinação, medicina por imagem, radioterapia, sulfamidas, aspirina, penicilina, antibióticos, pílulas, quimioterapia, implantes etc. A morte prematura de crianças, que por muito tempo foi o flagelo ordinário das vidas humanas, recuou consideravelmente ao longo do século. Hoje, mesmo as crianças dos territórios mais deserdados da África Subsaariana têm uma chance maior de sobreviver a seus cinco primeiros anos do que um jovem inglês em 1918[7].

Dessa constatação, os trans-humanistas extraem seu *slogan* hedonista que, em si mesmo, nada tem de utopista: *"Living longer, healthier, smarter and happier"*: viver por mais tempo, com melhor saúde, com um intelecto melhorado, com emoções enriquecidas. O programa, portanto, é de melhoramento ou aumento (*enhancement*) do homem. Por que não?, dirão. Quem não gostaria de viver mais e sobretudo melhor? É um desejo universal; isso ainda não é o trans-humanismo. Pois esse programa pode também ser visto como a continuação do programa das Luzes. Em vez de melhorar a condição humana pela educação ou pela cultura, trata-se de ampliar seus limites pela genética e pela informática.

Mas a utopia afirma que esse homem aumentado, à força de ser aumentado, deixará de ser homem. Na Califórnia, no Silicon Valley, bastião da contracultura libertária dos anos 1960 e dos começos da informática, os que se consideram "novos senhores do mundo" preveem que o avanço da inteligência artificial, combinado a uma política hostil às regulamentações ditadas pelos Estados, permitirá ultrapassar a animalidade humana. Os trans-humanistas não sonham com uma salvação comum. É o próprio indivíduo que eles sonham transformar.

---

7. Angus Deaton, *The Great Escape – Health, Wealth, and the Origins of Inequality*, Princeton: Princeton University Press, 2013.

Em realidade, podem-se distinguir duas tendências nessa utopia da fusão homem-máquina. De um lado, é preciso maquinizar o humano. De outro, é preciso humanizar a máquina.

Humanizar a máquina quer dizer desenvolver, multiplicar as capacidades de inteligência artificial. Para sustentar suas crenças, os trans-humanistas se apoiam na aceleração contínua da velocidade de cálculo dos semicondutores – o que geralmente se chama *a conjectura de Moore*, o fundador da Intel. Essa evolução conduzirá a um momento em que a máquina tomará a dianteira sobre o homem. De fato, por extrapolação a partir das pesquisas e invenções no domínio da robótica, da biologia de síntese e das formas de vida artificial, afirma-se que os robôs conhecerão em breve uma evolução autônoma que os fará ser cada vez mais independentes, estranhos ao homem e até mesmo capazes de substituí-lo. É a chamada *singularidade*, prevista para 2045. Ray Kurzweil, considerado o papa do trans-humanismo, autor de numerosas invenções no domínio do reconhecimento óptico (*scanner*) e vocal (leitura em voz alta para cegos), e agora diretor de engenharia no Google, popularizou esse conceito de singularidade para designar o momento em que a máquina será capaz de se reprogramar, ela própria, para aumentar ao infinito suas capacidades. O homem, com seus 100 bilhões de neurônios, não será mais que um pequeno escolar diante do computador, comparável ao que é a medusa dos mares (oitocentos neurônios) ante o cérebro humano atual.

Mas o desenvolvimento das capacidades das máquinas para além do humano não é senão um aspecto do programa trans-humanista. O outro aspecto é a transformação do humano pela máquina.

Os trans-humanistas querem abolir as limitações da condição humana e reivindicam o direito aos implantes de órgãos artificiais, às modificações genéticas. Eles creem na *liberdade morfológica*, o direito absoluto de dispor de seu corpo. Afirmam que em breve os microrrobôs irão detectar as células cancerosas no interior dos órgãos. Segundo Aubrey de Grey, que dirige a Fundação Methuselah, um instituto de gerontologia de Mountain View (Califórnia), o corpo humano é como um carro cujas peças bastará substituir para conservá-lo indefinidamente: a expressão *morte natural* em breve não terá mais sentido algum. A vida é apenas uma questão de manutenção. Por trás do humano, desponta já o trans-humano para chegar amanhã ao pós-humano.

Com efeito, um pós-humano será uma espécie de humano no qual nenhuma das funções vitais, sensoriais, intelectuais será assegurada por simples e rudimentares órgãos naturais, mas sim por próteses que, conforme o caso, suprirão a falência dos precedentes, aumentarão suas capacidades, farão crescer seu rendimento e até mesmo permitirão adquirir novas aptidões – estendendo assim o campo da liberdade de ação individual sem as limitações naturais que são o envelhecimento, a curta duração de vida, o pequeno número dos sentidos e seu reduzido poder, os limites da memória e da inteligência etc. Isso não é apenas matéria de devaneios utopistas, mas de programas de pesquisa, como o prova a chamada *convergência* NBIC (sigla para nanociências, biotecnologias, informática e ciências cognitivas)[8]. O homem não terá mais necessidade de assegurar nenhuma das funções animais. O nascimento? Será o fim do nascimento, graças às perspectivas abertas pela clonagem e a ectogênese. A doença? Será o fim da doença, graças às biotecnologias e à nanomedicina. A morte? Fim da morte, graças às técnicas ditas de *uploading*, isto é, de transporte da consciência para materiais inalteráveis dos quais os *chips* de silício são apenas a prefiguração. Os "tecnoprofetas" libertários da utopia trans-humanista anunciam a revolução hiperindividualista que permitirá aos homens libertar-se dos limites naturais da animalidade.

Levantemos, em primeiro lugar, algumas dúvidas. Quanto ao primeiro aspecto da profecia, deve-se crer no momento em que as máquinas assumirão o controle do homem? Os trans-humanistas desejam isso, outros temem, como o astrofísico Stephen Hawking que, numa entrevista concedida à BBC em dezembro de 2014[9], se alarmava com os riscos que a inteligência artificial poderia trazer à humanidade.

No entanto há várias razões filosóficas para duvidar de que o homem perderá um dia o controle das máquinas. Três, pelo menos.

8. Ver o pré-relatório publicado em junho de 2002 nos Estados Unidos pela National Science Foundation e pelo Department of Commerce, que apresenta um panorama completo dessas quatro tecnologias científicas para o futuro da humanidade. Disponível em: <http://www.wtec.org/ConvergingTechnologies/Report/NBIC_report.pdf>. Acesso em: 22 jan. 2016.
9. "As formas primitivas de inteligência artificial que já temos se mostraram muito úteis. Mas eu penso que o desenvolvimento de uma inteligência artificial completa poderia pôr fim à humanidade. Assim que os homens tiverem desenvolvido a inteligência artificial, esta decolaria sozinha e se redefiniria cada vez mais depressa. [...] Os humanos, limitados pela lentidão de sua evolução biológica, não poderiam rivalizar e seriam ultrapassados." Ver a entrevista completa em: <http://www.bbc.com/news/technology-30299992>. Acesso em: 21 jan. 2016.

A primeira razão é que essa crença se baseia na ideia de que o funcionamento do espírito humano se explicaria como o de um computador, por um conjunto de algoritmos. Ele poderia assim ser replicado sob forma informática. Mas não é o que acontece. Esses teóricos concebem o corpo e o pensamento como totalmente separáveis. Mas há um fosso entre o homem e a máquina que se deve justamente à sua animalidade. Descartes já dizia: a alma não está no seu corpo como um piloto em seu navio. Não tenho um corpo como se tem um carro; meu espírito forma um único todo com ele. Quando meu corpo sofre uma lesão, não me contento em constatar isso como se constata uma pane de carro. Sofro. Sou *eu* que sofre, não um corpo estranho como um carro.

O segundo argumento vem do filósofo americano John Searle e de sua experiência de pensamento intitulada *Chinese room* (quarto chinês). Ele mostra que a compreensão por um computador não é uma verdadeira compreensão, tomando como exemplo a linguagem. No quarto chinês, uma pessoa aplica regras de sintaxe para responder a uma frase numa língua que não conhece. Ela pode conversar nessa língua aplicando essas regras, mas nem por isso compreende o sentido das palavras que emprega. É como uma criança que ri de uma piada de adultos para imitá-los, nada mais. Quem vê de fora fica assombrado, porque se tem a impressão de que o computador compreende o que lhe é dito. Mas em realidade ele não compreende nada. Apenas aplica mecanicamente regras que são suficientes para jogar xadrez, mas não para falar verdadeiramente[10].

A terceira razão é que um robô provavelmente jamais terá consciência. Caso se admitisse que um robô pode ter uma consciência, teria que se admitir também que a consciência pode existir em qualquer matéria inanimada. É uma crença que nada tem de racional e que é chamada panpsiquismo. Somos feitos de carne e osso, e os processos cognitivos como a criação, o pensamento, a consciência estão encarnados num corpo vivo que interage com um ambiente social. A consciência é o fruto da evolução natural e não se reduz às suas funções. De fato, pode-se conceber uma matéria que efetuasse perfeitamente todas as funções que atribuímos à

---

10. Nesses domínios, os computadores revelam às vezes um desempenho melhor que o do homem. Em 2011, por exemplo, o programa Watson, concebido pela IBM, ganhou no Jeopardy!, um jogo no qual os participantes devem formular a pergunta certa a partir de índices fornecidos nas respostas.

consciência (a atenção, a percepção, a memória, o autocontrole etc.) sem ter estados mentais. Seria como um zumbi para quem nada importa. O que chamamos de *consciência fenomênica* (em inglês, *consciousness*) é o que permite a um organismo experimentar, em primeira pessoa, seus próprios estados. Ora, todas as funções atribuídas à consciência poderiam ser efetuadas por um robô que não tivesse experiência fenomênica alguma, isto é, que não experimentasse nenhum desses estados qualitativos, nem o prazer e a dor, nem o gosto da cereja ou o som do violino. Em outras palavras, a consciência animal, portanto propriamente humana, se caracteriza não pelo que ela faz, como uma máquina, mas pelo que ela sente, em primeira pessoa, que diz e pensa *eu*.

Isto quanto às dúvidas sobre a capacidade das máquinas de se humanizarem. No que se refere à capacidade dos homens de se mecanizarem, já não são mais dúvidas, são críticas que podemos emitir. É verdade que os progressos das próteses são extraordinários: elas permitem agora a alguns surdos ouvir, a alguns cegos ver, a alguns paralíticos andar. Essas invenções são, no fundo, a continuação natural dos óculos com lentes corretivas, que datam da Veneza do século XIII, ou das cornetas acústicas, que datam do século XVII francês, ou das imemoriais bengalas. O problema começa quando se quer *melhorar* as funções naturais normais em vez de corrigir as disfunções devidas à idade ou à deficiência. Até onde ir? E quem se beneficiará disso? Somente alguns abonados, e o fosso entre humanos que têm acesso a todo supérfluo e os que não têm acesso ao necessário não cessará de aumentar. Pois essa utopia está nos antípodas das clássicas utopias comunistas. Ela não se preocupa nem com a comunidade política, nem com a comunidade moral dos humanos, nem com qualquer comunidade que seja. Interessa-se apenas pelos poderosos e sonha para eles um futuro de super-homens.

Essa crítica moral é fácil, admito. Mas, supondo que você faça parte desses poderosos, será que desejaria para você mesmo essa famosa longa vida que seria *seu* privilégio? Imagine: você veria desaparecer aos poucos todos os que o rodeiam, morrer todos aqueles que conheceu e que não tiveram os meios de se oferecer essa cura de juventude, perderia sucessivamente seus amigos, filhos, netos etc. É essa a vida que deseja? Certamente não. Mas vamos mais longe ainda. Cheguemos até a imortalidade. E suponhamos mesmo que você possa compartilhar essa imortalidade com seus próximos. Não é esse o sonho absoluto da humanidade? Ser imortal como os deuses?

Não acredito. Em primeiro lugar porque... a eternidade é longa! Sobretudo no fim!

Mas existem razões mais sérias.

Nenhum de nós deseja morrer. Consideramos a morte, isto é, o fim da vida, como o pior mal que possa nos acontecer. *E se eu morresse amanhã? Mas não quero morrer amanhã, ainda me restam tantas coisas a fazer, tantos bons momentos a viver, tantos amigos ou pessoas próximas a amar. Depois de amanhã? Também é muito cedo.* É sempre muito cedo. Não desejamos morrer, nunca, porque temos o sentimento de que, ainda e sempre, temos algo a viver. Tal é a estrutura do desejo humano. E é o desejo que nos faz viver, que nos retém em vida. O desejo não cessa de se regenerar. Por isso temos medo de morrer. Temos medo de morrer *antes de ter acabado* de viver – sem vermos que morrer não é outra coisa senão ter acabado de viver. Mas a vida, ela, alimenta-se desse desejo indefinido. Desejamos sempre viver porque vivemos desse desejo mesmo.

Logicamente, *desejar sempre viver* é o equivalente estrito a *desejar viver sempre*. No entanto, não é bem assim: os dois não são equivalentes para o nosso desejo; pois desejamos sempre viver, mas não desejamos viver sempre. Logicamente, *não desejar morrer* é o equivalente estrito a *desejar não morrer*. Mas também não é bem assim: os dois não são equivalentes para o nosso desejo; pois não desejamos morrer, mas tampouco desejamos não morrer.

Nosso desejo humano é contraditório. Espontaneamente acreditamos que a imortalidade signifique simplesmente evitar a morte. Ou melhor, poder adiar a morte: mais tarde! Sempre mais tarde! E é justamente disso que gostaríamos: que a morte viesse mais tarde, quando tivéssemos realmente acabado de viver. Mas mais tarde não significa nunca. Pois se a vida continuasse sem nunca ter fim ela deixaria de ter um sentido. O que teríamos a temer se nunca houvesse morte? E o que teríamos a desejar se o tempo não nos fosse contado? Saberíamos de antemão que, na eternidade, *tudo* nos aconteceria um dia, necessariamente. Para que desejá-lo então? Jamais teríamos necessidade alguma, já que o corpo seria eterno e jamais ameaçado. Nada nos faltaria. Não teríamos nada a desejar. Então para que viver? Estaríamos sempre satisfeitos, seríamos completos, autárquicos, cheios de nós mesmos, sem necessidade de nada nem de ninguém, sem amigos, sem razão de viver. Tudo, portanto, nos seria indiferente. Decididamente, a vida dos deuses não é invejável. E a utopia trans-humanista que parece concretizar o velho sonho da condição humana é talvez, em realidade, um pesadelo.

Façamos um balanço de nossas duas utopias contemporâneas. Tudo opõe a utopia antiespecista de certos movimentos militantes ecologistas radicais e a utopia trans-humanista de certos cientistas e engenheiros californianos. De um lado e de outro da sabedoria antiga, que queria que nós, homens, não fôssemos nem animais nem deuses, uma quer que sejamos apenas animais, a outra quer fazer de nós deuses. Uma quer a nossa fusão numa natureza original, a outra quer nos projetar num destino técnico. Uma quer voltar a um passado mítico da humanidade, quando ela coincidia com sua própria animalidade; a outra deseja para ela um futuro quimérico no qual estaria livre de sua própria animalidade. Uma imagina uma comunidade finalmente liberta das necessidades da espécie; a outra não imagina comunidade alguma, mas um simples grupo de indivíduos finalmente libertados de toda comunidade. Uma quer fundar um novo *nós*, muito aquém da espécie humana, formado por indivíduos livres e iguais como antes do dilúvio; a outra sonha, para alguns super-homens superiores à humanidade, um futuro sem limite técnico.

Em ambos os casos, porém, quer-se ultrapassar fronteiras naturais. Do lado antiespecista, quer-se ultrapassar a fronteira homem/animal e, de maneira mais geral, barreiras que separam as espécies; todas as espécies se equivalem e todas deveriam comungar na harmonia do primeiro dia. Do lado trans-humanista, quer-se ultrapassar a fronteira homem/máquina e, de maneira mais geral, barreiras que separam o natural do artificial. Nesses dois casos, quer-se ultrapassar as comunidades políticas que foram o germe de todas as utopias passadas e, por conseguinte, as noções que as alimentaram: o Estado, a justiça, a igualdade dos cidadãos.

Mas nos dois casos, sobretudo, quer-se ultrapassar a comunidade humana e o humanismo do qual ela é portadora. Esse é o ponto comum mais evidente dessas duas tendências radicais opostas. Para o antiespecismo, a comunidade moral está além da humanidade e o homem deve ser substituído pelo animal. Para o trans-humanismo, não há simplesmente comunidade moral e o homem deve ser substituído pela máquina.

Eis por que, ante o desmoronamento das utopias políticas, ante o perigo das novas utopias, quero propor, para terminar, o que deveria ser a verdadeira utopia de nosso tempo que reataria com a sabedoria dos antigos. O homem não é deus nem bicho. O homem é certamentte um animal, mas é também racional, portanto, capaz de técnica. O homem é certamente racional, mas o é porque sua racionalidade é inseparável de sua animalidade. E, por ser primeiramente animal e não máquina, ele é capaz de consciência, e mesmo de certo grau de saber reflexivo que chamamos de ciência. Chamamos de ciência um saber que recorre a procedimentos universalizáveis de justificação. A *ideia de ciência*, nascida na Grécia no século v a.C., passada pelos árabes à Idade Média e depois à Europa no século XVII, supõe que os procedimentos de justificação sejam objetivos, no sentido de que são públicos, abertos, transmissíveis e sempre passíveis de um novo questionamento pelo confronto das justificações ou pelas novas contribuições da experiência. A exigência de abertura exclui, portanto, os procedimentos – por mais "racionais" que possam parecer – baseados na autoridade absoluta dos textos, no respeito à palavra dos mestres ou na consideração devida aos julgamentos aceitos.

O homem é racional; e, porque sua racionalidade é inseparável de sua animalidade, ele é capaz de certo grau de consciência reflexiva que chamamos justamente de humanidade. A humanidade é a comunidade de todos os que podem se falar e que são iguais enquanto falantes. Reconhecer a humanidade em cada um, reconhecer-se a si mesmo como uma pessoa e reconhecer cada um como outra pessoa, isto é, como um interlocutor possível, e considerar a possibilidade mesma dessa interlocução como o fundamento de todo valor.

Isso não é novidade. E esse universalismo moral não é de modo algum privilégio do Ocidente. Encontramo-lo em toda parte no mundo e na história, em todas as civilizações, como o lembra constantemente o grande economista humanista Amartya Sen[11]. E certamente isso tem a ver com um desejo piedoso, quando se observa a maneira como os homens se comportam, mas não constitui ainda uma utopia no sentido estrito. Por isso vou lhes propor a seguinte utopia humanista.

---

11. Amartya Sen, "Droits de l'Homme". Disponível em: <http://www.republique-des-lettres.fr/10738-droits-homme.php>. Acesso em: 22 jan. 2016. Ver também, do mesmo autor, *La Démocratie des autres: pourquoi la liberté n'est pas une invention de l'Occident*, Paris: Payot, 2005.

Todas as utopias políticas do passado tiveram por quadro um Estado, uma cidade, uma república etc. mais ou menos autárquica, e tentaram aplicar a ela as relações que ligam entre si os membros de uma família. Tal era a utopia: pensar a comunidade política como uma grande família na qual os indivíduos estão ligados por relações fraternas, portanto, pelo sustento, pela ajuda mútua e a solidariedade. Mas pode-se fazer a ela uma crítica inversa: essas comunidades utópicas não só eram grandes demais para serem pensadas como uma família, como eram pequenas demais para fazer a felicidade de todos. Em outras palavras, um Estado, mesmo ideal, uma república, mesmo fraterna, uma cidade, mesmo perfeitamente justa, estão sempre encerrados dentro de fronteiras. Baseiam-se sempre na distinção do interior e do exterior, do próprio e do estrangeiro, do território de dentro que é o nosso e da terra de fora que é outra. Na utopia que proponho a vocês, não há distinção entre o interior e o exterior. Segundo as utopias do passado, mesmo supondo uma comunidade política perfeitamente justa e uma comunidade humana perfeitamente moral, restaria sempre a distância, o fosso, entre política e moral. A política para *nós*, a moral para *eles*. Teríamos entre nós, membros da comunidade política, a mais justa partilha dos bens; e teríamos com eles, os outros, membros da comunidade moral, trocas as mais hospitaleiras possíveis. Dupla utopia, dirão vocês? No entanto isso evita uma questão essencial: Quem é cidadão e tem acesso à nossa justa partilha? Quem é *estrangeiro* e não tem direito a ela? Certamente reconhecemos que esses estrangeiros são humanos como nós e temos com eles relações morais. Somos acolhedores, os recebemos em nossa casa. Mas é *em nossa casa*! Portanto, eles não podem ter acesso ao nosso Estado e à nossa justa partilha, uma vez que não são cidadãos. Na utopia que proponho a vocês, não há hospitalidade, pois hospitalidade é acolher estrangeiros[12]. Ora, em minha utopia não há estrangeiros. "No século XIX, era mais fácil atravessar o Atlântico do que é hoje atravessar o Mediterrâneo [...]. Em 1903, por exemplo, mais de 12 mil migrantes podiam chegar numa única jornada ao porto de Ellis Island, em Nova York." A introdução do regime dos passaportes obrigatórios data da

---

[12]. Pode-se ler uma crítica política muito judiciosa do vocabulário da hospitalidade para pensar as questões da imigração em Magali Bessone, "Le Vocabulaire de l'hospitalité est-il républicain?", *Éthique Publique*, Québec: 2015, vol. 17, n. 1. Disponível em: <http://ethiquepublique.revues.org/1745>. Acesso em: 22 jan. 2016.

Primeira Guerra Mundial. Mas, em 1919, o Tratado de Versalhes anuncia a criação da Sociedade das Nações e menciona, no artigo 23, o restabelecimento da liberdade de trânsito anterior à guerra. Em 1920, a Conferência de Paris discute a criação de um passaporte uniforme, idêntico para todos os países, a fim de facilitar a liberdade de trânsito para os trabalhadores. Em 1948, os signatários da Declaração Universal dos Direitos do Homem se comprometem a garantir o direito de "toda pessoa [...] deixar qualquer país, inclusive o seu"[13]. Hoje, esses compromissos são tão pouco respeitados que as autoridades de todos os países, particularmente europeus, consideram, publicamente e sem reserva, com o maior cinismo, destruir os barcos daqueles que se dispõe a exercer seus direitos. Hoje, milhões de migrantes tentam fugir de seu país, em consequência das guerras e das perseguições políticas, étnicas, raciais, religiosas, culturais de que são vítimas. No pior dos casos, fecham-se totalmente as fronteiras e eles são mandados de volta ao mar. No melhor dos casos, raros, são acolhidos sem má vontade: é o direito de asilo. No caso ideal, seriam acolhidos com benevolência.

Mas na utopia que proponho a vocês isso não é suficiente.

Pois nessa utopia não há benevolência, há um direito de cidadania para todos. O humanismo deve ser cosmopolita, caso contrário é letra morta. Nessa utopia não há justiça *para nós*, há uma justiça *para todos*. Nessa utopia a fronteira que separa a comunidade política e a comunidade moral se apaga, porque não há fronteiras entre Estados. Nessa utopia não há distinção entre pessoa e cidadão, isto é, entre moral e justiça.

As utopias do passado foram comunitárias, mas a comunidade política se encerrava dentro de suas fronteiras: o Estado, a nação. Elas não eram, portanto, humanistas. As utopias que dividem nossa modernidade são anti-humanistas: querem abolir fronteiras (entre o homem e o animal, ou entre o homem e a máquina), mas não aboliram as fronteiras entre moral e política, as verdadeiras fronteiras que, hoje mais do que nunca na história, delimitam as nações e separam os homens dos homens. É tempo de defender a mais razoável e a mais louca das utopias, a utopia humanista.

---

13. Idil Atal; Speranta Dumitru, "Pourquoi penser l'ouverture des frontières", *Éthique Publique*, Québec: 2015, vol. 17, n. 1. Disponível em: <http://ethiquepublique,revues.org/1727>. Acesso em: 22 jan. 2016.

A utopia do pensamento[1]
Pedro Duarte

Não foi preciso aguardar a época moderna para que conhecêssemos um espírito utópico. Mesmo antes que Thomas More cunhasse o termo *utopia* na obra que o leva no próprio título, em 1516, ou que autores socialistas do século XIX a defendessem como uma ideia de futuro, já tínhamos entrado em contato com o espírito desse tipo de pensamento na cultura ocidental. Se empregarmos a palavra no sentido corrente, utopia quer dizer uma sociedade perfeita, mas inexistente no passado, inviável no presente e impossível no futuro. Portanto, uma sociedade irreal. Este seria o caso já da cidade descrita por Platão em seu famoso diálogo *A República*. O filósofo fez Sócrates, o seu protagonista, explicar pormenorizadamente a organização de um Estado idealmente justo. Contudo, ao fim, fez também o seu interlocutor – Glauco – comentar: "referes-te à cidade que acabamos de fundar e que só existe em pensamento, pois não creio que se possa encontrar sobre a terra nenhuma desse jeito"[2]. Era formulada já aí a nota restritiva (até hoje repetida) diante da tentativa de se imaginar uma estrutura social radicalmente melhor do que a existente: ela não tem lugar na Terra, não tem *topos* real. Em suma, a utopia é tão antiga quanto as reservas feitas a ela. O século IV a.C., ao que parece, já tinha sido apresentado a ambas.

Todo e qualquer veto ao espírito utópico, portanto, pouco tem de novo. É próprio das utopias provocarem essa tensão com o meio no qual

1. Não havendo indicações em contrário, as traduções dos trechos citados são do autor. [N.E.]
2. Platão, *A República*, Belém: Edufpa, 2000, p. 431 (592b).

são criadas. Nesse sentido, se a origem das utopias é simultânea à origem da nossa própria tradição ocidental, na filosofia de Platão, é porque a razão grega não suportava acolher uma realidade já em desacordo com os seus conceitos. Historicamente, Platão foi um crítico severo da pólis ateniense em que viveu, capaz de condenar à morte o mais sábio de todos os homens: o seu mestre Sócrates, pouco depois transformado em personagem de seus diálogos. Não é uma coincidência que, diante dessa realidade, ele tenha formulado uma pólis utópica. Pois o que está em jogo, aí, é o desacordo entre o estado de coisas dado e a ideia pensada. Platão estava consciente da existência desse desacordo. No diálogo *A República*, por isso, fez questão não somente de enunciar a utopia de um Estado perfeito, mas também de denunciar sua desqualificação imediata: enquanto a primeira coisa é feita por Sócrates, a segunda é feita por Glauco. Um representa a atitude do filósofo audaciosamente pensante, já o outro representa a opinião do senso comum conservadoramente realista.

Isso tudo parece bastante claro, mas repare-se ainda um outro aspecto – tão ou até mesmo mais relevante. É que a desqualificação feita por Glauco da imaginação utópica de Sócrates insinua, sem que percebamos, mais outra desqualificação, que incide sobre a própria atividade do pensamento. Quando Glauco pontua que a cidade descrita por Sócrates "só existe em pensamento", o sentido deste *só* é eminentemente restritivo: não existe na realidade. Porém, essa restrição indica também uma carência, como se o *só* fosse *meramente*. É como se aquilo que é pensado tivesse seu valor diminuído por não ter sido real no passado, por não ser real no presente, por não poder vir a ser real no futuro. O teste, a prova do pensamento seria a sua capacidade de encontrar um lugar para o que foi pensado, um *topos* específico no mundo. Na falta desse *topos*, de um lugar, o que é pensado existiria só – ou seja, meramente – no pensamento. No caso, a cidade de que fala Sócrates tem uma realidade apenas nas palavras da discussão travada no diálogo, posto que não pode ser reproduzida em lugar algum[3]. Isso soa pouco para Glauco, como para a maior parte de nós ainda hoje. Exigimos, em geral, que o que é pensado tenha um lugar real.

---

3. Luisa Severo Buarque de Holanda, "*Mimesis* e utopia na *República* de Platão", *Kleos: Revista de Filosofia Antiga*, n. 16/17, 2012/2013. Disponível em: <http://www.pragma.ifcs.ufrj.br/kleos/K16/K16-Luisa Holanda.pdf>. Acesso em: 17 fev. 2016.

Mas talvez exijamos assim apenas porque nos escapa a natureza utópica intrínseca ao próprio pensamento, que quando de fato pensa nos tira do lugar, desaloja-nos de onde estamos. O pensamento produz utopias, mas é ele mesmo também utópico, sem um lugar definido para si. Como o vento, o pensamento é invisível, não tem um lugar determinado, movimenta-se sem ser visto. Como o vento, contudo, o pensamento pode tirar tudo do lugar. Não seria precisamente isso o que faz também o espírito utópico? Sócrates, diante daquele comentário de Glauco, por isso mesmo, ainda diria que "é indiferente sabermos se já existe algures uma cidade assim, ou se ainda está por concretizar-se", concluindo que o importante é que aquele que se deixou tocar pela ideia de tal cidade, mesmo que ela exista no céu e não na terra, poderá se comportar de acordo com ela[4]. O sentido da utopia, sugeria Sócrates, não é o de um plano pragmático realizável em algum lugar, mas sua capacidade de tirar os homens do lugar em que estão. Essa é a utopia do pensamento, seja qual for a época, ou o lugar, em que surge. Quando o pensamento cria utopias, portanto, ele não está somente apontando para algo fora de si. Ele está, ao mesmo tempo, expondo a si mesmo, apontando o que ele mesmo é, ou seja, apontando o que significa pensar.

Pensar significa perder-se do lugar. Quando estamos pensando e alguma pessoa nos chama para um afazer qualquer de que nem tínhamos nos dado conta, respondemos: "eu estava perdido em pensamentos". É ótima a expressão: pensar é se perder – e não só circunstancial, mas essencialmente. Quando nos perdemos, por exemplo, andando por uma cidade desconhecida, essa situação é só circunstancial, pois as coordenadas espaciais permanecem nos orientando. Precisamos apenas nos localizar. Já quando pensamos, desaparece a referência estável do espaço. Não sei onde estou, esqueço-me da rede em que me deitara e dos livros ao lado. Saio do lugar em que estou, mas não vou a nenhum outro. O pensamento é sem lugar – é utópico. "Talvez a pergunta 'onde estamos quando pensamos?' estivesse errada porque, ao perguntar pelo *topos* dessa atividade, nós estivéssemos orientados exclusivamente pelo sentido espacial"[5], escreveu a filósofa Hannah Arendt, ao examinar a vida do espírito.

4. Platão, *op. cit.*
5. Hannah Arendt, *A vida do espírito*, Rio de Janeiro: Relume Dumará/UFRJ, 1992, p. 152.

Disso, podemos tirar uma conclusão e uma hipótese. Conclusão: não faz sentido reprovar uma ideia por ser utópica, já que toda ideia verdadeiramente pensante é utópica, não tem *topos*. Hipótese: a utopia talvez exija falar mais em tempo do que em espaço, em *quando* do que em *onde*; e isso justificaria que o espírito utópico encontre o seu auge só na época moderna, com a descoberta da autoconsciência histórica e a emergência de um sentido forte de futuro.

Thomas More foi quem forjou a palavra *utopia*, um neologismo no qual juntou o prefixo de privação grego *ou* ao substantivo *topos*, que quer dizer lugar. Sendo assim, utopia diz, literalmente, não lugar. Curiosamente, porém, na obra original de More a palavra foi usada para designar um lugar, uma ilha socialmente perfeita, quase como se o prefixo *ou* fosse, na verdade, *eu*, que significa feliz. O personagem Rafael Hitlodeu – um navegador português cujo nome etimologicamente remete a quem conta disparates e lorotas – narra sua viagem a tal ilha, em um registro textual entre a ficção e a teoria política[6]. Se na república utópica de Platão a crítica à antiga sociedade ateniense era um pano de fundo histórico, com a ilha utópica imaginada por More o ataque à moderna sociedade inglesa entra no palco, ou seja, nas páginas da própria obra. Injusta, desigual e violenta, a pólis na qual vive More é descrita e acha um contraponto na ilha visitada por Hitlodeu: justa, igualitária, pacífica. Permanecemos, porém, numa definição espacial da utopia, registrada no deslocamento da viagem.

Tanto Platão como More dão detalhes, pitorescos e interessantes, sobre o modo de vida nas sociedades utópicas que imaginam. Descrevem a educação dos homens, a escolha da profissão de cada cidadão, as classes que não teriam o direito de habitar a cidade, a melhor forma de governo, a organização de bens e riquezas, entre outros aspectos. E, apesar disso tudo, os nomes de Platão e de More não são provavelmente os que mais atrelamos à utopia. O primeiro criou o espírito e o segundo criou a palavra, mas utópicos mesmo, para nós, são, por exemplo, os socialistas já do século XIX, muitos anos depois. E por quê? Parece que, filosoficamente, o espírito utópico ganhou sua autêntica forma quando foi, para empregar a terminologia de Reinhart Koselleck, *temporalizado*[7], quando a socieda-

---

6. Thomas More, *Utopia*, São Paulo: Martins Fontes, 1993.
7. Reinhart Koselleck, "Die Verzeitlichung der Utopie", em: Wilhelm Vosskamp (org.), *Utopieforschung*, v. 1, Frankfurt-am-Main: Suhrkamp, 1985, pp. 1-14.

de formulada conceitualmente deixou de ser localizada no mundo das ideias, como era em Platão, ou em uma ilha imaginada, como era em More. Nem outro mundo superior nem outro território distante, mas outro tempo futuro – eis quando, segundo os filósofos modernos, nós encontraríamos a utopia. Eles não se perguntam onde estaria a utopia, e sim quando ela viria, mesmo porque ela seria universal, abarcando toda a humanidade. No instante em que a utopia, fazendo jus a sua origem etimológica, deixa de se situar no espaço e passa para o tempo, ela chega ao auge do seu espírito. Foi o momento em que, encerrado o Renascimento, a utopia ingressou nas filosofias da história do Iluminismo.

Pioneira sob esse aspecto foi a breve porém decisiva consideração feita por Immanuel Kant num texto intitulado *Ideia de uma história universal de um ponto de vista cosmopolita*, em 1784. Ele contrapunha, ali, os antagonismos do presente a sua solução no futuro. Toda busca de projeção, ânsia de dominação, cobiça, intratabilidade, vaidade e inveja competitiva constituiriam um egoísmo típico da insociabilidade do homem. Dessas tensões naturais entre indivíduos é que nasceriam os males das guerras e da violência. Essa situação histórica do presente é, porém, contrastada com "um futuro grande corpo político, do qual o passado não deu nenhum exemplo"[8]. Com o passar do tempo, a devastação, a miséria e os transtornos ensinariam aos homens, na própria experiência, o que poderiam ter aprendido pela razão, a saber, que mais vale limitar sua liberdade individual do que viver nessa constante oposição que tira a segurança de todos. O grande corpo político futuro, contudo, é utópico, uma vez que não existe nenhum exemplo de algo como ele tendo lugar na realidade até aqui.

O futuro imaginado por Kant é utópico ainda em mais outro sentido. Trata-se de uma sociedade civil capaz de administrar universalmente o direito, ou seja, não apenas nacionalmente. Há uma exigência na utopia de Kant de que os lugares particulares subordinem-se a um lugar geral, sem competição, pois a era moderna fez da guerra uma empresa delicada e sofisticada, com desenlace incerto para suas partes, resultado da "influência tão notável que os abalos de um Estado produzem em todos

---

8. Immanuel Kant, *Ideia de uma história universal de um ponto de vista cosmopolita*, São Paulo: Martins Fontes, 2004, p. 19.

os outros Estados na nossa parte do mundo tão ligada pela indústria"[9]. Kant, no século XVIII, falava da mutação da globalização tecnológica que se alastrou no século XXI e cujo efeito é a interdependência dos Estados, o que levaria a uma exigência de paz, já que o conflito entre uns afeta todos os outros fortemente. Nada que acontece em um lugar deixa de impactar outro. Se a migração é, contemporaneamente, problema crucial para o mundo, é porque testemunha – dramaticamente, como nos naufrágios de africanos que tentam chegar à Europa – a fragilidade de soluções nacionais, pontuais, tópicas em uma sociedade globalizada. Por isso, somente o direito internacional, para Kant, podia sustentar a constituição do contrato social de uma república moral. Esse ideal enraíza-se no Iluminismo, mas é responsável, para dar um exemplo, ainda pelo espírito de criação da Organização das Nações Unidas, a ONU. Para Kant, os males surgidos da insociabilidade humana forçariam a espécie a achar certa lei de equilíbrio "e um poder unificador que dê peso a esta lei, de modo a introduzir um Estado cosmopolita de segurança pública entre os Estados"[10]. Os cidadãos seriam cidadãos do mundo, em uma federação universal pacífica.

Embora Kant não forneça detalhes concretos de como seria a vida nessa federação, ela tem duas características utópicas tradicionais e duas modernas. Como na antiga filosofia de Platão, a república concebida por Kant pretende ser "perfeitamente justa"[11] e tem assumida a sua aparente impossibilidade de vir a se tornar real; é uma ideia "fantástica"[12] que provoca riso. Mas, além disso, essa república, para ser perfeita, não pode ser só uma entre outras; ela deve incluir a humanidade inteira, englobar o todo, é um "Estado universal cosmopolita"[13], não apenas uma ilha; e, sobretudo, é pensada em uma perspectiva histórica de futuro, uma vez que o seu "problema é, ao mesmo tempo, o mais difícil e o que será resolvido por último pela espécie humana"[14]. É o final de um processo no tempo, o resultado teleológico do progresso.

O objetivo das utopias – reconhecidas por esse nome ou não; em Kant ou já no século XIX, com Hegel e Marx – era a emancipação dos homens.

9. *Ibidem*.
10. *Ibidem*, pp. 15-6.
11. *Ibidem*, p. 10.
12. *Ibidem*, p. 13.
13. *Ibidem*, p. 19.
14. *Ibidem*, p. 11.

Em Hegel, utopia é um Estado de liberdade. Em Marx, é o comunismo, uma sociedade sem diferença de classes. Em ambos, o futuro atrai, como um ímã, toda a história para sua própria superação progressiva. Projeta-se além do passado e do presente, dialeticamente, uma realização da humanidade, através da razão e do trabalho. Embora o significante *utopia* esteja atrelado a Thomas More e aos socialistas, como Robert Owen, Saint-Simon e Charles Fourier, o significado *utopia* atinge filósofos que, às vezes, nem mesmo gostariam de ser vistos como utópicos. Por exemplo: Marx, cuja ideia de socialismo, como argumentou Engels, é científica, e não utópica[15]. Os dois acham que "utopias contêm elementos críticos, atacam os fundamentos da sociedade atual"[16], conforme lemos no *Manifesto comunista*, e por isso servem para esclarecer os trabalhadores; mas elas não explicam, em termos dialéticos, a necessidade histórica de superação do capitalismo. Mesmo assim, Marx – como Kant e Hegel antes – projetou no futuro a reconciliação das contradições do passado e do presente, superando as dilacerações espirituais e as lutas materiais. Impossível agora, mas viável no futuro graças ao progresso – assim a era moderna costumou sustentar as suas utopias.

Nesse aspecto, as filosofias da história modernas descendem da teologia cristã da história. Embora secularizada, a sucessão do tempo ainda é universal e final para os modernos, ou seja, abarca toda a humanidade e tem um objetivo futuro, que se assemelha por vezes à salvação religiosa, conforme apontou Karl Löwith em *O sentido da história*[17]. Para os cristãos, diferentemente dos gregos, o tempo é linear, e não circular, permitindo que a história se destine ao futuro como a realização suprema de si mesma. Impera uma teleologia; a história tem um *telos*, uma finalidade, que é o que a salva e lhe dá sentido. Na era moderna, essa teleologia é progressiva, o homem melhora no tempo, e o futuro, se não é um juízo final, tornou-se utopia. Ressalte-se, porém, uma diferença que separa a modernidade da escatologia cristã. Toda utopia seria construída pelo próprio homem. Ela não cai do céu. Não é dádiva. É uma conquista. Não

---

15. Friedrich Engels, "Do socialismo utópico ao socialismo científico". Disponível em: <https://www.marxists.org/portugues/marx/1880/socialismo/>. Acesso em: 17 fev. 2016.
16. Karl Marx; Friedrich Engels, *O manifesto comunista*, Rio de Janeiro/São Paulo: Contraponto/Fundação Perseu Abramo, 1998, p. 38.
17. Karl Löwith, *O sentido da história*, Lisboa: Piaget, 1990, p. 15.

à toa, a palavra surgiu no seio do Renascimento humanista, com Thomas More. O centro de seu espírito é o homem. Kant falava, no Iluminismo, de *autoestima da razão*, pois o homem, se chegasse ao futuro utópico, só teria a agradecer ao seu intelecto.

Foi assim que as utopias passaram a ser associadas aos sonhos, como se nelas a imaginação fosse livre para criar mundos perfeitos a serem construídos pelo próprio homem, mas impossíveis na realidade ou, ao menos, no presente. Quem defende as utopias é visto como um sonhador ou um romântico, seja isso expresso elogiosa, pejorativa ou, o que é mais comum, condescendentemente. De todo jeito, reconhece-se em geral nos ideais utópicos algo positivo. Contudo, as utopias nem sempre o são. Norbert Elias observa que "numa utopia também podem confluir simultaneamente desejos e pesadelos"[18]. Nem necessitamos ir longe para saber disso. Na república utópica de Platão, artistas não têm direito de cidadania. Na ilha utópica de Thomas More, o príncipe poderia ser vitalício. O sonho de perfeição de uns, às vezes, é o pesadelo de outros. No texto de Kant, a união civil universal dos homens é comparada ao fenômeno natural pelo qual árvores próximas, disputando a luz do sol e forçando umas às outras a buscá-la acima de si, têm um "crescimento belo e aprumado", em contraste com árvores isoladas que lançam seus galhos ao bel-prazer, em liberdade, sendo "mutiladas, sinuosas e encurvadas"[19]. Ora, a imagem da floresta resultante daí é de árvores retas e uniformes, um conjunto homogêneo que, saindo da metáfora, lembra o Estado totalitário mais do que uma sociedade livre.

Na verdade, como as utopias são sempre coletivas, quer dizer, destinam-se a pensar a organização de toda a pólis, dos muitos, elas carregam o perigo de esmagarem, nesse afã de unidade, a pluralidade dos indivíduos. Risco grande e que selou o destino de parte das experiências revolucionárias do século xx. No entanto, foi por estar consciente desse perigo que Marx, já no século xix, fazia questão de sublinhar que, para a realização futura do comunismo, não bastaria a coletividade abstrata sob o nome de sociedade, incapaz de dar a indivíduos a liberdade de explorarem seus talentos e suas potencialidades próprios. Para Marx, isso daria

---

18. Norbert Elias, "¿Cómo pueden las utopías científicas y literarias influir en el futuro?", em: Vera Weiler (org.), *Figuraciones en proceso*, Santafé de Bogotá: Fundación Social, 1998, p. 17.
19. Immanuel Kant, *op. cit.*, p. 11.

continuidade à interdição da individualização que caracteriza o sistema capitalista, no qual os homens se tornam os subprodutos genéricos da classe a que pertencem ou das profissões que exercem. Como explicou Herbert Marcuse, "a forma existente da sociedade só realiza uma ordem universal pela negação do indivíduo"[20]. O futuro imaginado por Marx, uma vez que se opõe a esse presente, deve realizar a ordem universal sem negar o indivíduo, ou seja, abrindo espaço para as suas diferenças independentemente de classes.

Sempre que uma utopia – diferentemente do que ocorre por exemplo na teoria de Marx – descuida das diferenças entre os indivíduos, para afirmar sua unidade totalizante, arrisca achar o avesso de suas pretensões. O sonho de paz perpétua se transforma no pesadelo da apatia, a esperança de ordem se torna o terror de um totalitarismo, a procura de um futuro sem contradições vira uma solução final, a busca de abolição das fronteiras se expressa no imperialismo, a universalização da razão encarna-se no colonialismo. São todas mudanças que explicitam um germe de perversão no significado original da utopia, cujo mote fixa-se no seu anseio de perfeição. Pois também o nazismo procurou, no século xx, a perfeição do gênero humano, com uma forma de governo racionalmente organizada e tecnologicamente desenvolvida. Essa perfeição era a raça ariana, a ser produzida pela história e pela ciência. Dificilmente, porém, algum de nós fica à vontade para denominar o movimento alemão capitaneado por Hitler de utopia. E isso testemunha a favor da força emancipatória da utopia. Em casos assim, parece antes que estamos em frente a distopias.

Os belos sonhos de emancipação do homem podem ser corrompidos em tenebrosos pesadelos para a sua domesticação. Quando isso ocorre, saímos do âmbito das utopias e entramos no âmbito das distopias. O prefixo deixa de ser o *ou*, que significa nenhum, e passa a ser o *dis*, que significa dor, sofrimento. Não se trata de um lugar nenhum, trata-se de um lugar ruim. Os exemplos mais conhecidos de distopia não foram dados pela imaginação de filósofos, e sim de ficcionistas, o que atesta, mais uma vez, o lugar entre literatura e teoria política que esse tipo de fantasia ocupa. Também não vieram do século xix, mas sim do século xx, o que indica uma mutação histórica no espírito do homem moderno, que pas-

---

20. Herbert Marcuse, *Razão e revolução: Hegel e o advento da teoria social*, São Paulo: Paz e Terra, 2004, p. 250.

sou a temer mais do que ansiar o porvir do tempo. O futuro não é mais realização e justiça, liberdade e igualdade. Pensem em *Admirável mundo novo*, de Aldous Huxley, de 1932; ou no *1984*, de George Orwell, de 1949; ou ainda no *Fahrenheit 451*, de Ray Bradbury, de 1953. Nenhum desses livros – adaptados depois todos para o cinema, uma forma de arte que parece mesmo unicamente vocacionada para a representação de distopias – apostou na construção futura de um mundo coletivo melhor através da inteligência e da ação humana. Razão e ciência tornam-se, para eles, formas de maximizar o controle sobre pessoas, tornadas homogêneas. O progresso é terrível. O futuro não tem graça.

Note-se, entretanto, que o futuro da distopia é baseado em valores que, segundo uma abstração formal, poderiam ser considerados utópicos. Todas as sociedades aventadas pela ficção de Huxley, Orwell e Bradbury fundam-se na harmonia e na organização. Em certos casos, porém, só com drogas artificiais é que as mantêm, tornando os indivíduos dóceis a regras que garantem a paz da sociedade. Em Huxley, o nome do medicamento é "soma". O avanço tecnológico deixa de ser apenas benefício para a vida humana e passa a substituir o que há de natural nesta vida. O "admirável mundo novo" não tem geração de filhos por casais, e sim de bebês por incubadoras. Ele é dividido em diferentes castas, cuja manutenção garante a ordem geral[21]. Em Orwell, tal corrupção do sentido que teria uma ordem política atinge o ápice, não apenas porque, em sua distopia, o governo é de um partido único, mas porque, como reza o *slogan* desse partido, "guerra é paz". O controle dos meios de comunicação de massa é decisivo aqui, pois permite a manipulação da população. Devemos ao romance *1984* o termo *Big Brother*[22], um regime totalitário que, através de televisores bidirecionais, permitia ao Estado vigiar o cidadão (e que, em uma peripécia inacreditável da indústria cultural, tornou-se contemporaneamente o nome de um jogo no qual pessoas se deixam vigiar 24 horas por dia pela televisão, com uma diferença: é que agora essas pessoas se dispõem voluntariamente a isso, sem um poder que as obrigue – a realidade às vezes supera nossas piores fantasias).

---

21. Aldous Huxley, *Admirável mundo novo*, São Paulo: Globo, 2014.
22. George Orwell, *1984*, São Paulo: Companhia das Letras, 2009.

Chama a atenção que, em várias distopias, a linguagem seja um foco de ataque. Em *1984*, a "novilíngua" caracteriza-se por ter o vocabulário diminuído a cada ano – ao contrário das outras línguas – e por contar apenas com palavras curtas, pronunciadas rapidamente sem eco no espírito dos homens. Orwell só escreve o que o Terceiro Reich alemão, anos antes, já sabia: linguagem é pensamento e criação, portanto, um controle totalitário deveria empobrecê-la e torná-la mero instrumento pragmático. Sendo assim, a palavra *livre*, por exemplo, só existiria na "novilíngua" no sentido de algum desimpedimento concreto, como na frase "o cachorro está livre de pulgas". Ser política ou intelectualmente livre se tornaria expressão sem significado. Reduzindo a variedade da linguagem, o pensamento encolhe junto. Nessa distopia, a meta do *Big Brother* é moldar o pensamento de sua sociedade, mas também e sobretudo impedir o surgimento de qualquer outro pensamento diferente.

Não surpreende, portanto, que Ray Bradbury, em *Fahrenheit 451*, tenha colocado o banimento dos livros como princípio fundamental da distopia. Tais objetos são criminalizados, por assim dizer, e ninguém os pode ter ou ler. Num lance genial, o escritor então designou uma nova função para bombeiros nessa distopia: ao invés de apagar o fogo, eles o ateiam em todo e qualquer livro que encontrem[23]. O número 451 marca a temperatura na qual o papel pega fogo na escala de Fahrenheit. Daí o título da obra, adaptada no cinema por François Truffaut (a cena final do filme traz uma pequena e bela esperança: foragidos que se dedicariam a memorizar o que vinha escrito nos objetos proibidos, para que suas histórias pudessem ser preservadas sem o suporte material). De todo jeito, o que chama a atenção é a necessidade que toda distopia tem de impedir o nascimento de qualquer utopia. Para tanto, precisa deteriorar a linguagem e os livros, pois eles são os mananciais da imaginação utópica. Um lugar ruim o é inclusive porque não permite que se imagine nenhum outro.

O terrível, quando lemos essas ficções de distopias, é perceber que entre suas características há várias que reconhecemos na nossa própria realidade. O século xx viu livros serem queimados em grandes fogueiras no país de Goethe, de Beethoven, de Kant. O nazismo alemão, além disso,

---

23. Ray Bradbury, *Fahrenheit 451*, São Paulo: Globo, 2012.

serviu-se da ciência para fazer uma discriminação étnica entre os homens: arianos de um lado e judeus do outro. Mais que isso: promoveu um holocausto desses últimos, em nome de um ideal de pureza e perfeição. De resto, como o "admirável mundo novo", nós, modernos, parecemos tomados "por uma rebelião contra a existência humana tal como nos foi dada", para usar as palavras de Hannah Arendt, que desejamos trocar "por algo produzido por nós mesmos"[24]. Empregamos a tecnologia, cada vez mais, para substituir o que nos foi dado gratuitamente pela vida por coisas que nós mesmos fabricamos. Esse processo, que um dia alimentou esperanças em relação ao futuro do homem, é hoje visto com desconfiança, ou até pavor. O mundo industrial do Ocidente chegou a representar uma força destrutiva para o planeta Terra comparável às forças naturais, no que cientistas chamaram de *antropoceno*. Se as utopias de filósofos do século XIX cederam seu palco para as distopias de ficcionistas do século XX, nossa sensibilidade no século XXI está mais próxima destes. Olhamos para o futuro ressabiados, cabreiros, em alguns casos desesperados. Poucos parecem querer que ele chegue logo.

Para piorar, embora não tenha sido por designação de qualquer Estado, nossa linguagem experimenta atualmente dificuldades que não deixam de ter paralelos com aquelas imaginadas nas distopias. "O homem de hoje não cultiva o que não pode ser abreviado"[25], escreveu Paul Valéry no começo do século XX. Não temos como desmenti-lo. O século XXI é ainda mais intolerante com o dito "papo cabeça", ou com a "palavra difícil". Nenhuma complexidade é bem-vinda, como se fosse sempre somente pretexto para se descomprometer diretamente com uma posição mais claramente definida. Os simplismos e os binarismos de nossas análises políticas recentes são consequências disso. Falta pensamento, falta linguagem. O ensaísta George Steiner diagnostica um "repúdio à palavra" entre nós, que ficaria historicamente claro pela redução de uso que fazemos do vocabulário que temos, ainda que este possa crescer[26]. Embora o inglês de hoje tenha mais de 600 mil palavras, enquanto na

---

24. Hannah Arendt, *A condição humana*, Rio de Janeiro: Forense Universitária, 1999, p. 10.
25. Paul Valéry, *apud* Walter Benjamin, "O narrador", em: *Magia e técnica, arte e política*, São Paulo: Brasiliense, 1994, p. 206.
26. George Steiner, "O repúdio à palavra", em: *Linguagem e silêncio*, São Paulo: Companhia das Letras, 1988, pp. 43-4.

época elisabetana tinha 150 mil, Shakespeare usou um vocabulário mais extenso que qualquer autor posterior a ele. Por vezes, parece que, assim como produzimos nosso próprio *Big Brother* real, também estamos criando uma "novilíngua". Tudo tem que ser abreviado. E assim o 2015 real, às vezes, até lembra o *1984* ficcional.

Isso tudo parece ter enterrado o espírito utópico para nós. O futuro não é mais o que era[27], como consta na observação de Paul Valéry que já deu título a um ciclo de conferências organizado por Adauto Novaes. Poderíamos dizer: o futuro era utopia e virou distopia. Ontem queríamos acelerar sua chegada, hoje queremos adiá-la. Mutação contemporânea: de herói, o progresso passou agora a vilão. Por um lado, o progresso é desenvolvimentismo econômico predatório, que passa por cima de quem quer que o atrapalhe: índio, pobre, homem, bicho. Nada resiste à sanha tecnológica industrial que só conhece a matéria e ignora o espírito. Karl Marx apontou, no século xix, que o capitalismo é muito dinâmico no desenvolvimento de novos meios de produção, mas não tem o mesmo ritmo na distribuição do que é produzido. Partindo dessas coordenadas no século xx, Walter Benjamin afirmou que o progresso é como uma tempestade que impele de costas, sem que se possa vê-lo, para o futuro. No caminho, em vez de termos uma cadeia de acontecimentos, o que fica é "uma catástrofe única, que acumula incansavelmente ruína sobre ruína e as dispersa sobre nossos pés"[28]. Judeu no início do século xx, Benjamin conhecia o poder destrutivo do progresso.

Eis por que Susan Buck-Morss, em seu estudo sobre utopia e catástrofe, tomou emprestada de Benjamin a expressão *mundo sonhado* para descrever a modernidade que, em constante mudança, abriu portas para a esperança em um futuro melhor, mas na prática também permitia o contrário. Os mitos pré-modernos reforçavam a tradição justificando seus constrangimentos sociais; já os mundos sonhados (política, cultural e economicamente) expressam o desejo utópico por arranjos sociais que transcendem formas existentes. Só que esses mundos sonhados tornam-se perigosos, avisa Buck-Morss, quando sua energia é usada por estruturas

---

27. Adauto Novaes (org.), *O futuro não é mais o que era*, São Paulo: Edições Sesc São Paulo, 2013.
28. Walter Benjamin, "Sobre o conceito de história", *op. cit.*, p. 226.

de poder e mobilizada por instrumentos de força que os voltam "contra as próprias massas que eles supostamente beneficiariam"[29].

Por outro lado ainda, a vilania do progresso estaria no determinismo do futuro guardado na história. Seu sentido teleológico teria tirado a surpresa do porvir e sido, nos termos do poeta mexicano Octavio Paz, uma "colonização do futuro"[30]. Nesses casos, as filosofias modernas teriam traído suas utopias. Pois colonização é uma categoria espacial. O Brasil foi colonizado por Portugal: era questão de território. Colonizar o futuro espacializa o tempo e dá lugar ao que se define por não ter lugar, *topos*. Colonizar é ainda, em geral, um processo de transformação do outro no mesmo, da diferença na identidade. Colonizadores, historicamente, tendem a aniquilar o outro que encontram: via morte concreta, que não deixa indivíduos diferentes existirem, ou via aculturação, que só deixa indivíduos diferentes existirem, caso abandonem sua diferença. Basta lembrar o que houve e há com índios no Brasil. Seguindo a analogia, colonizar o futuro extermina a diferença do amanhã, que vira uma finalidade antecipada hoje.

Em casos assim, as filosofias modernas da história, ao contrário do que parece, não tiraram as utopias do espaço para o tempo, pois o futuro é pensado por elas como um lugar – que apenas não chegou ainda. Ironia teórica: a utopia passou do lugar ao tempo, mas como o tempo foi concebido espacialmente, ela voltou a ser um lugar, traindo sua etimologia, que é ser lugar nenhum. Parecia que a descoberta iluminista da história – ausente no Renascimento – colocara a utopia no tempo. Só que a utopia precisou, para usar uma expressão corrente, *ter lugar na história*, pois a história foi metaforicamente entendida como uma flecha ou uma espiral, quer dizer, a exemplo do espaço. O futuro, em flagrante contradição, seria a realização tópica da utopia – no fim da história.

Quando as utopias são submetidas a esse raciocínio histórico teleológico predominante nos séculos xviii e xix, elas parecem "a parte menos feliz do seu legado; contudo, não podemos desdenhá-las nem condená-las; se por um lado muitos horrores foram cometidos em seu nome, por outro lhe devemos quase todas as ações e os sonhos generosos da Idade

---

29. Susan Buck-Morss, *Dreamworld and Catastrophe: The Passing of Mass Utopia in East and West*, Massachusetts: MIT, 2000, p. xi.
30. Octavio Paz, *Os filhos do barro*, Rio de Janeiro: Nova Fronteira, 1984, p. 191.

Moderna", alertou Octavio Paz, concluindo aí que "a utopia é a outra cara da crítica e só uma idade crítica pode ser inventora de utopias: o buraco deixado pelas demolições do espírito crítico é sempre ocupado pelas construções utópicas"[31]. Embora as utopias modernas definam-se pela projeção do futuro, elas se fundam é na crítica do seu presente. Nesse sentido, uma época sem utopias ameaça abandonar a crítica.

Nosso desafio contemporâneo, portanto, talvez seja reabilitar o espírito utópico, tão desacreditado hoje por sua suposta ingenuidade, sem enquadrá-lo em um esquema histórico teleológico, como fez a era moderna. Octavio Paz, em seu discurso de agradecimento ao Prêmio Nobel, perguntou se viveríamos um fim das utopias contemporaneamente. Respondeu, porém, que seria só o "fim da ideia de história como um fenômeno cujo desenlace se conhece de antemão"[32]. Não precisamos, enfim, de utopias como formas de colonização do futuro, e sim como formas críticas que resistem à colonização do próprio presente. Mas será que as utopias podem ser isso? Pois, teoricamente, o destino das utopias esteve atrelado ao progresso futurista das filosofias modernas da história.

Isso está correto. Nós, entretanto, talvez nos contentemos rapidamente demais com afirmações corretas. Martin Heidegger dizia que "o simplesmente correto ainda não é o verdadeiro"[33]. Está correto afirmar que a utopia moderna privilegiou a dimensão temporal do futuro. No entanto, sua verdade talvez seja o próprio presente. Platão elaborou sua república como modelo ideal diante da pólis ateniense. Thomas More inventou a ilha utópica por contraste à Inglaterra do século XVI. Kant pensara na federação cosmopolita diante da divisão bélica da era moderna. Hegel determinou o Estado da liberdade após testemunhar a Revolução Francesa. Fourier propôs falanges em oposição a valores burgueses. Marx concebeu o comunismo sem classes a partir da exploração capitalista dos trabalhadores pelos donos dos meios de produção. Nenhuma utopia futura foi imaginada sem que sua verdade fosse a atenção crítica ao presente.

Por conseguinte, "é a utopia que faz a junção da filosofia com sua época, Capitalismo europeu, mas já também cidade grega", conforme observara Gilles Deleuze, "é sempre com a utopia que a filosofia se torna

---

31. Octavio Paz, *A outra voz*, São Paulo: Siciliano, 1993, p. 35.
32. Idem, *La quête du présent*, Paris: Gallimard, 1991, p. 59.
33. Martin Heidegger, *Ensaios e conferências*, Petrópolis: Vozes, 2001, p. 13.

política, e leva ao mais alto ponto a crítica da sua época"[34]. Para ele, a utopia é um movimento infinito de desterritorialização, entendendo-se aí o seu valor pela recusa do *topos* fixo e estável de um território. Sua conexão é com as forças abafadas do meio no qual surge. Embora admita a existência de utopias autoritárias, como Norbert Elias também apontara os pesadelos utópicos, Deleuze sublinha o que ele chama de utopias libertárias, de caráter imanente, e não transcendente. Isso significa que as utopias libertárias, literalmente, liberam o presente, ao invés de prenderem o futuro, sendo secundário julgar se elas se realizam ou não. O ser se abre.

Nesse sentido, é correto dizer que as promessas utópicas modernas não foram cumpridas, mas isso talvez esconda a verdade de seu significado para o presente. Nas ficções de Huxley, Orwell e Bradbury, aprendemos que o aspecto essencial de toda distopia é descartar toda utopia. O lugar ruim impede que se pense outro lugar que não existe ou que parece não poder existir. E "a própria forma da utopia", afirma Fredric Jameson, "é uma meditação sobre a diferença radical"[35]. O silêncio atual diante das utopias não é, então, um amadurecimento realista após o otimismo infantil. É a perturbadora interdição da imaginação de mundos nos quais a vida seria diferente do que é. Uma época ruim não o é por ser incapaz de realizar utopias, mas por ser incapaz de ouvi-las e criá-las.

Diante disso, gostaria de sugerir que o julgamento sobre as utopias deve ser feito não pela viabilidade empírica e pelo cumprimento de suas promessas, o que nos levaria a descartá-las, mas por sua capacidade de pensar e imaginar. Ninguém pode garantir que uma utopia vá se realizar, e nisso o ataque a várias filosofias da história teleológicas tem razão. Só que ninguém, tampouco, pode garantir que uma utopia não vá se realizar. O motivo é o mesmo: não há como saber o que será antes que seja. Logo, ninguém pode afirmar que alguma coisa futura é impossível. O homem foi à Lua. Os Estados Unidos têm um presidente negro. Beethoven compôs sua *Nona sinfonia*. Tudo isso parecia impossível algum dia. Como afirmou Nelson Mandela, "sempre parece impossível até que alguém faça". Desacreditando a utopia porque ela é impossível, limitamos a existência ao possível, como se ele fosse facilmente determinável. O ser se fecha.

---

34. Gilles Deleuze, *O que é a filosofia?*, São Paulo: Editora 34, 1992, p. 130.
35. Fredric Jameson, *Archaeologies of the Future: The Desire Called Utopia and Other Science Fictions*, New York: Verso, 2005, p. xii.

Julgamos as utopias impossíveis porque não encontramos nada paralelo a elas no passado conhecido. Só que, de outro lado, o passado tem sido pródigo em demonstrar quantas coisas que julgávamos impossíveis depois se tornaram possíveis. O homem precisa, para entender o espírito utópico, olhar o passado através desse ponto de vista monumental. "Ele deduz daí que a grandeza, que já existiu, foi, em todo caso, *possível* uma vez e, por isto mesmo, com certeza, será algum dia possível novamente", conforme escreveu um ousadíssimo Friedrich Nietzsche já mais para o fim do século XIX; "ele segue, com mais coragem, o seu caminho, pois agora suprimiu-se do seu horizonte a dúvida que o acometia em horas de fraqueza, a de que ele estivesse talvez querendo o impossível"[36]. Para saber que o futuro é a abertura possível do presente ao impossível, basta olhar o passado. Ele foi constituído de tantos e tantos impossíveis.

Longe de justificar, assim, a utopia porque ela é possível no futuro, o que importa é que ela exige do presente defrontar-se com o que parece impossível. O conhecido presente é tocado pelo estranho futuro no desconhecido tempo do agora. Nas palavras de Marcia Sá Cavalcante Schuback, "a luz da utopia é a luz da falta salutar, da finitude que define o vivo como uma abertura infinitiva"[37]. O sentido da utopia é abrir o presente para a história. Nesse sentido, quanto mais impossível parece uma utopia, melhor utopia ela é. Porque mais estranha, mais desconhecida. Não sabemos o que o futuro será, mas tampouco o que não será. Ele não tem um lugar. Pensá-lo utopicamente é ser-lhe fiel.

O futuro possível é só presente adiado, que ainda não veio. É planejado, calculado, previsto. Não é imaginado. O impossível, sim: que é surpreendente, novo, inédito. Nesse sentido, só o impossível realmente acontece, uma vez que, como asseverou o filósofo Jacques Derrida, "nada pode programar que alguma coisa aconteça, pois aquilo que está no programa não acontece, anula-se na sua previsibilidade, não tem força de evento"[38]. Nos versos do poeta carioca Chacal, "só o impossível acontece, o possível apenas se repete"[39]. O espírito utópico é o espírito refratário à

---

36. Friedrich Nietzsche, *Segunda consideração intempestiva: da utilidade e desvantagem da história para a vida*, Rio de Janeiro: Relume Dumará, 2003, p. 20.
37. Marcia Sá Cavalcante Schuback, *Olho a olho: ensaios de longe*, Rio de Janeiro: 7Letras/Biblioteca Nacional, 2011, p. 90.
38. Geoffrey Bennington; Jacques Derrida, *Jacques Derrida*, Rio de Janeiro: Jorge Zahar, 1996, p. 24.
39. Chacal, *É proibido pisar na grama*, Belo Horizonte: Leve um Livro, 2014, p. 6.

repetição mecânica do hoje no amanhã. O espírito utópico é aquele que diz, junto a Guimarães Rosa, "aquilo que não havia, acontecia"[40] – frase que aparece em um conto cujo título é a mais perfeita tradução da palavra *utopia*, do que não tem um lugar: "A terceira margem do rio".

    Concluindo, parece-me que a utopia deve deixar de ser o fim necessário de um sistema histórico teleológico. Mas só isso. Precisamos de utopias ainda, e talvez sempre. Para que algo aconteça. Podemos então afirmar que "a beleza do nome encontrado por Thomas Morus para a sua ilha da felicidade faz com que se datem os anseios utópicos do aparecimento do seu livro, no século XVI"[41], com o que seguimos a intuição do escritor Oswald de Andrade: "O fenômeno, porém, sempre existiu desde que uma sociedade se sentiu mal no seu molde enrijecido e sonhou outra conformação ideológica para a sua existência"[42]. Para todos os que se sentem mal com o molde enrijecido atual, a utopia é o sonho impossível da terceira margem, sem lugar na realidade. Não há problema. Os dias mudam após o sonho noturno não porque nos dispomos a fazer da vida algo idêntico a ele, e sim porque ele nos faz despertar já diferentes para esta vida.

---

40. Guimarães Rosa, "A terceira margem do rio", em: *Ficção completa*, Rio de Janeiro: Nova Aguilar, 1994, p. 409.
41. Oswald de Andrade, "A marcha das utopias", em: *A utopia antropofágica*, São Paulo: Globo, 1995, p. 205.
42. *Ibidem*.

Os dois caminhos da conversão utópica: a *epoché* ou a imagem dialética[1]
Miguel Abensour

Por que a conversão utópica? Porque não é nos dicionários que se deve buscar a definição da utopia. Os dicionários oferecem um condensado do que chamam de *ciência normal*; portanto, são incapazes de explicar todo fenômeno que se situa à parte. Assim, tento pensar a utopia enquanto experiência, mais precisamente enquanto experiência da conversão. Quero dizer com isso que tento compreender o que se passou quando um estudante da École Polytechnique ou um proletário se tornou de repente saint-simoniano e se juntou à comunidade de Ménilmontant. Convém não se enganar quanto ao vocábulo *conversão*. Não se trata de modo algum de entendê-lo no sentido religioso e de retomar a interpretação do editor católico da *Utopia* de Thomas Morus. Julgando que a função essencial do livro de Morus é maiêutica, André Prévost procura mostrar que a *Utopia* é o instrumento de uma verdadeira *metanoia*, de uma metamorfose da alma que se desvia do mundo – e da cidade terrestre – para se dirigir a Deus. *Se há conversão, esse movimento só pode ser uma conversão à utopia*. A conversão utópica significa e não pode significar senão conversão à utopia mesma, e não a seus temas ou a seus conteúdos. Entenda-se: a um complexo de impulsos, de atitudes ou de posturas próprias à utopia. Manifestação do *heroísmo do espírito humano* no sentido de G. Vico, a utopia é aquela disposição que, graças a um exercício da imaginação (a imaginação exata, diria Adorno), não teme transcender os limites de uma dada sociedade e conceber o que é diferente, o totalmente-outro social.

---

1. A tradução do presente ensaio, incluindo as citações de obras feitas pelo autor, é de Paulo Neves.

Por que ter escolhido esse termo *conversão*? Quer se trate da filosofia – penso na conversão filosófica de que fala Spinoza no *Tratado da reforma do entendimento* – ou da utopia, ele tem o mérito de chamar a atenção para um movimento, para um processo dinâmico; no caso da utopia, o movimento pelo qual o homem ou o coletivo se desvia da ordem existente para se dirigir a um mundo novo, à "expressão imaginativa de um mundo novo", nos termos usados por Marx ao exprimir sua admiração por Charles Fourier e Robert Owen. Ora, esse movimento, esse deslocamento de um polo a outro, de uma *topia* a uma *utopia*, para retomar a hipótese de Gustav Landauer no seu panfleto *A revolução* (1907), provoca uma *virada* que se manifesta na desafeição pela ordem existente e no aparecimento de um novo investimento em favor da comunidade diferente por vir, a desafeição pela ordem sendo imediatamente seguida pelo investimento de uma nova forma de ligação entre os homens, de ligação humana. Basta ler C. Fourier e o discurso preliminar à *Teoria dos quatro movimentos e dos destinos gerais* para entender o *ritmo* da conversão. Esta última se efetua em duas fases estreitamente ligadas uma à outra: primeiro um momento filosófico, a retomada da dúvida cartesiana, dúvida parcial e, portanto, submetida a uma extensão radical, a ponto de dar origem a uma *Dúvida Absoluta* aplicada à civilização, a sua necessidade, a sua excelência e a sua permanência. "Resolvi aplicar a Dúvida às opiniões de uns e de outros indistintamente, e suspeitar até das disposições que tinham o assentimento universal."[2] Depois, o momento propriamente utópico, no sentido de que se desdobra sob a forma de um movimento de *Desvio Absoluto*. "Assim, presumi que o meio mais seguro de chegar a descobertas úteis era afastar-se, em todo o sentido, dos caminhos seguidos pelas ciências incertas que jamais fizeram a menor descoberta útil para o corpo social."[3] Donde uma mudança de terreno e uma clara ruptura com as filosofias, ruptura que consiste em substituir a ultraclássica questão do trono e do altar pela das medidas industriais e domésticas.

Assim, a ideia de conversão utópica parece mais capaz que qualquer outra de responder à questão: como se torna o homem um animal utópico, como nasce, como surge *o humano utópico*? Ao colocar a questão

---

2. Charles Fourier, *Oeuvres*, t. I, edição e apresentação por S. Debout-Oleszkiewicz, Paris: Éditions Anthropos, 1966, p. 4.
3. *Ibidem*, pp. 4-5.

do *como*, somos levados a explorar não só uma constelação complexa, feita de gestos, atitudes e afetos mas também de elaborações filosóficas, que vai muito além da resistência ou do martírio, no sentido de que, se examinarmos bem, ela se forma, mesmo em problemáticas distintas, sob o signo do *despertar*.

Parece que, num primeiro momento, a despeito dos ataques de Fourier contra a corporação dos filósofos, filosofia e utopia marcham juntas. Fourier, quando convida a praticar a Dúvida e o Desvio Absolutos, aponta um alvo próprio das Luzes: o magma dos preconceitos que formam as opiniões convencionais representa o perigo por excelência. Fichte e Fourier se juntam quando um considera que é preciso aplicar a dúvida cartesiana ao campo político, ao conjunto das ideias morais e políticas, quando o outro exige estender a dúvida de Descartes à civilização de modo a suspeitar de sua legitimidade. Será que a filosofia, no caso a de Fichte, não explicita uma parte do movimento que suscita o desvio utópico e, portanto, a possibilidade da conversão? Ao retomar a ideia de que fomos crianças antes de ser adultos, Fichte sugere questionar nossa vida cotidiana e o conjunto das pressuposições que, ao fundamentá-la sem que o saibamos, não são submetidas a exame crítico algum. "A simples autoridade de nossos pais e professores nos faz admitir sem prova, como princípios, certas proposições que não o são [...]. Ao entrarmos no mundo, reencontramos nossos supostos princípios em todos os homens com quem nos relacionamos, porque eles também os admitiram por acreditar em seus pais e professores"[4]. Daí o apelo à crítica e à rejeição do que se apresenta como sabedoria histórica. Essa sabedoria, ou essa pretensa sabedoria invocada por inimigos da Revolução Francesa como Burke ou Rehberg, afirma estar fundada na experiência passada. Para estes últimos, "a história é a vigilante de todos os tempos, a mestra dos povos, a infalível profetisa do porvir"[5]. E Fichte acrescenta em seguida que esse privilégio concedido à história tem por consequência desastrosa reduzir o futuro ao passado e o possível ao real. O implícito desse pensamento da história mobilizado para negar a diferença do porvir é que tudo deve permanecer tal como é atualmente. Contra esse privilégio da história e também da

---

4. Johann Gottlieb Fichte, *Considérations sur La Révolution Française*, apresentação de Marc Richir, Paris: Payot, 1974, pp. 87-8.
5. *Ibidem*, p. 96.

experiência, o filósofo se empenha em fazer aparecer e em fazer valer uma *forma originária* que não é senão a liberdade. Afirmada a liberdade, criando-se uma filosofia da liberdade, duas orientações rigorosamente opostas se manifestam. Do lado da sabedoria histórica e de seus defensores, importa valorizar a *imitação* e a reprodução do que foi e do que é. Do lado da filosofia da liberdade, ressoa o convite à *criação* do que deve ser de outro modo. É aqui que Fichte se aproxima de Saint-Just quando este declara que, de agora em diante, segundo a dinâmica criadora da revolução, o heroísmo – o heroísmo da liberdade – não tem modelos. Crise da imitação. Esse conflito entre imitação e criação, longe de limitar-se a questões históricas ou estéticas, adquire uma dimensão política e, mais ainda, existencial.

> Assim, na oposição entre criação e imitação se reflete o conflito radical que Fichte encontra na raiz da existência; à escolha da subjetividade em favor da liberdade, que se realiza na criação de si e no idealismo fundado na autonomia do eu, opõe-se a escolha da heteronomia, da servidão ao não eu, e a redução da liberdade subjetiva a um poder de refletir as coisas[6].

Dessa escolha entre liberdade e servidão decorre uma alternativa determinante para a conversão utópica: *o homem será esperança ou memória.* Somente uma subjetividade livre tem condições de conceber um princípio de esperança capaz de provocar a conversão utópica.

Infinitamente mais temível que os pais e os professores, embora estes últimos, por sua "sabedoria", façam parte dele e o reforcem, é um mestre quase absoluto que parece, erroneamente, compartilhar com a morte a *inelutabilidade*. A ordem existente, ou melhor, a ordem estabelecida que em sua ilusória objetividade se aparenta ao reinado das coisas, é esse mestre de uma força esmagadora que se impõe a nós como o que é tal como é e não de outro modo. Não há dúvida alguma de que esse poder, ao mesmo tempo ordinário e permanente, modela subjetividades mais propensas à aceitação e à servidão do que à revolta e à paixão da liberdade.

---

6. Alexis Philonenko, *Théorie et praxis dans la pensée morale et politique de Kant et de Fichte en 1793*, Paris: Vrin, 1968, p. 104.

Não há dúvida alguma de que por trás desse *estabelecimento* se esconde uma história subterrânea, a da domesticação dos corpos, a do "destino dos instintos e das paixões humanas recalcadas, desnaturadas pela civilização"[7]. A que Nietzsche revelou em *A genealogia da moral*, feita de terror e de barbárie, "a moralidade dos costumes e a camisa de força social [que] tornaram o homem realmente calculável". A proveniência dos repetidos apelos ao realismo, a uma política realista, espécie de ideia fixa hipnotizante que inaugura sempre o que tem por nome retorno à normalidade, não é desse lado que devemos buscá-la? Esse poder de rosto indiscernível provém do que poderíamos chamar de *dogmatismo prático, "ontológico" mesmo*, que impregna nossos dias e nossas noites, encerra nossa vida cotidiana, fecha-a dentro de limites que têm a aparência do intransponível e dos quais parece inconcebível evadir-se. Presos nessa ordem estabelecida ou nesse estabelecimento, de limites tanto mais invisíveis quanto parecem se confundir com o ser mesmo, a ideia de sair deles é impensável, a não ser por atos imediatamente tachados de loucura ou de crime. Para tentar avaliar esse incomensurável mais grave, mais destruidor que o dogmatismo oriundo das ortodoxias, tão profunda é sua raiz, voltemos à etimologia grega de dogma. *Dogma* significa, primeira e essencialmente, *o que parece bom, o que convém e, portanto, o que é evidente*, tão evidente que escapa a toda interrogação, a todo questionamento crítico, pois a ordem em que ele existe se afirma, se produz e se reproduz aquém de toda problematicidade. O problema, se problema houver, é que nessa ordem não há problemas, limites preestabelecidos.

Ora, apontar esse *dogmatismo frio* da ordem estabelecida, que é como ela é e não de outro modo, não significa ao mesmo tempo designar aquilo sobre o qual deve trabalhar a conversão utópica? Retomemos, para explicá-los melhor, os termos de Landauer em *A revolução*. A conversão utópica se afasta de uma *topia*, de um estabelecimento, portanto, com todas as conotações ligadas a esse termo, da conjunção de um espaço e de um tempo determinados, para se dirigir à *utopia*, lugar de nenhum lugar e tempo de tempo nenhum, indeterminados. Desaprender e desprender-se. Como se o movimento dessa *metanoia* fosse conseguir desprender-se do apego

---

7. Max Horkheimer; Theodor W. Adorno, *La Dialectique de la raison. Fragments philosophiques*, Paris: Gallimard, 1974, p. 250. Ed. bras.: *Dialética do esclarecimento: fragmentos filosóficos*, Guido Antonio de Almeida (trad.), Rio de Janeiro: Jorge Zahar, 1985.

a uma ordem estabelecida dada, a um estabelecimento, para investir não uma nova ordem, mas, graças à *suspensão do tempo e do espaço*, para tentar a experimentação aberta de um novo ser-no-mundo e de um novo estar-junto-no-mundo que, longe de temer os desvios, as passagens ou os saltos além, inauguram uma *desordem nova*, uma *desordem fraterna*, para retomar a bela expressão dos insurretos do ano III [1795] da Revolução Francesa, de modo a deixar florescer invenções, sonhos e fantasias até a eclosão heroica de uma *vita nuova*. Escutemos o historiador Jules Michelet que, a propósito da festa da federação do ano de 1790, descobre como que um casamento da utopia e da revolução, todos os traços de uma conversão utópica em tempos de revolução: "O tempo pereceu, o espaço pereceu, as duas condições materiais a que a vida se submete [...]. Estranha *vita nuova* que começa para a França, eminentemente espiritual, e que faz de toda a sua revolução uma espécie de sonho, ora maravilhoso, ora terrível [...]. Ela ignorou o espaço e o tempo"[8].

Diversas são as armas da utopia, mas o mais importante é, sem dúvida, interrogar o *como* da conversão utópica, tentar determinar o método, ou melhor, as formas pelas quais se pode efetuar a conversão, o duplo movimento de desprendimento de uma ordem dada, de um estabelecimento, seguido da busca de um novo ser-no-mundo pela chegada a um mundo novo. Quais os caminhos tomados por essa conversão? Como explicar essa metamorfose, essa quase alquimia, esse movimento complexo que a cada vez busca sair de um *sono dogmático* e conhecer enfim o despertar? De minha parte, distinguirei dois caminhos: a *epoché fenomenológica* e a *imagem dialética* com a qual Walter Benjamin pensou a utopia.

UTOPIA *EPOCHÉ*

Algo como a *epoché* fenomenológica não está no centro da conversão utópica? Ou, mais exatamente, para chegar a esta não convém praticar algo como a *epoché*, essa colocação entre parênteses do mundo objetivo? Não é legítimo perceber na conversão utópica e na sua colocação entre parênteses da ordem estabelecida, da ordem social-histórica, um gesto

---

8. Jules Michelet, *Histoire de la Révolution Française*, Paris: Gallimard, Bibliothèque de la Pléiade, 1952, p. 406. Ed. bras.: *História da Revolução Francesa: da queda da Bastilha à festa da federação*, Maria Lucia Machado (trad.), São Paulo: Companhia das Letras, 1989.

próximo do da fenomenologia que suspende a *tese do mundo*? Não é justo então, até certo ponto, descrever a conversão utópica em termos de *epoché* ou mesmo falar de *epoché* utópica? Mas o que convém entender por *epoché*?

A *epoché* é uma técnica ou um método próprio à fenomenologia. Segundo a definição de Husserl, a *epoché* é "uma colocação entre parênteses" do mundo objetivo, isto é, uma suspensão da abordagem natural do mundo afirmado como um objeto. No campo do saber, a *epoché* consiste em suspender, em interromper as interpretações ou as construções relativas a dados, construções que têm um efeito de abstração e de ocultação do que aparece, daquilo que o fenômeno manifesta. Essa crítica, esse afastamento das interpretações e das construções, leva a um contramovimento de retorno à coisa mesma tal como ela se manifesta. Pode-se observar que na filosofia contemporânea a *epoché* é objeto de uma extensão. Assim, Marc Richir, em *Du sublime en politique* [Do sublime em política], considera que a festa revolucionária que interrompe o curso ordinário das coisas pode ser comparada a uma *epoché* na medida em que suspende todas as referências simbólicas que contribuíam para instituir o Antigo Regime.

A conversão utópica, por proceder a uma suspensão da ordem estabelecida tal como ela é e até mesmo a uma suspensão do espaço e do tempo, aproxima-se sensivelmente da *epoché* fenomenológica, como se a utopia inventasse uma forma de redução que lhe fosse própria. Assim, não surpreende que essa suspensão da ordem estabelecida tal como ela é engendre efeitos comparáveis, até certo ponto, aos da redução fenomenológica tais como são descritos por E. Lévinas num belíssimo texto, "La Philosophie et l'éveil" [A filosofia e o despertar]. Ele destaca a *radicalidade* do gesto husserliano. Trata-se de dar uma resposta à degenerescência do sentido, à petrificação do saber, em relação ao pensamento vivo. E Lévinas insistirá no caráter revolucionário da redução recorrendo, não sem intenção, a um vocabulário político. Em sua radicalidade, o gesto husserliano, como o dos revolucionários, visa devolver a vida às vozes reduzidas ao silêncio, recalcadas pelo saber do mundo.

> É a revolução da Redução fenomenológica – revolução permanente. A Redução reanimará ou reativará essa vida esquecida ou tornada anêmica no saber [...]. Sob o repouso em si do Real, referido a si mesmo na identificação, sob a presença, a Redução ergue uma vida contra a qual

o ser tematizado, em sua suficiência, já terá se oposto ou que ele terá expulsado ao aparecer. Intenções adormecidas despertarão para a vida, reabrirão os horizontes desaparecidos, sempre novos, desarranjando o tema em sua identidade de resultado, despertando a subjetividade da identidade na qual ela repousa em sua experiência[9].

Não visa a redução utópica, entre outras coisas, reativar os sonhos dos vencidos, devolver a vida aos impulsos utópicos que os conduziram à revolta? Não tem por objeto reanimar a exigência de igualdade que atravessa os séculos e rejeitar a intolerável divisão entre senhor e escravo? Contra a sabedoria histórica, contra o saber petrificado das nações que pretende guiar a humanidade e obrigá-la a ficar no seu lugar, não trabalha também a *epoché* utópica para "despertar intenções adormecidas", "reabrir horizontes desaparecidos", contra os horizontes intransponíveis que as classes dominantes não cessam de agitar para melhor desarmar os dominados? Essa conversão que participa do heroísmo do espírito humano, não busca ela despertar as subjetividades que incorporaram e interiorizaram a tal ponto os elementos constitutivos e as coerções da ordem estabelecida que, se lhes acontece de conceber sonhos utópicos, imediatamente os recalcam em nome de uma pretensa inelutabilidade da ordem humana? Quando a redução se torna intersubjetiva, ela não se contenta de invalidar, de rejeitar; ela também pode revelar *um conjunto de relações humanas apenas entrevisto*, como se o afastamento da *odiosa hipótese* de Hobbes – a guerra de todos contra todos –, incrustada na sabedoria das nações, deixasse o campo livre para o aparecimento de outra figura do humano, oposta às evidências do mundo. Ainda assim é preciso que a redução consiga dar um salto na revolução permanente, tornar-se disponível a uma nova modalidade do despertar, em suma, conceber, na ruptura com a tradição filosófica, um pensamento que não seja saber, *que seja outro que saber*. Ora, se a utopia for arrancada da compreensão e recolocada na relação eu/tu, do lado do encontro, da proximidade, do próximo, não alcança ela a redução intersubjetiva a ponto de as duas se confundirem, ambas tendo movimentos análogos, à renúncia ao primado do eu e à sua vontade hegemônica? Nascida da proximidade, a utopia, longe de ser um projeto intencional, é prova não intencional do

---

9. Emmanuel Lévinas, "La Philosophie et l'éveil", *Les études philosophiques*, n. 3, 1977, p. 321.

para-o-outro, prova redobrada, pois a utopia enquanto porvir de utopia é dedicação ao outro. "A relação com o porvir é a relação mesma com o outro"[10]. E Lévinas acrescenta: o nada da utopia não é o nada da morte. Enquanto esta última, além de aniquilamento, é a impossibilidade de ter um projeto, a impossibilidade da possibilidade, o nada da utopia é esperança de realizar o que ainda não é; ele manifesta sua negação sob a forma de uma colocação entre parênteses do interesse, do jogo do *conatus essendi* e da azáfama que daí decorre. Isto para atingir a possibilidade de possibilidades outras, de descobrir um devir-outro, o não idêntico ou o totalmente-outro social. Pensamento outro que saber, a utopia vivida na perspectiva de uma filosofia da evasão chegará a uma prática radical da *epoché*; não se tratará mais de sair do ser que veio a ser, mas de sair do ser enquanto ser, em direção ao outro-que-ser. Sob o signo do desapego, a utopia é obra da subjetividade de um sujeito "que não retorna à tensão sobre si, ao cuidado de ser – subjetividade como dedicação a um mundo por vir"[11].

Dessa descrição da *epoché*, pode-se então desejar que ela abra um caminho à inteligibilidade da conversão utópica e também interrogue, através da transformação da subjetividade, o nascimento do homem animal utópico. Vimos que a utopia pensada sob o signo da *epoché* fenomenológica visa arrancar do sono dogmático em suas diferentes formas e, em particular, arrancar do sono dogmático da ordem estabelecida tal como ela é. Assim, importa-lhe, pela suspensão do curso das coisas do mundo social-histórico, provocar o despertar, o despertar de outra figura da subjetividade desembaraçada de tudo que, sob o domínio da ordem estabelecida, ela havia incorporado e interiorizado. Lévinas fala do despertar de significações adormecidas, capazes de abrir horizontes desconhecidos e de deixar surgir o humano puro ou *o humano utópico*. Longe de se limitar a simples intenções, ele ataca em sua obra Hobbes, cujo pensamento é antiutópico por excelência; chega mesmo a conceber um verdadeiro *contra Hobbes*, um contramodelo do *Leviatã*. À guerra de todos contra todos e a sua prioridade, Lévinas opõe outra hipótese, a da proximidade e de sua precedência. Em vez de afirmar a paz ou a sociabilidade, ele muda radicalmente de campo ao colocar a questão: o que

---

10. Idem, *Le temps et l'autre*, Paris: PUF, 1983, p. 64.
11. Idem, *Dieu, la mort et le temps*, Paris: Grasset, 1993, p. 115.

significa na economia do ser o domínio tão pouco conhecido, tão pouco explorado das relações inter-humanas? Mais precisamente, a relação com outro homem não significa a interrupção do jogo do ser ou da perseverança no ser, isto é, do *conatus*? Assim, Lévinas substitui as evidências do senso comum, geralmente próximas do saber aburguesado e petrificado de Hobbes, pensador do individualismo possessivo, pela revelação de uma intriga mais antiga, originária, anárquica, a da proximidade a que o filósofo tem acesso quando pratica a redução fenomenológica. Esse gesto faz erguerem-se paisagens desconhecidas, desperta significações ocultadas pelo saber do mundo, a ponto de Lévinas conceber uma extravagante hipótese quanto ao nascimento do Estado, segundo a qual este não teria se originado de uma limitação da violência, mas de uma limitação do infinito do para-o-outro, do infinito da responsabilidade em relação a outrem.

Para compreender a relação entre utopia e *epoché*, detenhamo-nos por um momento numa frase essencial de Lévinas, pois ela descobre uma súbita passagem, mais ainda, uma aproximação entre a *epoché* fenomenológica e a utopia. Lévinas interroga: "A face visível dessa interrupção ontológica – dessa *epoché* – não coincide com o movimento para uma sociedade melhor?"[12]. Não nos enganemos: a relação colocada entre a *epoché* e a utopia não é em sentido único. Entendemos que, se por um lado a utopia torna perceptível e manifesta a interrupção ontológica, isto é, a *epoché*, por outro lado, e inversamente, a *epoché* fenomenológica permite compreender o movimento interno da utopia, ou seja, a conversão utópica. Em outras palavras, se a face visível da interrupção ontológica – a *epoché* – é o movimento para uma sociedade melhor – a utopia –, não seria a face visível do movimento para uma sociedade melhor – a utopia – a interrupção ontológica – a *epoché*? Por um lado, quando se vai da *epoché* à utopia descobre-se como a *epoché* se manifesta e aparece; por outro lado, quando se vai da utopia à *epoché* se percebe como a utopia funciona ou como funciona a conversão utópica. Num caso, a interrupção ontológica – a interrupção do ser que tende a perseverar em seu ser, o *conatus*, mas também a interrupção da ordem estabelecida que parece se confundir

---

12. *Idem, De Dieu qui vient a l'idee*, Paris: Vrin, 1982, pp. 25-6. No mesmo texto, ao interrogar-se sobre o afastamento entre o sujeito e a realidade ou sobre o vazio entre o sujeito e o ser, Lévinas faz uma aproximação entre o não lugar da utopia e o intervalo da *epoché* aberto pelo desapego (p. 21, particularmente a nota 3).

com o ser mesmo – possibilita uma saída do ser, uma evasão, um outro-que-ser e, ao mesmo tempo, o desapego e a chegada do para-o-outro, da responsabilidade em relação a outrem, daquilo que anima e alimenta a *vis utopica* [força utópica], segundo Lévinas. No outro caso, graças ao confronto com a *epoché*, somos capazes de compreender como se põe em movimento e se põe em obra a utopia, seu princípio, de certo modo. A utopia funciona ou pode funcionar na *epoché*: é pela interrupção – ou pela suspensão que ela efetua e que a constitui – que a utopia pode se elevar acima do assim chamado real e realizar-se, a ponto de deixar advir o que é diferente. Na verdade, pode-se conceber uma utopia sem *epoché*?

DA IMAGEM DE SONHO À IMAGEM DIALÉTICA

Voltemo-nos agora para outro pensamento, o de Walter Benjamin, que associa também a utopia ao despertar, embora pensando de outro modo o trajeto que deve levar à saída do sono, à saída do sonho. Com o cuidado de preparar o confronto com a *epoché*, voltemo-nos para a imagem dialética, estreitamente ligada à questão do despertar. Pensada sob o signo da fulguração, a imagem dialética é a energia que polariza de repente o campo do sonho, arranca o sonhador do sono e o projeta em direção ao despertar.

Uma parte da originalidade de Benjamin provém de que ele praticou uma conversão à utopia de grande amplitude. Levou tão a sério as utopias que dizia que, para compreender uma época, convém prestar a maior atenção na *consciência onírica do coletivo*, em seus sonhos. Assim, ele está determinado a explorar zonas da história até então negligenciadas ou mesmo ignoradas, e sua conversão à utopia é sem precedentes. No entanto, é preciso resistir ao fascínio. Por isso, Benjamin recomenda avançar nessa floresta virgem "com o machado afiado da razão" para desembaraçar as expressões do sonho "das brenhas do delírio e do mito"[13]. Trata-se da emancipação. Ele vê o século XIX "como o sonho do qual é preciso despertar: um pesadelo que pesará sobre o presente enquanto seu feitiço não for rompido"[14]. "Devemos despertar do que foi a existência de nossos

---

13. Walter Benjamin, "Paris, capitale du XIXème siècle", em: *Le livre des passages*, Paris: Cerf, 1985, p. 839. Ed. bras.: *Passagens*, Cleonice Paes B. Mourão (trad.), Belo Horizonte/São Paulo: Editora UFMG/Ioesp, 2006.
14. Rolf Tiedemann, "Introduction", em Walter Benjamin, *op. cit.*, p. 17.

pais." Na verdade, a intenção de Benjamin é mais catártica e crítica; ela busca não rejeitar as utopias em nome de uma instância pretensamente superior, mas o *salvamento* delas. Ora, esse salvamento das utopias passa precisamente por uma transformação da utopia ou da imagem de sonho em imagem dialética.

Segue-se que, no caso de Benjamin, a conversão à utopia não poderia ser suficiente; ela deve conhecer uma complicação *e isso no interesse da utopia*, na medida em que o exercício da suspeita, em razão da ambiguidade que habita a utopia, deve levar ao seu salvamento, sob a forma de uma metamorfose da imagem utópica em imagem dialética, sob a forma do despertar.

O que se deve entender por ambiguidade das utopias? Ambiguidade múltipla. A manifestação e a expansão da ambiguidade dependem antes de tudo da mistura, do emaranhamento, no sonho, da imagem utópica e da imagem mítica, como se essas duas puxassem em sentidos contrários: uma, a imagem mítica, reativando o sonho da origem, "a remanência do destino no mundo histórico"[15], a outra, a imagem utópica, tomando impulso ou tentando tomá-lo em direção a um devir-outro que romperia com o mundo do mito. Segundo Benjamin, parece que existem imagens de sonho nas quais, por causa do mito, "o morto se apodera do vivo", nas quais o destino, ou seja, a violência dos deuses, retorna. Eis por que o mito, enquanto reativação de forças originárias e retorno do arcaico, bloqueia a força de despertar da utopia, paralisa-a até destruí-la, criando um novo sono. Assim, se quisermos devolver à utopia seu poder de despertar, é preciso neutralizar a imagem mítica, reduzir a zero seu poder de enfeitiçamento.

Não é surpreendente que Benjamin tenha destacado a *ambiguidade da utopia*, "precipitado dos sonhos do coletivo", na medida em que na "*exposé* de 1935"[16] ele propõe uma teoria original da utopia, segundo a qual esta teria sempre dois estratos indissociáveis: um histórico, que corresponderia à crítica mas também à transfiguração do modo de produção mais recente; o outro a-histórico, aquém da história. Isso significa reconhecer desde o início que a utopia é uma *expressão onírica compósita, mistura que*

---

15. Antonia Birnbaum, *Bonheur Justice Walter Benjamin*, Paris: Payot, 2008, p. 62.
16. O texto "Paris, capital do século XIX", que compõe as *Passagens* de Benjamin, estrutura-se a partir de duas versões preliminares, as *exposés* escritas em 1935 e 1939, respectivamente. [N.T.]

repousa em sua dinâmica mesma sobre a compenetração do antigo e do novo. A utopia, portanto, só pode ser ambígua; a ambiguidade é o seu elemento. Essa propensão à ambiguidade aumenta quando se considera o segundo estrato, o que remete à pré-história. De fato, Benjamin mostra que a distância tomada em relação ao modo de produção mais recente só pode ocorrer se a imaginação plástica se orientar para o passado mais antigo, isto é, a sociedade sem classes. Segundo Benjamin, seria exatamente *a compenetração do novo e das experiências relativas à sociedade sem classes que daria origem à utopia*, o que sublinha uma vez mais o caráter compósito da utopia, na medida em que ela compreende ao mesmo tempo imagens vindas do passado mais distante e imagens de desejo que pertencem ao novo.

Ora, essa insistência de Benjamin no passado mais distante leva a uma ambiguidade maior, a da *idade de ouro*, objeto de uma controvérsia com Adorno durante o verão de 1935. Sem entrar aqui nessa controvérsia, retenhamos que Adorno não cessa de lembrar a Benjamin que a idade de ouro seria a ambiguidade por excelência, pois seria ao mesmo tempo *Arcádia* e *Inferno*, ou seja, uma mistura de imagens de sonho e de imagens mítico-arcaicas. Ao escutar Adorno, Benjamin teria aceitado de forma acrítica a categoria da idade de ouro e, por sua hipótese dualista dos estratos da utopia, teria aberto a porta a uma imagem mítica da qual, contra sua vontade, permaneceu prisioneiro.

A crítica de Adorno é particularmente severa; cega ao trabalho de interpretação de Benjamin, ela é injusta e infundada. Adorno se equivoca sobre o trabalho de Benjamin; este não aceitou a categoria da idade de ouro como garantia de acesso da época a um futuro próximo harmonioso, mas foi num clima de inquietação, suscitado pela ameaça da catástrofe, que submeteu o material onírico, as imagens de sonho do século XIX, a um trabalho de interpretação e de construção. Segundo Benjamin, retomando uma imagem que lhe é cara, o sujeito do sonho deve "retesar um arco entre o sono e o despertar". Adorno não viu que Benjamin se mantinha no limiar da imagem dialética ao declarar no final da mencionada *exposé*: "A exploração dos elementos do sonho ao despertar é o caso exemplar do pensamento dialético. Por isso o pensamento dialético é o órgão do despertar histórico"[17].

---

17. *Ibidem*, p. 46.

Seja como for, quando Benjamin elabora a noção de imagem dialética, ele a apresenta e a concebe antes de tudo como *uma técnica do despertar histórico*. Ao fazer isso, dá uma contribuição essencial à questão que nos ocupa, a da utopia e do despertar. *A utopia é uma força do despertar histórico na medida em que ela se transforma em imagem dialética*. O que isso quer dizer? A noção benjaminiana de imagem dialética não deixa de surpreender. Uma imagem enquanto tal não desafiaria a contradição? Portanto, não escaparia à dialética, não lhe seria fundamentalmente estranha? Essa primeira objeção pode ser facilmente superada porque, no campo das imagens, a dialética se define sob a forma da ambiguidade. Na *"Exposé de 1935"*, Benjamin declara: "A ambiguidade é a manifestação figurada da dialética, a lei da dialética em suspensão"[18]. Dessa passagem essencial, retenhamos *três orientações*: primeiro, a relação entre a ambiguidade e a dialética na esfera das imagens, como se a ambiguidade fosse a manifestação de contradições possíveis; depois, a determinação de uma forma específica de pensamento dialético, a dialética em suspensão; enfim, o retorno da ambiguidade. De fato, assim que nos voltamos para a imagem dialética, a ambiguidade parece mudar de estatuto. Confissão de fraqueza da utopia quando se manifestava sob a forma de uma imbricação entre imagem de sonho e imagem mítica, lugar de fantasia ou idade de ouro, a ambiguidade se revela de súbito como o caminho que permitirá à utopia desembaraçar-se do mito, abrindo-lhe o caminho da dialética e, portanto, do despertar. *A imagem dialética é, assim, uma imagem que foi primeiro ambígua e que, no momento da suspensão, torna-se subitamente dialética*, dando livre curso às contradições e ao mesmo tempo liberando a *vis utopica* da imagem de sonho. Além disso, a ambiguidade introduz uma nova figura da dialética, a *dialética em suspensão*, mais complexa que a que associamos classicamente à dialética. De acordo com Benjamin, a dialética não é apenas desdobramento das contradições internas de uma totalidade e, portanto, movimento; ela pode também ser imobilização, suspensão, como se o encontro de um fenômeno não idêntico e não integrável a um movimento de totalização, por exemplo o sofrimento, viesse interromper o jogo das contradições e o que leva a superá-las. Essa imobilização da dialética é um dos lugares

18. *Ibidem*, p. 43.

de nascimento e uma das definições da imagem dialética na obra de Benjamin. *"Quando o pensamento se imobiliza numa constelação saturada de tensões, aparece a imagem dialética"*[19]. A tarefa de construir a imagem dialética, portanto, requer essa nova figura, isto é, o lugar onde a tensão entre as contradições é a mais intensa. O congelamento da imagem, poderíamos dizer. Com efeito, no congelamento a ambiguidade se cristaliza e as contradições explodem, liberando a virtualidade emancipadora ou mesmo revolucionária da imagem. Assim, a construção de uma constelação saturada de tensões por imobilização não é uma suspensão contemplativa, mas uma suspensão prática, um arrancar-se à história, ao *continuum* da dominação – em suma, um salvamento. Como já dissemos, é à imobilização que Benjamin relaciona o surgimento da imagem dialética e o despertar histórico.

O projeto seguidamente reiterado de Benjamin em "Paris, capital do século xix" é elaborar *um ensaio de técnica do despertar*. O observador de sonhos tem por tarefa, portanto, tornar-se um *técnico do despertar*, capaz de encontrar, ou melhor, de construir a constelação do despertar. Diferentemente dos surrealistas, o observador de sonhos cuida para não se deixar enfeitiçar pelo encanto dos mitos e cair no nada, mas lhe importa também não rejeitar nem negligenciar essas formas de sonho, essas visões oníricas do coletivo no seio das quais a relação com a morte pode ser superada. Vale dizer que para o observador de sonhos não basta revelar a moeda falsa dos sonhos do século xix; ele deve também registrar os sonhos do coletivo, dar-lhes um grau de realidade, uma atenção e até mesmo um cuidado, porque em certas condições eles abrem um caminho possível para o despertar histórico. No espírito de Walter Benjamin existe uma estreita correlação entre sonho e despertar. De fato, se o coletivo exprime suas condições de vida no sonho e produz a interpretação delas no despertar, isso quer dizer que sonho e despertar estão intimamente ligados. O sonho é a condição de possibilidade do despertar, pois somente sua interpretação é suscetível de dar acesso a ele. Aqui se percebe o estatuto complexo do sonho. É verdade que um sonho não leva necessariamente à interpretação. Ele pode se atolar no enfeitiçamento e tornar mais pesado o sono; mas, se não for esse o caso, pode também tomar a

---

19. *Ibidem*, p. 494.

direção do despertar. Benjamin dá explicitamente ao sonho a chance de trazer, talvez por astúcia, o despertar. "O sonho", ele escreve, "espera secretamente o despertar. Quem sonha só se entrega à morte de maneira revogável, espera o momento em que, por astúcia, se arrancará de suas garras. O mesmo acontece com o coletivo que sonha e para o qual seus filhos são uma ocasião feliz de despertar"[20]. A utopia enquanto precipitado dos sonhos do coletivo pode, em certas condições, abrir o caminho para a revolução. E assim, quando Benjamin dá ao técnico do despertar a tarefa de retesar um arco entre o sonho e o despertar, isso implica, entre outras missões, focalizar a atenção e, se necessário, intervir nas formas oníricas, nas imagens de sonho coletivo.

Dupla face do despertar: ele rejeita a parte do mito que ameaçava a utopia e liberta na utopia a imagem dialética. Daí a proposição: figura onírica + despertar = imagem dialética. *Lá onde havia a imagem de sonho há agora a imagem dialética.* O observador de sonhos se torna dialético por várias razões, na medida em que Benjamin consegue conceber de outro modo o sonho. O sonho, tomado entre dois impulsos contrários, o sono ou o despertar, transforma-se, num momento, numa cena agonística. A imagem do arco retesado entre o sono e o despertar diz bem que no campo onírico se desenrola uma verdadeira batalha. O sonho, longe de ser um pacífico porto seguro, uma transição suave rumo ao futuro próximo, deve ser agora pensado como um momento e um lugar de conflito, agonístico, no qual o coletivo se divide entre o impulso de mergulhar num sono ainda mais profundo e o impulso de sair desse sono mortífero, de conhecer o despertar. Se é verdade que o sonho espera secretamente o despertar, não é menos verdade que já nas primeiras manifestações deste se cria uma resistência ao despertar. "As primeiras manifestações do despertar tornam o sono mais profundo"[21], diz Benjamin. Assim, contrariamente à nossa proposição anterior muito simplificadora, a imagem dialética não é apenas uma imagem de sonho afetada pelo despertar, à qual se juntaria o despertar, mas uma imagem de sonho atravessada, trabalhada pela luta do despertar entre tendências adversas. É como na situação analítica, em que os primeiros sinais do término de uma estrutura psíquica patológica

---

20. *Ibidem*, p. 407.
21. *Ibidem*, p. 408.

podem suscitar imediatamente um acréscimo de resistência, por ser dolorosa, num primeiro momento, a separação do sintoma.

Enfim, elaborar um ensaio de técnica do despertar é uma verdadeira revolução copernicana no pensamento da história. Se, para o historiador clássico, o passado constituía o ponto fixo em torno do qual convinha fazer girar o presente, a fim de ter o melhor conhecimento possível desse passado, para o observador de sonhos transformado em dialético não é mais assim. *Revolução copernicana, aqui, significa que o presente é agora o ponto fixo em torno do qual gravita o passado até que um "salto de tigre" vindo do presente se apodere do passado e o fixe por imobilização dialética*, fazendo sobressair suas contradições e, simultaneamente, dissolver sua ambiguidade. É na cesura consecutiva à imobilização que surge, como sabemos, a imagem dialética. É nessa ruptura brutal que se pode produzir o despertar que arranca o coletivo do sono hipnótico que o retinha na vizinhança da morte. Essa dialética específica da rememoração, focalizada no passado, se manifesta por um salto de tigre, pois, orientada para a emancipação, ela espreita a pequena falha, a brecha por onde pegar as oportunidades frágeis da liberdade e escapar à catástrofe da repetição. É o que faz Benjamin com Fourier, cuja ideia de jogo serve para elaborar sua doutrina esotérica sob o signo da reconciliação com a natureza. Revolução copernicana também porque não se trata de uma mudança de epistemologia do historiador, mas de uma passagem, ou melhor, de uma virada da história para o político. Se o historiador é livre para conceber sua relação presente com o passado como um passeio movido pelo desejo de conhecimento nos jardins da história, para o dialético é necessário abandonar esse ponto de vista contemplativo. Ele obedece a uma questão política, pois precisa deixar nascer do presente assim imobilizado, da urgência do presente no momento do perigo, a intimação utópica que dará ao observador de sonhos um olhar de lince, capaz de fazê-lo discernir no passado, com certeza, o ponto onde intervir, quebrando a casca e abrindo o caminho para o salvamento. "Abordar o passado significa então que o estudemos não mais como antes, de forma histórica, mas de forma política, com categorias políticas"[22].

22. *Ibidem*, p. 409.

Dispomos de duas respostas à questão: como se opera a conversão utópica? Ou uma conversão à utopia segundo o modelo da *epoché* fenomenológica até considerar a possibilidade de uma *epoché* utópica, ou uma conversão à utopia sob a forma da imagem dialética, esta última provindo de uma transformação da imagem de sonho. Deixo de lado por ora o confronto entre *epoché* e imagem dialética. Quero apenas sublinhar dois pontos.

Em Lévinas, o despertar nascido do encontro da *epoché* e da utopia se situa num registro ético, enquanto em Benjamin as questões do combate para passar da imagem de sonho à imagem dialética são antes de tudo políticas, visam à emancipação humana que consegue romper com o mito.

Mas, a despeito dessa diferença essencial, os dois pensadores chegaram a um resultado que tem valor de acontecimento especulativo. Se examinarmos bem, ambos subverteram o estatuto da utopia. Pois, para pensar a utopia, em vez de associá-la a outro fenômeno, eles escolheram o caminho de uma lógica disjuntiva; em vez da utopia pensada como ilusão, engodo, ideologia ou mito, propuseram um novo rosto, o da utopia como força e técnica do despertar. O que desencadeia a ira dos conservadores, com seu ódio eterno à utopia.

Por essa relação com o despertar, Benjamin e Lévinas pertencem àquele grupo de filósofos que não temem os que professam o ódio à utopia, os *mercadores de sono* que, encerrados num sono hipnótico e mortífero, encontram ou julgam encontrar nesse encerramento a justificativa de sua aversão à utopia. Ainda que as obras dos dois filósofos tomem caminhos diferentes para redescobrir a utopia ou a imagem de sonho, elas compartilham a virtude de revelar a esterilidade e a indigência intelectual dos que atacam a utopia com um discurso de denúncia ideológico desprovido de qualquer elaboração conceitual. A ligação mesma entre utopia e filosofia, entre utopia e despertar, deveria obrigar esses denunciadores a percorrer pelo menos tais trajetos filosóficos, antes de se lançarem em diatribes quase anônimas. Na verdade, eles pouco se preocupam com isso e se contentam com a acepção vulgar do termo *utopia*.

No caso de Lévinas e de Benjamin, a investigação deveria por certo se estender, pois ambos trataram diferentemente algo que Ernst Bloch, o pensador da utopia, desenvolveu de modo essencial e inventivo. Bloch, Benjamin e Lévinas, tríade ainda mais fértil que a utopia e o despertar: neles se desdobraram e se entrecruzaram dois empreendimentos filosóficos que nem sempre evitaram o confronto, a fenomenologia e o marxismo.

CONCLUSÃO

Para concluir, voltemo-nos para Thomas Morus, o autor da *Utopia*. Não foi ele já, num contexto filosófico e histórico diferente, um técnico do despertar? Com efeito, não inventou ele uma técnica do despertar mais próxima do materialismo, no sentido de que tem por objeto a transformação das condições de vida? Não elaborou, ao mesmo tempo, uma técnica do despertar contínuo, na medida em que traçou um caminho inédito para manter viva e ativa a disposição utopiana ou o encontro feliz do despertar e da utopia? Certamente poderíamos perguntar se as relações entre a criação da insularidade e a *epoché*, a ruptura com o continente, não valem como colocação entre parênteses, suspensão. Mais do que isso, porém, já não é uma boa-nova para os leitores saber que os habitantes da Utopia conhecem uma sensível redução da jornada de trabalho para seis horas? Assim é descrita a técnica do despertar sobre o tempo dedicado ao trabalho na economia de uma jornada: "O dia solar é dividido em vinte e quatro horas de igual duração, seis das quais são dedicadas ao trabalho: três antes da refeição do meio-dia, seguidas de duas horas de repouso, depois outras três horas de trabalho terminadas pela refeição do fim da tarde"[23]. Mais notável ainda é a preocupação de Morus de manter despertos os utopianos, reativando permanentemente neles o que se poderia chamar de disposição ou tonalidade afetiva (*Stimmung*) utopiana – aquilo que dá o tom, determina um estilo e uma maneira de ser. É tanto mais extraordinário em sua escrita que essa magnífica disposição seja exposta em termos prosaicos, não sublimes, com tal sobriedade que ela passa despercebida, a ponto de muitos críticos retomarem a velha cantilena do estatismo da *Utopia*. "Estimulado pelas letras, o espírito dos utopianos é eminentemente apto a inventar procedimentos capazes de melhorar as condições de vida"[24]. Logo em seguida são mencionadas duas artes necessárias ao estudo das letras, a imprensa e a fabricação do papel. A utopia

---

23. Thomas Morus, *L'Utopie*, Bruxelles: La Renaissance du Livre, 1966, p. 67. Ed. bras.: *Utopia*, Jefferson L. Camargo; Marcelo B. Cipolla (trad.), São Paulo: Martins Fontes, 1993.
24. *Ibidem*, p. 107.

dos livros? É assim que a cultura das letras permite todo dia a manutenção da disposição utopiana, a manutenção do despertar.

Nisto, por seu interesse pelas condições materiais de vida, Thomas Morus está em consonância com o que Maximilien Rubel chamou de *utopia socialista de Marx*, quando este descreve, no final de seu *magnum opus*, *O capital*, o reinado da liberdade: "É para além [do domínio da necessidade] que começa o desabrochar do poder humano que é sua própria finalidade, o verdadeiro reinado da liberdade que, no entanto, só pode florescer baseando-se no reinado da necessidade. *A redução da jornada de trabalho é a condição fundamental dessa libertação*"[25].

A conversão utópica, a conversão à utopia, valoriza, portanto, a questão da temporalidade e, no caso, tem por objeto uma inversão do tempo de trabalho e do tempo de lazer, este último prevalecendo enquanto reinado da liberdade sobre o trabalho, que é a armadura do reinado da necessidade. Mas, trazendo à memória a revolução de Ernst Bloch quanto às relações do tempo e da morte, não estaria essa conversão, no seu investimento da temporalidade, sendo chamada a mostrar-se ainda mais audaciosa? Em sua oposição a Heidegger, Bloch, o autor de *O espírito da utopia*, convida a uma verdadeira revolução, pois quer pensar o tempo não mais a partir da morte, mas pensar a morte a partir do tempo. Gesto revolucionário, de fato, porque destrona a morte de sua posição de mestre absoluto e ao mesmo tempo envolve a economia da condição humana. Será que não poderíamos, nisto ajudados por Lévinas, leitor de Ernst Bloch, levar a audácia mais adiante, imaginando que, por efeito de tal inversão, o *Dasein*, em sua preocupação de ser – "em seu ser, ele compreende esse ser mesmo" –, dê lugar ao ente humano e sua relação com outro ente, animado pela preocupação com outro homem, *um-para-o-outro*, o outro que, enquanto outro, abre as figuras de um *porvir de utopia*? "Que o tempo", escreve Lévinas, "não remonte ao ser-para-a-morte. Que o tempo, em seu 'por-vir' mesmo, não remonte à finitude voltada ao ser--para-a-morte, mas tenha outra significação, que haja outra eventualidade na análise da morte"[26]. Ou ainda: "O tempo como esperança da utopia não é mais o tempo pensado a partir da morte. O êxtase primeiro é aqui

---

25. Karl Marx, *Oeuvres, Économie II*, Paris: Bibliothèque de la Pléiade, 1968, p. 1.488.
26. Emmanuel Lévinas, *Dieu, la mort et le temps*, p. 109.

a utopia e não a morte"[27]. Uma outra significação? O *Dasein*, ser-para-a-morte, seria substituído pelo humano utópico, o homem animal utópico, o ser-para-a-utopia. Como se a utopia, o porvir de utopia, oferecesse de súbito ao ente humano – aos entes humanos – sua possibilidade mais própria, mais insigne: a conversão utópica.

---

27. *Ibidem*, p. 115.

História e utopia[1]
Franklin Leopoldo e Silva

A MOTIVAÇÃO ÉTICA DA UTOPIA

Por maior que seja a distância entre a utopia e a realidade, é sempre a situação presente e realmente vivida que está na raiz da concepção das utopias. Talvez seja exagerado falar de uma relação positiva de causalidade, mas certamente não seria errado mencionar uma relação negativa, isto é: a utopia é engendrada pelo que falta à realidade vivida para que possa satisfazer as expectativas em relação ao mundo em que nos é dado viver. Falta e ausência são, portanto, fatores constitutivos da utopia, o que fará também que seu conteúdo seja da ordem da imaginação, mas não da ordem da impossibilidade. Ficção e fantasia atuam, pois, no vazio da falta e da ausência dos predicados que são desejados e desejáveis em relação à realidade vivida.

A palavra *utopia* (*ou-topos*), que significa o *não lugar*, sugere esta relação entre a localização ou a referência precisa e a carência, a insatisfação e a irrealização, de um lado; e, de outro, a ausência de referência precisa, a *ilocalização*, a não direção (desendereçamento) e a realização ideal das potencialidades humanas, a felicidade individual e coletiva. Por isso, nas narrativas utópicas, quase sempre o lugar imaginário é descrito em detalhes, com exceção de sua localização. Uma omissão significativa: a realização integral dos desejos só pode ser imaginada *fora* de qualquer

---

[1]. Não havendo indicações em contrário, as traduções dos trechos citados são de minha autoria.

referência à realidade, que seria, por definição, o lugar do Mal, ao passo que a utopia seria o *não lugar* do Bem.

A realidade é medida segundo o que se considera que ela *deve ser* e, portanto, a inexistência é mais relevante do que a existência: a primeira é vista sob o prisma da satisfação, a segunda sob o ângulo da carência. Como o ser é da ordem do factual e o dever ser é da ordem moral, a motivação da utopia é ética, isto é, ela é uma projeção moral que permite à representação saltar sobre a realidade existente e instituir, na ordem do que não existe (ainda), outra realidade ou o mundo projetado, definido em termos ficticiamente materiais, mas principalmente visto como realidade possível do ponto de vista ético. *Um mundo melhor é possível*: o critério ético se sobrepõe ao princípio de realidade. A possibilidade neste caso deixa de ser uma categoria lógica, uma forma transcendental de ser, para se apresentar como a prioridade ética do dever ser sobre o ser. A utopia obedece, portanto, a outro regime de representação: do ponto de vista ontológico, a realidade efetivamente dada no presente vivido é insuperável e o único modo de ultrapassá-la é vivendo-a inteiramente na passagem do possível ao real: efetivação. A realidade representada utopicamente não pode e talvez não possa ser vivida efetivamente; mas ela supera eticamente a realidade efetiva, já que a experiência da realidade é vivida sob o signo da falta e da precariedade – e notadamente a partir de uma carência ética.

Qual a relação entre existência real (ontologia) e existência possível (ética e não lógica)? A força da possibilidade reside, neste caso, em que, embora não se possa conceber a utopia como existente, pode-se pensá-la como essência, não apenas no sentido da integridade lógica de um conceito, mas, notadamente, no registro da perfeição, ou da integridade ética de uma possibilidade de que algo venha a existir. A sociedade utópica, por exemplo, é pensada como essencialmente perfeita, embora a sua existência de fato não seja posta em questão. Neste sentido se pode estabelecer uma relação entre utopia e ideal, na medida em que a essência – e a sua perfectibilidade – é representada como ideia.

Nos termos da razão clássica e, de forma geral, no âmbito do pensamento tradicional, vigora o preceito lógico e ontológico da prioridade da essência sobre a existência, anterioridade da qual derivam algumas consequências importantes. Sendo a essência determinante, enquanto atributo principal que define a identidade do objeto a ser conhecido, a ordem e a coerência do conhecimento (que refletem a ordem objetiva ou ontológica) requerem que os atributos existenciais, secundários em relação à essência, jamais possam contrariá-la. Pois como poderia aquilo que é derivado contrariar aquilo que se põe como primordial e sua razão de ser? Consequentemente, num estilo tradicional de pensamento, tudo aquilo que não contraria a essência de alguma coisa pode ser considerado como possível no plano da existência da coisa. É neste sentido que a utopia é sempre considerada como da ordem do pensamento – da sua modalidade imaginante ou imaginária. Pois a diferença entre a essência e a existência, na ordem tradicional, é que a essência é pensada (pertence à ordem do inteligível) e a existência é constatada e pertence à ordem da realidade sensível. A relação entre inteligibilidade e realidade que vigora na utopia não é, portanto, de oposição, mas sim aquela que se pode estabelecer entre possibilidade e realidade, considerando-se a passagem que de direito se pode supor de uma à outra.

Como a utopia possui um teor principalmente ético, a essência que precede a realidade neste caso é pensada do ponto de vista ético, mais do que como possibilidade ontológica. Ocorre que a essência, por ser inteligível, comporta, tradicionalmente, a *necessidade* – assim como a realidade é da ordem da contingência. Em princípio, posso imaginar qualquer mundo possível; mas a significação ética da utopia me leva a pensar em algo *melhor* do que a realidade, ou mesmo no melhor dentre todos os mundos possíveis. Ora, notamos então que a concepção utópica traz em si uma *necessidade ética*, se assim podemos dizer, que diz respeito ao valor daquilo que é desejado como real: *o melhor*. O mundo utópico não precisa existir necessariamente, mas *deve ser* o melhor, porque é *essencialmente* o melhor e, caso venha a existir, a existência deveria acompanhar esta necessidade de essência. Existência > fato; essência > valor.

Mimesis e criação. Sendo a utopia algo que reúne a essência pensada e a existência imaginada, o que predomina na concepção ficcional da existência é a imaginação que reproduz o real (*mimesis*) ou a imaginação produtora, isto é, a elaboração imaginária ou a produção de um conteúdo imaginário, supondo-se que a imaginação não seja somente reprodutora. Esta distinção, feita por Kant, é importante para o romantismo e para a arte que requer a autonomia do imaginário. Não é fácil discernir reprodução e produção na elaboração da utopia. Nas obras, é nítido que as cidades, por exemplo, são concebidas ao mesmo tempo a partir das cidades existentes e contra elas, na tentativa de superação. O mesmo se deve dizer das pessoas, da organização social, da educação, dos objetos materiais, das relações humanas, do poder etc. Muitas vezes a fantasia ou a ficção ocorre a partir da exacerbação de traços da realidade.

DISTOPIA: HISTÓRIA, REDENÇÃO E AMEAÇA

A diferença entre utopia e distopia tem muito a ver com o contexto histórico em que ambas são produzidas. As obras indicam que o trabalho da imaginação pode ser inspirado pela realidade histórica de duas maneiras. No caso da utopia, pode-se falar da possibilidade de um mundo melhor, quaisquer que sejam as dificuldades para passar do possível ao real. Neste caso, imaginar um mundo melhor relaciona-se com a possibilidade de construir mediações para que se possa atingir e construir esta outra realidade. A diferença é enorme, e talvez a distância seja intransponível na prática, mas o espírito humano persiste e insiste em que a consciência do possível se possa tornar consciência do real.

No caso da distopia, a relação entre a imaginação e a realidade ocorre de forma diversa. O peso da realidade, a consolidação de suas categorias, a definição demasiadamente clara e definitiva das finalidades e o aprimoramento dos meios – ideológicos e tecnológicos – conferem à realidade vivida não apenas um perfil de irreversibilidade quanto à direção histórica, mas também indicam que as marcas deste mundo em que vivemos se caracterizam por uma inevitável tendência a se acentuarem e se tornarem cada vez mais fortes e influentes na conduta prática e na vida psicológica. Isto pode ser resumido na perspectiva de *totalização*: a realidade atual se constitui de modo tal que a única possibilidade de mudança está no reforço das características já existentes, de modo que já não seria possível pensar numa modificação significativa da *experiência*, isto é, na trajetória de vida que se possa esperar.

Quais seriam as razões históricas que, como já vimos, estão por trás desta diferença e determinam em parte os dois modos de conceber o futuro? Nos três exemplos que podemos tomar aqui – *A utopia*, de Thomas Morus; *1984*, de George Orwell, e *Admirável mundo novo*, de Aldous

Huxley – a diferença nos contextos históricos, entre o primeiro e os dois outros livros, pode nos instruir quanto a essa influência da realidade na imaginação, que parece muito importante na constituição do gênero. Morus viveu de 1478 a 1535, época que costuma ser denominada nos livros de história Renascença, e que se define, esquematicamente, pelo cultivo da erudição literária, histórica, filosófica, filológica, com o objetivo de restituir a verdade da cultura antiga, greco-romana, que teria sido deturpada pelas interpretações surgidas na Idade Média, muitas das quais mais comprometidas com a justificação da doutrina cristã do que com a razão como produtora de um pensamento independente.

Esta tendência à valorização da razão humana como testemunho da liberdade enquanto traço essencial ficou conhecida como humanismo renascentista, que pode ser tomado como uma *atitude* que se caracteriza pela atenção voltada para as possibilidades humanas, aquelas que os seres humanos poderiam realizar por si mesmos. Ora, esta espécie de potencial de libertação que o homem traz em si aponta para a autonomia como marca de todas as atividades humanas, e para a razão como o critério que deveria determinar as possibilidades e os limites do conhecimento e das práticas, das quais a mais importante seria a organização política. Em suma, humanismo significa, neste caso, que o homem por si mesmo seria capaz de construir para si, em todos os aspectos, um mundo melhor do que aquele moldado pela obediência a verdades e autoridades extrínsecas.

A *utopia* de Morus tem como pano de fundo esse cenário histórico, algo como uma redescoberta política e cultural do indivíduo e de seu poder de conhecer e instituir suas práticas coletivas. Isto guiado pela razão e sem atender a dogmatismos incompatíveis com a independência do pensamento. Mesmo a religião se beneficia da compreensão proporcionada pela racionalidade, que, de direito, deveria esclarecê-la e preservá-la da superstição. Morus é profundamente religioso (morreu pela sua crença), mas também profundamente convencido de que o homem pode construir sua felicidade.

Se consideramos agora o livro *1984*, de George Orwell, encontramos uma situação histórica substancialmente diversa. Orwell viveu de 1903 a 1950, e o livro, publicado em 1949, provavelmente foi escrito nos anos imediatamente anteriores, a partir de uma experiência política intensamente vivida, já que ele participara na Guerra Civil da Espanha em 1936.

Nessa condição de protagonista e de espectador interessado, Orwell formou sua consciência política tendo diante de si o processo histórico de ascensão dos totalitarismos, a direita triunfante na Espanha de Franco e o regime de Stálin na União Soviética. Não é, portanto, correta a imagem que se criou do livro quando de sua publicação, uma espécie de tratado anticomunista, imagem muito conveniente nos Estados Unidos, numa época em que o macarthismo era quase dominante. Orwell era "de esquerda", mas num sentido mais radical do que o comunismo do Partido Comunista: era contra qualquer regime totalitário e se dizia adepto de um "socialismo democrático". Não concordava com o PC soviético nem com os PCs da Europa, nem mesmo com o Partido Trabalhista inglês, porque entendia que todos os partidos estavam mais preocupados com o poder, sua conservação e sua reprodução, do que com o bem comum ou a libertação dos povos.

É preciso entender essa atitude no contexto da decepção dos intelectuais europeus no pós-guerra, que nutriam expectativas de liberdade e transformação a partir da derrota do nazismo e da "libertação" da França, esperanças que foram imediatamente frustradas.

Orwell foi também particularmente sensível àquilo que, logo depois da vitória dos Aliados, se tornou o domínio das "zonas de influência" dos Estados Unidos e da União Soviética, ao modo da divisão do mundo entre dois impérios. O enredo de 1984 vai refletir esse problema.

Nesse sentido, o pano de fundo do romance de Orwell é a perspectiva histórica de consolidação de sociedades fechadas, e não apenas aquelas que se caracterizam pelos regimes totalitários como o comunismo stalinista e o fascismo franquista, mas também aquelas que se organizam a partir da democracia formal, mas que trazem marcas significativas de intolerância, ódio e obscurantismo, como no caso dos Estados Unidos.

Já não se trata de uma transformação vivida como a passagem do dogmatismo teológico a possibilidades filosoficamente fundadas em sociedades politicamente organizadas a partir do homem e de sua razão, mas da provável expansão e aprofundamento de um sistema inteiramente definido pelo controle do indivíduo, por via de mecanismos que atingem não apenas a conduta social no que tem de exterior e material, mas também todos os aspectos da vida afetiva, o domínio da interioridade, que se pensava preservado de tais interferências.

O grande paradoxo experimentado pela geração de Orwell consiste em que os sacrifícios que a vitória sobre o nazismo custou não fizeram renascer de fato a liberdade pela qual se tinha lutado.

No caso de Huxley, o período em que viveu (1894-1963), atravessado pelas características que já mencionamos, o fez projetar em sua narrativa futurista um aspecto que é também muito importante para entender as razões e o espírito das distopias: o progresso científico, o aprimoramento tecnológico e as consequências deste processo profundamente enraizado numa ambiguidade que parece ser intrínseca. *Admirável mundo novo* foi publicado em 1932, um momento em que a Europa, invadida por uma estranha letargia, recusava-se a tomar consciência do que se passava na Alemanha, isto é, dos fenômenos que poderiam ser agrupados sob a expressão literária *ovo da serpente*. O nazismo é, também, um fenômeno explicável por via do progresso da tecnologia material – suas novas possibilidades bélicas – e por outra faceta da tecnologia, a administração da vida. O mundo em que tudo isto se torna possível é fruto do progresso, do avanço acelerado do conhecimento científico e de suas aplicações tecnológicas. Neste sentido, é necessário lembrar a posição de Huxley perante a arma nuclear.

O romance de Huxley vai privilegiar este ponto: a possibilidade de um domínio tecnológico total que permita a organização de uma sociedade inteiramente planejada em todos os seus aspectos, com destaque para a vida humana e o perfeito controle do destino das pessoas. Uma máquina eficiente cujo funcionamento esteja voltado para a manutenção e reprodução do próprio sistema. O aspecto predominante neste caso refere-se às consequências humanas – éticas e políticas – do progresso pautado pelo desenvolvimento da tecnociência e de uma burocracia tecnocientífica que se torna pura expressão do poder como dispositivo anônimo de controle social. Afinal, a história e o progresso são elementos de redenção do gênero humano ou de ameaça à vida e à liberdade? Uma questão de escatologia histórica.

Seria interessante apreciar o resultado, na ficção e na realidade, do controle externo e interno da vida (biopsíquico, biopolítico) para finalidades instrumentais.

O MUNDO, O IMAGINÁRIO. HISTÓRIA E FICÇÃO

Segundo Max Horkheimer, "se a utopia tem duas faces, ela é a crítica daquilo que *é* [existe] e a representação daquilo que *deve ser*. Sua significação essencial reside no primeiro momento"[2].

O texto nos permite pensar as noções de história e ficção, considerando o caráter relativo dos significados e tomando distância de duas posições: de um lado, a identificação completa entre história e ficção; de outro, a total oposição e impossibilidade de qualquer interface entre as duas. Com efeito, a história pode ser vista como a narrativa de fatos e a articulação entre eles, na forma da causalidade, por exemplo, e de acordo com os mais estritos critérios de positividade e objetividade. Isto significa que o historiador deve aplicar-se ao restabelecimento de fatos de modo que eles apareçam em sua realidade própria, em si mesmos, e é também o que se espera da reconstrução das sequências de fatos que nos levam a conhecer a produção dos acontecimentos. *Positividade* significa, no caso, *realidade, objetividade*, o conhecimento desta realidade de acordo com uma correspondência bem estabelecida entre sujeito e objeto, condição da verdade. Para tanto, o historiador mobiliza os recursos necessários, dentro das exigências epistemológicas de cientificidade.

No caso da história do passado, a característica mais marcante do fato é que ele não existe mais. É preciso realizar uma operação retrospectiva para localizá-lo no tempo e situá-lo entre suas causas e consequências, já que o conhecimento histórico supõe fatos e suas articulações. É preciso concordar, neste caso, que a positividade do fato está inteiramente vinculada aos métodos de reconstituição daquilo que existiu no passado: o valor dos testemunhos, dos documentos, das narrativas, das indicações diretas e indiretas. O *objeto* da história, portanto, é algo próprio de memória, principalmente coletiva. A sua estrutura temporal exclui a percepção e a consciência direta de quem o investiga. Nesta situação é que se colocam os problemas e as dificuldades relativas à facticidade e ao sentido da história.

A questão que pode ser colocada, então, é como preencher as lacunas decorrentes da reconstituição como acesso indireto aos fatos. Por isso, muitas vezes, o historiador opta pelo conhecimento, não propriamente

---

2. Max Horkheimer, *Les débuts de la philosophie bourgeoise de l'Histoire*, Paris: Payot, 2001, p. 39.

do fato na sua positividade originária, mas das interpretações por meio das quais os contemporâneos estabeleceram suas relações com os fatos. De que maneira algo os afetou, como se situaram em relação a isso, como reagiram e determinaram suas intenções e ações a partir do que lhes acontecia. Esta perspectiva parte do princípio de que a consciência dos fatos não é o mesmo que sua apreensão neutra, mas envolve uma visão do fato que se inclui numa visão de mundo estabelecida a partir de certas condições. A história que se faz desta maneira tem de considerar a pluralidade possível das interpretações, e o historiador tem que se haver com a possibilidade de que ele esteja interpretando interpretações. Neste caso, teria que repor completamente as questões relativas à positividade e objetividade como critérios, ao menos na medida em que constituem heranças de uma epistemologia das ciências exatas e naturais.

A questão, em suma, é esta: qual é a natureza do objeto histórico? No limite, não se poderia até mesmo colocar em dúvida se se trata de um *objeto*? Quais são as possibilidades e limites da reconstituição dos fatos ou da apreensão dos significados que lhes atribuíram aqueles que os viveram? Os seres humanos, isto é, as consciências, constituem mediações obrigatórias entre o sujeito e o *objeto* do conhecimento histórico.

Tais dificuldades nos levam a outra modalidade de conhecimento histórico que pode ser vista como *história crítica*: procedimentos que procuram, por via de vários recursos metódicos, examinar (no sentido kantiano de criticar) os fatos a partir de todas as condições inerentes ao acontecer histórico. O que envolve tanto a objetividade factual na sua relativa independência, quanto a conduta dos agentes históricos que são também produtores dos acontecimentos. Isto não significa necessariamente tomar partido, mas sim compreender o sentido das tensões manifestadas e, por via delas, as intenções dos agentes, bem como a proporção em que se realizam, se desviam ou se desfazem no processo, já que os sujeitos neste caso são sujeitos *da* história e sujeitos *à* história. Um bom exemplo é o assassinato de Júlio César: o sentido do acontecimento, a compreensão de sua gênese, do momento político em termos de correlação de forças e do alcance de suas consequências – a ambição de poder ou a defesa da república. Certamente, não é por acaso que esta compreensão passe pela obra de Shakespeare, *Júlio César*, que é uma ficção produzida a pretexto do fato histórico.

Tanto a utopia quanto a distopia têm origem numa história crítica do presente, mesmo quando o tempo presente é visto como decorrência do passado ou de uma tradição. Não é difícil entender a posição *histórica* de Morus, de Orwell ou de Huxley. Neles, a narrativa se serve de certa indeterminação, inerente ao seu caráter ficcional, mas deixa muito nítido que as raízes da invenção literária estão na história presente e numa análise histórico-crítica do presente.

Tanto a utopia quanto a distopia podem, assim, ser vistas como a tomada de uma posição crítica quanto ao presente, a partir da compreensão histórica das condições, isto é, das possibilidades e dos limites de uma organização social historicamente engendrada. Condições, em termos de possibilidades e limites, são vistas a partir de um exame crítico que, entretanto, não tem apenas um objetivo teórico, mas também, talvez sobretudo, prático. Ou seja, o que move o utopista e o distopista não é a objetividade da visão histórica, embora isto também deva ser levado em conta, mas uma perspectiva ética da qual decorrem possibilidades de configuração política da sociedade e das relações indivíduo/sociedade.

Nesse sentido, o *valor* da vida, individual e coletiva, assume um grau de importância superior ao fato. O utopista e o distopista precisam ser, de algum modo, historiadores, ou pelo menos precisam examinar a história, sobretudo do presente, mas a prioridade é dada às possibilidades éticas e não aos limites da objetividade factual. E é esta prioridade da perspectiva ética que constitui o impulso narrativo de caráter ficcional. Não se trata de substituir a história pela ficção, mas de *refletir* sobre a história através da ficção. A narrativa de ficção prolonga, de alguma maneira, a vocação de uma história crítica, na medida em que esta não se atém exclusivamente aos fatos no seu ser bruto, mas os examina quanto à dimensão significativa, aí colocando questões de alcance e possibilidade no que toca, por exemplo, à relação entre subjetividade e objetividade na configuração histórica das sociedades.

Assim devemos entender a frase de Horkheimer: a significação essencial da utopia (e da distopia) reside no momento *crítico*: "crítica daquilo que *é*". Tais narrativas se defrontam com o *existente*: medem a sua força e as possibilidades de superá-lo. O impulso da utopia é a crença nesta possibilidade. Já a distopia tende a estimar como insuperável a força do existente ou o caráter irrevogável da presença do negativo, do inumano.

Mas esta diferença não impede que, em ambos os tipos de narrativa, a resistência apareça como possível e mesmo necessária à restauração ética do mundo social. Como se o dever ético que caracteriza a singularidade humana se exprimisse em assumir o sentido político da resistência.

E isto porque, se a história não é apenas fato, mas também significação, o indivíduo que a vive vivendo sua história pessoal tampouco se resume à cronologia dos fatos, mas se constitui principalmente pela livre atribuição de sentido aos fatos com que se defronta ao longo da existência histórica. Ora, a resistência ao inumano, principalmente quando este predomina, é manifestação privilegiada da liberdade e do resgate histórico da individualidade. Em Orwell esta perspectiva é explícita.

No caso da utopia, a resistência se mostra na oposição ao que *é* como "representação daquilo que deve ser". No caso da distopia, a resistência se vincula à ficção como representação daquilo que pode vir a ser, mas que *não deve ser*. Os modos afirmativo e negativo do *dever ser* derivam da perspectiva ética dessas narrativas, e da função política que elas pretendem desempenhar. Nos dois casos se pode encontrar uma relação entre história e ficção que passa pelo viés da crítica histórica.

Reencontramos, assim, o tema da vinculação entre história, redenção ou ameaça. Trata-se de possibilidades de compreensão da teleologia histórica, isto é, da finalidade que a história persegue, se é que se pode supor esta ordem nos acontecimentos. Até que ponto esta finalidade depende de um curso objetivo da história ou até que ponto este percurso e esta finalidade dependem das ações humanas, contrapostas à ordem objetiva da história? Em ambos os casos, as possibilidades de redenção ou ameaça podem ser colocadas. A ilha de Utopia existe graças ao simples transcurso da história ou por via das ações humanas? O mundo de *1984* é inevitável ou podemos optar por colaborar para seu advento ou resistir à sua efetivação?

Em uma carta a Arnold Ruge, de setembro de 1843, Marx escreveu: "O mundo sempre sonhou com alguma coisa da qual precisaria apenas se tornar consciente para que fosse possuída como realidade"[3].

---

3. Marx and Engels Internet Archive. Disponível em: <https://www.marxists.org/archive/marx>. Acesso em: 4 fev. 2016.

UTOPIA E DISTOPIA. INDIVÍDUO E COLETIVIDADE

Tanto na utopia quanto na distopia nota-se a presença forte de estruturas racionais, isto é, de características distintivas da razão, consolidadas na tradição, pelo menos desde Aristóteles. Dois desses traços marcantes são *determinação* e *previsibilidade*. Pelo primeiro a sociedade, em todos os aspectos de sua organização, é perfeitamente conhecida, com a diferença de que isto ocorre, no caso da utopia, por parte de todos os integrantes da sociedade e, no caso da distopia, por parte daqueles que são responsáveis pela organização, manutenção e controle do sistema e, apenas em casos excepcionais, pelos outros membros. Determinação é requisito essencial do conhecimento porque permite que os elementos sejam discernidos com clareza e, assim, distinguidos no que são e na função que desempenham. Neste sentido, vale considerar como primordial o alcance da lógica da organização, pois é ela que fornece as condições de determinação, que deve ser a mais completa possível.

A previsibilidade decorre da determinação e é considerada, na tradição, como igualmente relevante na constituição do conhecimento. O que está inteiramente determinado não pode aparecer de modo diferente. Logo, pode-se prever a regularidade de fenômenos desde que bem determinados: nas mesmas condições, eles se repetirão necessariamente. Por isso a finalidade do conhecimento é a intelecção de uma ordem, que constitui, também, o próprio conhecimento no seu estatuto teórico. Assim como a determinação possui papel relevante na compreensão da estrutura, assim também a previsibilidade desempenha função importante na sucessão dos elementos que necessitam ser entendidos cronologicamente. Nas sociedades utópicas e distópicas, por razões diversas, deve haver equilíbrio entre o aspecto estrutural e o aspecto processual da realidade social ou, em outros termos, uma combinação entre estabilidade (sincronia) e aprimoramento (diacronia) do sistema.

O entendimento do ajuste entre os dois elementos mencionados acima permite a percepção de outra categoria constitutiva da organização: a *totalidade*, definida como a perfeita sintonia das partes num sistema fechado e autossuficiente. De modo geral, as sociedades utópicas são imaginadas como ilhas ou como lugares distantes e isolados: ou não há comunicação com o exterior ou esta comunicação é inteiramente controlada, para que haja total domínio de suas possibilidades, alcance e efeitos. No caso da sociedade distópica de Orwell, em que a guerra, ativa ou latente, é componente constitutivo da realidade social, e constitui o tipo dominante de comunicação com o *outro*, o objetivo constantemente perseguido é eliminar a outra parte ou incorporá-la por uma vitória seguida de dominação. Portanto, mesmo quando se trata de uma divisão da realidade em duas partes equilibradas de modo tenso, a finalidade é a totalidade, a constituição da unidade e da identidade pela anulação da diferença.

Como vimos a respeito das duas outras categorias, a totalidade também é um requisito da racionalidade, presente, de modo diverso, na utopia e na distopia. Uma totalidade racional é uma totalidade sistemática: a razão em seu perfil clássico, seja antigo ou moderno, é sempre sistemática, no sentido de que tende para uma integração perfeita dos elementos que a compõem, e para uma demarcação nítida de seus limites, característica que não deve ser vista como necessariamente negativa (na nossa acepção habitual de limite como restrição), mas sim de perfectibilidade ou acabamento, exclusão de qualquer marca de *indefinição*. Os exemplos clássicos são a série dos números com um infinito indefinido (simplesmente não tem fim porque sempre se pode acrescentar mais um elemento) e Deus como o infinito realizado, plenitude positiva não susceptível de qualquer acréscimo substancial. Em princípio, a utopia deveria ser vista como a totalidade perfeita, plena sintonia das partes entre si e com o todo que formam. A distopia, pelo contrário, seria a realização da totalidade política como totalitarismo e não como totalização, entendendo-se por isto que a totalidade não representaria nenhum grau de perfeição orgânica, mas uma imposição de identidade e uniformidade.

É importante acrescentar que identidade e uniformidade estão de algum modo presentes nas sociedades utópicas, mas não como imposição, e sim como uma espécie de estratégia de indução comportamental que passa pela anuência dos indivíduos. Na descrição da ilha de Utopia, de Morus, lemos que as pessoas seguem regras como refeições em conjunto, o lugar que devem ocupar à mesa, e mesmo o tipo de alimentação mais conveniente para cada um. Mas nada disso é imposto: as pessoas são livres para não comer com os outros ou, caso o façam, ocupar qualquer lugar; "mas o fato é que ninguém tem prazer nisso". Há uma ambiguidade nesta descrição, em que a possibilidade de uma *opção* fica, na prática, descartada, visto que ninguém desejaria escolher outra coisa. Esta espécie de condicionamento que recebe uma significação eticamente positiva por ser corroborado pelos próprios indivíduos pretenderia levar em consideração dois fatores. Primeiramente, a necessidade de certa homogeneidade na organização social, expressa em comportamentos que ficariam a igual distância da regra explícita e do costume espontaneamente consolidado. Em segundo lugar, a preservação da liberdade que seria indissoluvelmente vivida como individual e comunitária. O aspecto externo desta concórdia vivida como experiência social é a roupa, igual para todos, inclusive para os que exercem funções dirigentes. Outro fator, este bem mais importante e complexo, é a língua, em relação à qual se aplica deliberadamente todo cuidado na manutenção de sua uniformidade estrutural e léxica, exatamente para que ela seja um instrumento de compreensão mútua a partir de um poder expressivo concebido e utilizado em seu mais alto teor de racionalidade. Há aqui algo que se apresenta como marca profunda da idade clássica: a relação entre linguagem e pensamento, e a língua como expressão da razão e, assim, meio efetivo de entendimento entre todos os seres humanos.

Dois aspectos devem ser destacados nesta tentativa de construção de uma totalidade bem ordenada, cuja estrutura lógica coincida com expectativas de felicidade individual e coletiva, e que são de índole racional, enquanto se referem ao caráter geral da sociedade como organização, e também na medida em que devam contemplar a singularidade de cada indivíduo. Com efeito, o problema crucial da organização social é estabelecer o necessário equilíbrio contido na expressão *inserção comunitária do indivíduo* se a entendemos como definição de individualidade. A abstração pode ser entendida de duas maneiras, no que diz respeito à questão aqui tratada: o indivíduo pode ser abstraído, isto é, inteiramente separado da realidade social, e ter sua presença diluída na esfera do coletivo, com o desaparecimento da sua singularidade; ou a realidade social pode ser separada do indivíduo e tornar-se a única realidade, que tira sua força absoluta da relatividade dos indivíduos, a ela inteiramente submetidos. No primeiro caso, a abstração, isto é, a separação, leva à anulação do que seria a realidade individual; no segundo caso, a abstração (separação) leva à exacerbação da dimensão estrutural e coletiva do social, que se mostra, então, como a única realidade, ou o ser na dimensão total e totalitária.

Nesta relação – ou nos seus limites – entre indivíduo e sociedade pode ser colocada também a questão da relação (e hierarquia) entre ontologia e ética – ou estrutura sistêmica e relações humanas. O que se procurou, nas utopias e em algumas filosofias sociais (Marx, por exemplo), foi talvez a instauração ou a recuperação de uma reciprocidade entre indivíduo e comunidade, na tentativa de estabelecer a indissociabilidade que deveria vigorar entre as duas instâncias.

Portanto, quando se diz, em relação à utopia de Morus, que o indivíduo não pode ser compreendido fora de sua inserção comunitária, devemos entender a relação dinâmica entre três esferas de atuação: o exercício da individualidade, no sentido da liberdade individual, das escolhas concernentes à vontade do indivíduo; a vinculação orgânica deste exercício à comunidade, de modo que a liberdade individual e o exercício comunitário desta liberdade tendam a coincidir; e, como resultado, a sociabilidade que é ao mesmo tempo um *sistema* que prescreve aos indivíduos o modo de vida e a *experiência* constante que cada um faz de sua participação livre e ativa na comunidade. A pretensão, como se vê, é atingir a *universalidade da razão*: uma totalidade objetiva constituída pela sintonia das singularidades subjetivas. Sabemos que nas distopias a primeira característica é obtida ao preço do sacrifício da segunda. Mas seria preciso entender, no contexto da utopia, os pesos relativos do indivíduo singular e da organização social, algo que se dá entre a harmonia e a tensão. De um lado, a liberdade de opção; de outro, as necessidades sistêmicas da sociedade, cuja organização exige que os indivíduos de alguma forma se distribuam entre todas as tarefas necessárias à manutenção do social, e que a vida de cada um, vivida com liberdade, esteja sintonizada com o todo organizado institucionalmente. Veja, por exemplo, na *Utopia*, a família, o casamento e o divórcio, bem como o critério econômico da distribuição de funções e da organização institucional. Possibilidades e limites da *existência histórica* devem ser considerados a partir de mediações que se fazem necessárias para a organização objetiva da sociedade.

Tudo indica que outra diferença importante entre utopia e distopia consiste em entender que a organização da sociedade é, em grande parte, a organização dos elementos mediadores entre a totalidade e as partes, bem como das partes entre si. Se privilegiarmos o aspecto esquemático e matemático da razão, sobretudo no seu perfil clássico relacionado com a ciência moderna (física), poderemos desprezar as mediações, isto é, poderemos estabelecer relações mecânicas (exatas) que podem ser formalmente verdadeiras, mas que talvez não contemplem a complexidade de uma totalidade *social*. O exemplo maior é o caso que já mencionamos: as relações entre indivíduo e sociedade. As transições que em diferentes momentos se fazem de uma instância a outra devem percorrer mediações para que o processo de constituição das relações se mantenha ajustado à realidade na perspectiva histórica. De modo geral, a utopia procura respeitar as mediações, enquanto a distopia tende a ignorá-las em prol da eficácia de um sistema feito de relações diretas. Aí estaria a distinção entre o sistema baseado na harmonia e o sistema calcado na violência.

UTOPIA E DISTOPIA. IMAGINAÇÃO E AÇÃO COMO MEIOS DE CONSTITUIR OUTRA REALIDADE

Como se poderia classificar o conteúdo filosófico da utopia? Pelo modo como se tem considerado habitualmente o gênero, a noção de *ideal* a princípio parece ser a mais indicada para a apreensão do significado de utopia. E o principal argumento a favor desta afirmação refere-se ao caráter perfeito da cidade utópica, o que torna o próprio conceito de utopia sinônimo de uma totalidade definitivamente acabada e autossuficiente. É neste sentido que se costuma associar utopia a algo que pode ser imaginado, mas que não pode ser atingido. Ou seja, o imaginário, no sentido do inexistente, seria o âmbito da representação da utopia.

Mas a questão exige que se examine, preliminarmente, o modo ou os modos como se concebe, no contexto da filosofia, o que seja *ideal*. Tomemos, primeiramente, o exemplo de Kant. O que caracteriza a sua concepção de conhecimento é o equilíbrio adequado entre as possibilidades e os limites que as categorias do entendimento – o aparato lógico-transcendental – permitem estabelecer na definição do que seja experiência possível, isto é, o conhecimento que podemos alcançar a partir de um uso válido das formas racionais. O conhecimento se *constitui* por este procedimento, que se resume na observação cuidadosa dos limites da validade teórica (científica) das nossas representações. Entretanto, se separarmos a possibilidade dos limites, poderemos estender o uso das categorias do entendimento indefinidamente, ultrapassando assim as fronteiras de validade do conhecimento teórico – os limites do entendimento – e fazendo um uso destas formas unicamente guiado pela razão, em sua ambição de integralizar o conhecimento e totalizar a representação intelectual da realidade. O entendimento observa limites; a razão tende a ultrapassá-los e transcender o uso teórico (imanente) na direção do uso *transcendente*.

Embora esse uso seja, do ponto de vista teórico, ilegítimo, já que não produz nenhum conhecimento, ele de alguma maneira se justifica pela função *reguladora* que exerce. Isto significa que, embora o conhecimento restrito aos parâmetros da experiência seja necessariamente limitado ao que se pode abranger neste âmbito, e não se possa, assim, constituir de fato conhecimentos que o ultrapassem, é útil que a atividade de conhecer seja regulada por ideias que, em si mesmas irrealizáveis, no entanto colocam para o conhecimento exigências que o impulsionam na direção de uma realização sistemática da totalidade e da unidade. A diferença, portanto, é esta: só podemos *constituir* nosso conhecimento a partir dos limites muito precisos de uma experiência bastante restrita em relação ao que podemos pensar para além de tais limites; mas podemos *regular* nosso conhecimento lançando hipoteticamente nosso olhar para muito mais longe, para a totalidade e a unidade sistemáticas que nunca poderemos constituir, mas que servem para que nos esforcemos para ampliar a experiência o mais que pudermos.

O caráter regulador das ideias de totalidade e unidade faz com que elas funcionem como ideais, no sentido de algo posto no horizonte como finalidade impulsionadora embora inatingível de fato. E é importante ressaltar o caráter absolutamente *racional* de tais ideias: elas representam a completude sistemática que a razão humana aspira para o conhecimento (metafísica), mas que o entendimento não pode atingir.

Se aplicarmos a analogia, diremos então que a utopia é a máxima realização da ideia de uma organização social absolutamente perfeita. As circunstâncias e contingências que cercam a realização *de fato* implicariam a impossibilidade de realizar este ideal que, no entanto, permanece válido como modelo racional da cidade perfeita, e também como medida e critério para julgar a realização efetiva da vida social, ética e política na dimensão de sua existência.

Hegel criticou essa relação entre constituição e regulação a partir da necessidade de compreender *o real* e não aquilo que se pode conceber além dele. Assim, dedicar-se a representar um ideal inatingível como polo regulador da realidade seria um modo de perder a realidade efetiva e presente, o verdadeiro objeto da filosofia, sem o qual a compreensão se projeta no vazio. A autêntica maneira de pensar além da realidade presente não é ultrapassá-la na direção de um ideal, mas compreendê-la em sua negatividade, isto é, em seu movimento ou processo de superação e transformação. O que determina a transformação da realidade, e também a sua realização como totalidade, é o negativo que o real traz em si, é a possibilidade de negar a si mesmo e tornar-se outro. O movimento histórico, adequadamente compreendido, suprime a dicotomia kantiana entre constituição e regulação, isto é, retira da representação da história o componente idealista. Neste sentido, *A República* de Platão não é a proclamação de um ideal, mas a compreensão da essência da organização política.

Isso significa que não basta conceber a sociedade justa como um ideal *regulador*, mas é preciso compreender as contradições da sociedade existente, o movimento histórico que a engendrou e a mantém, e a possibilidade de *constituir* outra realidade social. Neste processo, a superação do presente constituído pode passar pela imaginação, isto é, pela construção imaginária de outra sociedade, pois neste caso a atividade do imaginário estaria associada a uma atitude racional de crítica do presente. Neste sentido, Marx e Engels valorizam a utopia como crítica social, como reação ao sistema dominante e como constatação embrionária do conflito de classes, atribuindo assim a ela, no que traz de elementos críticos, uma função altamente positiva como impulso de transformação. Como se referem de modo geral aos utopistas do século XIX, avaliam que esses autores teriam percebido com clareza os aspectos negativos da realidade social, como a desigualdade e a exploração enquanto vetores da organização social.

Essa visão se reflete nas propostas dos socialistas utópicos, como Fourier e Owen. O que elas têm de utópico deriva justamente de uma ausência de compreensão do movimento histórico na constituição da realidade social. É esta característica que os leva a *imaginar* uma sociedade mais perfeita, sem atentar para as condições socioeconômicas que determinam a sociedade atual e a do futuro. Daí o *utopismo*, definido como "a fabricação imaginária de cidades racionalmente perfeitas"[4]. Esta formulação

---

4. Karl Marx; Friedrich Engels, *Manifesto comunista*, São Paulo: Boitempo, 1998, p. 60.

teria sido a única possível num momento histórico em que as aspirações revolucionárias ainda não podiam assumir formas diretamente práticas, isto é, uma crítica material relacionada com as possibilidades de transformação material da sociedade por via do movimento histórico. Assim, de um lado, as utopias refletem a situação histórica na qual são produzidas; de outro, elas existem e desempenham seu papel porque ainda não há, por parte dos agentes históricos de transformação, consciência do movimento histórico e da função que poderiam nele desempenhar. Mas a utopia se insere num percurso que levará a esta tomada de consciência, algo que coincidirá com a passagem do socialismo utópico ao socialismo científico.

Por consequência dessa apreciação e de outras acerca da significação histórica da utopia, pode-se apontar uma relação entre utopia e verdade da história, ao menos no sentido de que a concepção utópica da sociedade reage a uma situação considerada racionalmente inconsistente e eticamente comprometida com interesses ideológicos. Na suposição de uma oposição entre verdade e ideologia, a utopia realizaria a crítica da ideologia pela negação da realidade social organizada a partir da mistificação política. Ora, a negação da realidade pode ser, no limite, a posição da irrealidade. E. Bloch dizia, a respeito, que o que importa nos sonhos não é tanto sua verdade ou sua mentira, mas, sim, o fato de que eles existem e a sua simples existência coloca a questão de sua realização. Talvez seja esta posição da utopia entre o sonho e a realidade – no limite, a negação da realidade pelo sonho (como no discurso de Martin Luther King) – o aspecto mais afirmativo da liberdade.

Já em Descartes, a tese da liberdade coincide com o poder infinito de negação, traço que nos assemelha a Deus, pois não há evidência, por mais luminosa que seja, ou opção moral, por mais imperativa, que não possam ser negadas. No limite, a afirmação depende da razão, da clareza e da distinção que a suportam; mas a negação não depende da razão e pode, até mesmo, ir contra todas as razões. Descartes, naturalmente, não encoraja o uso desta liberdade em sua forma mais radical, porque a liberdade mais perfeita não seria, para ele, contrariar a razão, mas segui-la. O que não anula a tese da realidade radical, infinita, da liberdade.

A relação entre utopia e liberdade se mostra em que a utopia seria, primeiramente, um ato de negação. Em suas raízes cartesianas, este ato, ao negar a realidade finita presente, de direito se volta para a exploração de possibilidades infinitas abertas pela liberdade. Para concretizar alguma destas possibilidades, é preciso criar uma realidade finita, perfeita, que seria a cidade utópica. Mas se sua verdade é da ordem da história, como mencionamos antes, ela não poderia ser perfeita no sentido de definitivamente acabada, mas teria de se definir pelo movimento de progresso e aprimoramento. Entretanto, não seria justamente uma das características da cidade perfeita a estabilidade, a anulação da contingência que instabiliza as cidades imperfeitas?

A solução, ao menos no caso da *Utopia* de Morus, é considerar que a cidade é *essencialmente perfeita*, e que esta perfeição essencial seria totalmente compatível com o progresso e o aprimoramento na ordem da sua existência. Mudar sempre para melhor seria um sinal de sua perfeição e permitiria que esta perfeição não contrariasse o predicado da historicidade. O tempo, que nas cidades imperfeitas pode ser fator de decadência e destruição, na *Utopia* é integrado através de um exercício de discernimento que assimila o que é bom para a cidade e esquece o que lhe teria sido trazido de mau. Não há, propriamente, a intenção de suspender o tempo, mas certamente a de afastar seus efeitos negativos. O que pesa, é verdade, no equilíbrio entre devir e eternidade, mais para o lado do permanente e do eterno. Apesar disso, a paralisação no tempo não faz parte da essência da utopia.

Seria, antes, numa literatura anti-humanista que a paralisia do tempo poderia ocorrer como sinal da repetição intrínseca a uma concepção de vida vazia. Lacroix cita a *Montanha mágica* de Thomas Mann – o tempo linear e repetitivo do sanatório, como se houvesse a intenção de fazer de todos os dias um único dia. *O castelo* de Kafka, e a interminável espera da personagem como experiência do tempo imobilizado. *Esperando Godot* de Beckett pode ser visto como a alegoria da exigência do fim da espera, da chegada do instante final, que nunca ocorrerá. Ou, no caso de *O castelo*, a convocação da personagem coincide com o momento de sua morte.

No caso da *Utopia*, não existe propriamente uma espera porque os habitantes não carecem de algo que precisariam esperar. Trata-se de duas experiências diversas e eventualmente simultâneas: a *duração eterna* da cidade perfeita e a vivência de uma historicidade que não altera o essencial.

De modo semelhante, a *Utopia* não se coaduna nem com uma filosofia da contemplação nem com uma filosofia exclusivamente da ação.

Não se trata de contemplar estaticamente uma representação imaginária, porque na raiz do ato de imaginar está a negação da realidade dada, que já traz em si a expectativa de ação; nem de agir na direção de um simples desdobramento do presente em futuro, o que seria a reiteração do mesmo. Trata-se de imaginar e de constituir *outra* sociedade: não apenas modificar a existência, mas alterar a essência. Uma filosofia da ação, mas que procura agir sobre o princípio e a essência da sociedade, e não apenas "reformar" alguns de seus aspectos. "Não há utopia sem a representação totalizante e irruptiva da alteridade social"[5].

---

5. Bronislaw Backzco, *Lumières de l'utopie*, Paris: Payot, 1978, p. 67.

Por uma utopia não utópica?[1]
David Lapoujade

Sabemos todos que a etimologia da noção de utopia remete antes de tudo ao *espaço*. Um mundo utópico é um mundo sem lugar. Ou melhor: um mundo fora de lugar sem ser pura ficção romanesca. É um mundo possível à espera de um lugar concreto. Mas na época em que Thomas Morus criou o termo podia-se ainda supor que pudesse existir um lugar onde implantar esse fora de lugar, pois estávamos na época dos novos mundos. É o que se vê nas tentativas de implantar comunidades utópicas nos Estados Unidos durante os séculos XVIII e XIX, comunidades religiosas, fourieristas, transcendentalistas etc.[2]. É evidente que os grandes espaços americanos foram um campo de experimentação para todas essas utopias filosóficas, socialistas ou religiosas.

Mas a utopia não é apenas questão de espaço; ela se tornou, progressiva e correlativamente, questão de *tempo*: ucronia do mesmo modo que utopia, desta vez segundo um termo inventado pelo filósofo Renouvier, mas cujo sentido deve aqui ser mudado (não uma história alternativa – o que poderia ter acontecido se... –, mas uma história no futuro). A utopia não se faz apenas num novo espaço, ela se faz num tempo novo. A utopia conjuga-se no futuro, é um sonho no futuro, pura escatologia ou *futurologia* enquanto abertura de possíveis. Muitas dessas utopias do

---

1. A tradução do presente ensaio, incluindo as citações de obras feitas pelo autor, é de Paulo Neves.
2. Pode-se consultar a esse respeito o belo livro de Daniel Vitaglione, *L'Amérique des utopies* (Paris: Éditions Encres, 1996), que reconstitui a história impressionante dessas criações, mais ou menos felizes, de comunidades utópicas.

século XIX sonhavam transformar as relações sociais em função de uma nova fraternidade, o grande tema esquecido da trindade da Revolução Francesa[3]. Elas se dedicavam a pontos precisos e concretos: renovação das relações entre homens e mulheres, das relações familiares, dos contratos matrimoniais, da educação das crianças, do espaço público através da construção de moradias etc. As transformações deviam ser antes sociais do que políticas e econômicas.

Mas há um terceiro conceito implicado na noção de utopia, além dos de espaço e de tempo: é o de *crença*. A utopia é inseparável de uma espera, de uma esperança, até mesmo de uma tentativa de experimentação efetiva, de lutas reais para fazê-la advir. Seria preciso definir a crença à maneira de William James, não como uma simples convicção, mas como uma *disposição a agir*. Crer num projeto utópico não é apenas julgar que ele é realizável ou esperar que o seja; é estar disposto a agir em conformidade com esse projeto, como os migrantes que embarcaram para os Estados Unidos com a firme convicção de poder cumprir seu sonho social.

Uma das características dessas utopias é que elas constituem espaços-tempos imaginários, independentes de sua realização histórica, sempre imperfeita. Ora, qual é a característica da imaginação nesse caso preciso? É pensar um mundo sem obstáculo. A utopia é um mundo que quer se livrar de todos os obstáculos do mundo real. Imaginem, diz o utopista, imaginem um mundo sem dinheiro, sem egoísmo, sem propriedade, sem capitalismo, sem esses obstáculos. Nesse sentido, a utopia não é apenas a descrição de outro mundo; nela se pode reconhecer pelo avesso um diagnóstico do mundo presente, pois ela nomeia por via indireta todos os obstáculos que obstruem nosso mundo, que o bloqueiam, que limitam suas possibilidades de libertação. A utopia não é o que se separa do mundo presente; ao contrário, é uma alternativa dele (imaginária ou revolucionária): o que seria este mundo *se*... Assim, a utopia é um lado avesso ideal, idealizado, do mundo presente, como se bastasse suprimir um ou vários obstáculos para transformar pacificamente o mundo.

Esse é justamente um dos traços do pensamento utópico socialista que Marx e Engels denunciam. Antes mesmo de criticar o caráter quimérico dessas utopias sociais, o que eles denunciam é sua idealização do mundo

---

3. Ver Marcel David, *Le Printemps de la fraternité*, Paris: Aubier, 1992.

presente[4]. Embora reconheçam nelas uma força crítica, Marx e Engels as reprovam por permanecer no domínio do imaginário, demasiado pacífico aos olhos deles. Não basta eliminar os obstáculos num mundo imaginário como por encantamento; é preciso suprimi-los efetivamente no mundo real ao preço de uma luta revolucionária que nada tem de pacífico.

Mas que o marxismo tenha criticado o socialismo utópico não significa que ele renunciou, por seu lado, a toda ambição utópica, pelo contrário. Aqui cabe retomar a bela fórmula de Adorno que é citada por Miguel Abensour[5]: Marx e Engels "eram inimigos da utopia no interesse mesmo de sua realização"[6]. O projeto marxista é profundamente utópico, mas não se baseia mais numa crença imaginária infundada, livre de todo obstáculo. Baseia-se, ao contrário, numa análise "científica" das relações de forças econômicas reais observáveis. Ou seja: trata-se de opor um tipo de utopia a outro. O marxismo não é apenas uma nova filosofia, é uma nova concepção da utopia. São como duas versões da utopia: uma separada do mundo real que ela se propõe transformar, a outra ancorada numa análise do mundo real que ela se propõe derrubar. Eis aí uma primeira descrição da utopia clássica e moderna. Por que dizê-la clássica e moderna?

É que estaríamos no *pós-moderno*. Ora, o que significa pós-moderno? Significa justamente o fim dos grandes relatos utópicos. Com a queda do muro de Berlim nos anunciaram o fim das utopias. Tal seria a nossa pós-modernidade. Não apenas se proclamou o fim do marxismo, mas também o fim das utopias. Todos conhecem essa litania. Fim das utopias, fim da história. Estranho esse desejo de querer acabar com alguma coisa, de querer anunciar o fim de alguma coisa. É como o título de um texto de Beckett, *For to End Yet Again* [Para acabar mais uma vez], que mostra justamente que o fim não termina de acabar e que não se poderia acabar com nada; a moral dos livros de Beckett, aliás, é que o fim é que acaba conosco. Seria o caso de perguntar que estranho prazer sentem certos intelectuais em anunciar solenemente o fim de alguma coisa? O fim de

---

4. "Na mesma medida em que a luta de classes se desenvolve e toma forma, essa maneira de elevar-se acima dela pela imaginação, de combatê-la em imaginação perde todo valor prático, toda justificação teórica." Cf. Karl Marx; Friedrich Engels. *Manifeste du parti communiste*, Paris: Éditions Sociales, p. 153. Ed. bras.: *Manifesto do Partido Comunista*, Sueli Tomazini Cassal (trad.), Porto Alegre: L&PM, 2001.
5. Miguel Abensour, "Marx: quelle critique de l'utopie?", *Lignes*, Paris: Hazan, 1992, n. 17, p. 44.
6. Cf. Theodor W. Adorno, *Dialectique négative*, Paris: Payot, p. 252. Ed. bras.: *Dialética negativa*, Marco Antonio Casanova (trad.), Rio de Janeiro: Zahar, 2009.

alguma coisa não é, antes, o índice de uma *mutação* em curso, de uma profunda transformação? Acreditar acabar com a utopia ou acabar com a história é jogar com as palavras ou ser incapaz de mostrar como a utopia, a história ou qualquer outra noção se transformam.

Então, o que significa essa suposta morte das utopias simbolizada pela queda do muro de Berlim e a derrocada do regime soviético? Não seria outra forma de utopia, sob sua forma mais desencantada? Evidentemente, ela é inseparável do avanço e do triunfo do neoliberalismo como única ordem possível a partir de agora. É o famoso *Tina*, acrônimo da célebre frase de Margaret Thatcher: *There is no Alternative* [Não há alternativa]. Um profundo fatalismo: não há mais possível, há só o real, o real do neoliberalismo – único legítimo. Eis de onde vem, talvez, o estranho prazer: o prazer de anunciar um triunfo, uma vitória. Estamos desembaraçados, enfim, do que contestava nossa legitimidade. Pelo menos, é o que se deveria acreditar. Tal é a nova crença. Inútil lutar, não há mais possíveis alternativas, as utopias estão mortas. Não se trata de uma constatação, mas da proclamação de uma vitória que se gostaria fosse total e definitiva. A própria ideia de uma luta contestatária é pueril, idealista, primeiramente na cabeça dos que mais a desejam. E há vitória mais retumbante do que essa resignação do desejo, quando todos acabam por se convencer de que a luta é vã?

Fim das utopias? Que seja. Mas será tão simples assim? Cabe aqui introduzir uma belíssima distinção feita por Marx entre dois sentidos da palavra *utopia*. Marx distingue, na verdade, dois tipos de utopia. De um lado, a utopia como *expressão imaginativa de um mundo novo* que remete às formas de utopia que descrevemos há pouco. Elas se propõem abertamente transformar o mundo ou derrubar a ordem existente. Mas há uma segunda forma de utopia, bem mais sorrateira, menos visível, que Marx define como *a sombra do mundo presente*. O que é essa sombra que acompanha e cinge o mundo presente? Não devemos primeiro descrever o mundo presente para tentar perceber essa sombra? Tal seria a tarefa daqui por diante: tentar descrever, mesmo sumariamente, mesmo de maneira muito aproximada, este mundo no qual vivemos, para tentar entrever a sombra de uma utopia. De que novo espaço-tempo o mundo presente se acha permanentemente cingido? Qual é essa utopia que o acompanha permanentemente? Eis o que me proponho abordar agora.

De que se compõe o nosso presente? Como descrever o espaço-tempo que o caracteriza? Claro que não posso responder a tal pergunta, senão apenas dar indicações muito gerais. Mas essas indicações terão todas por objetivo fazer adivinhar essa sombra. Consideremos primeiro o espaço. Em quais espaços vivemos hoje? De maneira geral, o que se observa é que vivemos num espaço controlado em todas as partes. É o que diferencia nossa época da anterior. Se antes o espaço era vigiado, em particular as fronteiras e os espaços públicos (principalmente os espaços urbanos e as instituições), doravante criam-se espaços submetidos, não a uma vigilância, mas a um controle generalizado: controle humano, visual, televisual, audiovisual, por satélites, por computadores, por telefones. A diferença entre a vigilância e o controle é que, no primeiro caso, se trata de observar para disciplinar (ou fazer respeitar a disciplina, como o mostrou Foucault[7]), enquanto no segundo caso se trata de obter informações para controlar.

Esses espaços informativos se tornaram tais que se pode localizar qualquer indivíduo no planeta, a qualquer momento, como se a Terra inteira fosse equipada de captores ou detectores de movimentos. Mas não são só os movimentos que se detectam; são os enunciados, as condutas, as emoções, todas as informações emitidas pelos indivíduos. Em outras palavras, as populações que ocupam esses espaços (e não apenas as populações humanas, mas vegetais, animais, minerais, energéticas, biológicas) se tornaram pacotes de informações e nada mais. Como disse Deleuze, não lidamos mais com indivíduos, mas com bancos de dados. E aqui não se trata só do espaço físico, mas de todo tipo de espaço: mental, ciberespaço, que se conjugam entre si. Todos os espaços estão saturados de informações. Certamente, zonas imensas escapam a esse controle, ao mesmo tempo em que, apesar da pretensão de transparência, se formam imensas zonas de segredo: acordos comerciais, bancários, de modos de vigilância e da extensão dos modos de segurança, quanto ao tratamento dos dados que produzimos etc. Ou seja, esse espaço informativo não é de maneira alguma transparente, ainda que esteja saturado de informações.

Ora, o que se observa é que o espaço está submetido a um *englobamento* relativo que permite não só quadriculá-lo ou "estriá-lo", segundo um

---

7. Cf. Michel Foucault, *Vigiar e punir*, Rio de Janeiro: Vozes, 2015.

termo de Deleuze e Guattari, mas sobrevoá-lo. O que se deve entender aqui por sobrevoo? É o fato de ser copresente a todos os pontos do espaço simultaneamente, como se as distâncias imanentes ao espaço estivessem abolidas. O espaço se torna um espaço sem distância, já que se está presente simultaneamente em todos os seus pontos. Trata-se de um *espaço não dimensional*. É como se cada localidade do mundo pudesse ser ligada a qualquer outra, considerando relações entre os diversos sistemas de informações e independentemente das distâncias reais. Isso permite saber o que dizemos, o que fazemos, o que vemos e onde estamos, em que redes profissionais, políticas ou de amigos circulamos. Uma das características aparentes desse espaço é que não há mais nada fora dele, já que nele tudo é percebido, visível e audível de ponta a ponta.

Dá para ver o que se cria em relação aos espaços anteriores. Antes o espaço era quadriculado, submetido a operações de medição, de delimitação. A instituição desses limites deu origem a inúmeras lutas e guerras. Os espaços eram polarizados por seus limites e suas fronteiras naturais, artificiais, políticas, jurídicas. Mas tudo se passa agora como se o espaço não tivesse mais necessidade desses limites nas novas configurações que ele construiu. Ele se torna ilimitado, aberto em suas extremidades, e "engloba" todo o espaço da Terra. Não é mais governado pelos imperativos e os limites da propriedade. O importante não é mais possuir um espaço, mas ter seu controle, saber como nele se comportam as populações (daí hoje a guerra da informação, tida como o bem mais precioso).

Se tivéssemos de resumir numa palavra essa configuração, caberia invocar o ciberespaço. De fato, o que é o ciberespaço? Num sentido, ele apenas se acrescenta a todos os espaços e a todos os meios existentes; é um novo meio, junto com a terra, o mar, o ar ou o espaço natural. Mas, em realidade, a novidade é que todos esses espaços coexistem, se sobrepõem e se comunicam no ciberespaço, que os redistribui a partir de suas inúmeras conexões em todas as direções. É ele que sobrevoa todos os outros espaços e os controla. O ciberespaço não é uma abstração, é uma *comunicação* transversal (no sentido de que atravessa todos os meios) de todos os espaços. Ele dobra todos os espaços e os faz se comunicar entre si por sobrevoo.

Não seria essa uma primeira aproximação da *sombra* de que fala Marx? Um novo espaço que controla todos os outros espaços? Seja, mas de que utopia ele é portador? De que ele é o sonho (ou o pesadelo)? Ele não é a utopia de um mundo de comunicação horizontal comunitária não hierárquica (do tipo "Internautas de todos os países, comuniquem-se"); trata-se antes de livrar-se de todos os obstáculos do espaço mesmo, a começar pelas distâncias como dimensões do espaço físico. As sociedades de informação que começamos a descobrir não trazem em suas entranhas uma espécie de ideal? Não apenas a transparência, mas um sonho de onipotência (a posse total de todas as informações que circulam através do mundo e que o constituem agora como mundo). Pensemos no que visam os dirigentes do Google, do Facebook ou de outros grandes bancos de dados. Eis aí uma utopia na qual querem nos fazer acreditar pelos efeitos reais a que somos submetidos diariamente, a de que resulta um espaço no qual tudo está sob controle: nossos movimentos, nossas reações, nossas emoções, nossas condutas, nossas doenças e até mesmo nosso futuro. Eis aí a sombra que paira sobre todos os nossos atos, hoje.

Mas, ao invocar o futuro, passamos para a outra vertente: esse novo espaço (utopia) é inseparável de um novo tipo de temporalidade (ucronia). Não vivemos apenas num novo tipo de espaço, mas em novos tipos de temporalidades. Também aqui as indicações só podem ser sumárias. É cada vez mais evidente que não lidamos mais com a mesma forma de temporalidade que no passado, quando o tempo era vivido como uma continuidade indivisa. Tudo se passa como se vivêssemos agora num sempiterno presente sobrecarregado de informações que transformam esse presente num imperativo permanente, a todo instante reiterado. Bergson dá uma bela definição do presente. Ele o define antes de tudo como uma questão endereçada à nossa atividade motora. O presente é como uma questão que se repete sem parar: agora, o que fazer? O homem de ação é o que vive numa espécie de presente eterno, numa espécie de esquecimento permanente, submetido à mesma questão. Esse é o modelo hoje: o homem solicitado, saturado de informações, que deve escolher entre opções múltiplas, dividir-se dentro dele mesmo para cumprir suas tarefas. É fácil ver como essa exigência se reforça a toda hora com os novos imperativos do mundo do trabalho. Segue-se que não há mais outra dimensão do tempo senão a do presente, um presente permanente. Em outras palavras, lidamos cada vez mais com um tempo unidimensional (no sentido de que passado e futuro não são mais dimensões distintas do presente, são apenas extensões dele). Presente extensivo desdobrado em dois, em três, no interior de um tempo unidimensional. Assim como o espaço tende a perder suas dimensões, o tempo perde as suas.

É verdade que o tempo se abre em múltiplas direções (extensividade do presente), de acordo com uma espantosa simultaneidade, mas há unidimensionalidade no sentido de que um acontecimento só dura o tempo de ser substituído por outro, substituído por sua vez pelo seguinte. Toda continuidade temporal é como que destruída. Não há mais passado, a não ser reativado por ocasião de um acontecimento presente; não há mais futuro, a não ser como um horizonte sempre remodelado pelos imperativos do presente, sempre decidido por ele. Passado e futuro são totalmente avassalados pela onipotência do presente. Disso resulta um tempo sem duração, um tempo que não dura mais, não se acumula mais nele mesmo para nos enriquecer, mas que se limita a passar, a fugir numa espécie de esquecimento perpétuo. Um dos sinais dessa nova temporalização se verifica na perda de memória, ou melhor, no abandono da memória de conteúdo. Sabemos que não precisamos mais guardar os conteúdos na memória, que os bancos de dados constituem uma memória gigantesca que progressivamente suplanta a nossa. Mas, da mesma maneira, somos paradoxalmente despojados do esquecimento (e do direito ao esquecimento), submetidos a uma temporalidade de informação ubíqua que nos domina.

Também aqui essa nova temporalização tende a uma espécie de utopia. Em que sentido? No sentido de que o futuro pode ser submetido a predições cada vez mais exatas. Os grandes dados acumulados numa escala vertiginosa (*big data*) permitem prever as condutas, os focos de epidemias, as zonas de conflito, os comportamentos de risco. A utopia é tornar-se senhor do futuro, graças a aparelhos de predição cada vez mais precisos que permitam prever todos os tipos de comportamentos, tanto afetivos quanto biológicos, políticos, comerciais, médicos (para nos oferecer o presente que esperamos). Ou seja, é exercer sobre o tempo o mesmo controle que sobre o espaço, ter acesso à transparência de um tempo não dimensional que seja da mesma natureza que aquela sonhada para o espaço.

Discernimos um pouco melhor, talvez, em que consiste a tal *sombra do mundo presente*. As utopias tradicionais se caracterizam por se abrir a um mundo possível. Sua modalidade essencial é o *possível*. Por contraste, em que consiste essa nova forma de utopia? O que a distingue da forma clássica e ao mesmo tempo permite descrever a natureza dessa sombra? O modo da utopia pós-moderna (se mantivermos esse termo, utilizado aqui por comodidade) não é o possível, é o *virtual*. Virtual não se refere aqui ao que tradicionalmente se chama de mundos virtuais da simulação, mas à constituição dos novos espaços-tempos não dimensionais que acabamos brevemente de descrever e que controlam nossos espaços-tempos individuais e coletivos.

Não sentimos cada um de nós, individualmente, como que uma sombra de nós mesmos nos acompanhar em toda parte? Quaisquer que sejam os espaços-tempos que atravessemos, somos como que duplicados por um avatar digital composto por todos os traços deixados em cada uma das operações que praticamos: compra, venda, discussão, redes de amigos, centro de interesses, gostos, viagens etc. Avatar digital que é, não um duplo, mas um sujeito virtual, atualizável a qualquer momento, que pertence ao espaço virtual utópico no qual ele se torna previsível e localizável como qualquer produto, onde quer que esteja. Em ambos os casos, o dos indivíduos ou o dos produtos industriais, virtual não remete ao mundo da simulação, mas a novas potencialidades de um espaço informativo que favorecem a utopia contemporânea de um englobamento do espaço terrestre.

Ocorre a mesma coisa do ponto de vista da temporalidade, que substitui o futuro por um fluxo de presente permanente animado pela utopia realista de um tempo por vir que se pode predizer totalmente, como se paralelamente ao englobamento do espaço houvesse um englobamento do tempo. O tempo virtual é o tempo da predição – esboço, esquema, modelização, programação, linhas traçadas a partir da acumulação gigantesca dos dados recolhidos num presente saturado de informações. Eis aí a natureza da sombra cujos efeitos já se fazem sentir em nossas vidas. É o que se percebe vagamente quando se tenta desfazer uma engrenagem na qual estamos presos. Como disse Grégoire Chamayou, os centros de poder e de decisão não são mais distantes, mas inapreensíveis, fugazes. Lidamos apenas com sistemas de programação inelutáveis nos quais todas as opções possíveis preexistem, de tal modo que se torna impossível pôr em questão as arborescências que distribuem essas escolhas. É como a nova lei deste mundo: quanto mais o mundo virtual se estende, mais o mundo dos possíveis se retrai. Uma das formulações possíveis dessa utopia (que obedece a uma lógica empresarial) é: risco zero. Há inclusive tratados entre multinacionais e Estados segundo os quais, se houver uma mudança de regime político que ponha em causa, por exemplo, um regime fiscal, a empresa tem o direito de processar o Estado em função dos riscos de competitividade que ela corre. Agora empresas processam Estados por essas razões.

O grande erro, em toda essa descrição, seria acreditar que a utopia que tenta englobar o mundo num espaço-tempo virtual que o controla é uma profecia já realizada e que já é tarde demais para agir ou propor uma alternativa. Estaríamos diante do irreversível. Eis aí uma utopia destinada a desencorajar qualquer outra utopia. O que nos resta se todo o espaço está sob controle? O que nos resta se o futuro já está programado, se os riscos já são antecipados e conjurados? O problema hoje não é apenas qual é a alternativa possível, mas se existe uma alternativa. Colocar a questão dessa forma já é admitir a vitória desse ideal "pesadelesco", reconhecer sua inelutabilidade (como a utopia do progresso inelutável no final do século xix: havia tantos sinais irrecusáveis). É uma forma de pessimismo *a priori*.

De onde vem tal pessimismo? Ele vem da forma global e inapreensível desse controle. Estamos englobados. Como lutar sozinho ou mesmo coletivamente contra tal globalidade, contra um império tão vasto? Como não ser pessimista *a priori*? A única alternativa não é opor-lhe outro Todo, um Todo sem os obstáculos que fazem dele um pesadelo? Como não ver simetricamente no utopismo um otimismo *a priori*?

O problema não é ser otimista ou pessimista, é sê-lo *a priori*. Isto é, supor que estamos perdidos ou salvos, não importa o que façamos. O futuro está salvo ou perdido *de antemão*. É o sentido mesmo dos que dizem: para que lutar contra o sistema? Inútil lutar, todo combate está perdido de antemão, é tarde demais. Eles não compreendem que são justamente pensamentos dessa natureza que asseguram a vitória do sistema. Que maior vitória pode haver do que uma vitória *a priori*, quando o adversário está convencido da derrota antes mesmo de combater? Tal seria a nova crença para a qual nos conduz essa utopia.

Mas não é certo que a crença contrária seja mais invejável. Se o pessimista *a priori* não cessa de repetir que é tarde demais, o que diz o utopista otimista? Ele diz que o tempo ainda não chegou, que ainda é muito cedo. Ele conta com ou espera um mundo melhor. Um lamenta o passado no qual ainda era possível lutar (antes que fosse tarde demais), o outro espera um futuro no qual será possível enfim lutar (mas ainda é cedo demais). Tudo parece opor as figuras do pessimista e do otimista, tão opostas como a resignação e a esperança. No entanto, como não ver que eles se juntam secretamente, a ponto de serem como a frente e o verso de uma mesma moeda? Qual é o traço comum que os une, mais profundo que sua diferença de superfície? É que ambos são *despojados do presente*. O pessimista não pode viver no presente porque, de qualquer maneira, é tarde demais, tarde demais *a priori*. Ele pode apenas lamentar um mundo que se foi, vencido pelas novas forças do presente em ação.

Mas é o otimista muito diferente do pessimista? Também ele não vive no presente, pois sua vida não é mais que espera. Não vive no presente, mas no futuro. A nota do tempo que ressoa nele é *mais tarde*. Ele é tão incapaz de agir quanto o pessimista. Pois o momento ainda não chegou: "em breve, sim, vocês verão, mas ainda não é o momento". O otimista se reserva (se mantém em reserva) para o futuro, para o dia em que... Ele conta com ou espera um mundo melhor. Um lamenta o passado, o outro espera indefinidamente o futuro, mas ambos estão separados do presente, do aqui e agora que, no entanto, eles ocupam. A forma *a priori* do otimismo e do pessimismo é uma maneira de despojar-se do presente e de todo poder de ação.

Despojados do presente, eles não sabem como agir. Não creem mais ou ainda não creem o bastante no presente para agir. Ora, que maior vitória pode haver do que despojar os indivíduos de seu poder de agir? Essa capacidade de ação é ao mesmo tempo tudo que temos e aquilo do qual somos constantemente despojados, ora por nossos sonhos otimistas, ora por nossos pesadelos pessimistas. É verdade que ocupamos o presente (ou o presente nos ocupa), mas não o possuímos mais, ele não nos pertence mais.

É como uma crise da ação. Não conseguimos mais agir, seja porque não acreditamos mais, seja porque não acreditamos o bastante. Dos três termos que invocávamos no início – espaço, tempo e crença –, é certamente a *crença* o mais importante. Pois a crise da ação é primeiramente uma crise da crença. Não conseguimos mais acreditar nas utopias, não porque é o fim das utopias (versão pessimista) nem porque o tempo ainda não chegou (versão otimista). Talvez porque o papel da utopia não é mais apropriar-se do futuro, mas primeiro reapropriar-se do presente.

Esse é o problema da escatologia próprio a toda utopia, tão logo ela rompe a continuidade com o presente vivo. Ela se torna um possível separado do presente, testemunhando que não cremos nele o bastante. Não é mais uma possibilidade viva. William James distinguia entre as possibilidades mortas e as vivas. É uma possibilidade morta alguém nos propor partir amanhã para o Alasca para uma missão geológica (embora ela seja intensamente viva para outro), pois não nos leva a agir; não há nenhuma continuidade entre ela e nosso poder de ação. Ao contrário, é uma possibilidade viva tudo que nos incita a agir, que nos impele a agir.

Parece que uma das razões de ser deste ciclo de conferências consiste precisamente em recarregar com possibilidades vivas um *novo espírito utópico*, segundo a expressão tão evocadora de Adauto Novaes. Essa simples formulação chama a lutar contra todo pessimismo *a priori*, mas também contra todo otimismo *a priori*. Trata-se de voltar a dar sentido a uma nova possibilização ou utopização *do presente mesmo*. É a tarefa mais urgente e a mais difícil. Que novos possíveis injetar no real que permitam transformá-lo, aqui e agora (e não ontem ou amanhã)? Precisamos de possíveis *que nos façam agir*. Dirão que não é mais utopia. Mas é simplesmente que a noção de utopia muda de sentido. Ela deixa de ser um projeto global ou total, mas continua sendo acreditar em algo que ainda não existe e que só existirá se agirmos aqui e agora, individual ou coletivamente.

Não se trata mais de ser pessimista ou otimista. Como fazer, se não devemos ser nem um nem outro? Cabe aqui uma noção que o próprio William James toma emprestada de um certo George Eliot: o melhorismo. O que é o melhorismo? Ele nos livra de toda concepção global *a priori*. O mundo não está perdido nem salvo de antemão, em virtude de um destino fatal ou providencial. Se fosse assim, não poderíamos mais acreditar nas ações individuais ou coletivas, já que estaríamos todos submetidos a uma ordem superior, fatal ou providencial, presos num todo que nos ultrapassa.

E é exatamente isso que quer nos fazer acreditar a globalização: estamos presos num todo que nos ultrapassa, fora do alcance de toda ação. Mas o melhorismo não pensa mais em termos globais; ele se recusa a pensar em termos de totalidades. No entanto, há partes do mundo, há existências que podem se tornar melhores, mais ricas, com a condição de agirmos. O mundo não está feito, está por fazer, e seu "destino" depende da parte ativa que nele tomamos, das ações que empreendemos em relação a outros indivíduos, aqui e agora. O melhorismo é a concepção de uma utopia como experimentação efetiva e local. Não a concepção do mundo melhor, mas *o melhoramento* deste mundo, aqui e agora.

Se objetarem que as redes econômicas, políticas e de segurança são demasiado densas hoje para permitir a essas crenças agirem efetivamente no campo social, é por não perceberem que essa densidade e a interdependência dos elementos que a compõem revelam também uma enorme fragilidade. É exatamente dessa fragilidade que estão conscientes os que não cessam de reforçar os meios de controle de que falávamos há pouco. Se há uma tendência ao ideal do risco zero, é porque os acidentes têm repercussões às vezes muito vastas e incalculáveis (ver, por exemplo, a crise dos *subprimes*, em 2007). É justamente o que faz a força das ações locais, aqui e agora.

Para concluir, gostaria de dar um exemplo concreto: a ação recente nascida nos *campi* das universidades americanas que, umas após as outras, forçam seus presidentes a romper todo vínculo de investimento comercial com empresas que exploram as energias fósseis (e o movimento se propaga a outros continentes e dependerá da crença dos indivíduos e dos coletivos que experimentarem essas lutas). O modelo se inspira na luta contra o Apartheid, quando os estudantes forçaram as universidades a cortar investimentos de mais de 3 bilhões de dólares de *holdings* na África do Sul. Lembremos que, por ocasião de sua primeira visita aos Estados Unidos, Nelson Mandela não foi inicialmente à Casa Branca, mas à universidade californiana de onde tudo havia partido. A interdependência é tal que cada um dispõe de meios de pressão para agir. Sempre é possível inserir-se em outras ações, prolongá-las, ampliá-las, desviá-las. A *primeira* condição, diria William James, é acreditar. A crença, na medida em que dispõe a agir, é o primeiro motor da utopia. É nesse sentido que se trata sempre de utopia, tanto mais quanto querem nos privar das razões de acreditar nessas transformações possíveis. Mas não basta acreditar em certos possíveis, é preciso também que essa crença nos leve a ações reais. A *segunda* condição é que as razões de crer não sejam vastas utopias globais separadas do mundo real presente. Pois estas nos incitam a esperar em vez de agir aqui e agora. Precisamos conceber possíveis à medida de nossas forças, de nossa capacidade de agir, conceber utopias locais, por assim dizer, em continuidade com nossa experiência passada e as reservas de energia que ela nos permitiu acumular. Portanto, não o sonho global de outro mundo, mas possibilidades locais talhadas para este mundo. Ou seja: a utopia não tem outra escolha senão o aqui e o agora. Ela deve ser uma espécie de antiutopia.

Hans Jonas: uma ética para a civilização tecnológica[1]
Oswaldo Giacoia Junior

Na filosofia da cultura de Friedrich Nietzsche, convivendo problematicamente com o ensinamento do eterno retorno do mesmo, encontra-se uma definição do homem como mutação permanente, na qual a seta do tempo está voltada para o futuro: o homem é o animal doente, e isso advém de sua paradoxal condição ontológica de instabilidade e impermanência, de ente não fixado e estabilizado.

> Pois o homem é mais doente, inseguro, inconstante, indeterminado que qualquer outro animal, não há dúvida – ele é o animal doente: de onde vem isso? É certo que ele também ousou, inovou, resistiu, desafiou o destino mais que todos os outros animais reunidos: ele, o grande experimentador de si mesmo, o insatisfeito, insaciado, que luta pelo domínio último com os animais, a natureza e os deuses – ele, o ainda não domado, o eternamente futuro, que não encontra sossego de uma força própria que o impele, de modo que seu futuro, uma espora, mergulha implacável na carne de todo presente, como não seria um tão rico e corajoso animal também o mais exposto ao perigo, o mais longa e profundamente enfermo entre todos os animais enfermos?[2]

---

1. Não havendo indicações em contrário, as traduções dos trechos citados são do autor. [N.E.]
2. Friedrich Nietzsche, *Genealogia da moral*, III, 13, Paulo César de Souza (trad.), São Paulo: Companhia das Letras, 2009, p. 48.

Dotado de um excedente pulsional que só pode ser estabilizado por meio de instituições, o homem existe na história e na cultura; para Nietzsche, a condição que melhor caracteriza o homem moderno é *hybris*:

> Híbris é hoje nossa atitude para com a natureza, nossa violentação da natureza com ajuda das máquinas e da tão irrefletida inventividade dos engenheiros e técnicos; híbris é nossa atitude para com Deus, quero dizer, para com uma presumível aranha de propósito e moralidade por trás da grande tela e teia da causalidade; podemos dizer, como Carlos, o Temerário, em luta com Luís XI: *"je combats l'universelle araignée"* [eu combato a aranha universal]; híbris é nossa atitude para com nós mesmos, pois fazemos conosco experimentos que não nos permitiríamos fazer com nenhum animal, e alegres e curiosos vivisseccionamos nossa alma: que nos importa ainda a "salvação" da alma![3]

O grande experimentador consigo mesmo dá nome a essa força que o impele para além de si, que transforma o futuro no aguilhão do presente; o nome dessa força, se quisermos enunciá-lo no singular, é vontade de poder. E tecnociência, racionalidade lógica são também designações atuais dessa potência telúrica. Ora, vontade de poder não é um princípio metafísico unitário; como conceito, ela só pode ser pensada a partir de antagonismos, de modo que, vista sob essa ótica, a vontade de poder é estruturalmente equívoca e ambivalente, atualizando-se apenas em resistências, realizando-se sempre em configurações mutantes de relações de força, em redes de múltiplos sentidos. Interpretar, para Nietzsche, implica reconstituir as gêneses desses sentidos e os sentidos dessas gêneses que se alternam e substituem nas posições de domínio e submissão, deixando como rastros uma infindável cadeia semiótica, o campo de intensidades a servir de referencial para uma hermenêutica infinita.

Nietzsche, pensador da tecnologia moderna? A resposta é sim, e ela vale também para Marx e os marxismos, na medida em que podemos identificar, nessas duas vertentes, um mesmo núcleo simbólico, constituído pela representação de uma autêntica humanidade ainda por vir: um além do homem, ou a realização do reino da liberdade, em ambos os

---

3. *Ibidem*, III, 9, p. 44.

casos um ideal a ser alcançado num mundo reconstruído com o auxílio da ciência e da técnica, uma vez superada a confusa mistura de acaso, miséria e servidão que até hoje caracterizou a história humana.

Num ensaio insuspeito de heideggerianismo, datado de 1977, o filósofo francês Gérard Lebrun refutava, nos termos seguintes, as várias demonizações da ciência e da técnica modernas – de algum modo inspiradas em Heidegger.

> Mais que figura de dominação, a ciência é *arché*. É potência, jorro de uma impulsão. Deveriam pelo menos refletir sobre isso os seus modernos contendores. Deveriam perguntar-se se a sua malevolência quanto à racionalidade científica – por generosos que sejam os seus motivos – resiste por muito tempo a um pouco de genealogia ou de arqueologia das significações. E também se ela não desemboca algo afoitamente num obscurantismo banal.[4]

Há quase quarenta anos de distância, ainda fazia sentido afirmar que o alarme disparado pelo perigo da dominação científico-tecnológica da vida era também indicador de *devaneios morosos* de americanos ou europeus "a quem a civilização ocidental já garantiu conforto suficiente para que se possam dar ao luxo de maldizê-la – ou de se considerarem 'em perigo de progresso'"[5]. A iminente catástrofe ecológica impõe hoje uma involuntária simetria entre ociosos devaneios dos saciados e indigência visceral dos famintos, já que a desertificação da Terra não é privilégio ou maldição geopoliticamente circunscrita.

Quando refletimos sobre a tecnociência em termos de vontade de poder, não podemos deixar de nos colocar num limiar questionável, a saber, aquele de uma presumível autodeterminação e completa autossuficiência da humanidade, transformação em figura do mundo o moderno ideal de progresso das Luzes. Esse ideal é o eixo nevrálgico das utopias modernas: seria esse legado de autonomia conquistada a única herança digna de interesse que podemos deixar às futuras gerações? E, se assim for, "ainda não seria cristão, uma vez mais, este sombrio ressentimento que [nos] leva

---

4. Gérard Lebrun, "O poder da ciência", *Ensaios de Opinião*, Rio de Janeiro: Inúbia, 1977, v. 5, p. 50.
5. *Ibidem*.

a odiar a mais perigosa, mas também a mais inventiva, a mais jovem das vontades de potência? Não se prega moral a uma potência: vê-se jorrar"[6].

Percebemos aqui a reverberação da postura filosófica genuinamente nietzschiana, que leva a suspeitar de *moralina* insidiosamente cristã, mesmo nas mais rarefeitas atmosferas da epistemologia e da crítica da ciência. Ora, essa potência, a mais jovem e inventiva da história humana, conjura perigos que, em tempos de instabilidade e pânico, exigem uma atitude mais assertiva do que simplesmente vê-la jorrar. Se é verdade que não se prega moral a uma potência, a questão é: com que outros meios e recursos colocá-la sob controle ético e jurídico-político, se é que isso é possível? E, se não for, não seria justamente essa renúncia uma atitude *irracionalista* e obscurantista? Perante o fascinante jorrar da potência, seria responsabilidade uma exigência de velhos timoratos?

Afinal, com um argumento simetricamente inverso o físico Carl Friedrich von Weizsäcker (assistente de Werner Heisenberg) justificou também a moralidade de Hiroshima: "A bomba atômica foi desenvolvida para evitar que Hitler pudesse conquistar o domínio mundial. Se isso não é ético, então gostaria de saber o que é ético"[7]. Em nossos dias, a crença na neutralidade da ciência e da técnica não tem mais condições de sustentação. Elas são poder, vontade de poder, mesmo que esse conceito seja interpretado no sentido de *arché*, como postula Lebrun. De todo modo, elas intensificam tanto o poder fazer humano quanto as consequências dele; protegem o homem das forças que o ameaçam, mas também ameaçam com a destruição tanto do mundo ambiente quanto da própria existência humana, tal como a conhecemos até hoje. Se possibilitam espaços de liberdade, também estabilizam múltiplas relações de domínio; podem levar à necessidade de evitar a guerra, ao mesmo tempo em que, e no mesmo passo, ameaçam a nova ordem com o risco da mais extrema tirania.

Desde Francis Bacon sabemos que obedecer à natureza é o caminho mais eficaz para dominá-la, pois que dessa obediência extraímos um saber que é, ao mesmo tempo, poder de forçar a natureza a responder às perguntas que nós lhe endereçamos, sob a forma de nossos modelos matemático-experimentais. Todo experimento instala um campo de objetos

---

6. *Ibidem*.
7. Carl Friedrich von Weizsäcker, *apud* Klaus Kornwachs, *Philosophie der Technik*, München: Beck Verlag, 2013, p. 56.

e os dispõe na condição de serem forçados a reagir às questões que nele são suscitadas; as respostas são reações a tais perguntas, que apreendemos em fórmulas (leis) científicas. Há, portanto, no âmago dos procedimentos metodológicos das ciências e das técnicas um inegável traço de enfrentamento, de *desafio* – uma exigência de extração de resultados, que são respostas a perguntas respondíveis:

> É característico da física, tal como ela é desenvolvida na modernidade, não se perguntar, efetivamente, o que é a matéria; da biologia, não se perguntar efetivamente o que é a vida; e da psicologia, não se perguntar efetivamente o que é a alma, mas com essas palavras, a cada vez, apenas circunscrever um vago domínio no qual se pretende investigar. Esse fato é provavelmente fundamental, do ponto de vista metódico, para o sucesso da ciência. A saber, se quiséssemos colocar essas dificílimas perguntas ao mesmo tempo em que desenvolvemos as ciências da natureza, perderíamos todo o tempo e força para resolver as questões resolúveis. Em consequência disso, a ciência, ao deixar atrás de si essas questões de princípio, avançou de maneira prodigiosamente rápida, se comparada com o progresso lento e permeado de dúvidas do pensamento filosófico, que efetivamente se colocam essas difíceis perguntas. Por outro lado, não podemos nos deixar enganar pelo proceder metódico da ciência, que, se não mais está esclarecido sobre sua própria condição questionável, tem em si algo de assassino [*etwas Morderisches*][8].

Justamente por causa desse traço destrutivo, também ele essencial e somente acessível à crítica, é perigoso vincular exaltações utópicas sobre o futuro da humanidade às virtualidades ilimitadas da tecnociência. Esta bem pode corresponder à figura contemporânea de uma vontade de poder coletiva e anônima, que projeta seu empreendimento em escala interestelar; mas não o faz sem riscos cuja magnitude não se pode subestimar, porque não conseguimos medir. Um pensador como Martin Heidegger tinha esse perigo em mente quando pensava que a técnica moderna traz à luz, e torna manifesto, seu impulso exploratório, na identidade entre pesquisa científica e modelos de experimentação e operatividade; trata-

---

8. Idem, *Die Einheit der Natur*, München: Hanser Verlag, 1971, p. 288.

-se de procedimentos metódicos de investigação exploratória, assumem a "forma do *desafio [Herausforderung]*, que estabelece para a natureza a exigência de fornecer energia suscetível de ser extraída e armazenada enquanto tal"[9]. Como modalidade de *poiesis*, a moderna tecnociência instala e disponibiliza os entes como objetos de um processo reiterativo, formado por exploração, extração, transformação, preparação, armazenamento, distribuição, comutação, consumo, desgaste, numa circularidade retroalimentável.

Na era da escalada planetária da tecnologia, esse seria, para Heidegger, o autêntico sentido do eterno retorno do mesmo, tal como pensado por Nietzsche. Heidegger discernia nele o *novum* da ciência moderna, que consiste no fato de a tecnologia ter se tornado indissociável da teoria; esta não é mais atividade especulativa, mas desdobra-se num conjunto de procedimentos técnico-experimentais, que reduzem a natureza à condição de manancial energético, fundo de reservas suscetível de serem extraídas, armazenadas, distribuídas e renovadamente comutadas, alimentando um consumo crescente, em espiral infinita. Não é mais possível fixar um resultado final determinável para esse processo, que fosse permanente e determinado – nele, o único elemento estável consiste na reiteração do ciclo, na própria dinâmica e na lógica imanentes a ele, que tudo converte em estoque disponível para requisição, consumo e desgaste.

E isso em tal medida que a configuração atual de nossas sociedades depende fundamentalmente da atualização de seu potencial tecnológico, que constitui a mais importante força produtiva a garantir a reiteração do processo. Nesse horizonte, a verdade da metafísica moderna é o domínio global da cibernética, com a consequente exploração tecnológica das galáxias. Mais do que nunca, portanto, a vontade de poder, tal como ela se apresenta hoje para nós sob a forma do progresso tecnocientífico, exibe aquele caráter ambivalente que marca todos os grandes eventos da história humana.

As ciências e as tecnologias não se deixam mais interpretar satisfatoriamente em chave idealista, como situadas no plano das ideias, ou como simples meios, instrumentos que podem ser empregados ou não,

---

9. Martin Heidegger, "A questão da técnica", Marco Aurélio Werle (trad.), *Cadernos de Tradução*, n. 2, São Paulo: Departamento de Filosofia da Universidade de São Paulo, 1997, p. 57.

de acordo com parâmetros de controle racional, impostos pela vontade humana orientada por valores. Elas são sobretudo potências históricas determinantes dos caminhos pelos quais se decide a vida e a morte dos seres humanos no planeta Terra, e não somente destes. Portanto, é preciso não perder de vista que entra em consideração, na esfera em que se situam tais forças, também o imensurável espectro das paixões, desejos, interesses estratégicos e conflitos de várias ordens.

Desde há algum tempo a filosofia tem suspeitado das utopias emancipatórias alimentadas pela confiança irrestrita na força prometeica da tecnociência, como se por meio dela se tornasse realidade o projeto político da modernidade cultural. Para o filósofo francês Jean-François Lyotard, por exemplo, a realização dos valores universais da natureza humana não foi um projeto abandonado nem esquecido em nossos dias, senão que foi destruído e liquidado; o *desastre de Auschwitz* é um dos nomes paradigmáticos para a liquidação trágica da modernidade. Mas não é o único signo dessa destruição. A vitória da tecnociência capitalista sobre os demais candidatos à finalidade universal da história humana é outro modo de destruir o projeto moderno, uma modalidade que, ironicamente, simula realizá-lo em seu todo. A dominação por parte do sujeito sobre os objetos, tal como obtida pelas ciências e tecnologias contemporâneas, não vem acompanhada de uma liberdade que corresponda às utopias modernas, nem promove o ideal de uma sociedade sem opacidades, com distribuição equitativa de bens e riquezas, senão que aprofunda as distorções e mina fundamentos.

O ideal de transformar o homem em sujeito da história, amo e senhor da natureza, produziu, ao ver-se tornado realidade, a profunda desestabilização de tudo o que é natural, já que sob o nome de *natureza* é preciso contar também agora todos os constituintes do sujeito humano: seu sistema nervoso, seu código genético, seu *computer* cortical, seus captadores visuais, auditivos, seus sistemas de comunicação, especialmente os linguísticos, suas organizações de vida em grupo etc. A ciência, a tecnociência, também faz parte da natureza, de tal modo que fazemos hoje ciência da ciência, assim como fazemos também ciência da natureza. Inclusive criou-se, para a tecnologia, um âmbito de saber inteiramente próprio, o da CTS (ciência, tecnologia e sociedade): um dos traços característicos desse âmbito é a imanência do sujeito ao objeto que o próprio sujeito estuda e transforma.

E há uma vertente recíproca do lado dos objetos: estes também são dotados de linguagens próprias, de tal modo que conhecê-los implica traduzi-los. Há, nesse domínio, uma imanência da inteligência, da intencionalidade, às coisas mesmas, o que até então era privilégio da consciência. Nesse mútuo encavalamento do sujeito e do objeto, como pode manter-se o ideal de dominação humana? O contrário parece verdadeiro, pois tal convicção cai em desuso já na representação da ciência própria dos *experts*, os sábios e cientistas. No novo cenário, o homem talvez seja tão somente um nó mais sofisticado na interação geral das radiações que constituem o universo.

Para o filósofo Ray Kurzweil, por exemplo, a imortalidade já se encontra em estágio de pesquisa e linha de teste. Antecipando os avanços que serão conquistados por volta do ano 2099, Kurzweil prognostica

> uma forte tendência a fundir o pensamento humano com o mundo das máquinas inteligentes que a espécie humana inicialmente criou. Não há mais nenhuma distinção clara entre humanos e computadores. A maioria das entidades conscientes não tem uma presença física permanente. Inteligências baseadas em máquinas derivadas de modelos estendidos de inteligência humana exigem ser humanas, ainda que seus cérebros não sejam lastreados em processos celulares baseados em carbono, mas antes em equivalentes eletrônicos ou fotônicos. A maioria dessas inteligências não está ligada a uma específica unidade computacional de processamento. O número de humanos baseados em *software* excede largamente aquele dos que ainda usam a computação nativa baseada em células neuronais. Mesmo entre aquelas inteligências humanas que ainda utilizam neurônios baseados em carbono, há um uso ubíquo de tecnologia de implante neural, que proporciona enorme aumento das habilidades humanas perceptuais e cognitivas. Humanos que não utilizam tais implantes são incapazes de participar, com pleno sentido, de diálogos com aqueles que o fazem. Como a maior parte das informações é publicada com emprego de protocolos padronizados de conhecimento assimilado, as informações podem ser instantaneamente compreendidas[10].

---

10. Ray Kurzweil, *The Age of the Spiritual Machines. When Computer Exceeds the Human Intelligence*, New York: Penguin Books, 1999, p. 212.

Num outro ponto do atual espectro filosófico, dentre as tentativas de elaborar uma ética à altura dos desafios tecnológicos, é emblemática a filosofia de Hans Jonas, uma vez que ela assume precisamente como tarefa urgente repensar limites *ético-jurídicos* para a pesquisa científica, em rompimento com a postura antropocêntrica tradicional e a concepção instrumental da técnica. O diagnóstico feito por Hans Jonas nos permite discernir não somente um acento ilusório ou delirante na realização daquele programa de pós-humanidade, mas também os riscos e perigos inerentes ao atrelamento de utopias a respeito do futuro humano às virtualidades ilimitadas da tecnociência; pois o grau mais avançado da disponibilização da natureza para fins da vontade humana de poder revela uma autocontradição nele presente, a saber, a perda de controle sobre si que se instala no curso desse processo como incapacidade de proteger a natureza e a humanidade dos elementos destrutivos de sua própria obra.

É nesse sentido que adquire importância a crítica de uma das utopias tecnológicas mais relevantes de nossa era: a utopia marxista a respeito do novo homem do futuro. Jonas contrapõe seu *O princípio responsabilidade* a *O princípio esperança* de Ernst Bloch, atribuindo a este livro um estatuto especial, pois procura legitimar teoricamente o único empreendimento histórico até hoje conhecido de realização da utopia do novo homem, sob a forma do socialismo real. Essa condição especial torna possível avaliar e interpretar alguns de seus principais efeitos. Essa ponderação evidencia que projetar num futuro escatológico a realização integral do autêntico reino da liberdade humana – em particular se esse ideal é lastreado em confiança irrestrita nos poderes telúricos da ciência e da tecnologia – implica deixar de reconhecer que o homem de hoje é desde sempre o homem, que sua natureza é composta pela tensão entre elementos luminosos e sombrios, que a incerteza é constitutiva do humano, e que, mesmo na melhor das intenções de dar à luz o homem novo, corre-se o risco de desfigurar, e até mesmo destruir, aquilo que até agora foi realizado na natureza e na história como o fenômeno humano. Em vez do homem como ser no mundo, com os aspectos bons e maus de sua natureza, somos ofuscados pela idealização que desconhece suas próprias tendências destrutivas.

Mesmo depois da queda do muro de Berlim, a crítica por Jonas da utopia marxista é atual, e seu desdobramento necessário é uma crítica da utopia tecnológica em geral.

A crítica da utopia aqui encerrada teria sido excessivamente exaustiva se o utopismo marxista, em sua estreita aliança com a *técnica*, não representasse uma versão "escatologicamente" radicalizada daquilo para o que o ímpeto tecnológico, de maneira nada escatológica, de todo modo já se encontra a caminho; isto é, se a *tecnologia*, como poder em si efetivo, não contivesse uma dinâmica *quase utópica*. Assim, pois, a crítica da utopia já era uma crítica da tecnologia na visão antecipada de suas possibilidades extremas[11].

Para Jonas, a dominação científica da natureza interna e externa, cuja realidade histórica é sempre dada em coordenadas e determinantes de ordem social, histórica, econômica e política, demonstra uma amplitude, profundidade e alcance de efeitos que podem ser devastadores. Essa crítica nos coloca face a face com uma inaudita impotência lá onde parecia termos alcançado o ápice da autarquia, e torna urgente uma atualização do apelo à prudência e ao cuidado, à sobriedade e à moderação.

A observação de que são imensuráveis "os efeitos colaterais da civilização industrial tecnológica, mesmo que totalmente não propositais, mas iniludíveis, tais como a poluição da atmosfera, das águas, do solo, a pilhagem da biosfera, do inteiro mundo da vida pela demanda excessiva, a destruição das espécies", levou Jonas ao conhecimento de que o poder de efetivação do homem, "segundo os padrões de nosso meio ambiente terrestre, elevou-se enormemente e atingiu um estado no qual quase tudo parece possível". Daí desperta a compreensão de que, proporcionalmente a esse poder de produzir efeitos, cresce também a responsabilidade do homem; sim, ela se altera. O que é pensado aqui é uma responsabilidade *coletiva*, a saber, pelo futuro poder-viver do homem sobre a Terra, mas também pela dignidade humana. Dessa

---

11. Hans Jonas, *Das Prinzip Verantwortung. Versuch einer Ethik für die technologische Zivilisation*. Frankfurt-am-Main: Suhrkamp, 1984, p. 388. Ed. bras.: *O princípio responsabilidade: ensaio de uma ética para a civilização tecnológica*, Marijane Lisboa e Luiz Barros Montez (trad.), Rio de Janeiro: Contraponto, 2006.

compreensão surge a tentativa por Jonas de uma ética para a civilização tecnológica, a obra *O princípio responsabilidade*, publicada em 1979. Ela quer complementar a ética tradicional, recortada segundo o modelo do domínio próximo do agir humano, por uma moral da responsabilidade pelo futuro, que se deixa enfeixar num imperativo categórico[12].

No que diz respeito ao homem, um enunciado sucinto desse imperativo categórico é o seguinte: *Que exista uma humanidade.*

Não podemos deixar repousar sobre si mesma a questão de nossa responsabilidade para com a existência de uma humanidade futura e nos voltarmos simplesmente para os deveres em relação à humanidade que está em formação, isto é, para o cuidado preventivo de seu ser-assim. Pelo contrário, a primeira regra para o ser-assim, que é exigido, só pode ser obtida única e exclusivamente a partir do imperativo da existência, e todas as demais se subordinam ao critério desta regra, critério que nenhuma ética eudemonista ou da compaixão pode, por si mesma, proporcionar. Sob tais éticas, muita coisa seria possível, que seria proibido por aquele imperativo, e seriam negligenciáveis algumas que aquele imperativo ordena. A primeira regra é que não é admissível nenhum ser-assim dos descendentes da espécie humana que seja contrário ao fundamento que exige a existência da humanidade. Assim, pois, *que* exista a humanidade vem em primeiro lugar, na medida em que se trate somente dos homens[13].

A heurística do temor, tal como proposta por Jonas, tem em vista a relação dialética entre a aquisição de novas competências tecnológicas e a compulsão a sua utilização. Por um lado, a sobrevivência e o futuro das sociedades ocidentais passam a depender da atualização de seu potencial tecnológico. Isso, certamente, tem um salutar efeito emancipatório, na medida em que garante o domínio humano sobre as forças naturais (inclusive sobre sua própria natureza interior). Por outro lado, esse mesmo desenvolvimento também retira de seu controle, em grande parte,

---

12. Dietrich Böhler, *Verbindlichkeit aus dem Diskurs*, Freiburg, München: Alber Studienausgabe, 2014, pp. 408-ss.
13. Hans Jonas, *op. cit.*, pp. 90-ss.

a capacidade de dispor livremente sobre a utilização dos novos poderes ou vantagens técnicas. Com isso, Jonas chama a nossa atenção para a "crescentemente impiedosa pilhagem do planeta, até que este, por fim, pronuncie sua palavra de força e se furte à exigência excessiva. Como, depois disso, um resto de humanidade poderá começar de novo sobre a Terra desertificada, isso é algo que escapa a toda especulação"[14].

Nessas condições, essa dialética existente tende naturalmente a realizar-se sob a forma da coerção ao aproveitamento, em escala industrial, dos avanços obtidos pelo saber-poder técnico, vistos como condição de possibilidade de resolução dos problemas sociais surgidos na esteira desse desenvolvimento. O paradoxal resultado consiste em que – assim como toda compulsão – o progresso técnico inverte em seu contrário a originária promessa de emancipação, a que sempre esteve ligado, e se transforma em pesadelo apocalíptico, uma profecia cuja realização torna-se cada vez mais próxima, na forma da catástrofe ecológica.

Desse modo, o caminho para a realização da utopia emancipatória, herdada das Luzes, conduziu a uma dinâmica de êxito e progresso, gerando uma explosão de produção e consumo capaz de ultrapassar todos os tipos conhecidos de organização e controle social e político das forças humanas. Essa marcha leva a uma aporia que vem à luz no problemático relacionamento entre a vertente econômica e a vertente biológica do moderno programa de dominação tecnológica da natureza. Do lado econômico, temos um aumento *per capita* exponencial de bens de consumo com significativa diminuição de dispêndio de força. Daí resulta um aumento de bem-estar e elevação automática do consumo em perspectiva mundial.

Assegurar esse resultado exige, porém, uma intensificação superlativa no metabolismo entre as sociedades e o meio ambiente natural, conjurando o espectro do esgotamento dos recursos finitos. Pois, se consideramos o sucesso biológico do progresso, temos um aumento superlativo da população em toda área sob o efeito do poder tecnológico, acompanhado pelo alongamento da longevidade para a maioria da população mundial. Ora, a explosão da curva de crescimento com o aumento da perspectiva de vida média, aliada à espiral do consumo permanente, leva à necessidade de multiplicação dos recursos da vertente econômica – a saber,

---

14. *Ibidem*, p. 252.

incremento da produtividade do sistema para atender às demandas do consumo, com a consequente necessidade de atualização ininterrupta do potencial tecnológico. Sendo assim, fica estruturalmente comprometida a capacidade de impor-se, do interior desse próprio processo, limites éticos ou jurídicos a seu desenvolvimento.

Nesse contexto, o conceito de inovação torna-se cardinal para a produção tecnológica intensificada, implicando administração, controle, planificação da produção e consumo permanente de objetos disponíveis, o que induz a uma renovação incessante das demandas, num circuito no qual o elemento humano parece ter sido levado a um máximo de alienação e reificação. Sendo assim, o principal desafio de uma crítica da utopia, em nossos dias, consiste, para Jonas, no sóbrio enfrentamento da necessidade e urgência de uma reflexão sobre a natureza da técnica moderna, que leve em conta ponderações a respeito daquilo que o homem faz de si mesmo num processo do qual ele não pode mais entender-se apenas como efetivo produtor autárquico.

As modalidades conhecidas de utopia, enquanto sonhos de felicidade plena ou realização de desejos, são, em última instância, irresponsáveis, pois implicam uma atitude de escape ou subtração à responsabilização por aquilo que fazemos ou deixamos de fazer, tanto com a natureza como conosco. Seria necessário detectar e expor criticamente, no imaginário utópico, a persistência de uma cosmovisão apocalíptica, que inclui a história da humanidade na perspectiva de uma economia da salvação, mesmo que com perfis leigos.

Enquanto na utopia marxista, por exemplo, o limiar da verdadeira história da humanidade seria alcançado numa sociedade sem classes, onde as máquinas realizariam o trabalho material alienante, no trans-humanismo pós-moderno o fim da história se realiza como superação do humano, promessa de imortalidade e onipotência do *homo roboticus*: o resultado da fusão entre engenharia genética, nanotecnologia, inteligência artificial, ciências computacionais e cibernética. Já para Jonas, a aposta em jogo não é outra que a responsabilidade humana pela iminente catástrofe. Ele ilustra a recuperação da *phronesis* aristotélica como *autarcheia* por meio de uma heurística do medo, ou a crítica da utopia desenfreada e irresponsável.

Numa entrevista concedida à revista alemã *Stern* em 1988, em que responde aos críticos que o consideravam reacionário, catastrofista e demonizador da tecnociência, Jonas fez a seus interlocutores a seguinte ponderação:

> Não critico nem a técnica nem a civilização técnica enquanto tal. Não a considero como uma aberração humana, que se deveria proibir. Mas estabeleço um diagnóstico e formulo um prognóstico; mostro o que está a ponto de se passar e quais podem ser as consequências. Nesse ponto, é preciso saber também assumir o papel de profeta de calamidades, porque não temos o direito de nos situar, nem de situar nossos descendentes em uma situação em que já não saibamos mais nem a que recorrer. A civilização técnica comporta uma grande propensão a degenerar de forma desmesurada e incontrolável. Há forças econômicas e de outra índole que aceleram o processo e escapam ao nosso domínio. Encontramo-nos em uma espécie de situação de urgência, um estado clínico, à cabeceira de um enfermo. E somos simultaneamente os pacientes e os médicos[15].

Se surpreendemos nessas palavras algum ceticismo de ancião, isso não nos impede de perceber a força da advertência; é a própria voz da natureza que se levanta contra sua pilhagem deletéria: a morte dos bosques e florestas, o envenenamento dos mananciais, as doenças que se seguem às catástrofes atômicas como Chernobyl, como as que vivemos hoje, outras maiores e bem piores talvez. No entanto, em sua lucidez de filósofo, ele não hesitava na terapia conveniente a seu diagnóstico: ceticismo equilibrado diante de nossas possibilidades de controle ético da tecnologia não quer dizer silêncio e inação. Resignar-se à fatalidade é aceitar ter perdido a batalha já desde seu início.

Para que o limite derradeiro não tenha que ser imposto pela catástrofe, Jonas alude a uma potência de segundo grau, que seria uma nova posição de potência sobre o poder autonomizado da tecnologia – uma posição capaz de superar a impotência em relação à compulsão autoimposta ao exercício irrestrito do poder tecnológico, como se a resolução de todos os macroproblemas humanos passasse necessariamente apenas pela racionalidade estratégico-tecnológica. Essa nova modalidade de sobrepoder

---

15. *Idem*, Stern, jun. 1988, p. 12.

seria, no fundo, renúncia ao caráter compulsivo do recurso automático ao poder da tecnociência, e não emergiria de esferas limitadas ao saber oficial e à conduta privada, mas de um novo *sentimento coletivo de responsabilidade e de temor*, de um refinado senso de abertura e cuidado.

É nesse sentido que o medo pode ter um efeito heurístico, tornando plausível e mesmo necessária a opção madura e sensata pelo pior dentre os prognósticos possíveis a cada experiência a ser implementada em termos de avanço das tecnologias de ponta. A responsabilidade pelo mundo, pelo homem como ser no mundo e pelo futuro das gerações vindouras passa a integrar a esfera de responsabilidade ética e política dos sujeitos éticos. Estes não são mais pessoas individuais inseridas num círculo próximo de ação, como uma comunidade ideal de fala. Trata-se, em vez disso, de complexas formações sociopolítico-econômicas, organismos multilaterais, instituições privadas e públicas, organizações supraestatais, entidades de classes, fundações, empresas multinacionais, conglomerados de interesses estratégicos, setores sociais organizados, grupos de pesquisa, fundos monetários internacionais, bancos mundiais, mas também Estados. Todos compelidos a procurar e descobrir novas possibilidades e estilos de vida, com chances reais de evitar as catástrofes prováveis.

Se é verdade que as palavras de Jonas nos colocam diante de um problema cuja magnitude e gravidade parece superar as nossas forças, não é menos verdade que elas nos concitam para tarefas que, em nossa modesta esfera de atuação, nos é permitido e solicitado realizar: cultivar um sentimento coletivo de concernimento e cuidado para com o maravilhoso *pool* de recursos naturais finitos que éons de evolução colocaram sob nossa guarda e responsabilidade. Nesse sentido, políticas públicas sérias e lúcidas no setor do direito ambiental, por exemplo, são uma necessidade imperiosa, que não devemos apenas esperar das iniciativas dos governantes, mas que devemos nós mesmos induzir, em especial sinalizando claramente na direção de condutas irresponsáveis e deletérias, que já não nos é mais moralmente lícito tolerar.

Isso porque o sentido coletivo de nosso agir desdobra-se, atualmente, numa escalada compulsiva, em espiral infinita que nos impele, cada vez mais, para a beira do abismo, colocando em risco as condições de possibilidade para que continue a existir, a longo prazo, autêntica vida humana no planeta Terra. Uma vez que toda repetição compulsiva é também sintoma de dependência, de perda de controle, assim também um credo essencialmente moderno na *intensificação do progressivo da tecnociência (formal, natural ou humana)* como panaceia universal revela-se como delírio utópico e, desse modo, converte-se no contrário da própria pretensão, ou seja, em impotência e desgarramento, perda da capacidade de *autarcheia* dificilmente reversível. Dada a imensa complexidade atual das teorias científicas, por maior que seja a extensão de nosso conhecimento, ele não nos capacita a prever inteiramente as consequências que podem resultar de sua aplicação técnico-experimental, menos ainda de sua utilização industrial em larga escala. Essa imprevisibilidade de efeitos irreversíveis, de grandes proporções, constitui um agravante da responsabilidade, pois traz consigo o espectro da desertificação crescente.

Os riscos dessa aventura e o valor daquilo que nela está em jogo justificam o alerta definido como *heurística do temor*, de que decorre uma concepção ao mesmo tempo radical e ampliada de responsabilidade. Esse projeto ético inovador não é dirigido ao sujeito monológico tradicional; nem seu arco de abrangência restringe-se às relações entre seres humanos – até agora entendidos como os sujeitos morais exclusivos. Ele se amplia o suficiente para incluir no horizonte ético da responsabilidade tanto as futuras e remotas gerações de seres humanos, quanto os suportes e recursos ecológicos e ambientais da vida na Terra – para os quais é reservado um *direito próprio*. O ponto fundamental da teoria da responsabilidade de Hans Jonas reside nessa ambígua e livre capacidade, unicamente humana, de poder corresponder ou não a esse apelo, isto é, de poder cuidar e assumir responsabilidade por si e pelos outros, em sentido amplo, e, por causa disso unicamente, também o dever de assumir tal responsabilidade e cuidado – assim também como deixar de fazê-lo.

> E eu procuro então interpretar isso ontologicamente – a existência de capacidade de responsabilidade torna o portador dessa capacidade também efetivamente responsável. A existência da capacidade de responsabilidade é um fato ontológico, que *quasi* se atesta a si mesmo. Não totalmente claro para mim mesmo, se concluímos isso de modo logicamente válido. Admito que há aqui um elemento de diferenciação. O partidário do Nirvana diria que a existência de seres individuais, de um eu e uma consciência individuais não é, de nenhum modo, um

valor ultimativo: pelo contrário, o melhor estado seria seu extinguir-se, seu desfazer-se no Nada próprio do Nirvana. A isso só posso contrapor a decisão ocidental a favor da individuação – retroceder daí para trás talvez seja impossível[16].

Nas condições de vida em sociedades contemporâneas investidas de um potencial tecnológico em permanente desenvolvimento, a razão mais forte pela qual a autoafirmação da vida deve ter caráter normativo para o ser humano consiste no poder alcançado pelo homem por meio da moderna tecnociência. Essa potência prometeica totalmente desencadeada é a raiz do dever de reconhecer à natureza aquele *direito que lhe é próprio*. Trata-se de uma ética da responsabilidade que consiste em preservar um ser portador de valor intrínseco, que pode ser efetivamente destruído pelo poder tecnológico adquirido e desenvolvido pelo homem.

O potencial apocalíptico da técnica – sua capacidade de pôr em perigo a sobrevivência do gênero humano ou corromper sua integridade genética, ou alterá-la discricionariamente, ou até mesmo destruir as condições de uma vida mais elevada sobre a Terra – coloca a questão metafísica com a qual a ética nunca fora antes confrontada, qual seja: se e por que deve haver uma humanidade; por que, portanto, o homem deve ser mantido tal como a evolução o produziu; por que deve ser respeitada sua herança genética; sim, por que, em geral, deve haver vida[17].

Considerando que a moderna tecnociência libera para o agir humano um potencial de forças tão extraordinário que altera a concepção tradicional de sua extensão e limites; considerando que os efeitos da intervenção tecnológica estão investidos de um poder cumulativo de destruição, cujas consequências podem ser, e de fato são, irreversíveis, isso passa a incluir o conjunto da natureza na esfera de responsabilidade e de cuidado implicadas no âmbito desse agir, sobretudo daquele que se situa no horizonte do senso de responsabilidade da comunidade científica.

16. Hans Jonas, *Dem bösen Ende näher: Gespräche über das Verhältnis des Menschen zur Natur*, Frankfurt-am--Main: Suhrkamp Verlag, 1993, p. 31-ss.
17. Hans Jonas, "Por que a técnica moderna é um objeto para a ética", em: Oswaldo Giacoia Junior (trad.), *Natureza humana*, São Paulo: Educ, 1999, v. 1, n. 2, p. 414.

A traição da opulência ou o colapso da utopia econômica[1]
Jean-Pierre Dupuy

O PROBLEMA ECONÔMICO E A UTOPIA DO CRESCIMENTO INDEFINIDO

Como muitos, eu acho a arrogância dos economistas insuportável, hoje mais do que nunca. É como se apenas eles tivessem o monopólio da reflexão sobre o que denominamos *crise*; é como se apenas eles, ladeados por políticos que nada mais são do que uma espécie de economistas aplicados, tivessem o direito de formular receitas para "sair da crise"; e isso exatamente quando sua miopia constitutiva sobre as questões humanas se coloca ativamente solidária às desordens do mundo.

O que está em questão no atual momento não é o capitalismo financeiro; não é o capitalismo *tout court*; não é o mercado, regulado ou não, especulativo tanto em alta quanto em baixa: é o lugar que a economia ocupa tanto nas nossas vidas individuais como no funcionamento das nossas sociedades. Esse lugar é imenso e consideramos isso banal. A economia tende a invadir o mundo e os nossos pensamentos. Então, não é ela que nos dará o sentido desse fenômeno massivo e extraordinário,

---

1. Comunicação feita no ciclo de conferências *Mutações: O novo espírito utópico*, organizado pela Artepensamento e realizado em São Paulo e Rio de Janeiro, em 6 e 7 de outubro de 2015. *La Trahison de l'opulence* é o título de um livro que publiquei com Jean Robert em 1976, em Paris, pela PUF. Esse livro registrava muitos anos de pesquisas realizadas no Cidoc, o centro de pesquisas e encontros que Ivan Illich criou em Cuernavaca, no México. Escolhi o mesmo título para essa comunicação para homenagear esse período longínquo de minha vida e também os amigos e colegas com os quais eu refletia na época – em primeiro lugar, é claro, Ivan Illich e Jean Robert. A tradução do presente ensaio, incluindo as citações de obras feitas pelo autor, é de Ana Maria Szapiro.

pois que ela é ao mesmo tempo juiz e parte. Apenas um olhar distante que conseguisse se desprender da economia poderia se surpreender com o que é óbvio para o cidadão moderno, que se tornou integralmente, sem que nem mesmo pudesse perceber, um *homo economicus*.

Meu trabalho em filosofia da economia nestes trinta últimos anos se orientou pela convicção de que não somente se deve religá-la à religião se quisermos compreender o seu sentido, mas sobretudo de que a economia ocupa o lugar deixado vago pelo processo, de natureza eminentemente religiosa, de dessacralização do mundo, processo este que caracteriza a modernidade. É nessa perspectiva de longo alcance que é preciso inscrever o momento atual[2].

O que é a utopia econômica da qual eu falo no título? É a ideia de que, graças à economia, o *problema econômico* será um dia resolvido e então a economia se tornará inútil. A economia, pelo seu próprio movimento, será supérflua.

Encontramos a expressão "problema econômico" em um ensaio do economista inglês John Maynard Keynes datado do ano de 1930, no coração da maior crise que já conheceu o capitalismo mundial – a maior, com exceção provavelmente da crise atual. Esse ensaio se intitula: "Perspectivas econômicas para nossos netos". E lá se pode ler o seguinte: "Eu prediria que daqui a cem anos o padrão de vida nos países avançados será entre quatro e oito vezes superior ao que é nos dias de hoje. Não haveria nenhuma surpresa nisso, mesmo à luz de nosso conhecimento presente. Não seria tolice contemplar a possibilidade de um progresso bem superior ainda"[3].

Essa predição, de modo geral, se realizou nos 85 anos que nos separam desse ensaio. Por outro lado, o que hoje nos parece completamente datada é a seguinte passagem:

> No longo prazo tudo isso significa que a humanidade está em via de resolver o *problema econômico*. Podemos alcançar rapidamente, talvez mais rapidamente do que somos capazes de ter consciência, um ponto onde as necessidades serão satisfeitas, no sentido de que vamos preferir

---

2. Ver Jean-Pierre Dupuy, *The Mark of the Sacred*, Stanford: Stanford University Press, 2013; e *Economy and the Future: A Crisis of Faith*, Michigan: Michigan State University Press, 2014.
3. J. M. Keynes, *La Pauvreté dans l'abondance*, Paris: Gallimard, 2002, pp. 103-ss.

consagrar nossas novas energias a objetivos não econômicos. [...] Isto significa que o problema econômico não é – se nos voltamos para o futuro – *o problema permanente da espécie humana*. Pela primeira vez, desde sua criação, o homem será confrontado com o seu problema verdadeiro e permanente: que uso fazer de sua liberdade, uma vez liberado das preocupações econômicas[4].

O problema econômico é então a saída da escassez e a conquista de um regime permanente de abundância em que as necessidades de cada ser humano serão plenamente satisfeitas. Todos os grandes economistas, de um modo ou de outro, acreditaram nessa possibilidade: Adam Smith, David Ricardo, Karl Marx, Keynes e muitos outros. Hoje quem acredita nisso? Tudo se passa como se o crescimento econômico, longe de acabar com a escassez, em paralelo a fez aumentar. Então é preciso mais crescimento para compensar os estragos causados pelo crescimento. Nossa utopia hoje não é a abundância, mas sim o sonho de um crescimento infinito – um crescimento *durável* ou *sustentável*, segundo o vocabulário da moda.

Até há pouco tempo, digamos, até o primeiro choque de petróleo de 1973 e o fim do que na Europa e nos Estados Unidos foi denominado os "trinta gloriosos", essa utopia parecia tão natural que se esquecia do seu caráter de novidade radical. O que mudou não foi que renunciamos à utopia do crescimento, mas o fato de que mais e mais vozes se levantaram para dizer que essa utopia nos leva à catástrofe: catástrofe ecológica, social, política, mesmo metafísica.

Escutem como os políticos, seja no meu país, nos Estados Unidos ou no Brasil, falam *gramaticalmente* do crescimento. Em princípio, todo crescimento é crescimento de alguma coisa. Sem menção a seu objeto, o substantivo não tem sentido, contrariamente a palavras como república, amor ou liberdade. Mas o "crescimento", segundo os políticos, não tem objeto. No momento em que escrevo estas linhas, no dia 16 de agosto de 2015, leio na *Folha de S.Paulo*, na seção Mercado, que "Crescimento é centro de nova fala de Levy" – Levy é ministro da Fazenda do governo brasileiro. Crescimento sim, mas crescimento de quê? Chamarei esse crescimento *tout court* de Crescimento com "C" maiúsculo.

4. *Ibidem*, pp. 111-3.

Dirão que tergiverso e que o uso do qual eu falo se refere apenas a uma omissão que todo mundo compreende. O Crescimento é o crescimento do PIB, o produto interno bruto. Sem dúvida. Mas quantos de nós refletimos sobre o fato de que, nesse caso, não se fala de uma variável de estoque como o crescimento de uma árvore ou de uma criança, mas de uma variável de fluxo, como o fluir de um rio ou a velocidade de uma corrente de ar. Uma criança que cresce permanece ela mesma enquanto, ao mesmo tempo, se torna mais forte[5].

O crescimento econômico é a aceleração de um ciclo de produções e de consumo (ler consumição) sempre recomeçado. A todo momento nada permanece das épocas anteriores, nem o pão que comi, nem os quilômetros que percorri, nem o trabalho que fiz. Tudo foi devorado no que Marx denominou o grande metabolismo do homem com a natureza.

Mas o Crescimento não é também o crescimento do capital? E isso não é uma variável de estoque? Tomamos consciência de que estamos destruindo a parte desse estoque que nos é dada pela natureza e que essa perda é irremediável porque nada do que possamos fabricar e acumular a preencherá.

O Crescimento não tem objeto e também não tem fim. Ele não tem prazo determinado, como indica o fato de que o designamos por uma porcentagem e não por uma grandeza, o que é suficiente para distingui--lo radicalmente do crescimento de uma criança. Imaginem o diálogo seguinte entre duas mães na saída da escola no dia da volta às aulas. Uma exclama: "Seu filho cresceu!". "Sim", responde a outra, "ele cresceu 3% desde o ano passado." Por que isso nos faz rir? O Crescimento medido em porcentagem supõe que a quantidade a ser medida cresça quanto mais ele já esteja forte, e isso sem limite. Esse não é evidentemente o caso com o tamanho de uma criança. Mas se supõe que poderia acontecer com o crescimento do PIB.

O Crescimento não tem fim também no sentido de que não tem finalidade. Reconhecemos nele finalidades mas perdemos sucessivamente

---

5. Variável de estoque é a expressão utilizada pelos economistas para tratar do que nas ciências da natureza se denomina variável de estado, porque se trata de medir o estado de um sistema (por exemplo, o volume de um gás, a massa de um corpo sólido, a massa monetária de uma economia etc.). Por contraste, as variáveis de fluxo medem a mudança no tempo do estado de um sistema: a velocidade de um elétron, as despesas mensais de uma família etc. O PIB é uma variável de fluxo, o capital é uma variável de estado ou de estoque.

a fé nelas. Primeiro foi a felicidade, depois o emprego. Trata-se hoje de pagar a dívida. Mergulhamos no derrisório.

O Crescimento não tem objeto nem fim, nem finalidade. Isto quer dizer que não tem sentido? Ao contrário, ele é apenas isto: sentido, direção. Mas não se deve zombar disso porque essa função é, ou talvez terá sido, essencial.

Gostaria de citar o notável trabalho de um jovem intelectual, filósofo e economista, Jérôme Batout. Sob a direção do filósofo francês Marcel Gauchet, ele dedicou sua tese às questões que estou abordando aqui. Nos seus termos, um momento-chave da história moderna foi quando passamos da vontade de abundância à vontade de crescimento. A conquista da abundância tem, em princípio, um termo que é o equivalente econômico ao do fim da história. Já disse que tanto o marxismo como o liberalismo sonharam com esse momento em que todas as necessidades humanas estariam satisfeitas. Essa crença há muito tempo deu lugar a outra crença, que aceita que a ideia mesma de fim é desprovida de sentido: é a fé no Crescimento.

Marcel Gauchet analisou o papel político da religião. É o papel de permitir às sociedades humanas se gerarem a partir de uma exterioridade que elas mesmas engendraram[6]. A saída da religião, analisa Jérôme Batout, foi acompanhada de uma entrada na economia. Por sua vez, a economia produziu durante algum tempo uma forma de exterioridade reguladora. A crise atual é menos uma crise econômica do que uma crise da economia: a economia não desempenha mais o papel político que a dessacralização do mundo a ela atribuiu. Explica-se, portanto, o papel exorbitante assumido pela finança. Etimologicamente, finança quer dizer "fim": em francês arcaico, *finer* significa "pagar", estar quite. Hoje a finança "se infinisa", escreve Jérôme Batout: "ela é uma finança que não visa mais a nenhum fim"[7].

Victor Hugo deu uma definição admirável do ser humano: este é, disse ele a um dos seus personagens, "um verme da terra apaixonado por uma estrela"[8]. A economia, em princípio, se dirige ao verme da terra, à sua finitude, às suas limitadas necessidades. Mas, com o Crescimento, a

---

6. Marcel Gauchet, *Le Désenchantement du monde: une histoire politique de la religion*, Paris: Gallimard, 1985.
7. Ibidem.
8. Victor Hugo, *Ruy Blas*, 1838.

economia se tornou a estrela que só é nossa guia porque recua à medida que avançamos. Na verdade, o Crescimento tem todas as características de pânico. Elias Canetti dizia, na sua obra-prima *Massa e poder*: "a massa necessita de uma direção", de um objetivo que seja dado "fora de cada indivíduo", "idêntico para todos": pouco importa o que seja, "desde que não tenha ainda sido atingido"[9]. O Crescimento sem objeto e sem fim preencheu muito bem esse programa durante muitos anos.

Hoje a estrela se apagou. A etimologia nos ajuda a descrever o estado que resulta disso: é um *des-astre*. Os advogados do *Decrescimento*, por quem eu tenho respeito, não percebem bem o tamanho do dilema em que nos encontramos. Não se priva um dependente químico da sua droga de um dia para outro. Não se renuncia à sua fé sem sofrimento. Sem sagrado nem Crescimento, quem ou o que poderá satisfazer o desejo da estrela e do infinito que reside em cada um de nós?

A ECONOMIA COMO SAÍDA DA VIOLÊNCIA

Mas é preciso tomar as coisas no seu começo e tentar compreender como a economia conseguiu conquistar, nas nossas vidas e sociedades, o papel dominante que ela tem e que faz com que o poder político esteja hoje de joelhos diante dela. É que – e isto é um segundo aspecto da utopia econômica – nasceu no século XVIII uma tradição de pensamento segundo a qual a economia seria, por excelência, a solução para o problema político que é o problema da violência. E que então a economia, sozinha, seria a nova política.

Não acredito ser necessário muito tempo no Brasil para apresentar a tese de que a economia é violência. É suficiente olhar em volta. Essa tese é de fato muito antiga. Nós a encontramos desde o início do século XVIII exposta no tratado de um certo Bernard de Mandeville sob o título *A fábula das abelhas* (1714). O subtítulo é mais explícito: *Vícios privados, benefícios públicos*, ou seja, são os vícios privados que criam a prosperidade pública. A fábula se passa no reino das abelhas, mas ela evidentemente diz respeito aos humanos. Sua mensagem foi um escândalo. Ela dizia: para

---

9. Elias Canetti, *Masse et puissance*, Paris: Gallimard, 1966. Ed. bras.: *Massa e poder*, Sergio Tellaroli (trad.), São Paulo: Companhia das Letras, 1995.

assegurar a felicidade coletiva, que inclui a paz, a justiça e a abundância, é preciso libertar as paixões más que a Igreja condena, a saber, a inveja, o ciúme e a raiva, que são os motores do que hoje denominamos o espírito de concorrência.

Devemos sublinhar que Mandeville não tencionava criticar os primórdios da economia industrial e capitalista. Ao contrário, ele a elogiava, mostrando sua necessidade histórica. Mas o que ele então sublinhava eram as condições de sua possibilidade, a principal delas sendo a eclosão dessa violência que Karl Marx dirá, bem mais tarde, ser *a parteira da história*.

A fábula das abelhas foi claramente criticada por Adam Smith, mas sua lição foi retomada por Karl Marx. Não há necessidade de desenvolver aqui as teses desse autor sobre a alienação e a exploração, porque quero falar é do destino de uma ideia exatamente oposta, que nasceu no mesmo século XVIII e que está bem viva hoje. É a ideia de que a economia foi o melhor meio que os homens encontraram para conter sua própria violência, numa sociedade em que a religião não desempenha mais esse papel.

O extraordinário é que os argumentos colocados para justificar essa tese foram, em grande parte, os mesmos que os críticos da economia usaram para condená-la. É mérito do historiador do pensamento econômico Albert Hirschman tê-lo mostrado, no seu livro *The Passions and the Interests*[10]. Hirschman relata a emergência, o destino e o declínio de uma ideia: a de que o comportamento econômico, compreendido como a busca privada do maior ganho material, é um remédio para as paixões que levam os homens à desmesura, à discórdia e à destruição mútua. Numa sociedade em crise, devastada por guerras e que não reconhece mais na religião uma instância reguladora externa, a ideia de que a economia poderia refrear as paixões teria nascido da busca de um substituto do sagrado capaz de disciplinar os comportamentos individuais e de evitar a decomposição coletiva. A ironia da história é grande. Como escreveu Hirschman, "o capitalismo, julgava-se, deveria precisamente realizar isso que em breve ia ser denunciado como sua pior caracterís-

---

10. Albert Hirschman, *The Passions and the Interests: Political Arguments for Capitalism before its Triumph*, Princeton: Princeton University Press, 1977. Ed. bras.: *As paixões e os interesses: argumentos políticos a favor do capitalismo antes do seu triunfo*, Luiz Guilherme B. Chaves; Regina Bhering (trad.), Rio de Janeiro: Record, 2002.

tica"¹¹. A unidimensionalização dos seres reduzidos a sua capacidade de cálculo econômico, o isolamento dos indivíduos e o empobrecimento das relações, a previsibilidade dos comportamentos, em suma, tudo isso que descrevemos nos dias atuais como a alienação das pessoas na sociedade capitalista era então pensado, concebido, como algo que daria fim à luta mortífera e derrisória dos homens por grandeza, poder e reconhecimento. A indiferença recíproca e o retraimento egoísta no domínio privado, eis o remédio que se imaginava para o contágio das paixões violentas. Os autores que Hirschman mobiliza para apoiar sua tese são Montesquieu e alguns membros das Luzes escocesas, como James Stuart e David Hume.

No século XX essa tese serviu para colocar os fundamentos do que é hoje a União Europeia. A ideia de Jean Monnet, inscrita no tratado de Roma de 1957, era a de que, para impedir uma quarta guerra assassina entre a França e a Alemanha, que poderia conduzir ao suicídio da cultura europeia, era preciso fazer o desvio pela economia e criar entre esses dois países laços comerciais tão fortes que nenhum dos dois sucumbiria à tentação de rompê-los. A economia e seu *comércio doce*, como dizia Montesquieu, era, de alguma maneira, uma espécie de artimanha política.

Essa tese continua atual. Recentemente eu lia que, para se desprender da armadilha do passado e sair da prisão do ressentimento, da raiva e da vingança que tútsis e hutus lutam por extirpar, depois da horrível guerra civil que aconteceu nos anos 1980, Ruanda aposta tudo no crescimento econômico, esse famoso Crescimento que vai em busca de uma estrela marchando em direção ao futuro.

É preciso colocar a questão: A economia é a violência, como afirma uma tradição que vai de Marx à atual crítica ao capitalismo? A economia é o remédio contra a violência, como pensava Montesquieu e ainda pensa a tradição liberal? A economia é um remédio ou um veneno?

A ECONOMIA *CONTÉM* A VIOLÊNCIA

Eu vos proponho um quebra-cabeça. Existe uma obra escrita por um não economista cuja leitura é indispensável para quem quer compreender as condições de nascimento da teoria econômica e cujo capítulo

---

11. *Ibidem*, p. 132.

central, o pivô em torno do qual o argumento se organiza, tem o título, na tradução portuguesa, "Sobre a mentira a si mesmo". A leitura desse capítulo nos convence de que o comportamento dito econômico nada tem de econômico no sentido comum do termo. Se nós, modernos, corremos atrás da riqueza material sem jamais ficarmos satisfeitos, é certamente porque aquilo que buscamos através dela não é a satisfação de necessidades materiais: estas poderiam ser preenchidas com uma quantidade finita de recursos. O não limite da nossa busca revela que seu objeto é infinito como só pode sê-lo tratando-se de uma entidade imaterial. Queremos sempre mais. A teoria econômica não é a gestão racional dos recursos raros, como ela às vezes gosta de se autodefinir, apelando à etimologia: a economia, como o *nomos* do *oikos*, diz respeito às convenções que regulam a gestão das coisas domésticas. Não, explica o autor de quem falo; a economia é movida pelo desejo – e mais especialmente o desejo de ser reconhecido pelos outros, de ser admirado por eles, ainda que essa admiração se encontre matizada pela inveja. E disso nunca temos o suficiente.

Entretanto, acrescenta nosso pensador, o sistema só funciona porque os agentes permanecem na opacidade das suas próprias motivações e das motivações dos outros. Eles acreditam que a riqueza lhes trará esse bem-estar material que eles, erroneamente, acreditam ser necessário à sua felicidade. Mas é porque se enganam atribuindo à riqueza virtudes que ela não tem que, cobiçando-a, finalmente não se enganam. A riqueza tem mesmo essas virtudes que atribuímos a ela, mas é precisamente porque nós a ela lhes atribuímos. A riqueza atrai sobre aquele que a possui o olhar de cobiça dos outros. Pouco importa que os outros cobicem o que não merece ser cobiçado; o que importa é esse olhar de cobiça em si mesmo. É desse olhar que, sem o saber, cada um é ávido. A economia é finalmente um jogo de faz de conta, um teatro no qual cada um é ao mesmo tempo tolo e cúmplice da tolice. É uma imensa mentira a si mesmo coletiva.

Quem é então esse autor, e qual é a sua obra? Teríamos do que nos desculpar ao responder Alexis de Tocqueville, ele que escreveu, no saboroso capítulo do segundo volume de *A democracia na América* intitulado "Por que os americanos se mostram tão inquietos no meio do seu bem-estar?": "para eles, o materialismo praticamente não existe, apesar de a paixão pelo bem-estar material ser geral"[12]. Entretanto, estaríamos enganados de século e de língua.

Meu quebra-cabeça é uma armadilha porque o autor em questão é conhecido não somente como economista mas como o pai fundador da disciplina. Trata-se de Adam Smith, a respeito de quem as piores bobagens foram escritas durante séculos. Contudo, na época em que redige *A teoria dos sentimentos morais*, publicado em 1759, Adam Smith ainda não era o economista que se tornará célebre ao escrever *A riqueza das nações: investigação sobre sua natureza e suas causas*, de 1776. É um representante eminente do que denominamos as Luzes escocesas, um filósofo da moral praticante em Glasgow, e sua *Teoria*, que ele considerará sempre como a matriz da *Investigação*, representa a síntese de suas reflexões em matéria de filosofia da sociedade. Sim, para Adam Smith a riqueza é o que atrai o olhar dos outros e isso porque eles a desejam. E, finalmente, se a desejam é para serem eles mesmos vistos. O pobre sofre menos de sua indigência material do que do fato de que ninguém lhe dá atenção.

Todos sofremos do que os psiquiatras denominam narcisismo perverso. Damos muita importância a um estatuto que não podemos apreender diretamente. Só temos acesso aos *signos* desse estatuto, em particular àqueles que nos reenviam os outros, pelos olhares destes, do mesmo modo que os gregos só podiam conhecer o estado de seu *daimon* pelos olhos do outro. Estamos prontos a pagar muito caro para que esses signos nos sejam favoráveis. Um exemplo? Quantos homens não estão dispostos a *comprar* julgamento positivo dos seus pares? Isso não é completamente irracional? Para que serve ser aprovado sabendo que não se merece? E, se sabemos que merecemos, pouco nos importa que os outros não o saibam. "Quando um homem comprou todos os seus juízes, a decisão mais unânime da corte é impotente para assegurá-lo sobre seu direito; e se ele iniciou seu processo com o único objetivo de ter esta segurança, em nenhuma hipótese ele os teria comprado." Esta observação aparentemente de bom-senso vem da pena de Adam Smith. É compreendendo que sua surpresa vem de uma enorme ingenuidade que Smith se torna economista e escreve *A riqueza das nações*. Ele compreendeu por que os

---

12. Alexis de Tocqueville, *A democracia na América*, livro II: *Sentimentos e opiniões*, São Paulo: Martins Fontes, 2004, p. 169.

homens compram aqueles que os julgam. É que, quando o "tribunal superior" da consciência é mudo, ou incerto, somente o público pode nos assegurar o nosso valor.

Quando eu era um jovem filósofo em busca do meu caminho, na Paris dos anos 1970, tinha um colega cujo objetivo era tornar-se célebre o mais rápido possível. Não direi seu nome, mas ele efetivamente tornou-se célebre. Escreveu um livro de crítica de economia e encontrou uma maneira de fazer com que um bom número de exemplares fosse comprado assim que o livro foi lançado. No final das duas primeiras semanas, o livro apareceu nas listas de *best-sellers* que as revistas publicam regularmente. E como as pessoas compram os livros que os outros compram, o sucesso do livro foi considerável. A carreira desse homem estava lançada. Posso lhes assegurar que naquela época não era o dinheiro que o motivava principalmente. O que ele queria era ser reconhecido como um grande pensador. Não podia então ignorar, por conseguinte, que tinha comprado seu público pelo preço de um investimento inicial?

Encontramos na *Teoria dos sentimentos morais* a narrativa de uma luta entre o homem interior (*the man within*, o "espectador imparcial") e o espectador em carne e osso (*the man without*), aprisionado aos seus desejos e às suas paixões. É a luta entre o ideal de uma consciência definitivamente liberada de suas origens sociais e a realidade da opinião pública com sua versatilidade. É preciso ler o capítulo surpreendente que Smith consagra ao desejo de ser aprovado pelos outros e à relação que esse desejo tem com o desejo de ser digno de tal aprovação – quer dizer, de poder aprovar-se a si mesmo. Ele queria muito mostrar que, embora a aprovação de si mesmo tenha suas raízes na aprovação que nos manifestam os outros, ela adquire certa autonomia, uma independência relativa, e que o julgamento moral se eleva acima do julgamento dos espectadores comuns. Mas é em vão. E finalmente é a riqueza econômica que surge como o objeto para o qual todos os desejos convergem porque, atraindo sobre nós o olhar do outro, esse outro que está exatamente na mesma posição que estamos em relação a ela, é ela o signo dessa qualidade de ser que todos queremos possuir sem jamais estarmos certos de que a possuímos.

Se, contrariamente ao seu sentido inicial, em que se pode entrever a avareza lendária dos escoceses – "fazer economias" –, a economia tem como horizonte o crescimento indefinido, é porque ela se move menos pelas necessidades do que pelo desejo. Com raras exceções, a história do pensamento econômico depois de Adam Smith repousa sobre o esquecimento, ou o recalcamento, dessa ideia fundamental.

Quanto à ideia de que a economia é a solução para o problema político de fazer com que uma multidão de pessoas e de classes sociais com interesses divergentes vivam em paz e na prosperidade, a posição de Adam Smith é paradoxal, o que explica por que seus sucessores, que se acreditam seus herdeiros sem nunca terem feito o esforço de lê-lo, nada aprenderam de sua lição. Sim, diz Adam Smith, a economia é capaz de se autorregular de maneira tal que as paixões dos homens, em lugar de entrarem em conflito, se neutralizam mutuamente para o maior bem de todos – o que parece dar razão não somente a Montesquieu como também a Mandeville, aliás tão criticado. Mas há um preço a pagar por isso: é o que, na linguagem inglesa do século XVIII, Smith denomina *corrupção dos sentimentos morais*. Essa corrupção resulta de "nossa inclinação a venerar os grandes [ou seja, os ricos e os poderosos] como se respeitam os virtuosos e nossa propensão a negligenciar os indigentes da mesma maneira que se desvia o olhar do vício".

Essa *economistificação*[13] da moral e da política é sem dúvida necessária para a permanência da ordem social, mas representa, ao mesmo tempo, uma ameaça constante de desagregação desta. Nossas línguas latinas (inclusive a inglesa, que é metade latina) permitem expressar esse paradoxo de maneira muito reunida, jogando com o duplo sentido do verbo *conter*. Conter é ter em si, mas é também fazer uma barreira, impor um obstáculo. O pensamento de Smith nessa matéria pode então dizer-se assim: a economia *contém* a violência, no duplo sentido do verbo. A economia é violenta, mas essa violência é o meio de manter a violência sob controle. É dar razão ao mesmo tempo a Montesquieu e a Marx (que, claro, não existia ainda!).

Para ilustrar o fato de que o pensamento liberal eliminou completamente a dimensão paradoxal do pensamento de Smith, nada melhor que a seguinte citação do Prêmio Nobel de Economia, Milton Friedman, líder da Escola de Chicago. Ao definir o que, segundo ele, faz a superioridade

---

13. Termo utilizado pelos mercantilistas da época para zombar dos fisiocratas, os ancestrais dos nossos ultraliberais. Ver Jean-Pierre Dupuy, *L'Avenir de l'économie: sortir de l'économystification*, Paris: Flammarion, 2013.

política do mercado sobre qualquer outra forma de organização da sociedade, é esse traço que ele coloca em epígrafe:

> Os preços que emergem das transações voluntárias entre compradores e vendedores – em suma, no mercado livre – são capazes de coordenar a atividade de milhões de pessoas, onde cada uma só conhece seu próprio interesse, de tal maneira que a situação de todos ficará melhor [...]. O sistema de preços cumpre essa tarefa na ausência de uma direção central *sem que seja necessário que as pessoas se falem ou se amem*[14].

Em outros termos, para que os egoísmos calculistas, racionais e interessados se harmonizem, é necessário apenas um mecanismo, um gigantesco autômato que funciona tanto melhor quanto mais escapa a toda consciência, a toda vontade e sobretudo a toda intersubjetividade. Estamos muito longe de Adam Smith, para quem o desenvolvimento da economia pressupõe, ao contrário, laços fortes entre os homens, como vimos. Essa utopia de uma sociedade onde os homens não teriam necessidade nem de se falar nem de se amar para viverem juntos, onde a indiferença mútua e o isolamento de cada um constituiriam as melhores garantias do bem comum, é tão monstruosa que se diz que apenas um forte motivo pôde fazê-la existir e ser levada a sério por tantas grandes mentes. Tenho a minha hipótese. O mundo da concorrência econômica é extremamente duro porque cada um ali deve lutar para sobreviver. Que lhes poupem pelo menos das tormentas do pensamento competitivo quando este toma a forma devastadora das paixões más, a inveja, o ciúme, o ressentimento, que Bernard de Mandeville queria, ao contrário, liberar. O meio de fazer isso: separar completamente os homens uns dos outros. Eles se farão a guerra sem jamais se encontrar.

A ECONOMIA E A CORRUPÇÃO

Haveria mil maneiras de analisar o fracasso completo da utopia econômica e as consequências catastróficas desse fracasso. Dada a imensa

---

14. Milton Friedman; Rose Friedman, *Free to choose*, New York: Avon, 1981. Ed. bras.: *Livre para escolher*, Ligia Filgueiras (trad.), Rio de Janeiro: Record, 2015.

importância política que a questão da corrupção tem hoje no Brasil, é através desse viés que vou abordar a questão. Evidentemente, para mim, um convidado estrangeiro, não é questão de discutir a política brasileira e menos ainda de dar lições de moral acusando este ou aquele. Quero permanecer em uma análise global, estrutural, se é possível dizer, que se apoia no que acabamos de analisar.

Se a economia, mais precisamente, se o problema econômico e a utopia econômica que ele causou invadiram nosso mundo, é porque responderam a um desafio bem real e, para dizer a verdade, inédito na história da humanidade: como fazer conviver os seres humanos na ausência desse cimento social antes representado, mas hoje não mais, pela religião. Em uma frase: a economia floresceu sobre as ruínas do sagrado.

O problema é que a economia passou a ocupar todo o espaço e por isso mesmo condenou a si mesma. Esse é o sentido da crise atual que, retomando a frase de Jérôme Batout, nem é tanto mais uma crise econômica, e sim mais uma crise *da* economia. Com efeito, a economia só pôde se desenvolver como o fez apoiando-se em um resto de transcendência que, na ausência do religioso, só poderia vir do Estado ou do domínio político. Isso foi magnificamente demonstrado por Karl Polanyi[15], mas já Adam Smith, que estava longe de ser o ultraliberal que as pessoas se divertem em descrever, estava bem convencido disso. Ora, a economia ofertou-se o político como se ofertou todo o resto. A economia comprou a exterioridade de que precisava. Ao mesmo tempo, privou-se de toda exterioridade. Ela reduziu o político ao seu nível. É a pior corrupção que se pode imaginar. Não faço aqui nenhuma lição de moral. Não há nenhuma necessidade de fazê-lo. É suficiente observar que todo mundo perde: a economia que desse modo se suicida, levando na sua morte o político que ela colonizou e contaminou.

Começo com uma anedota que revela o inconsciente da maioria dos economistas com relação à corrupção dos sentimentos morais da qual falava Adam Smith. Ela se passa há muitos anos em Paris, durante um jantar que organizei em homenagem a Ivan Illich em uma de suas visitas à capital francesa. Ivan Illich é esse grande crítico da sociedade industrial

---

15. Karl Polanyi, *The Great Transformation: The Political and Economic Origins of Our Time* [1944], Boston: Beacon Press, 2001.

do qual já tive ocasião de falar nos ciclos anteriores da Artepensamento. Estava presente entre outros a editora inglesa de Illich, Marion B., e um economista francês de excelente reputação, que chamarei de Jean-Michel. No fim do jantar, Marion tira de sua bolsa um maço de cigarros e começa a fumar – isso era uma coisa que, nessa época, se podia fazer num restaurante. Seu vizinho, Jean-Michel, lhe pede um cigarro, pedido que Marion graciosamente atende. Jean-Michel coloca então na frente dela, sobre a mesa, uma moeda de vinte centavos de francos. Marion não entende. Foi preciso que Jean-Michel lhe explicasse que tudo é redutível a uma troca de mercadorias, mesmo quando se trata de uma doação solicitada, para que Marion compreendesse que Jean-Michel estava comprando dela o cigarro que ela lhe dera, não sem ter inicialmente calculado o preço justo do cigarro unitário. A editora de Illich ficou vermelha de raiva, tomada que foi por uma cólera que o economista visivelmente não compreendeu. Acrescento que Jean-Michel era e permanece ainda hoje um homem gentil e cortês, reservado e modesto na vida normal.

De fato, atrás de seu ato havia uma *arrogância* extraordinária. A palavra *arrogância* vem do verbo latino *ad-rogare*, quer dizer "pedir mais" – ou seja, mais do que lhe é devido. Insistindo em pagar o que lhe tinha sido dado, Jean-Michel traduzia em ato a pretensão da economia de dar conta de todas as condutas humanas, mesmo as que se referem a uma esfera antropológica distinta. Esse desprezo pelas diferenças de especificidades tem um nome: obscenidade. É porque a economia é arrogante que ela é obscena.

Na troca monetária, mercadoria contra dinheiro, o pagamento nos deixa quites com toda obrigação posterior. Frequentemente, jamais voltamos a ver o comerciante que nos vendeu o bem em questão. Nós não lhe devemos mais nada e ele também não nos deve mais nada. A troca de dons, ao contrário, é uma maneira de sustentar o laço social. Eis por que o contradom, o dom que se faz em troca de um primeiro dom já recebido, nunca deve ser feito em dinheiro: isso significaria recusar a oferta de cordialidade que nos foi proposta. A economia acredita que todas as relações humanas estão submetidas à sua lógica e ela é incapaz de compreender o que estou explicando.

Esse tema sobre o poder que o dinheiro tem de corromper qualquer bem e qualquer valor está no coração do *best-seller* mundial do filósofo de Harvard, Michael Sandel, *O que o dinheiro não compra* [Civilização Brasileira, 2012], do qual recentemente editei e prefaciei a versão francesa[16].

Encontramos nesse livro uma ilustração impressionante que, aliás, já tinha sido objeto de numerosos comentários de parte dos economistas. Trata-se de creches israelitas. Na hora acertada, os pais vêm buscar seus filhos, mas alguns chegam tarde, obrigando os auxiliares a fazer horas extras. Pode-se supor que alguns pais sentem certa culpa nisso, mas suas obrigações são tantas que os atrasos continuam. As creches decidem então cobrar uma multa aos pais retardatários. Que aconteceu? Aumentou o número de pais que chegavam tarde e os atrasos foram, em média, mais significativos.

A multa parecia *a priori* uma maneira mais eficaz do que a consciência pesada para fazer os pais sentirem o que seus atrasos custavam em termos de tempo aos auxiliares. Aconteceu que a multa foi entendida como um preço a pagar pelo serviço prestado a mais pelos auxiliares. E valia a pena pagar esse preço pelo serviço em questão. A multa era para ser uma sanção moral. O simples fato de que ser paga em dinheiro a reduzia a uma troca de outro tipo, não era mais um mal contra um mal, mas um bem contra um bem, análogo à compra de um serviço no mercado.

A reação dos economistas a essa análise é ainda mais reveladora do que o caso em si. Com *economistas* refiro-me não apenas aos profissionais e práticos dessa disciplina, mas também a todo cidadão comum cujo espírito foi contaminado pelo modo de pensar econômico, o que infelizmente engloba muitas pessoas. Essa reação é a seguinte: deve-se aumentar o valor da multa o suficiente para fazer com que os pais se esforcem para chegar na hora.

Os economistas raciocinam assim: a multa, como todo preço, deve assegurar o equilíbrio entre a oferta e a demanda. Ora, a oferta aqui é nula: os auxiliares não recebem evidentemente o montante da multa, não têm nenhum estímulo para esperar pelos pais. Se o fazem é porque são movidos por essa estranha motivação que se chama dever. A multa deve então ser suficientemente pesada de modo que os pais não se atrasem mais.

---

16. Michael Sandel, *Ce que l'argent ne saurait acheter*, Paris: Seuil, 2014. Ed. bras.: *O que o dinheiro não compra: os limites morais do mercado*, Clovis Marques (trad.), Rio de Janeiro: Civilização Brasileira, 2012.

Há alguma coisa que esse belo raciocínio esquece e faz dele um modo obsceno de pensar. *A ausência de multa não é multa zero*. A prova está em que, quando as creches israelitas renunciaram a recorrer à multa, os pais persistiram nos atrasos. O mal estava feito: a preço zero do serviço prestado, a ele valia a pena recorrer. Antes de instituir a multa, estávamos em outro contexto antropológico, onde a ideia de troca de mercadorias entre creches e pais não estava presente na cabeça de ninguém.

Um pressuposto da ideologia econômica é que o bem e o mal são da mesma natureza, apenas com sinais opostos. Segundo a lógica dos vasos comunicantes, isso quer dizer que um bem é um mal menor e que um bem menor é um mal. Um custo é uma perda a ganhar e um ganho é um custo menor. Essa equivalência não ocorre nas ciências normativas, seja se tratando da ética, da política ou do direito. Quando essas disciplinas se deixam invadir pela lógica econômica, simplesmente perdem sua alma.

Michael Sandel teve ocasião de tomar posição contra a ideia de que se poderá lutar contra a mudança climática com impostos ecológicos ou estabelecendo um preço para o carbono. É preciso que aquele que faz o mal, contribuindo para a destruição do meio ambiente, tome consciência de que faz o mal. Se o fazemos pagar com dinheiro vai se produzir o contrário. Não apenas ele não se sente culpado como, mais do que isso, estende o domínio dos seus direitos. O sistema *"cap-and-trade"*, instituído pelo Protocolo de Kyoto, que dá o direito de poluir para além de sua cota, mediando esse direito com compensações financeiras em favor daqueles que poluem menos, resulta em que ninguém percebe mais o que está em jogo: a preservação de uma vida humana decente na Terra.

Os exemplos que proliferam no livro de Sandel e que tornam sua leitura agradável e muitas vezes engraçada trazem uma lição: mostram por que um mercado que ultrapassou seus limites nos revolta. É que ele contradiz uma hipótese da teoria econômica que permaneceu sempre implícita, a saber, que a troca de mercadorias não afeta a natureza do bem trocado. Pouco importa que ele esteja fora do mercado ou que tenha se transformado em mercadoria, um bem ou um serviço dado permanece o mesmo. O mercado seria axiologicamente neutro. Os casos relatados evidentemente violam essa hipótese. Existem bens e serviços que são corrompidos quando se tornam mercadorias.

Nos Estados Unidos, cada vez mais se pode comprar o direito de passar antes dos outros nas diversas filas da vida moderna, tanto para uma consulta médica como numa autoestrada. É chocante? Isto choca os brasileiros ricos que têm acesso a essa instituição que se chama *despachante*? Na França, as pessoas acham bem normal que os pais (ou hoje, as comunas) deem dinheiro às crianças se elas estão indo bem na escola. Nos Estados Unidos, são as escolas que pagam os alunos se eles tiram boas notas ou simplesmente se leem os livros do programa. Qual é a diferença? Talvez a leitura seja apresentada aos alunos como um trabalho enfadonho que merece remuneração e não como uma fonte de desenvolvimento. Se você tem boa saúde, venderá mais facilmente sua força de trabalho. Apesar da crítica marxista sobre a exploração e a alienação, a maior parte das pessoas aceita a existência de um mercado de trabalho. Nos Estados Unidos e em outros lugares, os empregadores e as companhias de seguro ligadas a uma empresa pagam aos trabalhadores que se esforçam e conseguem melhorar sua saúde, sobretudo em matéria de obesidade e de tabagismo. Isto nos parece barroco. Por quê? Talvez porque esse estímulo monetário incita os trabalhadores a fazer o que deveriam fazer de qualquer maneira por respeito a si mesmos e à sua saúde, mas o fazem por uma razão ruim.

A arrogância da economia, desconhecendo limites, não podia deixar de abordar o domínio da gratuidade. Ela desenvolveu técnicas engenhosas para dar um valor de mercado não apenas a tudo que não o tem, mas também àquilo que não pode tê-lo sob pena de se corromper. Por exemplo, valoriza-se todo serviço não mercantil por um preço que um sujeito consente implicitamente em pagar para adquiri-lo ainda que, se efetivamente o pagasse, o serviço em questão estaria desnaturado.

Na última divulgação de seu relatório anual, o Instituto Francês de Estatística e Estudos Econômicos, denominado Insee, anuncia uma ótima novidade: os franceses são muito mais ricos do que pensam. Em 2009, Nicolas Sarkozy, na época presidente da República, criou uma comissão e confiou sua presidência a dois Prêmios Nobel de Economia, os queridos da esquerda mundial: o americano Joseph Stiglitz e o indiano Amartya Sen. O objetivo era atualizar os indicadores de bem-estar ou de felicidade que não tivessem os defeitos do produto interno bruto (PIB). Seguindo as recomendações dessa comissão, o Insee passou a contabilizar dali em diante as horas passadas nos trabalhos domésticos não remunerados. Cozinhar e ocupar-se da arrumação, brincar com as crianças, fazer pequenos consertos, levar o cachorro para fazer suas necessidades é produção para consumo próprio. Não levar isso em conta é minimizar a produção, o consumo e, logo, a riqueza da nação.

Na escala da França, o tempo total consagrado a essas atividades é eloquente: entre uma e duas vezes o tempo de trabalho remunerado. Uma enorme proporção dessas horas é feita pelas mulheres. Mas se quisermos juntar ao PIB o que é assim produzido, será preciso converter as horas em dinheiro. O Insee tentou muitos métodos. No último relatório, considerou-se que uma hora passada cozinhando valia o salário com que se teria remunerado uma cozinheira para fazer a mesma tarefa. O valor do tempo passado com as crianças? É o que teria sido pago a uma babá para fazer o mesmo "trabalho". E assim por diante.

Quando se fazem os cálculos, vemos que o PIB aumenta pela metade e o consumo das famílias em dois terços. A maior parte dos comentaristas parece impressionada. A extrema esquerda aplaudiu os resultados. Muitos consideram que desse modo se reconhece a dignidade das tarefas domésticas, frequentemente executadas pelas mulheres. O princípio da igualdade exige que não se valorize o trabalho das mulheres e dos homens por métodos diferentes.

Raros são os observadores que viram nessa operação o que, penso eu, ela na verdade é, e o repito: uma obscenidade. Os mais lúcidos foram os que não resistiram ao prazer de fazer brincadeiras, reivindicando que não se omitisse do PIB alargado o trabalho que a esposa presta ao marido ao multiplicar o número de relações com ele pelo que cobra a prostituta, preço modulado de acordo com seu desempenho. O paradoxo é que o Insee recusou incluir no PIB francês, resistindo assim a uma determinação europeia que os outros países seguiram, em geral, sem resmungar, o volume de negócios da prostituição.

Os responsáveis do Insee não imaginaram um só instante que, se o dinheiro não compra certos bens sem corrompê-los, ele não pode servir de medida para tudo. Dar um valor monetário a um bem é, no plano simbólico, convertê-lo em dinheiro. Confundindo o simbólico e o real, os internautas inferiram da alta inesperada do PIB que suas aposentadorias aumentariam; outros, mais desconfiados, que seriam seus impostos.

"Tempo é dinheiro": não há nada mais claro. Nas autoestradas da Califórnia, nas horas de pico, é preciso ter pelo menos duas pessoas no carro para poder trafegar na fila da esquerda. Acontece que em 90% dos automóveis há apenas o condutor, sozinho. As pessoas ficam bloqueadas, para-choque contra para-choque, a pista rápida vazia, e a tentação de trapacear é muito forte. Seria arriscado, como já se tentou, colocar uma boneca inflável no banco do passageiro. Para preencher a mesma função, alguns já recorreram aos serviços de prostitutas aposentadas. O ciclo está fechado.

A lista de tarefas que compõem a produção doméstica estabelecida pelo Insee é muito imprecisa. Se colocarmos aí o tempo despendido em melhorar seu *habitat* e brincar com seus filhos, por que parar num caminho tão bom? Todas as horas fora do trabalho remunerado contribuem para o duro labor de viver; o sono, como o lazer, só serve para reproduzir a força de trabalho. Toda a vida é um meio a serviço de um fim inexistente. Não há mais limites para a *economistificação* do mundo e a confusão de todos os valores. Somos todos cúmplices e vítimas desse câncer ético – alguns, evidentemente, mais do que outros.

★ ★ ★

Tentei mostrar que a corrupção da política pela economia, que está no coração do debate público atualmente no Brasil, deve ser recolocada num quadro histórico, antropológico e filosófico muito mais vasto que diz respeito à história do Ocidente em seu conjunto. É o destino trágico de uma utopia que fazia da economia a solução do que Spinoza denominou problema teológico-político. Num mundo sem Deus, privado de transcendência, os homens podem viver em sociedade sem se matarem uns aos outros? A solução econômica funcionou enquanto estava orientada pela crença de que um dia um ponto de abundância e de saciedade seria alcançado. Essa crença foi substituída pela sacralização do Crescimento sem objeto, sem fim nem finalidade. Mas esse ato de fé está, por sua vez, em via de se desagregar sob nossos olhos, e isso em escala mundial. Que nos resta, então?

Utopia: do espaço ao tempo[1]
Marcelo Jasmin

A utopia moderna nasceu sob a égide de uma ambivalência crucial que se expandiu e se ramificou de modo incessante até hoje. Utópico é tanto o que não se pode realizar como aquilo que se deveria realizar. Entre o não ser e o dever ser, a utopia se afirma como imaginação generosa para desfazer, corrigir ou impedir as mazelas vividas no mundo cotidiano dos fatos, e refazê-lo em um novo ser. O *u* deste *u-topos* poderia ser tanto uma corruptela do *eu-topos*, o lugar do bem, do dever ser, como do *ou-topos*, o lugar nenhum, o não ser. Na linguagem ordinária a utopia é, portanto, simultaneamente, a projeção da ordem perfeita e o devaneio sem peias.

★ ★ ★

Quando visitamos nossos dicionários contemporâneos em busca dos significados usuais de utopia, encontramos essa ambivalência e a intersecção dos campos semânticos do bom estado e da ordem perfeita com os da tolice e da imaginação desprovida do compromisso com a realidade. Os dicionários de Antonio Houaiss e de Aurélio Buarque remetem à sinonímia de quimera, palavra cujo sentido primordial se referia a um monstro mitológico, com cabeça de leão, corpo de cabra e cauda de serpente, algo que não podia haver. Recorrendo às variantes do Houaiss, "absurdo, aparência, criação, devaneio, fábula, fabulação, fantasia, fantasma, fantas-

---

[1]. Não havendo indicações em contrário, as traduções dos trechos citados são do autor. [N.E.]

magoria, faz de conta, ficção, ideia, ilusão, imaginação, invenção, lenda, mito, mitologia, romance, sonho, utopia, visão", com extensões para a sinonímia de desatino, desvario e mentira.

Ao mesmo tempo, lemos nas várias definições dos mesmos verbetes as referências às boas leis e às instituições justas, à imaginação da boa ordem etc. O mais interessante é esse encontro entre bom governo e sociedade justa de um lado, com desvarios e fabulações irrealizáveis, o que não pode ser ou existir fora da imaginação ficcional, de outro. No *Dicionário Houaiss*, por exemplo, excetuadas as definições mais técnicas, referidas às obras dos utópicos e às suas críticas intelectuais, lemos numa sequência: "qualquer descrição imaginativa de uma sociedade ideal, fundamentada em leis justas e em instituições político-econômicas verdadeiramente comprometidas com o bem-estar da coletividade"; e *"Derivação*: por extensão de sentido: projeto de natureza irrealizável; ideia generosa, porém impraticável; quimera, fantasia". Note-se que as definições não se referem aí nem à perfeição sublime da ordem, nem a excelsos governantes. Referem-se à imaginação de uma ordem política e social com leis aperfeiçoadas e voltadas para o bem comum, algo que não se deveria confundir com o desvario ou o impossível, mas sim com uma definição razoável de república, um governo que respeita as leis e que é exercido de forma orientada para o bem comum.

Vale notar que tais associações não são defeitos ou exclusividades desses dois dicionários. Em maior ou menor grau de imediação, elas também estão presentes nos vários dicionários de língua inglesa ou francesa, conformando um campo contemporâneo de significados comuns e de articulação usual entre boa ordem e quimera, embora se possa, aqui e ali, indicar algumas nuances. A definição do *Petit Robert* francês, por exemplo, introduz uma instabilidade interessante quando afirma, na explicitação dos usos correntes contemporâneos, a perspectiva de que a utopia diz de um projeto ou uma concepção que *parece* irrealizável, e não que *é* um projeto irrealizável, abrindo uma brecha para o relacionamento entre projeto e mundo no qual difere do descarte *tout court* da plausibilidade da imaginação. Essa pequena e sutil diferença entre o ser e o parecer irrealizável, entre o impossível de existir e o que é estranho à nossa expectativa do verossímil, pode não ser irrelevante e eu gostaria de retê-la para adentrar um pouco mais na babel construída pela literatura especializada no tema.

De qualquer modo, poderíamos arriscar uma definição geral de utopia, válida pelo menos para a linguagem ordinária, que apontaria para a imaginação de um mundo perfeito social e politicamente, mas, por isso, impraticável.

★ ★ ★

Thomas Morus (1478-1535), o humanista inglês, cavaleiro do rei e personagem importante na corte de Henrique VIII, sabia dessa ambivalência ao publicar o seu livro *De Optimo Reipublicae Statu deque Nova Insula Utopia Libellus Vere Aureus*, em dezembro de 1516, que apresentava, em seu título, o neologismo pela primeira vez. Ao ambíguo prefixo *u* que antecede o substantivo *topos*, seguiu-se o sufixo *ia*, adotado para dar proximidade a nomes de lugares conhecidos, como Itália, Britânia, Germânia, Alexandria, Macedônia etc. Então, um lugar do bem, a ilha visitada pelo viajante contador de novidades, Hitlodeu, é também o não lugar[2].

Uma das hipóteses mais interessantes para o título do livro – e aqui acompanho passo a passo a exposição de Cosimo Quarta – aponta para o caráter de espelho da obra em relação ao *Elogio da loucura* de Erasmo de Roterdã[3]. Erasmo escreveu o *Elogio* enquanto era hóspede de Morus, em 1509. O livro é dedicado a Morus, e Erasmo informa que isso também tem a ver com o nome do chanceler inglês. Em grego, *moròs* significa louco e loucura é *moria*. Não que Erasmo considerasse Morus um louco. Pelo contrário, Sir Thomas seria um *moròsophos*, "alguém que é louco apenas por nome, mas sábio de fato"[4]. O *Elogio da loucura* era uma crítica impiedosa dos costumes da época e não poupava nenhum dos seus personagens relevantes. A hipótese interessante de Quarta é a de que

> precisamente pela consciência de que tal obra colocava a nu os males do tempo – cobrindo de ridículo a loucura dos homens, como rara-

---

2. Reproduzo nesta seção e na próxima, praticamente sem mudanças, parágrafos de meu texto "Utopia: memória, palavra, conceito", publicado em: Heloisa M. M. Starling; Henrique E. Rodrigues; Marcela Telles (org.), *Utopias agrárias*, Belo Horizonte: Editora UFMG, 2008, pp. 25-51.
3. Erasmo de Roterdã, *Elogio da loucura*, São Paulo: L&PM, 2003.
4. Cosimo Quarta, "Utopia: gênese de uma palavra-chave", *Morus – Utopia e Renascimento*, Campinas: 2006, n. 3, pp. 36-7. Disponível em: <http://www.revistamorus.com.br/index.php/morus/article/view/145/125>. Acesso em: 18 mar. 2016.

Utopia: do espaço ao tempo **169**

mente havia ocorrido no passado – tenha nascido, no espírito dos dois amigos humanistas, a ideia de acoplar à *par destruens*, constituída pelo *Elogio da loucura*, uma *pars construens*, ou seja, uma outra obra que, servindo de contra-altar à primeira, como em um díptico, indicasse aos homens o caminho para subtrair-se ao domínio da loucura. Teria nascido, assim, a ideia de escrever um *Elogio da sabedoria*, do qual Morus teria se incumbido[5].

Assim, Morus teria se disposto a elaborar, numa palinódia, uma espécie de "antídoto a todos os vícios humanos que Erasmo havia iconicamente descrito em sua obra"[6].

Não posso aqui reproduzir os muitos passos desta hipótese interessante, embora sustentada ainda sobre indícios que não constituem provas certas. *Pero, se non è vero è ben trovato*. Aponto apenas para o fato de que, no *Elogio*, a Loucura dissera que o verdadeiro sábio jamais existira e também que não existirá em "lugar nenhum" (*nusquam*) e que a sabedoria não tem lugar na terra dos homens. A ilha de Morus, que quereria justamente representar a descrição do *optimo statu* depois da introdução das leis excelentes por Utopus, seria o próprio lugar da sabedoria que se encontraria, segundo a loucura erasmiana, em lugar nenhum. A primeira opção de Morus para nomear a sua obra foi substantivar o usual advérbio latino *nusquam*, aquele mesmo usado pela loucura para falar do lugar nenhum da sabedoria, formando o nome *Nusquama*, posteriormente abandonado e substituído pelo extraordinário e sonoro neologismo *Utopia* que pode ter sido criado conscientemente para, ao mesmo tempo em que mantinha o caráter de díptico da obra em relação ao texto de Erasmo, marcar a novidade da descoberta de um lugar para a sabedoria que não era aquele atribuído pela loucura[7].

É possível que do mesmo modo que Morus abandonou o termo latino *Nusquama* que o aproximaria excessivamente da negatividade da crítica da loucura, recorrer a um termo unívoco e estável como o grego *eutopia*, por exemplo, poderia sugerir uma positividade indesejada justamente por

---

5. *Ibidem*, p. 37.
6. *Ibidem*, p. 38.
7. *Ibidem*, pp. 39-ss.

fazer desaparecer "o negativo, o mal, o qual, infelizmente, constitui uma presença assídua nesse nosso mundo"[8].

* * *

A recusa moriana da eutopia sugere também outro elemento diferenciador do conceito de utopia que, quando subestimado, leva à anulação das suas especificidades se contrastado com outras formas imaginárias do mundo bom, como, por exemplo, o paraíso celeste ou o jardim das delícias. Pois há um elemento humanista que é fundador da utopia e que reivindica a inteligência, a invenção e a ação humanas que, com frequência, não se encontram em boa parte dos sonhos de um mundo melhor.

O filósofo e historiador das ideias Isaiah Berlin, em texto escrito em 1978 e dedicado ao que ele chamou de *declínio das ideias utópicas no Ocidente*, refere-se à utopia de modo abrangente:

> A ideia de uma sociedade perfeita é um sonho muito antigo, seja devido aos males do presente, que levam os homens a imaginar o que seria o mundo sem essas aflições – a imaginar um Estado ideal em que não exista miséria ou ambição, perigo ou pobreza, trabalho brutal, medo ou insegurança –, seja devido ao fato de essas utopias serem ficções deliberadamente satíricas, criadas com a intenção de se criticar o mundo real e lamentar a ação dos que controlam os regimes existentes ou a falta de ação dos que passivamente a eles se submetem; ou talvez, ainda, por se tratar de simples exercícios da imaginação poética[9].

Na sequência do argumento, Berlin segue afirmando que a "maioria das utopias é situada em um passado remoto: era uma vez, uma idade de ouro"[10]. Exemplos de produtores de utopias? Homero, Hesíodo, Platão, Virgílio, a Bíblia hebraica etc. Dos feácios e etíopes da epopeia homérica ao Paraíso bíblico de Adão e Eva, Berlin estabelece uma rede de identidades entre utopia, sonho de mundo perfeito e idade de ouro. Sem dúvida,

---

8. *Ibidem*, p. 48.
9. Isaiah Berlin, "O declínio das ideias utópicas no Ocidente", em: *Limites da utopia: capítulos da história das ideias*, São Paulo: Companhia das Letras, 1991, p. 29.
10. *Ibidem*, p. 29.

para um pensador judicioso como Berlin, essa rede deve ter critérios comuns e ele os aponta. "O que existe de comum em todos esses mundos, sejam eles concebidos como um paraíso terrestre ou como algo além da morte, é o fato de proporem uma perfeição estática em que a natureza humana por fim se realiza em sua totalidade, e tudo é sereno, imutável e eterno"[11].

O que vejo aqui nesse tipo de uso ampliado do conceito de utopia é a sua diluição na categoria de "sonhos humanos de um mundo melhor"[12]. Se não há dúvidas de que são todos mundos imaginados pelos homens, a sua reunião indiscriminada faz perder o que há pouco indicávamos como próprio da utopia: algo que aponta para a construção de outro mundo a partir da crítica ao *status quo* e da proposição de medidas humanas para fins humanos. Creio que devemos separar a utopia daquilo que é da ordem do não humano, do mundo do maravilhoso ou do paraíso criado pelos deuses.

Há muitas interpretações possíveis da obra de Thomas Morus. Mas não se pode negar que o que interessa a Morus são as instituições humanas. Logo nas páginas iniciais do livro primeiro, ao narrar o seu encontro com Peter Giles e com o viajante Rafael Hitlodeu, que foi quem conheceu os utopianos, Morus deixa claro que a sua curiosidade em relação ao que este último viu em suas viagens excluía o maravilhoso.

> Seria muito extenso se relatasse, aqui, tudo o que Rafael viu em suas viagens. Aliás não é essa a finalidade desta obra. Completarei talvez a sua narrativa num outro livro em que darei detalhes, principalmente, dos hábitos, costumes e sábias instituições dos povos civilizados, que frequentou Rafael.
>
> Sobre essas graves questões nós o importunamos com perguntas intermináveis, e ele consentia, prazerosamente, em satisfazer a nossa curiosidade. Nós nada lhe perguntamos sobre esses monstros famosos *que já perderam o mérito da novidade*: Cila, Selenos, Lestrigões, comedores de gente, e outras harpias da mesma espécie que existem em quase toda parte. *O que é raro é uma sociedade sã e sabiamente organizada.* Para

---

11. *Ibidem*, p. 30.
12. Neil Eurich, *Science in Utopia*, apud J. C. Davis, *Utopia y la sociedad ideal: Estudio de la literatura utópica inglesa, 1516-1700*, México: Fondo de Cultura Econômica, p. 22.

dizer a verdade, Rafael notou entre esses novos povos instituições tão ruins quanto as nossas, mas observou também um grande número de leis capazes de esclarecer, de regenerar as cidades, nações e reinos da velha Europa[13]. [Grifos meus.]

A entonação da passagem sugere ironia, mas é muito precisa na referência ao que merece ser narrado e discutido: o que constitui a novidade e a raridade é o bom ordenamento da sociedade humana, as suas leis e instituições. Isso fica especialmente evidente quando da distribuição dos temas presentes no texto: a discussão do sistema penal dos politeritas, em particular a questão da pena de morte, é apresentada em explícito contraponto com o sistema inglês, assim como a discussão da duração da jornada de trabalho de seis horas dos utopianos se dá em contexto comparativo entre o que acontece no mundo conhecido e o que poderia acontecer. O tom é reformador e apresenta argumentos que querem levar os seus leitores a "considerar seriamente se a Utopia não pode representar o melhor estado de uma república (*commonwealth*)"[14], mesmo que a "ambiguidade estudada"[15] termine o livro com a tensão entre o desejável e o realizável[16].

O ponto relevante é, como notou Raymond Trousson, que "se a utopia – como o utopismo – supõe a vontade de construir, frente à realidade existente, um mundo outro e uma história alternativa, ela se revela essencialmente humanista ou antropocêntrica, na medida em que, pura criação humana, ela faz do homem mestre de seu destino"[17].

---

13. Thomas Morus, *Utopia*, São Paulo: Martins Fontes, 1999, pp. 33-4.
14. Quentin Skinner, "Thomas More's Utopia and the virtue of true nobility", *Visions of politics*, v. 2, Cambridge: Cambridge University Press, p. 214.
15. Frank Manuel; Fritzie P. Manuel, *Utopian thought in the Western World*, Oxford: Basil Blackwell, 1979.
16. O trecho final é paradigmático dessa tensão: "Porque, se de um lado não posso concordar com tudo o que disse este homem [Hitlodeu], aliás incontestavelmente muito sábio e muito hábil nos negócios humanos, de outro lado confesso sem dificuldade que há entre os utopianos uma quantidade de coisas que eu aspiro ver estabelecidas em nossas cidades. *Aspiro, mais que espero*", [grifos meus]. (Thomas Morus, *op. cit.*, p. 171).
17. Raymond Trousson, "Utopia e utopismo", *Morus – Utopia e Renascimento*, Campinas: 2005, n. 2, p. 128. Disponível em: <http://www.revistamorus.com.br/index.php/morus/article/view/18>. Acesso em: 18 mar. 2016. Embora a discussão de Trousson seja elaborada para distinguir a utopia como gênero literário – e não a perspectiva mais ampla do pensamento que ele chama, seguindo Cionarescu, de utopismo –, os seus argumentos são precisos para o que nos interessa aqui: um critério que permita distinguir a utopia de seus aparentados.

Segundo Trousson, o propósito ou a intencionalidade construtiva separa a utopia, por exemplo, do "mundo às avessas", construído pelo modo do burlesco e da exageração que, embora desempenhe a função de crítica à sociedade presente, "sua inverossimilhança declarada o separa de uma utopia submetida a imperativos de credibilidade e de verossimilhança e, em consequência, a uma forma de realismo narrativo"[18]. Nesse sentido, a utopia não se confunde com o Carnaval ou a Festa dos Loucos, e também se separa da robinsonada na qual "se desenvolve, não a história de uma sociedade, mas o tema da sobrevivência de um indivíduo isolado, ou mesmo de um grupo familiar, aspirando, por sinal, não a eternizar-se sobre uma ilha, mas a dela evadir-se"[19].

É essa mesma perspectiva antropocêntrica e reformadora que permite separar também a utopia de outras formas, como as derivadas, por exemplo, do pensamento teológico e que têm a forma da idade de ouro. Dois pontos me parecem relevantes aqui. O primeiro diz respeito ao caráter frequentemente nostálgico, associado a uma noção de decadência, que está presente nessas imagens e que contrasta com o caráter futurista e construtivo da utopia. O segundo é o fato de que as idades de ouro supõem um tipo de harmonia entre os homens e a divindade que se subsume ao fato de aqueles cumprirem as leis estabelecidas pelos deuses. Trata-se "de um mundo *dado* ao homem e não edificado por ele"[20] e que serve antes para a determinação das causas da infelicidade humana do que para a proposição de reformulações legais ou institucionais do mundo vigente. Argumento semelhante pode ser mobilizado para distinguir as utopias das formas do milenarismo que, embora apontem uma solução coletiva para os problemas humanos na Terra, o fazem calcando a mudança na sanção e na intervenção de um *deus ex machina*[21].

Aqui também são úteis tanto as reflexões de Northrop Frye sobre as variedades das utopias literárias quanto aquelas apresentadas pelo historiador J. C. Davis em seu livro sobre a escrita utópica inglesa entre 1516 e 1700, que, por critérios semelhantes, distinguem as utopias de outras formas assemelhadas.

18. *Ibidem*, p. 128.
19. *Ibidem*.
20. *Ibidem*, p. 130.
21. J. C. Davis, *op. cit.*, pp. 41-6.

A primeira delas é a da Terra da Cocanha que é, em si, uma tradição múltipla e de muitas versões, mas que podemos fazer convergir para a imaginação de um lugar da abundância e da satisfação dos mais diversos apetites, terra sem trabalho e sem sofrimento, onde tudo é gratuito e, nesse sentido, também *dado*. A harmonia presente nesse tipo de mundo, a eliminação de conflitos, se dá "não modificando o caráter do homem nem mediante elaboradas modificações sociais, mas pela mais plena satisfação privada dos apetites dos homens"[22]. A utopia geralmente parte de uma crítica, com frequência uma sátira, da sociedade do próprio escritor, crítica essa que tem por base a irracionalidade, a inconsciência ou inconsistência dos comportamentos sociais observados[23]. Embora os ideais da Terra da Cocanha possam indicar um desejo de libertação daquilo que oprime no mundo que os elabora, eles não partem de uma análise da sociedade contemporânea ao escritor para propor a sua alteração; afirmam, de modo aberto e direto, a fantasia paradisíaca da plena satisfação[24].

Na perspectiva pastoril, identificada à Arcádia, encontramos também os temas da abundância e da satisfação dos desejos, mas é através de uma moderação e uma simplificação dos desejos humanos que se produz uma espécie de harmonia com a generosidade da natureza.

> A Arcádia tem duas características ideais que a utopia raramente ou jamais teve. Em primeiro lugar, ela põe a ênfase na integração entre o homem e o seu meio ambiente físico. A utopia é uma cidade, e expressa antes a ascendência do homem sobre a natureza, a dominação do ambiente pelos padrões mentais abstratos e conceituais. No pastoril, o homem encontra-se em paz com a natureza, o que implica que ele está também em paz com a sua própria natureza, associando-se o racional e o natural [...]. Em segundo lugar, o pastoril, ao simplificar os desejos humanos, reforça a importância da satisfação daqueles desejos que permanecem, basicamente, é claro, desejos sexuais. Logo, ele pode acomodar, de um modo que a utopia típica não pode, algo desse ideal social furtivo e sem lei conhecido como a Terra da Cocanha, o

---

22. *Ibidem*, p. 31.
23. Northrop Frye, "Varieties of literary utopia", em: Frank E. Manuel (ed.), *Utopias and utopian thought*, Boston: Beacon Press, 1966, p. 27.
24. *Ibidem*, p. 41.

reino encantado onde todos os desejos podem ser instantaneamente gratificados[25].

Um último aparentado da utopia, e que talvez seja de mais difícil discussão, é proposto pelo mesmo Davis na figura da *república moral perfeita*. Trata-se aqui daquele tipo de imaginação do ótimo estado que tem o seu fundamento no exercício pessoal das virtudes, tanto pelos dirigentes políticos, quanto pelas partes da sociedade: o mundo da moralidade perfeita baseada na *limitação pessoal do apetite*, numa espécie de conversão íntima, embora universal, de cada um dos indivíduos. Lembrando que a *Utopia* de Morus é contemporânea do *Príncipe* de Maquiavel, parece razoável não confundir uma proposta em que a sociedade se faz melhor porque cada um de seus membros se torna bom por vontade e virtude próprias, com outra que acredita que se cada um pode melhorar é porque as leis e as instituições sociais favorecem ou obrigam a uma melhor conduta. Creio que é este segundo o caso das utopias sociais que perduram até hoje instigando a nossa imaginação contemporânea, e podemos manter, nos limites dessa fala, a diferença entre a utopia e a república moral perfeita, enfatizando o caráter de construção institucional da primeira em oposição à perspectiva individual da segunda.

Finalizo esta discussão das diferenças das utopias em relação aos demais gêneros da imaginação dos mundos (im)possíveis com uma síntese exemplar do já citado Trousson e que me servirá de transição para o tema principal deste artigo. Segundo o francês, para que haja uma utopia é necessário que,

> dentro de um quadro narrativo (o que exclui tratados políticos como o *Contrato social* ou as críticas diretas da ordem existente, como o *Testament* de Meslier), se dá vida a uma coletividade (o que exclui a robinsonada), funcionando segundo certos princípios políticos, econômicos e morais, restituindo a complexidade de uma existência social (o que exclui a idade de ouro, a Cocanha ou a Arcádia), esteja ela situada num remoto geográfico ou temporal e encravada ou não numa viagem imaginária[26].

---

25. *Ibidem*.
26. Raymond Trousson, *Voyages aux pays de nulle part: histoire littéraire de la pensée utopique*, Bruxelles: Éditions de l'Université Libre de Bruxelles, 1979, p. 28.

★ ★ ★

Tendo em vista essa definição, gostaria de estabelecer uma breve história da utopia moderna, que tendo nascido como uma espécie de contraespaço – a ilha de Morus – vai se desenvolver, ao longo do século XVIII, como uma projeção futura, histórica, de tendências que de algum modo já estavam presentes ou já poderiam ser vislumbradas nas sociedades de então. Poderíamos, aqui, falar da passagem da utopia para a ucronia, ou da temporalização da utopia.

Minha hipótese, que nisto segue aquela de Reinhart Koselleck[27], é a de que, a partir de certo momento da reflexão crítica acerca da sociedade europeia que poderíamos identificar, *grosso modo*, em meados do século XVIII, os usos do termo *utopia*, como o de vários outros conceitos, passaram a trazer consigo uma carga semântica temporalizada, uma nova relação entre experiência e expectativa que, embora mantivessem uma visão de continuidade temporal, tenderam a fazer prevalecer a segunda sobre a primeira. Ao invés de buscar um espaço desconhecido que seria descoberto por um viajante ou um não lugar como o suporte privilegiado para o desenvolvimento da crítica social e da imaginação irônica do que poderia ser o mundo dos homens, a imaginação utópica setecentista introduzirá o lançar-se ao futuro como forma de elaboração das expectativas de um mundo melhor, mais justo, conforme a razão. A ucronia não é, neste sentido, um não tempo, mas propriamente um tempo melhor, e talvez fosse mais correto falarmos, nesse caso, de *eucronia*. Pois se trata, sim, da formulação de versões esperançosas da capacidade da natureza humana de, se não aperfeiçoar a si mesma, aperfeiçoar o mundo à sua volta a partir dos conhecimentos filosófico, moral e científico que pareciam desabrochar sem peias e infinitamente. À descontinuidade espacial entre o ecúmeno conhecido e o não lugar se substitui uma continuidade temporal que, mesmo quando pensada em termos de ruptura, produzia um vínculo entre o presente vivido e o futuro imaginado. Neste contexto, o futuro, pintado pelas tintas da negação das mazelas do presente, passa a ser concebido como o seu desdobramento temporal e a sua superação.

---

27. Reinhart Koselleck, "A temporalização da utopia", *Estratos do tempo*, Rio de Janeiro: Contraponto/PUC-Rio, 2014, pp. 121-38.

O processo de temporalização da utopia é complexo e se confunde com vários outros que a literatura costuma perceber como antecipações de gêneros futuristas, como a ficção científica, por exemplo. Textos como *Épigone, histoire du siècle futur*[28] [Epígono, história do século futuro], publicado em 1659 pelo francês Michel de Pure, ou *Memoirs of the Twentieth-Century*[29] [Memórias do século XX], escrito por Samuel Madden em 1733, entre outros, vêm sendo estudados e apresentados como exemplares dessas literaturas de antecipação e merecem uma atenção cuidadosa. Mas gostaria de trabalhar aqui, ainda que brevemente, algumas das ideias e passagens colhidas no livro *L'An 2440* [O ano de 2440], publicado pela primeira vez em 1770, por um então obscuro escritor de peças teatrais, o parisiense Louis-Sébastian Mercier, livro que foi escolhido pelo já citado historiador Koselleck como um primeiro exemplar desta temporalização da utopia.

★ ★ ★

A narrativa de Mercier relata a história de um habitante da Paris do reino de Luís XV que, após conversar com um amigo inglês acerca das mazelas de seus dias, cai em sono profundo e acorda 670 anos depois, na mesma cidade de Paris na qual adormecera. O subtítulo da obra remete a esse caráter onírico: *"Rêve s'il en fût jamais"*, que poderia ser traduzido como "Um sonho como nunca houve" ou "como nenhum outro", sugerindo ao leitor que o relato do personagem na Paris de 2440 o conduzirá pelos meandros do onírico. Mas há certa especificidade no caráter onírico do relato, pois o que lemos é uma descrição bastante *realista*, se podemos dizer assim, do mundo urbano da cidade tal como poderia vir a ser no futuro, uma projeção do cotidiano da cidade se a história futura viesse a se realizar segundo alguns preceitos centrais do pensamento crítico das Luzes francesas de 1770.

Esta característica projetiva é acentuada desde o início da leitura quando nos deparamos, na capa do livro, com uma epígrafe retirada de Leibniz – "O tempo presente está grávido do futuro" –, indicando que

---

28. Michel de Pure, *Épigone, histoire du siècle futur*, Paris: Editions Hermann, 2015.
29. Samuel Madden, *Memoirs of the Twentieth-Century*, Charleston: Nabu Press, 2011.

é possível encontrarmos no agora de 1770 algumas tendências do que, parece, se realizará adiante. Neste sentido, a obra é tanto uma espécie de *romance de antecipação*, como um libelo, escrito *en philosophe*, acerca das mazelas contemporâneas ao tempo do autor, e as suas muitas sugestões de correção para o mundo vindouro inscrito numa filosofia progressiva da história.

A utopia de Mercier se desdobra em um vasto material de educação política e moral, cujo conteúdo será retomado ao longo da vida do autor, na sua intensa atividade intelectual e política. Podemos encontrá-lo em sua prolixa produção escrita, especialmente no seu livro que se tornaria o mais famoso, *Tableau de Paris*, publicado entre 1781 e 1790, e que discorre sobre os costumes das ruas de Paris; em sua atividade de editor que publica, em colaboração com Gabriel Brizard, François Henri Stanislas de L'Aulnaye e Pierre Prime Félicien Le Tourneur, entre 1788 e 1793, a primeira edição das *Obras completas* de Jean-Jacques Rousseau, seu inspirador maior, em 37 volumes; ou como colaborador, e depois como crítico, da Revolução Francesa que eclodiria 19 anos depois de *L'An 2440*.

A trama em si é bastante simples. Acordado em 2440, o personagem narrador passeia pela Paris futura encontrando as novidades resultantes de uma longa revolução dos espíritos que, pelo processo do Esclarecimento, construíram uma cidade perfeita. Interessante notar que o *topos* da cidade está presente, mas não é um não lugar ou um lugar desconhecido recém-descoberto; é a própria Paris, conhecida pelo autor e por seus leitores, mas apresentada num *continuum* temporal futuro que a purificou de seus problemas e excessos. As ruas da Paris de 2440 são as mesmas conhecidas em 1770, mas não são mais estreitas e fétidas. A cada esquina se vê um chafariz com água potável. As casas são bem construídas, cômodas, asseadas e elegantes, e não mais apresentam os antigos riscos representados pelas "chaminés funestas cuja ruína ameaçava todos os passantes"[30]. Os telhados possuem um desenho correto que deixou no passado aquela antiga inclinação "gótica que, ao menor sinal de vento, fazia com que as telhas caíssem nas ruas mais frequentadas". Quando se entra nos edifícios veem-se escadas amplas e bem iluminadas. Todas as

---

30. Louis-Sébastien Mercier, *L'an deux mille quatre cent quarante. Rêve s'il en fût jamais*. Uso aqui a edição de 1774, revista e corrigida pelo autor, e publicada em Londres. Disponível em: <fr.m.wikisource.org>. Acesso em: 18 jan. 2016. As traduções das citações foram feitas por Julia Sobral Campos.

casas têm um terraço com vasos de flores que, no seu conjunto, formam um grande jardim: "a cidade vista de cima de uma torre ficava coroada de flores, frutas e verdor". Pelas ruas de 2440, circulam as mesmas carruagens de 1770, mas agora estão ocupadas por idosos e enfermos, e também por cidadãos meritórios, e não por aristocratas arrogantes que desprezam os pedestres. Elas trafegam cuidadosamente pelas ruas, respeitando os passantes, sem lançar-lhes a lama das ruas pela velocidade de suas rodas, em claro contraste com os frequentes atropelamentos produzidos pela imprudência da antiga indiferença aristocrática pelo público.

Os habitantes da nova Paris são sábios. Os homens são todos escritores, letrados e *philosophes*. A religião é substituída pela moral esclarecida e os testemunhos destes cidadãos-escritores constituem um legado letrado de conquistas morais que acabaram por substituir, no tempo, os antigos evangelhos cristãos como guias de conduta. Não se encontra mais, como na utopia anterior, um contraste entre costumes de comunidades regidas por lógicas distintas em função de sua separação geográfica ou cultural. Na utopia temporalizada de Mercier, o contraste é entre o *antes* e o *depois*, entre a miséria atual e a sua regeneração produzida pela razão e pela sensibilidade esclarecidas que são frutos do progresso já em andamento em 1770. Há, portanto, continuidade temporal entre o mundo utópico e o que o antecede, e não descontinuidade espacial ou antropológica entre o mundo das mazelas e o da perfeição. Não há outra raça de seres humanos, nem outros lugares de costumes nunca antes conhecidos. O que há é progresso, otimização do presente, reforma e *aperfeiçoamento* – a perfeição também se temporaliza – do que há pela ação humana na passagem do tempo.

A forma da crítica futurista ao presente se encontra desde o início do relato, quando o personagem acorda. O sistema político vigente é o da monarquia constitucional. Os estamentos medievais foram substituídos por elites de capacidades.

> Contam-me que a Bastilha havia sido completamente derrubada, por um Príncipe que não se achava o Deus dos homens, e que temia o Juiz dos Reis; que, sobre os destroços desse terrível castelo, tão bem apelidado de palácio da vingança (e de uma vingança real) haviam erguido um templo à Clemência: que nenhum cidadão desaparecia da socie-

dade sem que seu julgamento fosse feito publicamente; e que *lettres de cachet* era uma expressão desconhecida pelo povo.

Eis os muitos temas da revolução condensados numa breve passagem profética, escrita quase vinte anos antes do 14 de julho de 1789: o arbítrio do absolutismo no infinito poder do rei, as *lettres de cachet* que materializam o poder real de mandar prender sem julgamento, a falta de limites ao poder real e a necessidade de que esteja submetido a uma ordem maior, a humanização do príncipe, a necessidade da justiça fundada no direito, a Bastilha como símbolo maior da opressão.

Mas a política é apenas um dos muitos temas de Mercier. Conforme seu personagem narrador caminha pela cidade reformada, a solução dos problemas do século XVIII vai se apresentando. Não há mais privilégios, só reconhecimento de mérito. Os mosteiros foram extintos e os monges, que agora se casam, são homens dedicados às tarefas perigosas mas necessárias ao bem-estar da humanidade. Não há como resumir a agenda de Mercier. É uma infinidade de temas que testemunham o sofrimento humano na grande capital da Europa iluminada.

Escolho, um pouco aleatoriamente, o tema da saúde pública, para falarmos de modo anacrônico. Ele se apresenta na observação daquilo em que foi transformado o antigo Hôtel Dieu de Paris, instituição hospitalar fundada no século VII e destinada a recolher os indigentes e os doentes em geral, sob a caridade da Igreja. Diz o gentil cavalheiro que acompanha o recém-acordado pelas ruas da cidade:

> Não preciso dizer que o Hôtel Dieu já não fica preso no centro da cidade. Se algum estrangeiro ou cidadão, contam-me, fica doente longe de sua pátria ou de sua família, nós não o aprisionamos, como na sua época, em um leito repugnante entre um cadáver e um moribundo, para respirar o ar envenenado da morte, e transformar um simples desconforto em uma doença cruel. Dividimos o Hôtel Dieu em vinte residências particulares, situadas nas diferentes extremidades da cidade. Assim, o ar fétido que aquele abismo de terror exalava encontra-se dispersado e já não representa um risco para a capital. Além disso, os doentes não são levados a esses hospitais pela extrema miséria: não chegam lá atingidos de antemão pela ideia da morte, e para se assegurar unicamente

de seu sepultamento; vêm porque o socorro ali é mais imediato, mais multiplicado do que em seus próprios domicílios. Não vemos aquela mistura horrível, aquela confusão revoltante que anunciavam mais uma estada de vingança do que uma estada de caridade. Cada doente tem seu próprio leito e pode falecer sem acusar a natureza humana.

A administração do hospital também é motivo de observação e a corrupção presente (1770) denunciada como flagelo humano em tom de lamento: "Examinamos as contas dos diretores. Ó, vergonha! Ó, dor! Ó, inacreditável abandono sob a abóbada do céu! Homens desnaturados se enriqueciam com a substância dos pobres; ficavam felizes com as dores de seus semelhantes; haviam feito um negócio rentável com a morte".

A profissão médica vive agora (2440) sob a égide da dignidade:

> Médicos sábios e caridosos não proferem sentenças de morte, pronunciando ao acaso preceitos gerais; dão-se o trabalho de examinar cada enfermo individualmente; e a saúde não demora a desabrochar sob seus olhares atentos e prudentes. Esses médicos estão entre os cidadãos mais respeitados. E que ofício mais belo, mais augusto, mais digno de um ser virtuoso e sensível, do que o de reatar o fio delicado dos dias do homem, esse dias frágeis, passageiros, porém cuja arte de conservação é capaz de aumentar sua força e duração!

A honestidade, a dedicação profissional, a organização racional e eficiente dos serviços, todas essas ideias generosas que de algum modo continuam a habitar o imaginário difuso do dever ser do serviço público e da medicina social em nosso século XXI, estão ali para apontar o caminho que deve ser percorrido desde o presente até a correção dos males sociais num futuro previsível. Note-se que não se trata de dádiva divina, nem de uma visão paradisíaca. Ainda na passagem acerca do Hôtel Dieu, lemos o tom rousseauniano da crítica de Mercier: "o tempo dessas iniquidades é findo; o asilo dos miseráveis é respeitado, como o templo onde pousam os olhares da Divindade com a maior complacência: os enormes ultrajes são corrigidos, e *os pobres enfermos só precisam então combater os problemas que lhes foram impostos pela natureza. Quando nosso sofrimento provém dela apenas, sofremos em silêncio"*, [grifos meus].

O que é da ordem dos limites ou dos sofrimentos impostos pela natureza pode ser sofrido em silêncio, com resignação. Mas a verve futurista de Mercier está apontada para o que é da ordem do contrato entre os homens, do que se estabeleceu como convenção e artifício, o que resultou da própria perfectibilidade humana que produziu, como no *Discurso sobre a origem e os fundamentos da desigualdade* de seu mentor, um desvio inconsciente na direção das iniquidades. A natureza não se corrige – o que dá a distância desta utopia para aquelas do contemporâneo associadas às próteses e às correções genéticas que prometem vida eterna –, mas os ultrajes derivados do exercício histórico das faculdades humanas sim. Sem dúvida, o tom de Mercier é o do moralista que denuncia, com indignação, o que é fruto da incúria, do descuido, da intenção malévola, do descaso com o outro, da soberba dos ricos e dos privilegiados de modo geral. O desejo de reforma da ordem, entretanto, é fruto do desenvolvimento e da expansão das Luzes que agora, 1770, fazem ver os erros cometidos pelo processo da polidez que afastou, como dissera Rousseau, pelo desenvolvimento do parecer, o homem de seu ser primordial. São estas Luzes que permitem identificar os erros, as mazelas, as iniquidades, e corrigi-los, refazer a ordem social, estabelecer um novo pacto que tenha por finalidade o bem comum.

As instituições que se apresentam ao narrador acordado em 2440 são o resultado dessa ação, moral e reformadora, fundada no amadurecimento das Luzes. As instituições de correção para criminosos e malfeitores, por exemplo, não têm mais por que existir na nova sociedade purgada dos horrores do Antigo Regime:

> Não possuímos mais [em 2440] nenhuma casa de correção, ou melhor, de ódio. Um corpo são não necessita de cautério. O luxo, feito um cáustico ardente, havia gangrenado em seu tempo as partes mais sãs do Estado, e seu corpo político estava coberto de úlceras. Em vez de fechar delicadamente aquelas feridas vergonhosas, vocês as envenenavam continuamente [em 1770]. Queriam sufocar o crime sob o peso da crueldade. Eram desumanos, porque não souberam criar boas leis.
>
> Era mais fácil para vocês atormentar o culpado e o infeliz do que prevenir a desordem e a miséria. Sua violência bárbara só soube endurecer os corações criminosos; fizeram com que neles entrasse o deses-

pero. E o que colheram com isso? Lágrimas, gritos de ódio, maldições. Vocês pareciam ter modelado suas casas de correção com base no local terrível a que chamavam de inferno, onde ministros da dor acumulavam torturas pelo prazer abominável de causar um longo suplício em seres sensíveis e lamentosos.

Assim como também não há mais mendigos em 2440, pois a nova "ciência do governo" sabe dar-lhes trabalho ao invés de "aprisioná-los e fazê-los morrer de fome" e transformá-los em "infelizes vítimas de uma morte lenta em algum canto do reino". A saúde preventiva do corpo social, e não o castigo dirigido às vítimas da miséria, é a nova ciência do governo futuro.

Diante da sabedoria deste futuro antecipado, o presente só pode se envergonhar: "Baixei os olhos sem ousar responder; pois eu fora testemunha daquelas indignidades, e só pudera gemer, nada mais que isso. Fiquei em silêncio por alguns instantes, e retomei a fala dizendo: Ah! Não renovem as feridas do meu coração".

O livro termina com uma cena inusitada. O passeio do narrador o leva ao palácio de Versalhes que se encontra em ruínas, com muros caídos e estátuas mutiladas. Um pouco atônito com a ruína daquele que foi o grande monumento do absolutismo francês, o narrador encontra um ancião sentado sobre o capitel de uma coluna. Dirigindo-se ao velho, o narrador se lembra do "orgulho impaciente" e da "vontade caprichosa" que estiveram na origem daquela construção, e como se consumiu todo o dinheiro do reino e se exauriu a energia dos seus súditos para realizá-los. O acordado lamenta as tantas lágrimas derramadas e as quantas dores sentidas pelas mãos dos que construíram aquele imenso palácio ora sem brilho e sem luz. O ancião, ao ouvir aquelas palavras, chora e, "olhando para o céu com ar contrito", confessa ser o próprio Luís XIV que a justiça divina deixara ali para presenciar a sua "obra deplorável". "Como são frágeis os monumentos do orgulho!", exclama o velho rei. E antes que o narrador pudesse retrucar, uma das muitas serpentes que habitavam o lugar naqueles dias o pica e ele acorda de seu longo sonho temporal.

A verve teatral de Mercier se mostra aqui em seu gosto questionável. Aliás, o tema do gosto está presente ao longo do relato, e o autor não poupa esforços para determinar o que é belo e o que não deve existir na arte e na arquitetura futuras. E não se trata apenas de gosto estético. O futuro de Mercier também mantém a censura das obras escritas que poderiam influenciar mal as crianças e os desavisados. Ela deveria garantir a moral, e obras lúbricas, como as de Aristófanes, são queimadas, enquanto algumas passagens consideradas moralmente ambíguas nos livros de Montesquieu e de Voltaire são expurgadas de edições destinadas ao público em geral.

★ ★ ★

Como se vê, os limites do absolutismo não estão todos deixados para trás na utopia de Mercier, e a veia pouco liberal tão denunciada nas utopias racionalistas modernas se mostra saliente em vários pontos do texto. A crítica racional iluminada não alcançara ainda a própria concepção da razão, e a temporalização da utopia produzia alguma confusão entre utopia e plano de ação que embutia os riscos característicos dos projetos de fabricação planejada do futuro fundados em certezas do presente. Mas tais riscos só foram conhecidos depois, nas tentativas de trazer a imaginação utópica para a sua realização fática. Observando retrospectivamente, a partir de nossa posição posterior à vivência dos horrores do século XX, parece-nos que a crença de se poder controlar, desde o presente, os desdobramentos da vida futura a partir de projetos bem desenhados, associada aos excessos da vontade projetada para um devir considerado o único justo e racional, produziu equívocos que poderíamos associar a certa soberba da razão. Ao invés de negociar com os obstáculos postos pela densidade e pela opacidade da realidade fática, especialmente os desejos e os interesses divergentes, uma razão carregada de certezas acerca de sua virtude operou para eliminar, inclusive fisicamente, os obstáculos à sua realização. Neste sentido, podemos compreender, a partir de uma observação de Koselleck, que, ao se confundirem o plano da imaginação utópica e o plano de ação, assistimos à transformação do autor da utopia em emissário da verdade da redenção. Os efeitos desta soberba para os direitos e liberdades individuais são conhecidos, e sonhos utópicos puderam engendrar pesadelos distópicos.

As filosofias da história nascidas nos séculos XVIII e XIX, quando deixaram de ser interpretações dos sentidos da história acontecida para serem apreendidas como produtoras de certezas antecipatórias de um futuro concebido como *necessário*, pois o único submetido a uma suposta lógica histórica, tornaram-se peças intelectuais da perpetração das tragédias do século XX. E a utopia temporalizada serviu a senhores a que ela nunca imaginou ou desejou servir. Todavia, o nosso juízo ético contemporâneo não pode deixar de reconhecer nestas várias utopias o ânimo de seu tempo, um tempo em que a razão, conhecendo seus triunfos sobre forças do obscurantismo e da iniquidade, inflou-se de certezas e de expectativas que só a experiência posterior veio mostrar exageradas ou inócuas. Já em meados do século XIX, boa parte da imaginação anterior acerca dos mundos futuros possíveis foi descartada por sua *ingenuidade*, em particular por sua pretensa inadequação ao que viria ser concebido, por uma consciência crescentemente cientificista, como o curso futuro da história. O utópico, neste contexto específico, tornou-se categoria de acusação: utópico era aquele que, apesar de sua imaginação generosa, se encontrava, por assim dizer, fora da História – com *H* maiúsculo – tal como ali ela fora concebida. Não é sem ironia que observamos como boa parte da certeza científica que fundamentou esse tipo de juízo passou a ser vista, no último terço do século XX, como ela mesma ingênua e utópica, se não coisa pior, já que teria revelado a sua íntima natureza distópica e a sua inadequação ao que veio a ser a história mundial.

Tais reviravoltas do tempo, que por vezes transfiguram o acusador em acusado, não devem, entretanto, nos iludir com a força da última vitória. Depois dos dramáticos acontecimentos do século XX, e especialmente do fim da guerra fria, o triunfo do capitalismo e da democracia liberal contemporânea veio, por vezes, acompanhado de equívoco semelhante, do mesmo fatalismo ingênuo, só que formulado retrospectivamente. Como se outros futuros não tivessem sido possíveis, as narrativas dos vencedores ignoram que suas vitórias se deram no complexo contexto da luta de ideias e interesses, quase sempre armados militarmente, que alterou a natureza original de todos os contendores ao longo do percurso. Para ficarmos com os exemplos mais notórios, o *New Deal* após 1929 e o *welfare state* europeu, soluções que tornaram mais dignas as condições de vida da população mais pobre do Ocidente rico, foram produzidas por um capitalismo em crise no enfrentamento das proposições alternativas de mundo oriundas das utopias socialistas e comunistas. Mesmo um olhar breve sobre as histórias do capitalismo contemporâneo nos permite perceber como a proliferação de políticas sociais e outras concessões do lucro capitalista aos mais pobres e aos necessitados de modo mais geral, só aconteceram sob a pressão da luta aguerrida dos trabalhadores, boa parte dela inspirada pelos ideais de justiça e equidade advindos daquelas utopias do século xix. Tão logo a falência do comunismo soviético se tornou irreversível, a reação imediata dos líderes do capitalismo mundial foi justamente a de desmontar institutos de proteção social, reduzir direitos sociais e tratar com permissividade a extrema concentração de renda mundial, sob a égide do que ficou conhecido como pensamento neoliberal.

Neste sentido, se as fantasias divergentes das utopias espaciais modernas serviram para desnaturalizar a ordem social do Antigo Regime e infundiram ânimo à imaginação de outros mundos possíveis, as utopias temporalizadas das várias vertentes do socialismo, com todos os seus equívocos teóricos e fáticos, desempenharam papel histórico crucial na desnaturalização das estruturas sociais do capitalismo seu contemporâneo. Também nos dias distópicos de hoje, sem a abertura da utopia permaneceríamos sob a ditadura da naturalidade dos fatos, da reprodução infinita do mesmo e da reiteração do que há como o único que pode haver. Também nos dias distópicos de hoje, a imaginação utópica mantém ativo o seu papel de desnaturalizar o existente, oferecer alternativas ao que há e alimentar a luta pela dignidade da vida dos seres humanos num planeta em decomposição natural, econômica e social.

Contudo, as utopias de hoje não se formulam mais atreladas nem ao contraespaço de uma geografia imaginária, nem no interior de uma filosofia da história em que a balança entre expectativa e experiência pende quase exclusivamente para a primeira. Talvez a novidade para as utopias contemporâneas que não querem se confundir com o mero prolongamento futurista das tecnologias atuais – como o fim do trabalho pela robotização ou as próteses que anunciam vida eterna na Terra pela criação de um corpo cada vez menos humano e mesmo menos animal – esteja no fato de que a sua atividade de imaginação de generosos mundos possíveis se dá num contexto em que a separação entre espaço e tempo como dimensões estanques já não opera como nas utopias anteriores. Seja pelos avanços dos conhecimentos teóricos inscritos na esteira das teorias da relatividade ou da crítica do pensamento espacial da temporalidade, seja pelos desenvolvimentos fáticos de uma globalização que tornou todas as regiões do mundo conhecidas, integradas e virtualmente acessíveis na instantaneidade da comunicação, a utopia nossa contemporânea não se formula em antigas bases conceituais. Passado e futuro, embora permaneçam como condições fenomenológicas da consciência – como retenção e protensão – e como dimensões da estrutura da temporalidade social – na relação entre experiência e expectativas –, não se definem, nem se articulam, hoje, do modo como a modernidade clássica os concebeu. Nem parece cabível, hoje, concebermos espacialmente o futuro, como uma espécie de outro lugar no tempo do amanhã. A nossa utopia, no entanto, guarda continuidade com as utopias clássicas e modernas ao se compreender como imaginação, devaneio e crítica que abrem, ao presente, uma pluralidade de futuros possíveis que nos inspiram para não sucumbirmos à força avassaladora daquilo que há[31].

---

31. Agradeço a gentileza de Henrique Estrada, Antonio Edmilson Martins Rodrigues, Eduardo Jardim e Maria Elisa Noronha de Sá que, em momentos distintos, discutiram algumas das ideias aqui expostas.

Utopia e ponto de fuga: fronteira e espaço sideral[1]
Olgária Matos

Realidade e utopia, efetividade e ficção, presente e futuro constituem os dualismos regidos pelo preceito que enuncia *ou uma coisa ou outra*, o princípio de identidade das fórmulas *A é A*, da afirmação, *A é não A*, da negação, *A não é nem A nem não A*, nem afirmação nem negação. Crítico dos binarismos e das bruscas rupturas, Derrida desconstrói[2] a noção de utopia, reconhecendo elementos utópicos no real e traços realistas na utopia, encontrando suas nuances, passagens e disseminações. Assim, a própria palavra *u-topos* oscila entre o não ou o sem (*u*) lugar e o bom lugar (*eu*-topia), podendo a utopia ser tanto um não lugar quanto um lugar feliz. Mas também a ideia de lugar (*topos*) não se separa de *khôra* (espaço). Ao analisar o *Timeu* de Platão, Derrida trata de suas contaminações.

Com efeito, Sócrates, no *Timeu*, considera o espaço com assombro e admiração porque ele não pode ser dito na linguagem da objetividade e da verdade. Pois, para refletir sobre o espaço seria preciso um ponto de vista não espacial, que lhe fosse exterior, com a impossibilidade do que situa ser situado. Nem sensível nem inteligível, o espaço não pode ser classificado

---

1. Não havendo indicações em contrário, as traduções dos trechos citados são da autora. [N.E.]
2. Afastando-se da ideia de destruição, a desconstrução, para Derrida, nada suprime: "Desconstrução e destruição significam uma operação que se exerce sobre a estrutura ou a arquitetura tradicional dos conceitos fundadores da ontologia ou da metafísica ocidental. Mas, em francês, o termo *destruição* implicava muito claramente um aniquilamento, uma redução negativa mais próxima da demolição nietzschiana, talvez, do que [...] do tipo de leitura que eu propunha. [...] Lembro-me de ter-me interrogado se esta palavra *desconstrução* (tendo-me chegado de maneira aparentemente espontânea) era mesmo francesa". Jacques Derrida, *Psyché*, Paris: Galilée, 1987, p. 338.

segundo a alternativa do *mito* e do *logos*, só permitindo um raciocínio híbrido. Sócrates avalia: "Nós o entrevemos como em um sonho [...]. E por causa deste estado onírico, somos incapazes em vigília de fazer todas as distinções [...] com respeito à natureza desperta e verdadeiramente existente [dos seres] e assim exprimir o que é verdadeiro [...]; [o espaço] contém o fantasma sempre variável de uma outra coisa"[3].

Sem um sentido unitário, a *khôra* é o meio amorfo que recebe todos os seres e que participa do inteligível de maneira aporética, pois é uma espécie de forma *eidos*, sendo o aspecto visível das coisas, mas, ao mesmo tempo, invisível; é uma forma amorfa (*anoraton eidos*), um visível invisível, que dá lugar a uma oposição, mas sem submeter-se à lei daquilo que ela mesma situa[4]. Entre o sono e a vigília, o espaço é inapreensível, pois, se nos aproximamos da linha do horizonte, ele nos escapa; se nos voltamos para a direita, o lado esquerdo desaparece; para o alto, o baixo se afasta. Impossível defini-lo, o espaço é, para Platão, uma "causa errante", é o *alogon* de razão desconhecida. Derrida observa: "O que é esse lugar *(khôra)*? Ele é nomeável? E ele não teria alguma relação impossível com a possibilidade de nomear? [...] [A *khôra*] oscila entre dois gêneros de oscilação: a dupla exclusão (nem, nem) e a participação (ao mesmo tempo isto e aquilo)"[5].

Derrida trata da oscilação de sentido da *khôra*, referindo-se a Sócrates como um *atopos*. Com efeito, no *Timeu*, Sócrates compara sua atividade de filósofo com a de poetas e sofistas, fazendo-se, assim, semelhante aos imitadores falsários criticados por Platão, para os quais não há lugar na cidade virtuosa, de tal forma que tampouco Sócrates poderia ser seu habitante:

---

3. Platão, *Timeu*, Lisboa: Instituto Piaget, 2004, pp. 52c-ss.
4. Jacques Derrida, *Khôra*, Nícia Adan Bonatti (trad.), São Paulo: Papirus, 1996. Também Augustin Berque observa: "*topos* designa sempre o lugar em que se encontra um corpo, em que ele está situado. [...]. Mas quando Platão explica que cada realidade sensível possui por definição um lugar, um lugar que lhe é próprio quando nele exerce sua função e nele conserva sua natureza, então Platão utiliza a palavra *khôra* [...] o pertencimento de uma extensão limitada e definida de um sujeito. Distingue-se assim o lugar físico relativo da propriedade ontológica que funda essa localização". Augustin Berque, "La *chôra* chez Platon", em: Thierry Paquot; Chris Younès (org.), *Espace et lieu dans la pensée occidentale*, Paris: La Découverte, 2012, nota 4, p. 22.
5. *Ibidem*, p. 13.

[...] começando por declarar que ele é um *pouco* como os poetas, os imitadores e os sofistas, incapaz de descrever os filósofos-políticos [que deveriam governar a cidade], Sócrates simula colocar-se entre aqueles que simulam. Simula pertencer ao *genos* daqueles cujo *genos* consiste em simular; em simular a pertinência a um lugar e a uma comunidade, por exemplo, ao *genos* dos verdadeiros cidadãos, filósofos e políticos. [...]. Sócrates se *apaga*, apaga em si todos os tipos, todos os gêneros, tanto aqueles dos homens de imagem e de simulacro, aos quais finge assemelhar-se por um momento, quanto aqueles dos homens de ação e homens de palavra, filósofos e políticos aos quais se dirige apagando-se diante deles. [...] Ele *chega* a um terceiro gênero, no espaço interior de um lugar sem lugar, um lugar em que tudo se marca, mas que seria "em si mesmo" não marcado[6].

Semelhante e não semelhante a sofistas e imitadores, Sócrates se coloca em uma terceira categoria (*triton genos*) como a *khôra*, lugar neutro que é a gênese de todo o diálogo sobre o lugar e a pólis. Sócrates é *atopos*, nem sábio nem ignorante, nem trágico nem cômico, nem grotesco nem sublime, nem feminino, nem masculino. Não é *nem-nem*, tampouco *e*, mas entre os dois, participando e não participando, fora de qualquer lugar comum, escapando à localização. Porque o alto não é apenas o espaço abstrato da medida geométrica, há que pensar no "alto celestial" e na moral elevada, no baixo infernal e na "pequenez do caráter", no lado esquerdo agourento e no direito da boa sorte: "o espaço é antropológico, mítico e onírico"[7]. Familiar ou estranho, o espaço é, assim, simbólico, alucinatório e angustiante.

Ampliando as aporias do espaço e do lugar, Derrida se refere ao *Timeu* e à ideia de *khôra* cívica[8], que a designaria como mãe-terra-pátria, simultaneamente lugar de nascimento dos atenienses e espaço para onde voltam depois da morte a fim de encontrarem repouso em paisagens costumeiras:

6. Platão, *op. cit.*
7. Marilena Chaui, *Da realidade sem mistério ao mistério do mundo*, São Paulo: Brasiliense, 1981, p. 46.
8. A partir da leitura de "L'autocthonie: une topique athénienne", de Nicole Loraux, em *Enfants d'Athéna: idées athéniennes sur la citoyenneté et la division des sexes*, Derrida propõe aproximar o *Teeteto* do *Menexeno* de Platão, diálogo em que este trata da *khôra* cívica. Cf. Marta Hernandez, "La *khôra* du *Timée*: Derrida, lecteur de Platon", *Appareil* (on-line), n. 11, 2013, nota 17. Disponível em: <https://appareil.revues.org/1780>. Acesso em: 26 fev. 2016.

"A afirmação nacional", anota Derrida, "não é nunca a constatação de um fato; é a afirmação de um renascimento prometido a partir de uma morte e do desaparecimento do corpo do morto"[9]. Atenas é, na narrativa, a pátria que assegura a continuidade da vida de seu povo, que alimenta seus cidadãos com a superabundância de sua *physis* ligada à situação geográfica do território, fazendo coincidir *khôra* física e *khôra* cívica, inclusão e exclusão. Porque todo espaço nacional nos precede, ele está sempre prestes a acolher, mas também a recusar, já que a autoctonia ateniense indica ao mesmo tempo um limite natural da cidade e o caráter imaginário de todos os limites, determinando pertencimentos a uma comunidade política e os não pertencimentos. No mito fundador de Atenas, a cena catastrófica da guerra entre atenienses e atlântidas, e o terremoto que submergiu a Atlântida e os exércitos, tece a identidade nacional de Atenas, para superar tal calamidade: "a afirmação nacional", escreve Derrida, "adquire seu elã e sua força [justamente] pela ausência de nação [...]. É quando a nação não existe ou está ameaçada de não existir que a afirmação nacional se exprime"[10]. Uma vez que uma nação não possui ontologicamente um lugar que lhe seja próprio, a história contada no *Timeu* é a fábula que, verdade ou ficção, permite compreender o que é a pátria. Por isso, tal relato é, nas palavras de Sócrates, "absolutamente verdadeiro"[11]. Assim, Derrida, por sua vez, não se dedica a uma cidade imaginária em um espaço inexistente, pois todo espaço, para se tornar lugar de acolhimento, deve ser espacializado em uma dinâmica patética e emotiva, marcada com a passagem do tempo e com experiências da memória. A recordação é a testemunha, o testamento e a narrativa, que preserva o que passou e se perdeu; ela é o tempo *espectralizado*, lenta procrastinação e adiamento, *différance*. Esse conceito evoca a ideia de diferença, uma vez que tanto *différence* (diferença) quanto *différance* provêm do latim *differere*, diferir, no sentido de adiar, retardar, como também divergir e discordar. Assim, *différance* significa que há o diferir do sentido no justo momento em que se poderia encontrar a própria coisa. Essa "presença diferida" não representa uma ruptura temporal[12], porque o

---

9. Marta Hernandez, *op. cit.*, nota 21.
10. *Ibidem*, nota 25.
11. Platão, *op. cit.*, p. 37, 20d.
12. A *différance* é diversa da descontinuidade temporal do *Jetztzeit* benjaminiano e sua ideia de ruptura, de salto tigrino, de explosão violenta do *continuum* da história. Cf. Walter Benjamin, "Sobre o conceito de

tempo é, para Derrida, um "atraso originário"[13] que remete a um elemento passado ou futuro, no qual se encontram traços espaçados, rastros que interrompem a identidade de algo consigo mesmo: "o rastro [indica] uma relação de intimidade do presente com seu fora, a abertura à exterioridade em geral, ao não próprio; a temporalização do sentido é desde o começo espaçamento (o tornar-se espaço do tempo)"[14]. Por não ser um sem lugar ou não lugar, a utopia derridiana não se concebe fora da sociedade, porque o rastro do possível e o do impossível são difusos na sociedade que ela critica e transforma de seu interior[15], a partir de reminiscências e disseminações[16]. Eis por que o não lugar da utopia é, para Derrida, uma modalidade do possível e de sua realização presente, passada ou futura, e não apenas futura, segundo o sentido de uma democracia por vir[17]: "Eis por que propomos sempre", escreve Derrida, "falar em democracia por vir, não democracia futura [...], uma modalidade futura do presente vivo"[18]. Aqui, o inexistente é o "que está por chegar", é uma das possibilidades do

história" e "Crítica do conhecimento, crítica do progresso", em: *Passagens*, Belo Horizonte/São Paulo: Editora UFMG/Ioesp, 2006.

13. Jacques Derrida, *Positions*, Paris: Minuit, 1972, pp. 76-ss. Ver também, do mesmo autor, *De la Grammatologie*, Paris: Minuit, 1967, pp. 97-8. Ed. bras.: *Gramatologia*, Renato Janine Ribeiro; Miriam Schneiderman (trad.), São Paulo: Perspectiva, 2008.

14. Nishant Alphonse Irudayadason, "Penser un monde par-delá les frontières: Derrida et Trimular, essai de philosophie comparative", Université Paris-Est, Paris, 2008. Disponível em: <https://halshs.archives-ouvertes.fr/tel-00462179/document>. Acesso em: 26 fev. 2016.

15. Porque só existe o real, não se busca um refúgio em cidades ideais, concebidas sob cálculos ordenadores do espaço, do tempo e dos homens, de uma evasão com respeito a um mundo insatisfatório, de tudo que ele frustra e de que ele priva. E, de maneira mais essencial, não se trata de imaginar outra geografia na qual a justiça reinaria, por não ser possível um critério único do justo e do injusto, um olhar de Sirius que conhecesse a justiça em si.

16. Também Deleuze considera disseminações no real como na palavra *delírio*. *Delirium*, do latim *lira*, "o sulco traçado pelo arado", com o prefixo *de*, que indica o "sair do sulco", é o afastamento. *Delirium* tem por referência a história de Roma, quando Rômulo traçou um sulco às costas do monte Palatino, delimitando assim as fronteiras da cidade. Por tê-las ultrapassado, Remo, seu irmão, foi por ele punido com a morte e, assim, *delirium* veio a significar, por extensão, perda do reto caminho da razão, extravagância que escapa à linha reta. Para Deleuze, em *Crítica e clínica*, a razão não necessariamente segue uma direção contínua, sendo capaz de fenômenos oblíquos, como a linha transversal que pode atravessar paralelas heterogêneas cruzando-as, ou como a vespa faz com a orquídea disseminando o pólen.

17. Sobre a questão das relações entre democracia e utopia, pense-se ainda na invenção democrática de Claude Lefort, na democracia selvagem de Pierre Clastres, na democracia insurgente de Miguel Abensour, em particular.

18. Jacques Derrida, *Spectres de Marx*, Paris: Galilée, 1993, p. 111. Ed. bras.: *Espectros de Marx*, Anamaria Skinner (trad.), Rio de Janeiro: Relume Dumará, 1994.

existente, desconstruindo-se qualquer oposição cristalizada "para restituir-lhes a multiplicidade e fazer surgir novas pistas de reflexão"[19].

Essa utopia é espera sem horizonte de espera, é *advento*, um acontecimento singular e sem antecipação profética ou prescrição possível, fora de qualquer programa ou programação[20]:

> A democracia por vir [...] implica um outro pensamento do acontecimento (único, imprevisível, sem horizonte, não controlável [...] que se demarque de um "por-vir" que, para além do futuro (já que a exigência democrática não espera – é impaciente), *nomeia a vinda daquilo que acontece*, a saber, aquele que chega, a quem nenhuma hospitalidade condicional deveria nem poderia limitar a irrupção nas fronteiras de um Estado-nação civilizado [*policé*][21].

A democracia por vir é puro dom, hospitalidade incondicional, perdão, promessa e advento que já aconteceu, está acontecendo e vai acontecer. Hospitalidade absoluta, ela é um para além do político no político: "Inclusão aberta para a transcendência que [a hospitalidade] comporta, incorporação de uma porta que comporta e abre para além dos muros ou das muralhas que a cercam. Com o risco de fazer implodir a identidade do lugar e a estabilidade do conceito"[22]. Hospitalidade incondicional, a democracia por vir é a política da amizade, da confiança, da lealdade, do cosmopolitismo universal, da paz perpétua, da justiça infinita, no entanto nunca garantidos; sua evolução é, assim, indecidível, sempre contingente, ao sabor dos ataques de homens violentos: "Se todo projeto político", escreve Derrida, "fosse um objeto tranquilizador, a consequência lógica ou teórica de um saber seguro (eufórico, sem paradoxo, sem aporia, sem contradição, sem indecidibilidade para decidir), seria uma máquina que funcionaria sem nós, sem responsabilidade, sem decisão, sem ética, nem direito, nem política"[23]. A democracia por vir é, assim, um enigma, como

---

19. Marc Crépon; Frédéric Worms (org.), *Derrida, la tradition de la philosophie*, Paris: Galilée, p. 174.
20. Jacques Derrida, "Signature, événement, contexte", *La Communication: Actes du xve Congrès de l'Association des sociétés de philosophie de langue française*, Montréal: Éd. Montmorency, 1971-1973.
21. Idem, *Voyous. Deux essais sur la raison*, Paris: Galilée, 2003, pp. 12-127.
22. Idem, *Adieu à Emmanuel Lévinas*, Paris: Galilée, 1997, p. 144. Ed. bras.: *Adeus a Emmanuel Lévinas*, Fábio Landa (trad.), São Paulo: Perspectiva, 2004.
23. A possibilidade do mal radical é o fantasma da democracia por vir, a facilitação técnica do acesso a

o de Bartleby, o escrevente do conto de Melville[24], que certo dia passa a responder ao trabalho que lhe pede seu empregador a fórmula "preferiria não" – "*I would prefer not to*". Derrida observa que esse "eu preferiria não" é uma "resposta sem resposta", pois a expressão pode tanto significar que ele não fará a revisão do texto copiado quanto sim. Essa resposta é uma aporia[25]. *Ato de fé*, a temporalidade da democracia por vir é a contratempo.

Em *Voyous,* Derrida anota que "não é amanhã a véspera"[26], submetendo a democracia a uma desestabilização cronológica que não permite que o presente coincida consigo mesmo, havendo sempre sua véspera, a vigília, a vigilância e a expectativa, com o adiamento do amanhã que manifesta sua onitemporalidade e sua contratemporalidade. A véspera é a condição de possibilidade da democracia por vir e seu espectro, semipresença de passado ainda vivo e de futuro já presente. Com isso, o real surge sempre a contratempo, sendo essencialmente anacrônico:

> [...] a sincronia não tem [aqui] nenhuma chance, nenhum tempo é contemporâneo de si mesmo, nem o tempo da Revolução que, ao fim e ao cabo, nunca acontece no presente, nem o tempo que lhe sucede ou que decorre dele. O que acontece? Nada senão o esquecimento. Primeiro, esta tarefa, que era antes de mais nada a tarefa desse tempo, [...] já [mostra um tempo] deslocado, disjuntado, "fora dos gonzos" [...]. Ele já estava no programa da anacronia, na tarefa desse tempo[27].

Fora de eixo é o tempo desprovido de sentido que lhe conferiria uma direção, aquele regime temporal que combinava continuidade e ruptura, cronologia e acontecimento, instante e duração. A modernidade é "fora dos gonzos"; nela tudo acontece em permanência como evento, sem distâncias temporais, em um presente carente da gestação de experiências e de memória. No *Manifesto do futurismo* de 1909, exaltando a velocidade, os aviões, os automóveis e a guerra da técnica com seus espetáculos san-

armas letais e os terrorismos contemporâneos. Cf. Jacques Derrida, *Força de lei: o fundamento místico da autoridade*, São Paulo: Martins Fontes, 2007; e *Séminaire la bête et le souverain*, v. 1, (2001-2002), Paris: Galilée, 2008.
24. Herman Melville, *Bartleby, o escrivão*, São Paulo: Grua Livros, 2014.
25. Cf. Jacques Derrida, *Donner la mort*, Paris: Galilée, 1999.
26. Idem, *Voyous*, p. 106.
27. Idem, *Spectres de Marx*, p. 111.

grentos, Marinetti escreve: "O Tempo e o Espaço morreram ontem. Já estamos vivendo no Absoluto, pois criamos a eterna velocidade em todas as coisas"[28].

Tempo sem repouso é o tempo dilacerado, em crise genealógica, sem filiação e, por isso, o passado se apresenta na forma de fantasmas, cuja expressão maior são as aflições de Hamlet. Em *Espectros de Marx*, Derrida cita Paul Valéry:

> [...] agora, no imenso terraço de Elsinor, que vai de Basileia a Colônia, que abrange as areias de Nieuport, os lagos do Soma [...] até os granitos da Alsácia – o Hamlet europeu observa milhares de espectros. Não obstante ele é um Hamlet intelectual. Medita sobre a vida e a morte das verdades. Seus fantasmas são os objetos de nossas controvérsias; seus remorsos, os títulos de nossas glórias[29].

Do alto das muralhas do castelo, Hamlet rumina seus pensamentos, meditando sobre os espectros, cuja natureza, observa Derrida, é a de não morrerem nunca:

> As testemunhas da história [da aparição do fantasma do pai de Hamlet] temem e esperam [seu] retorno, logo, *"again and again"*, sua ida e vinda (Marcellus: *"What! ha's this thing appear'd againe tonightf* [...] Enter the Ghost, Exit the Ghost, Re-enter the Ghost"). Questão de repetição: um espectro é sempre um (re)aparecido. Não se pode controlar suas idas e vindas porque ele está sempre voltando[30].

Reencontrando os espectros shakespearianos nos de Marx e no marxismo, Derrida compreende as aparições como uma herança cujos peri-

---

28. Filippo Tommaso Marinetti, "Manifeste du futurisme", *Le Figaro*, Paris: 20 fev. 1909.
29. Paul Valéry, "La crise de l'esprit", em: *Oeuvres*, t. I, Paris: Gallimard, 1957, p. 993, *apud* Jacques Derrida, *Spectres de Marx*, p. 19.
30. Jacques Derrida, *Spectres de Marx*, p. 25. Derrida aprecia as construções ousadas de Freud sobre o inconsciente e a tendência à repetição, mas não aceitava sua teoria sexual, centrada em um "familiarismo teatral" (o complexo de Édipo); tampouco a exclusão da telepatia e dos vestígios arcaicos de seu judaísmo, nem a parte mais especulativa de Freud, a pulsão de morte. Mas considerava a importância de seu pensamento para a democracia, uma vez que o essencial em Freud é mostrar de que maneira todo discurso sobre a razão deve levar em conta a "noite escura do inconsciente".

gos é preciso conjurar, isto é, fazer-lhes apelo para não recalcá-los, pois não nos liberamos de uma herança apenas declarando-a coisa morta:

> A conjuração é a angústia *a partir do momento que ela chama a morte para inventar o vivo e fazer viver o novo*, para fazer vir à presença o que ainda não estava nele (*noch nicht Dagewesenes*). *Esta angústia diante do fantasma é propriamente revolucionária* [...]. E quanto mais há vida, mais se agrava o espectro dos outros, mais ele faz pesar sua imposição, mais o vivo deve responder. [...] Quanto mais o novo faz irrupção na crise revolucionária, quanto mais a época é de crise, mais ela está "fora dos gonzos", mais se tem necessidade de convocar o antigo, de "emprestar" dele. A herança dos "espíritos do passado" consiste, como sempre, em emprestar[31].

Assim, a herança do pensamento grego, a judaico-cristã, a do drama shakespeariano, a de Marx, a de Freud, a da utopia comunista oscilam entre um passado com sentido e um presente que, em sua fase maníaca, quer enterrá-la sem fazer o luto do mito que se derrubou. Para Derrida, o fantasma revela a tensão entre memória e esquecimento como condição da reminiscência, do rastro, o que faz com que o presente seja assombrado por fantasmas que ele recalca, reveladores de que a *realidade* é sempre ultrapassada pelo que foi encoberto, pelo *irreal* e pelo ausente:

> O presente vivo brota de sua não identidade a si mesmo e da possibilidade de um rastro retencial. Ele é desde sempre um rastro. Este rastro é impensável a partir da simplicidade de um presente de que a vida seria interior a si. O rastro não é um atributo de que se poderia dizer que o si do presente vivo o é "originariamente". É preciso pensar o ser originário a partir do rastro e não o contrário[32].

O espectro de Marx é a relembrança de uma história que se interrompeu, e a reconciliação entre a ideia comunista e a realidade presente tem por condição o luto, luto dos crimes cometidos em nome do comunismo.

---

31. *Ibidem*, pp. 177-9.
32. *Idem, La Voix et le phénomène*, Paris: PUF, 1967, p. 73. Ed. bras.: *A voz e o fenômeno*, Lucy Magalhães (trad.), Rio de Janeiro: Zahar, 1994.

Além disso, é preciso que se certifique de que o pensamento de Marx constitui uma herança, isto é, se ele auxilia na compreensão do mundo contemporâneo:

> A resposta é sim e não, sim em tal aspecto, não em outro, sendo preciso filtrar, selecionar, diferenciar, reestruturar as questões, para somente então anunciar, de maneira muito preliminar, o tom e a forma geral de nossas conclusões, a saber, que há que assumir a herança do marxismo, assumir o mais "vivo" dele, [...] a questão da vida, do espírito ou do espectral [...]. Há que reafirmar esta herança, transformando-a tão radicalmente quanto necessário [...]. Somos herdeiros e herdeiros enlutados [de Marx e do marxismo][33].

Porque para Derrida o presente não é puro, mas vem marcado das ausências do que passou, espectros e espíritos constituem a permanência de uma origem cujos sentidos se perderam e de que os vestígios são a herança.

O que se perdeu foi a pátria, o pai: "o homem moderno", escreve Derrida, "está confrontado a uma paisagem sem país, aberto para a ausência de pátria, é paisagem marítima, espaço sem território, sem caminho assinalado, sem um lugar designado"[34]. Desenraizamento da pátria significa que o expatriado não tem pai, que ele se tornou estrangeiro, carente dos signos distintivos de uma identidade anterior, a começar pela própria fronteira [que delimitaria um "estar no mundo"], "uma morada legítima que asseguraria as filiações, os nomes, a língua, as nações, as famílias e as genealogias"[35]. Que se pense na personagem de Ulisses na *Odisseia* e seu retorno, depois de vinte anos, à Ítaca natal:

> [...] este tema da circulação pode dar a pensar que a lei da economia [*oikos* e *nomos*, relativos à doçura do costume familiar, da casa, do lar][36]

---

33. Idem, *Spectres de Marx*, p. 65.
34. Idem, *Parages*, Paris: Galilée, 1993, p. 15.
35. Idem, *Apories*, Paris: Galilée, 1993, p. 66.
36. *Nomos*, em grego, significa, em suas origens, os campos, os prados, sendo o nômade o chefe ou o ancião de um clã que presidia a justa distribuição dos pastos, estabelecida pelos costumes e base do direito ocidental. O verbo *nemein*, desde Homero, tem mais de um sentido: é partilhar ou distribuir a terra, as honras, os alimentos e também "conhecer os costumes": "O homem multiversátil [Ulisses], ó Musa, canta, / aquele que muitos males padeceu, destruída Troia, *pólis sacra*, aquele que visitou as cidades de

é o retorno circular ao ponto de partida, à origem, à casa também. [...] A *oikonomia* tomaria sempre o caminho de Ulisses. Este retorno junto a si e aos seus [significa] que ele só se distancia para voltar ao lar a partir do qual a partida é dada [...], o partido tomado, o lote conferido, o destino definido (*moira*). O estar-junto-a-si [...] seria odisseico no seguinte sentido, o [...] de um '"mal-do-país"', de um exílio provisório sôfrego de re-apropriação[37].

O retorno às origens não é, para Derrida, uma repetição, mas o recuperar algo a partir de mecanismos comparáveis à cura psicanalítica, pois, no retorno de Ulisses, a volta é um instrumento de deslocamento e de subversão, em particular do *kleos*, dos valores ligados à glória guerreira e à morte heroica da *Ilíada*. Recuperar o *nostos* é retorno de um outro heroísmo, o da volta a si mesmo, circunstância ilustrada no episódio em que Odisseu naufraga na ilha dos feácios, antes de aportar em Ítaca, quando ele ainda não possui um nome próprio, é *U-deis,* é Ninguém. Com o corpo "maltratado pelo mar", é acompanhado por Nausícaa da praia ao palácio. O rei Alkinoos o apresenta aos seus: "Doges e conselheiros de Feácia, duas palavras! Tenho aqui um estrangeiro cujo nome ignoro"[38]. E, chegada a noite, quando todos se retiram, a rainha Areté interpela o visitante: "o que quero perguntar-te, meu hóspede, é teu nome e teu povo"[39]. De estrangeiro náufrago, Odisseu recupera sua identidade ao declinar, no amanhecer, sua filiação e as qualidades que constituíram seu renome e fama. Fazendo reviver o passado, Odisseu se torna Ulisses, restabelecendo o vínculo entre o tempo do outrora e o presente.

Eis por que o esquecimento do passado é alienação da dívida que se funda na memória. Neste sentido, o canto XVII da *Odisseia* – que narra o regresso do herói a Ítaca – é revelador. Sob o disfarce de mendigo, esconde sua identidade de todos, não sendo reconhecido nem por Eumeu, seu guardador de porcos, nem por Penélope; o único a identificá-lo após vinte anos de ausência será seu cão Argos, que guardara a memória sensorial

tantos homens e conheceu o espírito [costumes, *noon*] de muitos mortais" (Homero, *Odisseia*, Porto Alegre: L&PM, 2009, p. 12). De *nomos* provém Nêmesis, a deusa que administrava a justiça divina, cf. Émile Benveniste, *Dictionnaire des Institutions indo-européennes*, Paris: Minuit, 1969, pp. 102-3.
37. Jacques Derrida, *Donner le temps I: la fausse monnaie*, Paris: Galilée, 1991, p. 18.
38. Homero, *Odisseia*, Trajano Vieira (trad.), São Paulo: Editora 34, 2011, pp. 217-9.
39. *Ibidem*, livro II, pp. 207-9.

daquele que fora seu mestre. Na emoção do reencontro, depois de tanto tempo transcorrido, Argos, esquecido e enjeitado, expira:

> [...] o dono ausente, o cão jazia deslembrado sobre o estrume de boi e o lixo amontoado, na frente de uma porta, até que os serviçais cuidassem de levar o adubo à leiva imensa. Argos, o cão, jazia em cima, carrapatos laceram sua pele. Quando vê o herói, agita a cauda, dobra as duas orelhas, não consegue avizinhar-se do senhor, que faz a vista longe a fim de que o porqueiro não notasse a lágrima caída [...]. "Foi o cachorro de um herói que nos confins morreu [...]; admirarias sua robustez e flama [...]. Agora o cão chafurda na miséria [...]". Logo Argos sucumbe à moira negra morticida, ao ver, passados vinte anos, Odisseu[40].

Pela memória, Argos reconheceu, por detrás da silhueta nublada de seu olhar enfraquecido, o corpo de quem ele tinha amado. A memória é simultaneamente continuidade e ruptura temporal.

Continuidade e ruptura se separam com a mundialização tecnológica, a aceleração do tempo e o fetiche da inovação. Nosso tempo, porque carente de memória, é o da obsessão das origens e ansioso de novidade. "Novidade" contém o *neo* grego e o *novus* latino, significando a relação do novo com o antigo, sem oposição dos termos. Em Homero, *neos* é o novo enquanto o último de uma série que já existe, como o jovem por oposição ao velho, no sentido em que, mesmo se não o conhecermos, sabemos de onde ele vem, por ele ser a continuidade e uma descendência. Já *kainós* é o novo como inesperado, o que nunca aconteceu antes, como Édipo diante de uma circunstância que ninguém conhecera antes dele. Tratando da diferença entre *neos* e *kainós*, a *International Bible Encyclopedia* explica que *kainós* denota o novo com respeito à qualidade, e *neos*, o novo com respeito ao tempo, aquele que recentemente veio a existir. No Evangelho de São Mateus, o túmulo de Jesus é novo – *kainón nemeon* – não no sentido de ser recente, mas no qual nenhum morto fora colocado antes.

> O mandamento do amor [enunciado por Jesus] não era em si mesmo novo. Ele pertencia às instruções dadas pelo Senhor, através de Moi-

---

40. *Ibidem*, pp. 522-3.

sés[41]. O mandamento só era novo no sentido de que uma demonstração tinha sido dada do amor e que os discípulos agora eram convidados a imitar. [Assim], Jesus abriu ao homem um novo conceito do amor de Deus, o novo mandamento, para que os homens perseverassem entre si na relação que Jesus tinha cultivado com eles e com a humanidade em geral. Onde o velho mandamento ordenou aos homens que amassem seus vizinhos como a si mesmos, o novo estimula a amar como Jesus tinha amado. O novo era de fato mais difícil que o antigo, mas a graça para o seu cumprimento seria abundantemente provida[42].

No desaparecimento dessas dimensões do novo, a memória passa a ser sem experiência; é memória sem lembranças, aquelas que garantiriam sermos hoje nós mesmos, por termos já sido. O tempo vazio da modernidade tecnológica que tudo torna homogêneo impede discernir memória e esquecimento ativo, aquele que é necessário para a vida. Na contrapartida tanto da saturação de memória que não esquece – o ressentimento tratado em particular por Nietzsche – quanto ao pouco apreço de Marx pelo passado – "é preciso deixar que os mortos enterrem seus mortos" –, para Derrida a memória é memória da filiação. Com ela se realizava o misto de admiração e gratidão pelo que tem valor e nos precedeu, expresso no sentimento de *piedade*. Na *Eneida*, Virgílio relata a piedade filial de Eneias. Ela não significou o ato de ter transportado o pai morto nas costas para o exílio depois da destruição de Troia, tampouco o sentido metafórico deste ato. Seu ponto mais alto foi o momento em que ele dá uma sepultura ao pai, pois é preciso saber enterrar o passado, mas sem esquecê-lo. Saber enterrá-lo, mas sem esquecê-lo é a condição para herdá-lo.

No simétrico oposto encontra-se a contemporaneidade quando, já nos anos 1950, nos Estados Unidos, uma agência de publicidade anunciava o modo de vida norte-americano que viria a se universalizar: "o que faz a grandeza deste país é a criação de necessidades e desejos, a criação da aversão por tudo o que é velho e fora de moda"[43]. Criticar o presente e seu desapego do passado não significa ser constrangido a aceitar a tota-

---

41. [Lev. 19: 18.]. Cf. Pedro Apolinário, *Explicação de textos difíceis da Bíblia*, Editora Universitária Adventista, 1990, p. 242.
42. *Ibidem*, p. 242.
43. Vance Packard, *La Persuasion clandestine*, Paris: Calmann-Lévi, 1958, p. 17.

lidade de uma herança ou ser capturado na rede de uma etnia, de uma religião, de uma cultura, de um nacionalismo, de um idioma, de um colonialismo, porque a origem não é nunca reconhecível, ela só perdura como rastro. Na *Gramatologia*, Derrida pergunta:

> O que é o rastro? Ele já está rasurado antes de ser apreendido, o que o torna não recepcionável [*irrecevable*] na lógica da identidade. Por quê? Porque ele se encontra no lugar de uma origem que nunca chegou a se constituir como tal. É isso, o arquirrastro: é a origem da origem, só que a origem desapareceu, e assim também a origem da origem. Há um não rastro que nunca esteve presente. [...] Enquanto rastro originário, ele já é reduzido e desconstruído, porque a desconstrução faz parte de seu conceito. Aquém e além da *archia*, há sempre a desconstrução da *archia*, seja ela arquirrastro ou arquiescrita[44].

A melhor forma de fidelidade a uma genealogia é, assim, a de lhe ser infiel, de recuperá-la, omitindo-a em parte, mas sem a renegar. Nem alienação da identidade, nem vitimologia, trata-se de recusar o dogma de um pertencimento fechado, para reaver os rastros presentes na singularidade de cada destino. Por isso, Derrida se refere à crise de identidade nos comunitarismos étnicos e integrismos contemporâneos, ao paradoxo segundo o qual quanto mais as coisas se dão em mudança incessante, mais se quer fixar identidades[45], ressurgindo nacionalismos, pertencimentos culturais ou religiosos em uma socialização empática, na substituição da pólis – a cidade enquanto ordem política comum – pela *thiase* – o estar juntos fusional, semelhante ao de seitas. Razão pela qual Derrida diferencia identidade e identificação, compreendendo-se a si mesmo simultaneamente em sua identidade de judeu, sefaradi, francês e argelino[46].

---

44. Jacques Derrida, *Gramatologia*, Renato Janine Ribeiro; Miriam Schneiderman (trad.), São Paulo: Perspectiva, 2008, p. 92.
45. *Idem, Spectres de Marx*, p. 178.
46. Lembre-se de que os ancestrais de Derrida chegaram à Argélia em 1492, quando da expulsão dos judeus da Espanha durante a Reconquista dos reis católicos Fernando e Isabel. A presença dos judeus na Argélia data da Antiguidade, antes da conquista romana. A dominação árabe se faz progressivamente a partir do século XVII. Quando os franceses chegam, nos anos 1830, ao território disperso entre tribos e regiões, que viria a ser a Argélia, a população judaica urbana era de 80% e a árabe, de 5%. Sob a dominação francesa, os judeus tiveram garantida sua liberdade religiosa e obtiveram iguais direitos aos dos muçulmanos. De onde o apreço dos judeus argelinos pela França, tendo-se tornado franceses com o

Já as identificações – a identidade na época da perda das "origens" – são forjadas para constituir a memória de um grupo para o qual o sentido da origem já se perdeu. Há, pois, uma diferença entre tradição – a transmissão de conhecimentos e de experiências bem-sucedidos e, por isso, vantajosos para quem os recebe, que assim não necessita recomeçar do zero o enfrentamento de dificuldades, e que por ser uma tradição assimilada, prescindindo de uma origem – e o tradicionalismo – uma tradição cristalizada, produzida como tradição, como patrimônio imune à história. Derrida observa: "Quanto mais em crise uma época, mais se necessita convocar o passado [que se perdeu]"[47].

A incessante mudança nos modos de vida e de valores produz uma época *anormal*, porque sem normas estáveis ou estabilizadoras, resultando em um tempo de desorientação, que marca o fim do projeto moderno cartesiano e iluminista que confiava na luz natural, na razão, no método, na linha reta horizontal do itinerário nas viagens – que protegia da errância, do vagar pela vida como em uma floresta emaranhada e escura – e na linha reta vertical do conhecimento que tem princípios seguros e efeitos certos. A ideia cartesiana de que toda causa tem os mesmos efeitos significava que o ponto de partida e o de chegada podiam ser assinalados com clareza em sua filosofia da viagem; tinha o sentido de proteger contra o errar e a errância, a razão e o método protegendo contra os perigos do mar no horizonte aberto e imenso que correspondiam aos "ventos em rodopio da imaginação [desregrada] que os marinheiros temem em suas grandes travessias, aqueles que vão além do Cabo da Boa Esperança"[48]. O caminhar com medida e método permitia alcançar um ponto fixo e seguro no espaço infinito, o ponto arquimediano constituindo a reta razão, aquela da distinção entre o verdadeiro e o falso, que propiciava "ver claro nas ações e caminhar com segurança nesta vida"[49]. No oposto da medida cartesiana se encontra o homem contemporâneo, tal como caracterizado por Nietzsche: "A *medida* nos é estranha, vamos reconhecê-lo. Nossa vora-

---

decreto de 1870. Cf. *Catalogue de l'exposition Juifs d'Algérie*, curadoria de Anne Hélène Hoog, no Musée d'Art et d'Histoire du Judaïsme, 2013.
47. Jacques Derrida, *Spectres de Marx*, p. 178.
48. Cf. Valentin Boibessot, *L'Erre Derrida*; e René Descartes, *Météores*, Paris: Alain et Tannéry, AT VI, 1992, p. 233.
49. Cf. René Descartes, "Segunda Parte", *Discurso do método*, Jacob Guinsburg; Bento Prado Júnior (trad.), São Paulo: Abril, 1973, p. 33.

cidade é justamente a voracidade da imensidão e do infinito. Semelhante a um cavaleiro impetuoso, nós soltamos as rédeas ao infinito, nós, homens modernos, nós semibárbaros"[50].

Tal condição é impulsionada pela desmedida da tecnociência moderna que transferiu para o universo o ponto arquimediano do conhecimento que encontrava seu marco inicial na Terra: "Em 1957 um artefato feito pela mão do homem foi lançado no Universo; durante semanas ele gravitou em volta da Terra conforme as leis que regram o curso dos corpos celestes, o Sol, a Lua, as estrelas"[51]. Em face da imensidão das forças do universo, isto significou uma alienação com respeito à Terra, duplicada pela alienação do homem, às voltas com as forças ilimitadas da técnica. E como Heidegger observa, por falta de um enraizamento na Terra, toda elevação ao éter é factícia. Quando, em 1959, Kruschev anunciou que a sonda soviética Lunik II saíra da órbita terrestre, tendo "traçado um caminho da Terra à Lua", Heidegger, em um artigo na *Neue Züricher Zeitung*, denunciou o total desprezo do primeiro secretário soviético quanto ao que realmente significam céu e Terra[52]. Com efeito, o céu ilumina a Terra de hora em hora, de estação do ano em estação do ano, segundo os hemisférios, mas é também ordem invariável, pois a impalpável abóbada celeste tem a firmeza do firmamento e mantém separadas a "água das alturas" – o ar – e "as águas abaixo" – o mar. Espaço empático, ele é vivido e animado pelo divino, deixando, assim, de ser irracional, dominado por acasos e incertezas. Por isso, a morada da família é sua grande expressão. Com abertura no teto, por ela se volatiliza a fumaça da lareira que, abrigada por colunas, constitui o altar doméstico da deusa Héstia, protetora do lar. Lareira é *hestié* e coluna é *histié*; as colunas estão como que enraizadas, erguendo-se do chão às alturas do céu, garantindo o contato do

---

50. Friedrich Nietzsche, *Para além do bem e do mal*, Porto Alegre: L&PM, 2008, § 224.
51. Hannah Arendt, *A condição humana*, São Paulo: Forense Universitária, 2014, p. 7.
52. A concepção heideggeriana do céu, da Terra e do exílio do homem no mundo sublunar se constrói sob a égide da Grécia antiga. Em diversas obras, como em seus *Ensaios e conferências*, Heidegger se refere ao impacto da leitura dos escritos de Karl Reinhardt sobre Heráclito em seu pensamento. Suas reflexões se esclarecem também a partir da obra de Walter Friedrich Otto sobre a religião grega. Se, para esse autor, os deuses gregos insistem na dimensão do lugar e até mesmo ctônico da religiosidade grega arcaica, será Hölderlin o poeta do retorno à choupana e à lareira. O sentido da religião não se encontra em uma esfera sagrada separada do profano, mas em uma ligação com o divino, presente em todo lugar, uma religação com os deuses, como nos poemas "O Reno" e "Religação com os deuses" de Hölderlin. Voltando a habitar a Terra, o homem pode de novo abrir-se à potência dos deuses, em uma epifania no interior do próprio profano e não segundo uma ressacralização do mundo.

humano e do divino, dos pés na terra e dos pensamentos no céu: "Para os membros do *oikos*", observa Vernant, "a lareira, centro da casa, marca também o caminho das trocas com os deuses infernais e celestes, o eixo que, de um extremo a outro, comunica todas as partes do universo"[53]. No mundo antigo, a morada é a fixidez como permanência e arraigamento espaçotemporal, garantia de perpetuação da linhagem; por isso, no retorno de Ulisses a Ítaca, o herói evoca a construção do leito nupcial em torno da oliveira "que medrou e frondesceu até engrossar como uma coluna". O regresso à casa própria é o fim da errância de cidade em cidade, o "alcançar chão firme", o *empedōn*, algo "plantado", que permite "retomar posse" de uma "sede de direito" – o que é "sobre-viver".

> Com a imobilidade do tronco-fuste de profundas raízes, o *oikos* é evocado por sua fixidez e permanência. Coluna, lareira e leito convergem na exaltação da potência imorredoura da progênie. Vitalização e repouso que se acentuam nas figurações do poema, no canto XXIII da *Odisseia*: "eu diria este homem [...] coluna firme do alto teto, filho único para o pai, terra vista para marujos inesperada, sereno dia a contemplar após tormenta"[54].

No simétrico oposto ao enraizamento grego, se encontram as primeiras imagens de satélite enviadas da Lua em 1966 em que a Terra foi vista como um planeta azul. Em entrevista, Heidegger observa: "Eu não sei os senhores, eu, em todo caso, estou assustado [...]. Nós não precisamos mais de nenhuma bomba atômica, o desenraizamento do homem já aconteceu"[55]. Derrida considera o sentido das declarações de Heidegger, e das de Lévinas acerca das viagens no espaço, a partir da natureza da técnica moderna e do deslocamento forçado de populações inteiras provocado pelas guerras e desastres naturais. Para Heidegger, o indivíduo moderno se tornou um ser sem domicílio fixo; nisto Derrida encontra o sentido do

---

[53]. Jean-Pierre Vernant, *La traversée des frontières*, Paris: Seuil, 2004, p. 32.
[54]. Ésquilo, *Oresteia 1 – Agamêmnon*, Jaa Torrano (estudo e tradução), ed. bilíngue, São Paulo: Iluminuras, 2004, vv. 896-900, p. 165), *apud* M. H. S. D'Agostino, "Columna, vultus: réflexions sur la maison dans l'histoire", *Humanistica: An International Journal of Early Renaissance Studies*, v. VIII, 2015, pp. 9-52.
[55]. Martin Heidegger em entrevista concedida à revista *Der Spiegel* em 1966 e publicada após sua morte, em 1976. Disponível em: <http://www.lusosofia.net/textos/heidegggger_ja_so_um_deus_nos_pode_ainda_salvar_der_spiegel.pdf>. Acesso em: 1 mar. 2016.

retorno à Floresta Negra, criticando a exaltação do desenraizamento no espaço de Lévinas. Ao horizonte sideral de Gagarin, Heidegger opõe o lugar de origem, o espaço de suas amplas paisagens, o fascínio da natureza e a vida no campo, as raízes permitindo "sentir a unidade que a ponte que liga as margens de um rio e a arquitetura das construções instaura, a presença das árvores, o claro-escuro das florestas, o mistério das coisas: o recipiente de barro, os sapatos surrados de uma camponesa, o brilho de um jarro de vinho sobre uma toalha branca"[56]. O antigo moinho certamente colocava a energia do vento a nosso favor, mas não para acumular e vender o vinho; ele era o oposto dos tonéis que reduzem o solo a um simples entreposto de produção. O camponês de outrora cultivava seu campo, cercando-o de cuidados, confiando a semente às forças de crescimento da natureza e velando por ela. Já a agricultura mecanizada *provoca* a natureza. Referindo-se a Hebel e à terra suábia, Heidegger escreve: "Que seja agradável ou não, nós somos plantas que, apoiadas em suas raízes, devem sair da terra para florescer no éter e dar frutos"[57]. Assim, uma obra humana verdadeiramente vigorosa e sã deve perfazer-se a partir das profundezas do solo natal, e só então o homem pode elevar-se ao éter, ao domínio aberto do espírito. Escutar o ser anônimo que fala através do homem, ouvir o *logos* grego, consiste em habitar um lugar, o *estar aí* que é o enraizamento: "o território [é] o espaço de que se se apropria, defendido de intrusões [...], em que o indivíduo é dono da casa"[58]. O território é o lugar de proteção, espaço de tranquilidade e paz[59], de tal modo que o ser grego, evocado por Heidegger, é o do pagão. Pagão provém de *paganus* que, por sua vez, deriva de *pacus*, o "rincão de terra", e, assim, o paganismo é o *sentimento de localidade*, faltando-lhe a força de libertação com respeito ao "Espírito do Lugar"[60]. Derrida observa que a procura heideggeriana do lugar e da Terra não tem o sentido de enclausuramento em uma localidade: "O pedido por um lugar e pela terra não tem aqui [...] nada da afeição passional ao território, à localidade, nada do provin-

---

56. Emmanuel Lévinas, *Difficile liberté: essais sur le judaïsme*, Paris: Albin Michel, 1976, pp. 200-303.
57. Martin Heidegger, *Hebel, der Hausfreund*, Pfullingen: Neske, 1957, p. 314.
58. Roland Barthes, *Como viver junto*, Leyla Perrone-Moysés (trad.), São Paulo: Martins Fontes, 2013, p. 219.
59. Martin Heidegger, *Remarques sur art, sculpture, espace*, Paris: Payot & Rivages, 2009.
60. Cf. Martin Heidegger, *Hebel, der Hausfreund*, op. cit.; também Emmanuel Lévinas, *Difficile liberté*, op. cit.; e *Quelques réflexions sur la philosophie de l'hitlérisme*, Paris: Rivages, 1997.

cianismo ou do particularismo"[61], antes se aproximando da utopia de um certo messianismo judaico e escatológico da terra prometida[62]; isto por que, na perspectiva derridiana, as análises de Heidegger se inscrevem em uma meditação sobre nossa era planetária e sobre os desdobramentos da técnica, no sentido de indicar que a Terra não é mais *arché originária*, mas um conjunto de trajetórias e movimentos submetidos ao regime global da eficiência e da maquinização[63]. A teletecnologia e a conquista do espaço acarretam a perda do mundo como o atestam as imagens do globo enviadas do espaço, a Terra reduzida a um astro errante, um não mundo (*Unwelt*) da errância. Sobre a conquista da Lua, Heidegger anota: "Pode-se dizer que, quando os astronautas tocaram os pés na Lua, ela desapareceu enquanto Lua. Ela não nasce mais no céu, nem se põe. Ela não é nada mais que um parâmetro do empreendimento técnico do homem"[64]. Os programas espaciais pertencem ao reino do gigantesco (*das Riesige*) ou

---

61. Jacques Derrida, "Violência e metafísica: ensaio sobre o pensamento de Emmanuel Lévinas", em: *A escritura e a diferença*, Maria Beatriz M. N. da Silva (trad.), São Paulo: Perspectiva, 2009, p. 209. Cf., ainda, Michel Haar, *Heidegger e a essência do homem*, Lisboa: Instituto Piaget, 1997.
62. Derrida se afasta dos que acusam Heidegger de antissemitismo. Para melhor compreender a questão, consultar os "Cadernos negros" de Heidegger, nos quais se encontra sua concepção do judeu errante e da judeidade (*Judentum*), associados à ausência de solo (*Bodenlosigkeit*) e à mentalidade instrumental: "Uma das figuras mais ocultas do gigantismo e talvez a mais antiga é a habilidade obstinada do cálculo, do tráfico e da mistura, sobre que se funda a ausência de mundo do judaísmo" (Martin Heidegger, *Gesamtausgabe*, IV. Abteilung: Hinweise und Aufzeichnungen, Band 96: Überlegungen XII-XV (Schwarze Hefte 1939-1941). Vittorio Klostermann, Frankfurt-am-Main 2014, S. 56). Em declarações publicadas por Frédéric de Towarnicki em *Martin Heidegger: souvenirs et chroniques* (Paris: Rivages, 2002), o filósofo se afasta do biologismo e determinismo racial que não passam, para ele, de uma versão entre outras do pensamento reducionista próprio da racionalidade calculista: "Todo pensamento racial é o resultado do maquinamento (*Machenschaft*). O eugenismo e a engenharia racial pertencem à fé cega na possibilidade de modificar indefinidamente os seres vivos, sem nenhum ancoramento no mundo da vida" (*ibidem*, p. 56). O deslocamento da ideia de judeu para a de judeidade a reúne à do bolchevismo e do americanismo. Em entrevista transmitida pelo rádio, "Por que permanecemos na província", quando de sua recusa, em 1933 e 1934, a lecionar em Berlim, escolhendo Freiburg e a Floresta Negra, a atitude de Heidegger se encontra no simétrico oposto das "Cartas provinciais" de um Pascal. Nestas é o citadino que se dirige à periferia, enquanto em Heidegger é a periferia que é chamada a tornar-se o verdadeiro centro da renovação. Por ocasião de uma declaração pública em favor dos trabalhadores desempregados em Freiburg, Heidegger os conclama a retornarem "à terra e ao povoado natal" (*Land der Siedlung*) (entrevista de Martin Heidegger realizada em 23 set. 1966 pela revista *Der Spiegel*, publicada em 31 maio 1976, traduzida e anotada por Krajewski, *Martin Heidegger, Réponses et questions sur l'histoire et la politique*, Paris: Mercure de France, 1988).
63. Jacques Derrida, "Violence et métaphysique", *L'Écriture et la différence*, Paris: Seuil, 1967, pp. 117-228.
64. Emmanuel Alloa, "Gagarine et la Forêt-Noire: Métapolitiques du déracinement chez Heidegger, Lévinas et Blanchot", em: A. Bodenheimer; M. Fischer (ed.), *Lesarten der Freiheit: zur Deutung und Bedeutung von Emmanuel Levinas' Difficile liberté*, Freiburg: Alber, 2014, p. 3.

do planetário (*das Planetarische*), sob os auspícios do pensamento técnico de dominação.

Refletindo sobre a técnica moderna e a violência, Derrida, por sua vez, indica a metamorfose moderna da guerra clássica (aquela que acontecia entre Estados, a guerra civil ou a guerra dos *partisans*):

> A relação entre a terra, o território e o terror mudou, e é preciso saber que isso se deve ao saber, quer dizer, à tecnociência. É a tecnociência que embaralha a distinção entre guerra e terrorismo [...]. Nenhuma geografia, nenhuma determinação territorial é pertinente agora para localizar o assentamento destas novas tecnologias de comunicação ou de agressão. Diga-se de passagem que as agressões de tipo terrorista não teriam mais necessidade de aviões, bombas, camicases: basta introduzir-se em um sistema informático de valor estratégico, nele instalar um vírus ou qualquer [outra] intervenção para paralisar os recursos econômicos, militares e políticos de um país ou continente [...]. Isto pode ser feito de qualquer lugar da Terra, com um custo e meios reduzidos[65].

De maneira semelhante, Heidegger, em sua *Introdução à metafísica*, se refere ao "sinistro frenesi da técnica e da organização sem raízes do homem normalizado" que caracterizam tanto os Estados Unidos quanto a então União Soviética. Por isso, para Derrida, o pensamento de Heidegger deve ser compreendido no sentido de uma *interminável errância*. Com efeito, Heidegger escreve: "Existiria ainda uma terra natal de onde nossas raízes retirassem sua força e onde o homem permanecesse, isto é, onde ele tenha uma morada? Inúmeros foram os alemães expulsos de suas casas, que tiveram de abandonar seus povoados ou cidades, que perderam sua terra natal"[66]. Contrariamente ao abandono de Deus na época do desencantamento do mundo, para Heidegger os deuses do lugar estão presentes, mas inaparentes: "próximo da lareira, neste lugar sem pretensão, em que cada coisa e cada situação, cada ação e cada pensamento são

---

65. Jacques Derrida, "Qu'est-ce que le terrorisme?", *Le Monde diplomatique*, fev. 2004.
66. Martin Heidegger, "Sérénité", em: *Questions III*, André Préau (trad.), Paris: Gallimard, 1990, p. 138.

familiares e usuais, costumeiros, neste lugar, os deuses estão presentes"[67].
Já em 1943, em seu curso sobre Heráclito, Heidegger escreve: "Quando o pensador diz 'kai entautha', 'aqui também', 'en toi ipnoi', 'na lareira', o grandioso está presente, ele quer em realidade dizer: apenas aí os deuses estão presentes. Onde? No cotidiano inaparente"[68].

No simétrico oposto a Heidegger, Lévinas enaltece a façanha de um Gagarin, fora de qualquer apego à Terra e aos "deuses da paisagem", o que significou, para o filósofo, a liberação do "mundo heideggeriano" e das " superstições do Lugar":

> O que é admirável na façanha de Gagarin não é certamente seu papel de Luna Park que impressiona as multidões; não a *performance* esportiva realizada ao ir mais longe que os outros, batendo todos os recordes de altitude e velocidade. O que conta mais é a abertura provável a novos conhecimentos e novas possibilidades técnicas, a coragem e as virtudes pessoais de Gagarin; é a ciência que tornou possível a façanha e tudo que isso supõe de espírito de abnegação e sacrifício. Mas o que conta talvez acima de tudo é ele ter deixado o Lugar. Por uma hora, um homem existiu fora de qualquer horizonte – tudo era céu ao seu redor, ou melhor, tudo era espaço geométrico. Um homem existia no absoluto de um espaço homogêneo[69].

No extremo do enraizamento heideggeriano, o desenraizamento radical de Lévinas procura reaver a tradição judaica que não prendeu os homens a um Lugar. A terra prometida só é vista à distância, nunca diretamente ocupada, porque estar preso a um Lugar é produzir a cisão da humanidade em autóctones e estrangeiros e, por isso, a técnica é menos ameaçadora do que os gênios do Lugar:

> O judaísmo sempre foi livre com respeito aos lugares [...]. A Bíblia só conhece uma terra santa, terra fabulosa que expulsa os injustos, terra em que só nos enraizamos sob certas condições. Como o Livro dos

---

67. Daniel Roche (ed.), *Heidegger et Heraclite. Traduction du cours de Heidegger de 1943 "Le Commencement de la Pensée Occidentale", paru dans le tome 55 de l'édition complète allemande*, Paris: Univesité de Paris I, 1986, p. 50.
68. Martin Heidegger, *Heráclito*, Márcia de Sá Cavalcante (trad.), Rio de Janeiro: Relume Dumará, 1998, p. 24.
69. Emmanuel Lévinas, "Heidegger, Gagarine et nous", em: *Difficile liberté*, Paris: Albin Michel, 1995, p. 302.

Livros é sóbrio em suas descrições da natureza! – "País onde correm o leite e o mel". A paisagem se diz em termos de alimento, como em seus adágios: "Era então a estação das primeiras vinhas" (Números, 13-10) [...], "brilhou um instante um cacho que amadureceu sob o calor de um sol generoso" [...]. A terra é para isso. O homem é seu mestre para servir aos homens. Permaneçamos senhores do mistério que ela respira. [...]. A catolicidade do cristianismo integra os pequenos e comoventes deuses familiares no culto dos santos, nos cultos locais. Sublimando-os, o cristianismo mantém a piedade enraizada, que se nutre das paisagens e das recordações familiares, tribais, nacionais [...]. O judaísmo não sublimou os ídolos, ele exigiu sua destruição. Como a técnica, ele desmistificou o universo[70].

A circunstância enunciada por Lévinas revelaria, para Derrida, uma viagem planetária que não produz pertencimento ou lugar; é uma Odisseia sem Ítaca, na qual se desunem cosmos e pólis[71].

Para Derrida, o homem tem necessidade de fronteiras protetoras contra o abalo que o infinito do espaço provoca, o vazio metafísico que é ameaça de desintegração. Por isso, não se trata nem de nostalgia de um pertencimento perdido na época da reprodutibilidade técnica de Heidegger, nem da extensão sem limites do espaço infinito de Lévinas, e sim de fronteiras, compreendidas por Derrida como um *limite* que, ao mesmo tempo, inclui e exclui uma passagem, diferentemente da separação do eu e do outro, do interior e do exterior, do próprio e do impróprio. O que não significa dissolver o diferente na indiferenciação confusa, mas apurar as nuances e desvelar as diferenças que as oposições homogêneas encobrem. Com efeito, em seu *Schibbolet: pour Paul Celan*, Derrida interroga o que é um limite, se é uma linha de demarcação ou de partilha ou se é passar

---

70. *Ibidem*, pp. 299-303.
71. O espaço cósmico onde não há fronteiras é um não lugar, sem nenhuma possibilidade de orientação. A questão do desenraizamento foi também elaborada em particular por Simone Weil em seu *O enraizamento*, obra na qual trata do enraizamento como uma das necessidades mais essenciais do indivíduo, enraizamento compreendido também como necessidade essencial de continuidade e de herança, cujos rastros se encontram nas instituições, nos costumes, nos valores que devem ser interpretados, à distância dos revolucionários de 1789 e de todo pensamento da tábula rasa.

ou atravessar, se é um passo/um não (*pas*), enfim, seria uma aporia[72]. Eis por que Derrida reflete sobre a aporia:

> Diante de uma aporia, um limiar, uma fronteira, uma linha ou simplesmente a borda ou o abordar do outro como tal, [nos encontramos] [...] neste lugar em que não seria nem mesmo mais possível constituir um problema, um projeto ou uma proteção, [...] estamos desarmados, entregues ao outro, incapazes até mesmo de nos abrigarmos por detrás de algo que ainda pudesse proteger, [como] a interioridade de um segredo. Aí, em suma, neste lugar de aporia, não há mais um problema. Não infeliz ou felizmente soluções não estejam dadas, mas porque um problema não encontra nem mesmo mais como se constituir como algo que teríamos diante de nós [...], alguma fronteira ainda a atravessar ou por detrás da qual se proteger[73].

Derrida reflete sobre a experiência da não passagem, da provação que comporta tudo o que *passa* e apaixona nesta não passagem, aquilo que se imobiliza na própria separação. Passagem e não passagem, lugar e não lugar manifestam uma *différance* – em que o sufixo *ência* evoca uma duração que faz da ação algo ativo e passivo, ao mesmo tempo:

> Aquilo que se deixa designar por *différance* não é simplesmente ativo nem simplesmente passivo, antes anunciando ou reclamando algo como a voz média, dizendo uma operação que não é uma operação, que não se deixa pensar como paixão nem como ação de um sujeito sobre um objeto, nem a partir de um agente nem de um paciente, nem a partir nem em vista de algum destes termos[74].

A *différance* é uma aporia, uma fronteira e também uma indecidibilidade entre o utópico e o real; sem uma hesitação não haveria decisão, preferência. *Praefare* – levar (*ferre*) para a frente (*prae*) – afasta do poder que prejulga, que predetermina e que predestina a própria essência daquilo

---

72. Jacques Derrida, *Schibboleth: pour Paul Celan*, Paris: Galilée, 1986.
73. *Ibidem*, p. 31.
74. *Idem*, *Marges de la philosophie*, Paris: Minuit, 1972. Ed. bras.: *Margens da filosofia*, Joaquim Torres Costa (trad.), Campinas: Papirus, 1991.

que é avaliado. A preferência, sendo a figura da decisão, é simultaneamente o *optar por, decidir em favor de*, mas também a indecidibilidade que contém uma insistência daquilo que foi abandonado, uma resistência. A *différance* é uma aporia. Por isso Derrida, referindo-se a Bartleby, a personagem de Melville que "preferiria não" – "*I would prefer not to*" –, escreve: "ele era um homem de preferências mais que de pressupostos"[75]. Preferir e decidir constituem um limiar, no sentido da desconstrução:

> Isto significa que não tomamos como seguro nem mesmo a existência (natural ou artificial) de nenhum limiar, se por limiar compreende-se uma linha de fronteira indivisível ou então a solidez de um solo fundador. Supondo que nos demorássemos no limiar, isto seria [...] passar pela prova que consiste em sentir o abalo sempre por perto, que ameaça a existência de todo limiar [...]. O abismo – se houver – é que haja mais de um chão, mais de um solo. Mais que um sólido, mais que uma só soleira [*seuil*], mais que uma só "só soleira"[76].

O que é uma soleira, uma fronteira? A porta de Adriano, que fixava no passado os limites de Atenas, era destinada a separar a antiga cidade de Teseu da nova cidade construída por Adriano no período romano. As inscrições antigas não se referiam ao passado, eram do presente, ou melhor, para o presente. Artemision, a divindade das margens, indicava também aquela fronteira entre o passado e o presente. Uma fronteira controla uma passagem, vigia e pode impedi-la e, então, é espaço de confrontos, do cara a cara, do *front*. No entanto, a fronteira, mesmo com sua alfândega, sua guarda armada e suas barreiras, tem sempre seus *schibboleth*[77] e suas passagens clandestinas, seus signos de reconhecimento verbal em cuja voz se inscrevem partilha e aliança, marca que manifesta que se fala uma mesma língua e se pertence a um grupo por seus valores comuns a todos. Isto significa que as fronteiras interferem umas com as outras sem fronteiras entre suas diferentes frentes, mas

---

75. Idem, *La bête et le souverain*, v. 2, Paris: Galilée, 2010, p. 57.
76. Ibidem.
77. Schibolleth é a palavra presente no Livro dos Juízes da Bíblia, por meio da qual os gileaditas reconheciam seus inimigos efraimitas, que não conseguiam pronunciar a letra *sin*. No pensamento de Derrida, *schibboleth* significa tanto a senha do reconhecimento de um grupo e, assim, pertencimento e partilha, quanto diferença e não partilha. Cf. Jacques Derrida, *Schibboleth: pour Paul Celan, op. cit.*

também são aporias, o *sem saída*, o sem passagem: "pois o que é uma fronteira? Tantas desaparecem ou tornam-se incertas, tantas outras que se acreditou terem desaparecido retornam à superfície, tantas novas surgem, delimitando territórios nacionais, 'étnicos', culturais, ou campos do pensamento, da pesquisa, da invenção"[78].

Neste sentido, também entre realismo e utopia há fronteiras. Por isso, em vez de unir utopia e realização, como o fazem as utopias modernas[79], Derrida prefere associar a utopia ao impossível, mas em um sentido *sui generis*: "o impossível de que falo frequentemente não é o utópico; ele dá, ao contrário, o movimento ao desejo, à ação e à decisão, ele é a própria figura do real. Ele tem a proximidade para com ele, a urgência"[80]. Entre o real e o impossível, há *différance*, por isso as utopias conhecidas são *fantasmagorias da unidade*, recalque da alteridade e esquecimento do conflito[81].

Derrida, "corajoso homem de paz" nas palavras de Alain Badiou, não participou da "cartografia das situações de fato", fossem os "anos vermelhos" de 1968 e pós-68, como não tomou partido da Argélia contra a França ou da França contra a Argélia na questão colonial, porque, para ele, todo acordo de paz não se faz sobre o que existe, mas sobre o ponto invisível de toda paz. Recusa dos dualismos cabais – da distinção entre ci-

---

78. *Le Passage des Frontières: autour de l'oeuvre de Jacques Derrida*, Colloque de Cérisy, Paris: Galilée, 1994.
79. Diferentemente da Cidade de Deus transcendente de Santo Agostinho, que a separava da "cidade dos homens", as utopias modernas são seculares. Seu ideário de realização neste mundo provém da substituição do ideal antigo e medieval da *vita* contemplativa pelo da *vita activa*, o *homo faber* fabricando seu próprio destino, em uma nova relação com o tempo, que valoriza o ativismo e o futuro. (Cf. Alexandre Koyré, *Do mundo fechado ao universo infinito*, Donaldson M. Garschagen (trad.), São Paulo: Edusp, 2006; Paul Hazard, *La crise de la conscience européenne*, Paris: Fayard, 1994. No que tange ao fenômeno da Reforma protestante e da mundanização, cf. Giacomo Marramao, *Poder e secularização*, Vítor Matos (trad.), São Paulo: Fundação Editora da Unesp, 1995; Max Weber, *A ética protestante e o espírito do capitalismo*, José Marcos Mariani de Macedo (trad.), São Paulo: Companhia das Letras, 2004.) Que se pense na Cidade do Sol de Campanella – que antecipava o uso da energia solar – e Nova Atlântida de Bacon e seus aviões e submarinos, na Utopia de Morus e na de Marx, assim como na dos incas da América recém-descoberta no Renascimento, que tentaram um comunismo igualitário; também os jesuítas e suas missões na confluência com Paraguai, Argentina e Brasil procuraram criar em suas primeiras colônias o paraíso terrestre. Em Aguirre, a cólera dos deuses, de Werner Herzog, há esse desejo de encontrar o Eldorado, contrariado por todos os perigos da floresta, por todos os excessos da imensidão da natureza. A sociedade sem classes de Marx, a raça pura de um Hitler e a revolução erótica e sexual de Reich podem ser consideradas utopias.
80. Cf. Derrida, *Papier machine: le ruban de machine à écrire et autres réponses*, Paris: Galilée, 2001, pp. 360-1.
81. As utopias clássicas, incluídas as de Hegel e Marx, abolem a dimensão temporal, pois a passagem do tempo e as transformações que ela comporta ameaçam com as imperfeições, aquelas que o não tempo quer corrigir. Camus já observara que "os homens fazem sua própria história e a história desfaz o que os homens fizeram". Por isso seu pensamento era o da prudência e da moderação. Cf. Albert Camus, *O homem revoltado*, Rio de Janeiro: Record, 1996.

dade e campo, montanha e vale, interior e exterior, judeu e árabe, argelino e francês, Derrida toma a inexistência como inscrição, como uma forma de existência, o que põe as coisas em movimento: o impossível é o fora do lugar no lugar. Caracterizando essa espectralidade, Derrida escreve:

> Espera sem horizonte de espera, espera daquilo que não se espera ainda ou daquilo que mais se espera, hospitalidade concedida sem reservas à surpresa absoluta daquele que chega ao qual não se pedirá nenhuma contrapartida, nem de firmar um compromisso segundo contratos domésticos de nenhuma ordem de acolhimento (com família, Estado, nação, território, solo ou sangue, língua, cultura em geral, humanidade mesmo) [...], abertura messiânica ao que vem, isto é, o acontecimento que não se poderia esperar *enquanto tal*, nem portanto reconhecer antecipadamente, ao acontecimento como ao próprio estrangeiro, àquele para quem se deve deixar um lugar vazio, sempre, em memória da "esperança"[82].

Por isso, pode-se dizer que o real é utópico; elementos da utopia se realizam mas não como imagem preestabelecida e fixa[83], até porque um ideal, tornando-se real, necessariamente trai, desfazendo-se ao se realizar (Platão prisioneiro em Siracusa, a Cidade do Sol de Campanella e a repressão dos insubmissos, a Ideia comunista). Para Derrida, a utopia já está sempre inscrita no real e no presente como *ponto de fuga*, como o que escapa ao real mas, ao mesmo tempo, pode ser localizado, sem ser,

---

82. Jacques Derrida, *Spectres de Marx*, p. III.
83. Cf. também Benjamin, para quem o inexistente é o que põe em movimento o possível. Assim, grafólogos, quiromantes, astrólogos, cartomantes não possuem um saber antecipado de nossas vidas, mas imagens de nós mesmos e desse eu movente que nos é apresentado como máscaras: "a pretensa imagem interior que nós trazemos em nós de nossa própria essência é, a cada minuto, pura improvisação. Ela se orienta por inteiro pelas máscaras que lhe são apresentadas. O mundo é um arsenal de tais máscaras [...]. A [um] jogo de máscaras aspiramos como a uma embriaguez, e é o que faz viver até hoje as cartomantes, os quiromantes, os astrólogos. Eles sabem nos colocar em uma dessas pausas silenciosas do destino, nas quais só mais tarde se nota que elas continham o germe de um destino completamente outro do que o que nos foi reservado". (Cf. tese 17 em W. Benjamin "Sobre o conceito de história", *op. cit.*, p. 231.) Para capturar o inexistente e futuro no presente, é preciso, para Walter Benjamin, "presença de espírito", ser um profeta do presente. Cf. "Madame Ariadne, segundo pátio à esquerda", *Rua de mão única*, Rubens Rodrigues Torres Filho; José Carlos Martins Barbosa (trad.), São Paulo: Brasiliense, 1995, p. 63.

no entanto, capturável: "O que é, então, um 'ponto de fuga'?", pergunta Alain Badiou.

> Não é localizar o que escapa [...], é um gesto de mostração, é mostrar delicadamente o ponto de fuga ao mesmo tempo que se o deixa escapar, ele só pode ser dito como em um murmúrio, um "psiu". Talvez ele esteja aqui, não tente agarrá-lo, deixe-o fugir. Derrida é o contrário do caçador que imobiliza a caça para atirar [...]. Ele espera que a fuga não pare, a fuga em seu incessante desaparecer. Todo aparecer se sustenta no desaparecer, é aquilo que no próprio lugar já saiu desse lugar; a localização é uma não localização, é o fora de lugar, por isso não se chega efetivamente a localizá-lo[84].

Por isso, a utopia de Derrida se esquiva das imposições e *doxas* dominantes na sociedade. Porque alcançá-la seria perdê-la, a utopia "se faz mais bela quanto mais distante".

---

84. Alain Badiou, *apud* Marc Crépon; Frédéric Worms, *Derrida, la tradition de la philosophie*, Paris: Galilée, 2008, p. 174.

Formas estéticas do discurso autoritário[1]
Jorge Coli

Meu propósito é esboçar uma hipótese que deve ser aprofundada e nuançada, mas cujas premissas me convencem. Trata-se de um apanhado voluntariamente simplificador para que os pressupostos sobressaiam com clareza.

Essa hipótese é a de que houve um projeto disciplinar da modernidade, de forte natureza autoritária, que formou, de modo exemplar, uma configuração utópica muito ampla.

As utopias funcionam como críticas às sociedades humanas. Elas criam Pasárgadas imaginárias cuja perfeição denuncia as imperfeições do mundo. Mas elas também podem se armar de forças teóricas ativas, de convicções militantes. É quando passam a intervir na realidade dos comportamentos.

A utopia adquire poderes atuantes e instrumentais. As construções teóricas adquirem foros de verdade e uma alma científica. Além disso, ela se dissemina, por intuições, convicções e crenças. Ela atinge atitudes e comportamentos, inspira criações literárias e artísticas, desdobra soluções e vetores setoriais. Ela parte da história passada, que deve ser corrigida no presente para ser transfigurada no futuro.

As utopias são forçosamente simplificadoras e sintéticas. As propostas de harmonia coletiva só podem ser unânimes embutidas em cada indivíduo. Seus enunciados são coerentes e, portanto, obedecem à racionalida-

---

1. Não havendo indicações em contrário, as traduções dos trechos citados são do autor. [N.E.]

de. Ordenadora, ela passa da teoria à norma quando intervém no mundo. Ou seja: a utopia, constituída pela racionalização, precisa simplificar o mundo para poder atuar, negando assim as contradições infinitas e o aleatório de que o mundo é feito. Ela propõe-se como agente da história, agente corretor, retificador, simplificador. Agente antropocêntrico: a racionalidade humana constrói o coletivo com o sacrifício de tudo o que lhe escapa. Pensemos numa metáfora: os jardins de Versalhes figuram a utopia da natureza racionalizada pelo homem. Eles significam a exclusão da natureza que prolifera segundo suas próprias leis secretas.

Os projetos utópicos – sejam eles formulados em termos filosóficos e conceituais, sejam intuídos por convicções coletivas, muitas vezes alimentados por ambos – significam uma forçosa redução da complexidade contraditória e fluida própria das múltiplas dimensões humanas.

Essas simplificações engendram um corolário de grande importância. À realidade cuja complexidade perturba, incomoda, desconforta, elas oferecem o paraíso utópico da ordem harmoniosa na qual as escolhas já estão feitas. O esforço do exame, as incertezas das escolhas foram eliminadas. A utopia cria um espaço mental e sentimental de conforto. Em troca, exige a abdicação de si, das contradições e pulsões reais, e a entrega de si a um outro, que é abstrato, maior, mais poderoso, protetor e seguro. Os indivíduos simplificam-se para igualarem-se; os perfis diversos integram um mesmo perfil. Le Corbusier inventou o *homem de série* e o modulor, essa medida humana áurea na qual todos devem caber.

Le Corbusier é uma excelente entrada para tratarmos das utopias modernas. Primeiro, porque o espaço é a dimensão privilegiada para os grandes processos de organização. Segundo, porque o arquiteto é objeto, hoje, de uma grande exposição no Centro Pompidou, em Paris, que homenageia o quinquagésimo aniversário de sua morte.

A exposição, sofisticada e fina, produziu um catálogo suntuoso de excelentes textos eruditos e sutis. O título da mostra é, significativamente, *Le Corbusier, medidas do homem.*

Ora, essa homenagem plena, sem nenhum laivo crítico, produziu reações muito vivas em pelo menos três autores. Os livros que publicaram são fortemente críticos e conduzidos por um espírito de denúncia. François Chaslin, arquiteto, teórico e crítico, escreveu *Un Corbusier* [Um Corbusier], que esmiúça, sem simpatia, a personalidade de seu biografado. Sua visão é implacável. Por exemplo, quando recorre a Bataille para esta denúncia: "[Bataille] Com efeito, é o ser ideal da sociedade, aquele que ordena e proíbe com autoridade, que se exprime nas composições arquiteturais propriamente ditas. Assim, os grandes monumentos se elevam como barragens, opondo a lógica da majestade e da autoridade a todos os elementos perturbadores". Chaslin conclui: "A arquitetura é professora, pedagoga. Ela guia, ordena e proíbe"[2].

Marc Perelman, arquiteto, esteta e filósofo, estuda teoricamente os escritos e os projetos de Le Corbusier, sua forte eloquência e retórica, para demonstrar a forma imperativa simples que ele impõe. Seu livro se intitula *Le Corbusier, une froide vision du monde* [Le Corbusier, uma fria visão do mundo]. As análises são precisas. Um exemplo:

> A cidade radiosa [ou radiante][3] parece antes privada de história, no sentido de que esta seria o fruto de oposições, de conflitos, de contradições entre os indivíduos que são aqui reduzidos a pequenos pontos; privada de história no sentido de que a matéria da cidade é reduzida a imensas superfícies retilíneas, tensas, expurgadas de qualquer relevo; as superfícies são lisas, polidas, escanhoadas; nada pode grudar nelas[4].

Enfim, Xavier de Jarcy, jornalista especializado em arquitetura e design, escreveu *Le Corbusier, un fascisme français* [Le Corbusier, um fascismo francês], no qual expõe o antissemitismo e as simpatias fascistas do arquiteto, que se torna conselheiro para o urbanismo no governo de Vichy, durante a ocupação alemã na França. Alguns documentos são aterradores, como esta carta que Corbusier escreve a sua mãe em 1940: "Hitler pode coroar sua vida por uma obra grandiosa: a planificação da Europa"[5]. A tentação nazista é pontual em Le Corbusier; ao contrário, sua atração pelo fascismo é antiga e constante. Tentou, sem grande sucesso, aproximar-se de Mussolini, apoiado por Pietro Maria Bardi, que escreve na revista *Quadrivio* de 1933: "Pensemos no papel de Mussolini [...], nos

---

2. François Chaslin, *Un Corbusier*, Paris: Seuil, 2015.
3. *Cité radieuse*, concepção de cidade que Le Corbusier elabora desde a década de 1920 e que retoma em vários estudos teóricos e projetos diversos.
4. Marc Perelman, *Le Corbusier, une froide vision du monde*, Paris: Michalon, 2015.
5. Xavier de Jarcy, *Le Corbusier, un fascisme français*, Paris: Albin Michel, 2015.

equilíbrios que o fascismo restabeleceu. [...] Le Corbusier escuta todas as nossas convicções. [...] Seu entusiasmo por tudo o que é revolução urbanística, e portanto social, viverá o momento da mais alta felicidade".

Os três livros apresentam em comum uma postura de exasperação veemente. Percebo nisto um sentimento de ser traído. O venerado arquiteto, louvado por todos, portador das mais insignes e poderosas convicções de modernidade positiva, não é o que parecia. Ele nos enganou e fomos enganados. A sacralização unânime impediu a percepção de seus aspectos mais negros e terríveis.

Há uma percepção pressuposta nos três livros, e claramente expressa no de Xavier de Jarcy. É a seguinte, nas próprias palavras do autor: "Como seus confrades americanos há alguns anos, os historiadores franceses deveriam hoje se perguntar se o fascismo não se misturou inextricavelmente à modernidade"[6].

Creio, porém, que é possível ir mais longe e perceber como a modernidade (entendida aqui como o processo ocorrido de revoluções artísticas) e o fascismo, assim como o nazismo, o fordismo, a sociedade soviética, brotaram no terreno da mesma utopia.

Escolho um exemplo que ilustra claramente o projeto autoritário infiltrando-se no cotidiano. Em 1924, o industrial Henry Frugès compra uma vasta extensão de terras em Pessac que destina à construção de uma cidade operária. Frugès, entusiasta das perspectivas que as vanguardas artísticas ofereciam, empolga-se com um artigo publicado em 1923 na revista *L'Esprit Nouveau*, assinado por Charles-Édouard Jeanneret, dito Le Corbusier. É a ele e a seu irmão, Pierre Jeanneret, que o industrial confia o projeto.

Le Corbusier concebe sete tipos diferentes de casas para serem produzidas em série, como um automóvel, ideia que ele desenvolvia desde 1920, particularmente com o projeto da Maison Citrohan. Analisemos a concepção de uma delas. Nos três esboços da planta térrea, figura-se uma intuição que pouco a pouco se precisa. O retângulo, o *chai* (adega), o espaço para a lavanderia e a saleta, a escada e a sala que se abre para o jardim – tudo parte de um traçado sumário e inspirado, como o rabisco de um pintor.

---

6. Xavier de Jarcy, *op. cit.*

Inauguração da Cité Frugès, em Pessac, 1926. © FLC/ADAGP

Uma foto de 1926 expõe uma rua da cidade operária ao ser inaugurada, quer dizer, no momento ideal de sua percepção. (A palavra *ideal* aqui tem um sentido forte, já que define, por princípio, a natureza da utopia. Ou seja, o tempo, que é o maior inimigo das idealidades encarnadas, ainda não pôde agir.)

A imagem de 1926 revela com clareza os princípios de ordem: rua retilínea, árvores plantadas com regularidade, casas onde nada vem perturbar as arestas rígidas, as superfícies nuas, em que se destacam dois temas essenciais da arquitetura doméstica moderna, tais como foram definidos por Le Corbusier: a janela em fita (*fenêtre bandeau*) e o teto-terraço. A casa impõe aos habitantes usos concebidos como os mais racionais e funcionais.

Há algo em negativo que me parece, porém, mais importante: trata-se de casas que, sobretudo, de modo algum, devem se parecer com casas. A imagem poética e acolhedora do telhado, das janelas que se abrem com venezianas, da porta centrada é excluída sem piedade. Esses modos passadistas, no entanto, pertencem à cultura dos habitantes. Também têm suas razões de ser por causa do clima, da umidade. Janelas em fita implicam perda de aquecimento no inverno; tetos-terraço têm o péssimo hábito de se deixarem infiltrar pela água; paredes sem beirais são manchadas pela chuva que escorre.

No entanto, ao verificar fotos recentes de casas restauradas, é possível perceber que estas retomam seu estatuto utópico[7]. Assim, os proprietários das casas tornaram-se heréticos contra a sacralização da utopia moderna. É bem fácil denunciar como bárbaros os vários proprietários que alteraram suas casas, por meio de reformas que destroem o projeto original. É mais difícil assumir as razões dessas mudanças, que correspondem ao conforto do usuário, ou interrogar o arquiteto: por que não levou em conta a cultura, os desejos, as necessidades concretas do habitante?

A resposta não é difícil. Na utopia, os decisores sabem mais e se dão o direito de impor a todos esse saber. Tal saber, no entanto, origina-se de convicções abstratas incapazes de dar conta de todas as ramificações das complexidades humanas. A utopia no mundo opera sempre pelo desbaste.

Talvez o maior delator das utopias arquiteturais modernas seja o tempo. Como nos encontramos no terreno do ideal, a obra deve corresponder sempre à concepção abstrata que a preside. Deve manter-se intacta e incólume, como se sua matéria fosse a pura concepção mental que a presidiu. Sua existência utópica exige um suplício de Sísifo: a manutenção constante.

François Chaslin exprime-se sobre a Villa Savoye, casa de campo destinada à família de Pierre Savoye, dono da maior companhia de seguros da França: "A mais límpida e mais estruturada de suas obras. Frágil edifício, quase impossível de se viver nele, rapidamente largado, arruinado pelos vazamentos, com a pintura incessantemente escamando, mas incontestável obra-prima. Sempre escalavrado e várias vezes restaurado"[8].

A Villa Savoye ilustra a teoria dos cinco pontos da arquitetura moderna concebidos por Le Corbusier: pilotis (que permitem a liberação do solo), teto-terraço (solário higiênico), planta livre (supressão das paredes de sustentação), janela em fita (permitindo a visão panorâmica) e fachada livre (independente da estrutura). Necessita de constante manutenção

---

7. Disponível em: <https://en.wikiarquitectura.com/index.php/Quartiers_Modernes_Frug%C3%A8s#Photos>. Acesso em: 14 abr. 2016.
8. François Chaslin, *op. cit.*

para manter-se segundo o projeto, numa contínua luta contra o tempo: a umidade escorre sobre o branco, impedindo a forma imaculada. As célebres fotos de René Burry, tomadas num momento em que o edifício estava em completo abandono, formam a admirável expressão do tempo devorando a utopia[9].

Assinalei o gesto artístico, pessoal, intuitivo do esboço que determina a casa de Pessac. Esse traço de desenhista ou pintor, que impõe a autoridade pessoal, torna-se ainda mais sumário quando se trata da concepção de uma cidade. Em sua "Memória descritiva do Plano Piloto", memória muito breve, com um preâmbulo do autor que justifica a brevidade – "estes dados, conquanto sumários na sua aparência, já serão suficientes"; estão "apoiados na espontaneidade original" –, Lucio Costa justifica em modo poético e grandiloquente a forma a conferir à nova cidade que deverá ser construída: "[Brasília] nasceu do gesto primário de quem assinala um lugar ou dele toma posse: dois eixos cruzando-se em ângulo reto, ou seja, o próprio sinal da cruz". O pensamento é único, individual e parte do símbolo *simples*. A cidade se articula em eixos e se determina por largas avenidas.

Brasília deriva do pensamento contido na *Carta de Atenas*, concebida por Le Corbusier em 1933 e publicada em 1941 sob o título de *A cidade funcional*. Nesse pensamento, os eixos importantes, as grandes avenidas são essenciais. Elas são um velhíssimo tema do urbanismo, mas representam o triunfalismo da modernidade, apoiada na geometria para sanear os velhos labirintos urbanos, cheios de desordem, de ruas e ruelas que os modernos proclamaram como nocivas.

Le Corbusier aplicaria essas ideias num projeto para renovar um grande setor de Paris, em torno das Halles, ao norte da ilha de La Cité: o *plan Voisin*, de 1925 – do nome de um fabricante de carros que poderia financiar essa reforma. É preciso lembrar que as ideias urbanísticas de Le Corbusier estão ligadas ao princípio do desenvolvimento da indústria do automóvel – como Brasília também está. A base de sua concepção são dois grandes eixos norte-sul e leste-oeste, que rasgariam a cidade, articulando esse centro com outras metrópoles europeias. Está claro,

---

9. Disponíveis em: <http://www.magnumphotos.com/C.aspx?VP3=SearchResult&VBID=2K1HZO-LO0XUL0O&SMLS=1&RW=1600&RH=731>. Acesso em: 14 abr. 2016.

o tecido urbano histórico é impiedosamente eliminado em nome da racionalidade moderna.

Não é pouco significativo que projetos desenvolvidos em regimes autoritários da época apresentem afinidades de concepções com essas ideias. É assim com a Nova Berlim, que Speer concebeu para Hitler, embora detestasse os planos de urbanismo concebidos por Le Corbusier, porque eram excessivamente controladores. "Mesmo o mais cruel dos ditadores não submeteria seus súditos a tais monstros!", declarou Speer.

Também Mussolini – que Le Corbusier tanto admirava por seu plano de renovação urbana em Roma, ao criar em 1942 o novo bairro da Esposizione Universale Roma (EUR), concebido em grande parte por Marcello Piacentini – se baseia em premissas cujo espírito demonstra se afinar com os precedentes.

Esses projetos são todos ordenadores e imperativos. Pressupõem uma disciplina comportamental e, para tanto, entendem-se como pedagógicos e civilizadores. São higienistas, alusivos ao esporte e à forma física. O homem futuro é um ginasta em plena saúde. Tudo isso faz parte de uma estratégia ampla destinada a atingir um futuro no qual a ordem moderna procederá à instauração da harmonia plena e feliz.

Assinalo que é importante não reduzir esses projetos a uma identidade perfeita, um igualando o outro. Le Corbusier foi capaz, sem dúvida, de invenções muito inovadoras e belas. O que me importa, porém, é que eles se inserem num mesmo universo autoritário e regulador. São momentos utópicos de uma utopia maior, mais ampla, mais difusa e insidiosa.

Em 1925 abria-se na cidade de Paris a Exposição Internacional de Artes Decorativas e Industriais Modernas. Ela lançou a expressão *art déco*, cujos traços estilísticos, presentes no design, o mais sofisticado ou o mais corrente, invadiriam o mundo: a moda, as artes, o cinema. As variantes são muitas, mas os princípios de base permanecem os mesmos: ordem e geometria. A própria figuração da natureza ou do homem obedece a simplificações volumétricas que tendem a diminuir os acidentes individuais para exaltar as formas genéricas. Em consequência, o *art déco* evoca uma estética industrial, da série, para quem o princípio generalizador garante a reprodução em série, mesmo que seja virtual.

A escultura *O sepultamento*, de Brecheret, datada de 1934, que adorna o túmulo de Olívia Guedes Penteado, a grande mecenas dos modernistas em São Paulo, nos permite compreender essas características. O grupo de diversos personagens se alinha num plano, cujo aspecto é constituído por superfícies achatadas e recortadas. O ritmo, admirável nessas variações simplificadas, elimina as individualidades, tornando emblemáticas as personagens. Suas esculturas da bailarina, da tocadora de alaúde são magistrais criações de personagens rítmicos e genéricos.

André Chastel definiu o *art déco* como "uma poda da forma": poda como a que se faz com as árvores, disciplinando as singularidades e igualando os indivíduos.

Os modos artísticos de submissão das formas visíveis, a regulamentação da arte pelo rigor da régua, do prisma, dos sólidos geométricos, os processos de redução do indivíduo a uma forma genérica são inumeráveis durante os momentos de triunfo moderno. Poupo a todos os monumentos soviéticos, nazistas, fascistas, as imagens de propaganda, as obras de arte oficiais. Eles são os mais evidentes.

O mundo da publicidade explorou a moda geométrica, e não preciso dar exemplo aqui das louças, chaleiras, móveis que invadiram as casas; das fachadas geométricas e prismáticas que no Brasil atingiram as cidades mais remotas e foram tão belamente fotografadas por Anna Mariani.

Esses exemplos me bastam para demonstrar o quanto o espírito de clara organização espalhou-se e se impôs. Nos lugares mais recuados e mais simples, eles revelam o desejo de ordem, de modernidade, que constituíam a própria substância de uma noção cuja positividade não conhecia limites: a utopia do progresso.

A beleza suprema, transcendente, era oferecida nos quadros do mais rigoroso geometrismo: *Composição com amarelo, azul e vermelho* (1937-42), de Piet Mondrian, eleva-se a uma nova espiritualidade pelo rigor do ângulo reto.

Para além das características específicas de Mondrian, há um aspecto crucial e impositivo na arte abstrata. Refiro-me aqui à exclusão obrigada de qualquer referência ao mundo visível, o que significa, está claro, qualquer referência específica ao humano. Malevich explica: "Por suprematismo, entendo a supremacia da sensibilidade pura na arte. Do ponto de vista dos suprematistas, as aparências exteriores da natureza não oferecem interesse algum, só é essencial a sensibilidade. O objeto em si nada significa. A arte atinge, com o suprematismo, a expressão pura sem representação".

Nesse sentido compreendem-se as obras suprematistas mais radicais. Elas são, justamente, supremas. Devoram qualquer significante para entregar-se à própria contemplação. A obra, nela mesma, é contemplação e forma contemplada. Formas que pertencem ao mundo das formas, e essa percepção dissolve o mundo sensível, num radicalismo platônico raramente tentado. O homem transmuta-se em sensibilidade ideal e pura. Ou seja, tais obras excluem o impuro, a figuração das felicidades e das dores humanas em nome da bem-aventurança espiritual. A modernidade se rarefaz em espírito.

No oposto da abstração de um Mondrian ou de um Malevich, a pintura de Pollock e todos os modos da abstração lírica não nascem da concepção mental, mas das pulsões corpóreas e emotivas. O quadro se torna então, soberbamente, ele próprio, a vibração das intensidades vitais.

No entanto, geométricos e gestuais se unem num ponto: com autoridade, eles excluem qualquer representação. Encontram-se além do discurso e recusam-se a compartilhar seu próprio estatuto de arte com tudo aquilo que, em arte, não se manifeste a si mesmo.

Estamos de novo no desbaste. "Eu, a suprema", poderia dizer a abstração em qualquer de suas manifestações. A situação específica norte-americana é reveladora. Até hoje, a grande tradição realista daquele país, que incorporou uma reflexão sobre as transformações de uma modernidade real e não utópica sobre a humanidade, como George Bellows ou a fenomenal denúncia social que constitui a obra de Reginald Marsh, é desprezada e excluída pelo *highbrow*, negando-se a ela o estatuto de arte, pois a tirania moderna define o que é e o que não é arte. No entanto, são essas as obras capazes de constatar, criticar ou acusar os piores desvios e as consequências mais negras da real vida moderna.

A modernidade se construiu a partir de uma luta contra parâmetros que considerou como passadistas, antiquados, limitadores da liberdade de criação. Uma visão forçosamente sumária para atuar de modo contundente dentro do combate e da polêmica entre o "velho" e o "novo". Mas ela pressupõe um princípio limitador de base: só se é livre de um lado do campo, no terreno da própria modernidade. Essa liberdade condena, portanto, todos os criadores aos limites rigorosos do campo moderno. Em outras palavras, fora da modernidade não há salvação. Nesse sentido, ela é tirânica: *seja moderno para ser livre*, e não: *seja livre para ser moderno*.

Alguns estudos têm apontado para o *crossover* entre o nazismo e as democracias que lhe foram contemporâneas. O historiador Jean-Louis Vullierme, no brilhante livro *Miroir de l'Occident, le nazisme e la civilisation occidentale* [Espelho do Ocidente, o nazismo e a civilização ocidental], mostra como o teórico norte-americano do racismo, Madison Grant, inspirou diretamente Hitler; como as teorias de eugenismo racista do britânico Francis Galton se difundiram pelo mundo e serviram de fundamentação científica para o nazismo. Sobretudo, como Henri Ford, que moderniza o capitalismo instalando a cadeia de montagem e de trabalho nas indústrias, autor do livro *O judeu internacional,* é o único norte-americano citado no *Mein Kampf* e recebe a comenda nazista da águia alemã. Bertrand Van Ruymbecke mostrou, num artigo, o fascínio de Hitler pela Ku Klux Klan.

Essas análises atenuam consideravelmente as oposições simples demais e mostram que a violência autoritária se espraia em redes de vasos comunicantes. Ocorre que a modernidade trouxe um clima particularmente fecundo de desejos ordeiros, obedientes, de unidades coletivas bem demarcadas. Mesmo as contradições se resolvem num afunilamento. De maneira indigna e violenta, os nazistas condenaram as vanguardas artísticas como arte degenerada. Mas as vanguardas artísticas eliminavam, por princípio, a arte que consideravam passadista. Rigorosamente, ambos os lados procediam por exclusão.

Para compreendermos, ou melhor, para intuirmos essas sintonias inesperadas, proponho uma comparação, no campo do cinema, entre o norte-americano Busby Berkeley, um dos mais fabulosos inventores de formas cinematográficas, e a cineasta alemã Leni Riefenstahl, que se tornou a diretora oficial do Terceiro Reich.

Coreógrafo, Berkeley especializou-se nas comédias musicais do cinema falado. Seu passado de sargento instrutor no Exército dos Estados Unidos afirmou nele uma autoridade que ele impôs ao balé. Percebeu que devia tratar a câmera, ela própria, como elemento da coreografia e criou espantosas sequências visuais, empregando contrastes fortes de preto e branco. Seu princípio fundamental eram metamorfoses geométricas, compostas sobretudo pelas bailarinas, as *girls*, escolhidas pela semelhança umas com as outras e pela precisão dos gestos.

Seu filme *Dames*, de 1934, traz magníficas sequências de geometrização humana; e em *Rua 42*, de 1933, a imaginação metamórfica do coreó-

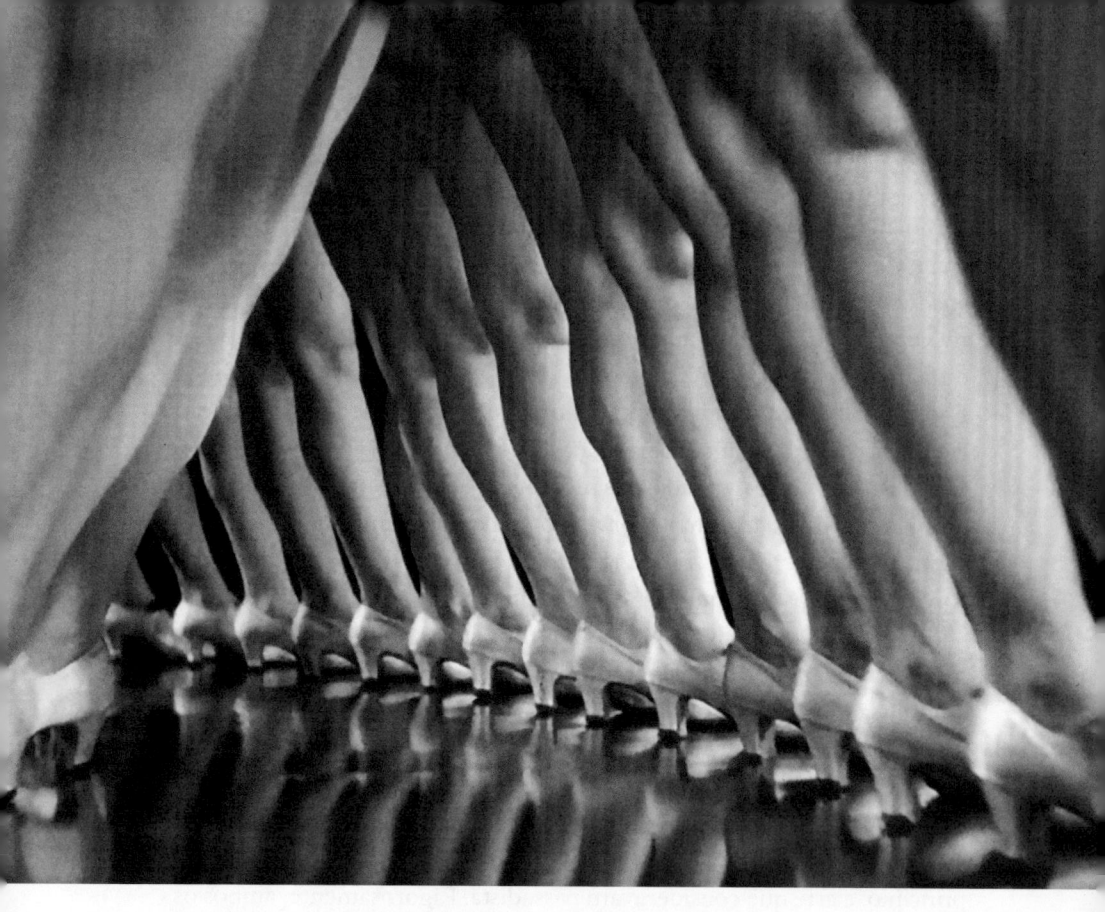

Cena de *Rua 42* (1933), de Busby Berkeley. Disponível em: <https://www.youtube.com/watch?v=mSvQtAnh_CI>. Acesso em: 28 maio 2016.

grafo parece não ter limites. Note-se que a canção "Young and healthy" [Jovens e saudáveis] celebra a juventude e a saúde: é um mundo no qual velhos, doentes, incapacitados não têm lugar. Nessa sequência, surge uma tomada que é favorita nos balés de Berkeley: a câmera passa por baixo das pernas abertas das *girls*.

Na abertura do curta-metragem *Tag der Freiheit* [O dia da liberdade, 1935] que Leni Riefenstahl consagrou ao Exército alemão – e cujo título traz uma ironia involuntária –, vemos a mesma exata tomada de Berkeley: a diferença é que as pernas das bailarinas são substituídas por baionetas; depois, em claro-escuro contrastado, os soldados se fundem num mesmo molde.

No delirante *Triunfo da vontade*, em que Riefenstahl documenta o sexto congresso do Partido Nazista, realizado no ano de 1934 em Nu-

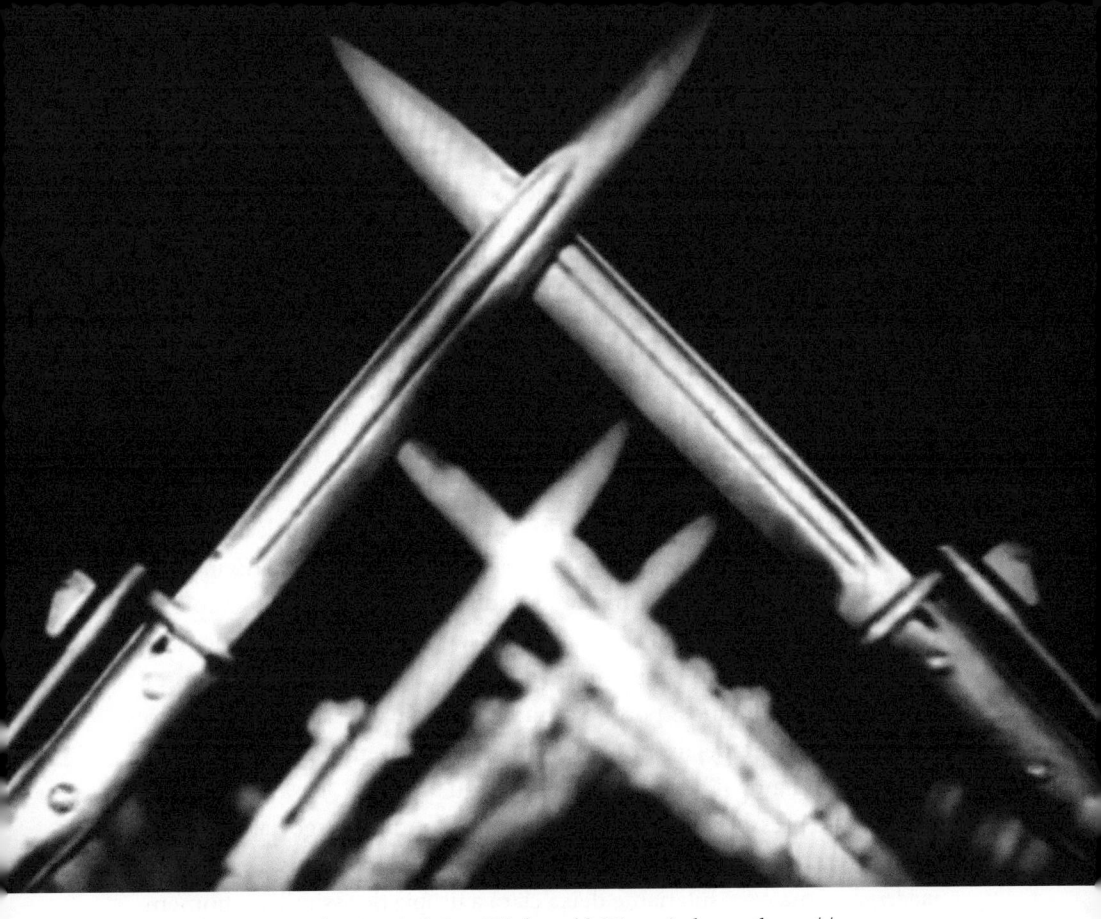

Cena de *Tag der Freiheit* (1935), de Leni Riefenstahl. Disponível em: <https://www.youtube.com/watch?v=Q8QjvinwbMg>. Acesso em: 28 maio 2016.

remberg e reunindo mais de 30 mil simpatizantes, as sequências nos dão a ver o nazismo que se oferece em espetáculo a si mesmo, com multidões que desfilam em passo e compasso, com botas impecavelmente ritmadas descendo escadas, com fenomenais campo/contracampo megalomaníacos.

As diferenças muito evidentes entre os dois universos não impede que os dois criadores se encontrem num mesmo campo epistêmico. Nele, as invenções artísticas, as formulações conceituais, as crenças coletivas, as intuições encantadas e felizes – que foram, para mencionar de passagem, cúmplices dos piores horrores muito reais – revelam-se e, na percepção da identidade, denunciam que as estruturas, conflituosas ou não, estão fundamentadas no mesmo terreno, ou, se se quiser, são constituídas por uma *arché* universal.

O campo epistêmico é uma prisão. Não é fácil escapar dela e projetar-lhe uma luz crítica. É difícil pensar "fora da caixa".

Foram raros os espíritos que, em pleno apogeu da modernidade, conseguiram perceber os seus piores aspectos. Chaplin foi um desses raros lúcidos. Seu filme de 1936, *Tempos modernos*, denunciou a impiedosa formatação do homem na sociedade industrial, a violência implícita do fordismo. Muitos sublinharam a evidente crítica ao capitalismo. Poucos, na época, perceberam que o filme atacava – como seu título no entanto deixa claro – a própria modernidade.

Não há dúvida de que a solução de Chaplin é individual: no fim do filme, Ellen e o operário vão por uma estrada no amanhecer, fugindo da modernidade. Hoje, fala-se muito no individualismo atual, opondo-o às utopias. É importante um alerta: isso nos leva a nostalgias das sínteses e simplificações que são constituintes essenciais de todas as utopias. Esses aspectos são inumanos, porque a humanidade não é sintética e muito menos simples. Rabelais, no Renascimento, escreveu que o lema de sua utópica abadia de Thélème era "Faça o que quiser". Essa é uma bela utopia, que pressupõe não regras, mas uma contínua negociação com o outro, para que as liberdades sejam as mais amplas possíveis. Em *Tempos modernos*, uma cena hilariante deixa clara a utopia de assimilar o homem à máquina. O desastre que ocorre é um sinal de esperança. É com esse sinal de esperança que entendo terminar esta fala.

A utopia da cura em psicanálise
Maria Rita Kehl

> *Uma meta sempre tem que ter um alvo*
> *mas quando o poeta diz: meta*
> *deve estar querendo dizer o inatingível.*
> GILBERTO GIL, "Metáfora"

As utopias são produtos da nossa imaginação, movidos pela força do desejo. Por isso escolhi como vinheta desta conferência a canção de Gilberto Gil: uma utopia só nos interessa como meta inatingível. Do contrário, sua realização seria a morte do desejo.

Tentar partir do exercício da imaginação, em nome do desejo – ainda que seja um desejo coletivo –, uma nova ordem social que procure igualar os ideais de satisfação e os modos de bem viver, para todos, pode ser o caminho mais certo para a consolidação de uma ordem totalitária. Os dois grandes regimes totalitários que envergonharam a civilização ocidental, no século XX, partiram de ideais utópicos. Não precisamos concordar com eles para admitir o caráter utópico, tanto da eugenia, ideal "científico" do aperfeiçoamento da raça, quanto da imposição de uma igualdade nivelada pelo Estado, na origem do stalinismo.

Por outro lado, não se pode viver sem alguma utopia que sustente nosso desejo de uma vida melhor, uma sociedade melhor, um mundo melhor – ainda no reino desse mundo (minha perspectiva é laica). Pois o avesso da utopia talvez seja o cinismo: não acreditar em nada, não se comprometer com nenhum valor – para "tirar vantagem em tudo", como lembrou certa vez o psicanalista Ricardo Goldenberg[1].

A vida em sociedade é indissociável da condição humana. A identificação com o sofrimento do outro, antes de uma (boa) herança cristã, faz parte de uma sensibilidade atávica. O filhote de homem faz do outro seu espelho; humaniza-se através do outro. A bela fábula de Michel Tournier, *Sexta-Feira ou os limbos do Pacífico*[2], sugere que, ao contrário do ideal colonizador presente na história inventada por Defoe[3], o encontro com o selvagem Sexta-Feira teria salvo o civilizado Robinson da completa desumanização. Longe do reconhecimento oferecido pelo olhar do outro, o sujeito se desumaniza.

Se o espelho do outro nos diz quem somos, é necessário reconhecer o preço pago por todos – até pelos ditos privilegiados – pelo mero fato da existência das desigualdades e da injustiça. O cinismo pode ser uma forma de defesa, como a arrogância e a indiferença; mas não impede que todos os que vivem em sociedades injustas sejam prejudicados em algum ponto de sua autoimagem ou de sua autoestima. Só por isso – por motivos que se podem chamar, em última instância, de egoístas – vale a pena levar em consideração o desejo utópico de igualdade social. Desde que se trate, evidentemente, da igualdade de condições. Condições iguais, justas e dignas para todos, de modo a que cada um possa escolher o melhor destino para sua *diferença*.

Por essa razão, nossos desejos legítimos e progressistas de melhorar as condições da vida em sociedade (a única forma de vida humana que se conhece) podem indicar alvos que funcionem como atratores da ação política. Mas a realização dos ideais deve permanecer em aberto para não resultar em realizações totalitárias.

Nada mais opressivo do que uma utopia realizada – isso vale para todos os modelos, de Platão a Marx, passando por Thomas Morus e seu parodiador crítico, Aldous Huxley. O ser humano é imperfeito e, o que é mais complicado, seu comportamento e suas escolhas se regem a partir de

---

1. Ricardo Goldenberg, *No círculo cínico ou caro Lacan, por que negar a psicanálise aos canalhas?*, Rio de Janeiro: Relume Dumará, 2002.
2. Michel Tournier, *Sexta-feira ou os limbos do Pacífico*, São Paulo: Difel, 1985.
3. A respeito do ideal colonizador em Robinson Crusoé, ver o ensaio de Franco Moretti intitulado *O burguês: entre a história e a literatura*, Alexandre Morales (trad.), São Paulo: Três Estrelas, 2014.

motivações inconscientes. Em decorrência disso, o laço social é instável e conflituoso. Na *menos pior* das hipóteses, a estabilidade da vida social depende da possibilidade de expressão dos conflitos – conflitos de interesse, de crença, de gosto, de escolhas de destino – assim como da consistência das soluções de compromisso inventadas e reinventadas, a cada vez.

Não é esse o tema que pretendo abordar aqui, mas vale lembrar, de passagem, que as utopias radicalmente individualistas da chamada sociedade de consumo, mesmo quando se aproximem da realização – como em algumas sociedades abastadas da América e da Europa –, produzem sintomas de desilusão e depressão em massa, que nem mesmo o consumo de medicações psiquiátricas de última geração consegue curar. Se existe uma utopia radicalmente individualista, o melhor que posso dizer em relação a ela é que não me interessa.

Explico. O universo de mercadorias em que estamos inseridos há pelo menos três séculos, e com tanta naturalidade que já não somos capazes de sonhar com outra coisa, nos faz pensar que o desejo que move a vida humana deve ser necessariamente desejo de *algo*. O que seria esse "algo"? Existe, no infinito mundo dos bens e mercadorias produzidos hoje, algum objeto ou conjunto de objetos capazes de garantir a quem os possui um estado de plenitude, de felicidade, de bem-estar subjetivo, equivalentes à concretização de uma utopia – uma utopia consumista, por assim dizer? Se assim fosse, uma vez conquistada a coisa, deveria cessar o movimento do desejo? Na melhor das hipóteses, não. A saciedade definitiva do desejo pela obtenção de mercadorias seria a morte do sujeito, atolado em meio a objetos que acreditava serem a receita para a conquista de sua plenitude. Ou então, ao contrário – como temos observado na atualidade –, o efeito dessa aposta seria depressão. Não há nada que se pareça mais com o estado depressivo do que uma plenitude constante. A plenitude é boa porque dura pouco. Quando se perpetua, quando o sujeito começa a viver como se já não desejasse mais nada, seu nome muda para tédio, apatia, indiferença, saciedade – em suma, depressão. Mas notem que a relação entre saciedade e depressão é ainda uma hipótese otimista, porque onde há sofrimento, há vida – e perspectiva de transformação.

Mas vale lembrar que mesmo o indivíduo mais egoísta, mais antissocial, mais voltado apenas para seus interesses particulares, participa do laço social. O Outro está presente nele, desde sua constituição. Assim como todos nós, sua humanidade é tributária da sua identificação com o outro – ou com os outros. E mesmo aquele que se considera diferenciado, acima ou apartado de seus semelhantes, é obrigado a reconhecer que partilha com eles, no mínimo, a característica demasiado humana de viver em meio a símbolos e palavras. Além disso, mesmo que este sujeito dito autossuficiente o ignore, suas escolhas supostamente "individuais" são sempre endereçadas a alguém.

Explico: o filhote de homem, à diferença de todos os outros animais, não nasce dotado do *instinto*, essa forma de saber que liga o animal ao meio ambiente do qual depende para sobreviver. Se o bezerro, ou o gatinho, procura *instintivamente* a teta da mãe, o bebê humano tem que ser apresentado a ela, quando não forçado às primeiras mamadas, para "aprender" que ali está o alimento que o sustenta. Nosso meio ambiente não é *natural*: é cultural. Portanto, simbólico. Já nas primeiras mamadas, nos primeiros cuidados, o filhote de homem é introduzido à cultura em que vivem seus pais. Ele depende, e por muito mais tempo que um bezerro ou um gatinho, da dedicação e do amor de seus genitores (ou algum substituto). Enquanto bezerros, gatinhos e tal, assim que aprendem a coordenar as próprias pernas, têm condições de buscar o alimento em seu hábitat natural, a criança – cujo *"habitat* natural" é a cultura, portanto muito mais difícil de dominar – continua a depender da ajuda, dos ensinamentos, da proteção e, principalmente, do amor de seus pais durante muitos, muitos anos.

Vocês poderiam perguntar: cuidado, proteção, ensinamentos, sim, são fundamentais para a sobrevivência do bebê. Amor é bom, claro. Mas por que seria tão imprescindível quanto os cuidados práticos e materiais? Por que um bebê bem alimentado, agasalhado e protegido por um adulto impessoal – um profissional de creche, por exemplo, que executasse todas as tarefas a contento, mas não se interessasse por crianças –, por que esse bebê não se desenvolveria tão bem quanto o outro, adorado por seus pais?

Ora, se nosso meio ambiente é cultural e não natural; se dependemos dos cuidados de alguém para sobreviver e do domínio da linguagem para nos situar no mundo, é fácil deduzir que todas essas circunstâncias nos colocam na dependência do amor de alguém. É preciso que alguém se interesse *muito* por nós, nos primeiros meses e anos de vida, para suportar toda a trabalheira que nossa prolongada dependência vai lhe dar. Mas o amor não garante apenas os bens necessários à sobrevivência física do bebê. O amor é o dom essencial para sua sobrevivência subjetiva, narcísica. Além do evidente prazer que a criança sente ao receber carinhos e ouvir vozes carinhosas de seus cuidadores, ela depende do olhar do outro (sobretudo da mãe e seus substitutos secundários) para, aos poucos, ter uma noção de que ela existe como ser independente, completo (no sentido dos atributos corporais) e dotado de valor. Se o amor e os carinhos do outro ajudam a criança a sentir, aos poucos, seu corpo como uma totalidade, o olhar do outro, sempre segundo Freud[4], permite que a criança se identifique consigo mesma. Estas são as condições do que Freud chamou de *narcisismo primário*, a primeira forma de amor do sujeito por si mesmo, desenvolvida nos primórdios da vida psíquica, quando ela ainda está diante dos outros, na expressão do autor, no lugar de "sua majestade, o bebê". Mais tarde, Lacan há de levar adiante as proposições freudianas sobre o narcisismo e desenvolver, em um texto fundamental chamado "O estádio do espelho e sua função na constituição do *eu*", um complemento importante à teoria do narcisismo que não pretendo desenvolver aqui. Basta reter, desse texto, a ideia de que a criança percebe muito cedo (por volta dos 18 meses de vida) a distância que separa sua imagem corporal "perfeita" (ou seja, completa, simétrica e tal) da percepção de insuficiência em relação ao domínio desse mesmo corpo. O *espelho* no qual a criança constata sua perfeição corporal não é apenas o pedaço de vidro onde ela eventualmente se reconhece pela primeira vez. Tal imagem só será percebida como completa a partir da confirmação do olhar amoroso, maravilhado, que o outro também dirige à criança. A triangulação criança-espelho-outro é fundamental para a constituição do narcisismo. Ao mesmo tempo, o sentimento de insuficiência corporal da criança diante da perfeição imaginária há de produzir uma divisão imediata e fundamental para que este serzinho se transforme em um sujeito: o *eu ideal* refletido no espelho não se confunde com a experiência subjetiva. Este ideal imaginário, que *é* mas também *não é* o bebê, torna-se a meta narcísica a ser perseguida pelo sujeito, para o resto da vida.

Na falta de conseguirmos reconquistar a identidade com a perfeição perdida (que a partir de agora chamarei de *eu ideal*), passaremos o

---

4. Ver Freud: "Introdução ao narcisismo" (1914).

resto da vida a tentar conquistar, pela identificação com características das pessoas que amamos, atributos de valor que restaurem o narcisismo primário – para sempre perdido – e nos permitam uma nova modalidade de amor-próprio a que Freud chamou *narcisismo secundário*. A substituição do eu ideal pelo conjunto dos *ideais do eu* é uma passagem fundamental, progressista, no desenvolvimento do sujeito e de seus atributos, capacidades, talentos, valores. Em geral, a identificação com traços dos pais e outras pessoas amadas participa da constituição desses ideais.

E o que fazer com a plenitude perdida? Como é possível, para nós que inauguramos a entrada no mundo dos outros marcados pela plenitude do ser, nos conformarmos com nossa *falta-a-ser*? Nada. E tudo. Nada, porque não nos é dado reverter a operação que nos separou do Outro e nos tornou incompletos. A falta, para nós humanos, é a melhor das opções: pois a não separação, ou a impossibilidade de simbolizar a separação, caracteriza a psicose – que é, no mínimo, um destino subjetivo mais árduo e mais solitário. Não trato dela aqui porque minha experiência clínica com a psicose é muito insuficiente.

Mas se não temos nada a fazer com nossa "falta-a-ser", somos marcados, desde o inconsciente, pelo desejo de recuperar a plenitude perdida, ou seja, para nos tornarmos novamente o objeto que completa o Outro. Em meu livro *Sobre ética e psicanálise* propus que considerássemos o neurótico como *um escravo à procura de um mestre*. De maneiras diferentes, tanto o/a obsessivo/a quanto o/a histérico/a passam a vida a se oferecer, ou a oferecer seus sintomas, a qualquer um que possa ocupar o lugar do Outro – este que um dia foi ocupado pela mãe.

Faço uma pequena digressão para explicar que, na terminologia lacaniana, o Outro (também chamado *grande outro*) é a designação do campo simbólico. Outro é o campo dos significantes, o campo simbólico, indissociável da condição humana. Porém, uma vez que o *infans* é, via de regra, introduzido no campo simbólico pela mãe – os cuidados maternos são a primeira forma de *linguagem* através da qual o corpo deixa de ser meramente biológico e se insere na cultura –, a poderosa mãe se torna a primeira "encarnação" psíquica do Outro.

A UTOPIA E O DESEJO

Essas observações a respeito do Outro, como marca que funda o inconsciente, nos conduzem à questão da neurose e à polêmica sobre a cura em psicanálise. A cura em psicanálise seria uma utopia? Ou o indivíduo que se diz curado representa a paródia reducionista do fim da travessia de seu *processo do desejo*?

Mesmo o pessimismo freudiano a respeito da felicidade humana deixa uma porta aberta para se conceber a cura em análise. Para realizar essa passagem, devo continuar a percorrer o caminho teórico que começa na emergência do sujeito, a partir da perda de sua completude inaugural (fusão com o Outro materno), para chegar à constituição da fantasia (também dita *fantasma*) organizadora da estrutura neurótica.

Retomo nosso percurso. Para a psicanálise freudiana, a perda necessária da completude *mãe-infans* é condição da emergência do sujeito, incompleto por definição. Dessa operação de separação fica um resto, que, em verdade, é tudo: este resto é o *desejo*, que há de mover o sujeito pela vida afora.

A fantasia fundamental do neurótico[5] (que a psicanálise lacaniana denomina fantasma, a fim de diferenciá-la da profusão de fantasias secundárias, produzidas ao longo da vida) é uma estrutura simbólica que sustenta o lugar em que o sujeito se coloca diante do Outro, animado pela esperança de voltar a ser seu objeto de satisfação. Não é tão complicado quanto parece. Digamos que o neurótico é aquele que passa a vida inventando senhores a quem servir, na esperança de, ao ser amado por algum deles, recuperar a plenitude perdida. Nessa perspectiva, podemos conceber o neurótico como um escravo em potencial, constantemente em busca de um mestre.

Parece que estamos falando de um sujeito bonzinho, não é? Submisso, obediente etc. e tal. Pode até ser assim, a depender do sintoma de cada um. Mas o propósito último da *servidão voluntária* do neurótico é descaradamente "fora da lei". O que ele pretende, com seu sintoma (mas não, felizmente, consegue obter, a não ser na fantasia), é *reverter o efeito da lei*

---

5. Ser neurótico é ruim, não é? Mas ainda é nossa melhor opção. As outras duas seriam a perversão e a psicose.

que introduziu a castração simbólica[6] e recuperar uma plenitude perdida. Como tal reversão é impossível – e se fosse possível seria pior, pois lançaria o sujeito na psicose –, o neurótico está condenado a repetir, através de seus sintomas, de seus fracassos, de suas frustrações amorosas, tentativas fracassadas de recuperar a perfeição narcísica.

A utopia da cura em psicanálise aponta para a perspectiva de saída dessa posição. É imprescindível que tal saída permita ao sujeito continuar a viver sob a lei que o estruturou desde o início, mas livre da submissão aos tais mestres, que o neurótico elege para oferecer seu sintoma em troca de amor e reconhecimento.

A utopia da cura em psicanálise implica que o sujeito se deixe guiar pela negatividade do desejo que o estruturou e que *não tem objeto* fixo, nem no amor, muito menos no mundo dos bens de consumo, que o satisfaça. Pois, como vimos, o objeto perdido que *causa o desejo* é o próprio sujeito, que perdeu a fusão primordial com o Outro materno.

Não é grande coisa, esse tal desejo. É a cenoura na frente do burro. O neurótico (eu, você...) nunca alcança a cenoura – que, aliás, não é nem cenoura, nem *coisa* nenhuma, é simplesmente a nostalgia inconsciente de um gozo perdido. O que não impede que façamos nosso caminho pela vida atrás dela, sem perceber que não é a cenoura que o conduz: é seu *desejo de cenoura* que inventa o percurso.

Qual o problema, então, de seguirmos com nossos sintomas perseguindo a totalidade impossível? Primeiro, o estreitamento de nossa perspectiva existencial. A insistência em *reverter a castração* (pois é disso que se trata), em vez de abrir horizontes, conduz à repetição.

Segundo: existe um problema ético na neurose. A servidão, ao contrário do que possa parecer, não é ética: aquele que obedece, ainda que de forma inconsciente, tende a não se responsabilizar pelas consequências de seus atos e não assumir algumas de suas escolhas. É sempre em nome do "bem" que o neurótico acredita agir. O pai excessivamente severo, a mãe sacrificada que deixa os filhos em permanente dívida para com seu amor, o marido controlador, a esposa manipuladora – todos eles se queixam ao analista do quanto são incompreendidos apesar de suas ex-

---

6. Não a perda do pênis ou de algum outro atributo corporal valioso, e sim a separação da totalidade que faz de todos nós seres incompletos – mas a partir da qual podemos nos tornar potentes, imaginativos, desejantes.

celentes intenções. Lembrem-se de que o Outro primordial já deixou de existir, no horizonte do sujeito. Então ele elege vários outros, seus semelhantes, aqueles a quem mais ama, para oferecer seu sintoma. O amor é lindo – mas é em nome dele que praticamos, muitas vezes sem nos dar conta, certas atrocidades. "Quando amo, dou o pior de mim", me disse com ironia um analisando, quando já era capaz de criticar sua alienação.

A travessia de uma análise exige coragem por parte do analisando. O próprio fato de procurar um analista, ciente de que vai receber uma série de "más notícias" a confrontar suas ilusões narcisistas, já é um ato de coragem. "O inconsciente é sempre má notícia", teria dito Roman Polansky. Faz sentido: se fosse bom, não seria recalcado. Como resumir os termos dessa travessia a que chamamos processo analítico? Digamos que ela se dá desde uma estrutura aprisionante, em que o neurótico está sempre diante do Outro a perguntar "o que desejas de mim?", em direção a um outro lugar (subjetivo) onde, liberto da servidão voluntária, ele possa se indagar "qual desejo me move"? Neste lugar, ele está mais desamparado, mais sozinho, e ao mesmo tempo mais livre.

Ora, o desamparo é parte fundamental da condição humana. Só o fato de habitarmos o reino da linguagem, e não algum *habitat* natural ao qual a espécie já estaria adaptada há milênios, nos condena ao desamparo. Só a linguagem, este instrumento precioso e imperfeito – com suas imperfeições e imprecisões, sua *distância em relação à Coisa* –, nos oferece o amparo incompleto da comunicação com o semelhante. Aliás, é por isso mesmo que a psicanálise é um processo de cura através da palavra: ela é, a palavra, a melhor ferramenta de que dispomos para lidar com o desamparo, para tocar o outro e nos aproximar dele.

A cura em psicanálise é uma utopia porque o lugar que ela almeja alcançar não está contido, de saída, nos termos da *dialética do senhor e do escravo* que move a neurose[7]. A cura, para quem se atreve a levar uma análise até o final, se produz a partir do que chamamos de *atravessamento do fantasma*. Tal percurso vai desde a servidão voluntária com a qual o neurótico busca remendar a "falta-a-ser", até a aceitação da condição faltante e desejante que não é perfeita – mas é o melhor que podemos

---

7. Trabalhei mais detalhadamente esse aspecto em meu livro *Sobre ética e psicanálise*, São Paulo: Companhia das Letras, 2001.

fazer de nossas vidas. Dito de outro modo, a análise é a longa travessia, desde o lugar aparentemente seguro de onde o neurótico se oferece como escravo a seu mestre inconsciente, até um lugar ainda desabitado, que ele próprio vai construir à medida que constitui objetos para sua satisfação. A satisfação do desejo nunca há de ser total; para o humano, só há duas experiências de totalidade: o útero e a morte.

O desejo se satisfaz precariamente em objetos parciais – entender isso é fundamental para nossas escolhas de destino. Porque o "objeto do desejo" não está adiante de nós. Está inscrito no inconsciente. É um objeto perdido, é o próprio sujeito na posição perdida de objeto do Outro. Assim, os lacanianos costumam chamá-lo de objeto *causa do desejo*. Que objeto é esse? Paradoxalmente (e tenho que admitir que, muito mais que Freud, os analistas lacanianos adoram um paradoxo) o objeto causa do desejo é o próprio sujeito que perdeu seu lugar junto ao Outro. Um objeto vazio, portanto. Perdido desde a origem.

Não é tão ruim como parece. Se o desejo fosse *desejo de algo*, uma vez conquistado esse algo, deixaríamos de desejar. Não no sentido budista, de aceitar o vazio, mas no sentido do conformismo e da apatia depressivos. A utopia da cura em psicanálise aponta para a perspectiva de se tomar o vazio como *causa do desejo*, e assim deixar de apostar na submissão voluntária – ou no consumo, o que por vezes é outra versão da mesma coisa – como garantia de felicidade.

Em outras palavras, trocar o tal "projeto reto de felicidade" (na expressão de Reinaldo Moraes) pela *prova dos nove* da alegria (na expressão de Oswald de Andrade). Nisso consiste a utopia da cura em psicanálise.

Meios e fins[1]
Marcelo Coelho

Duas proposições se repetem cotidianamente quando se fala em utopia. A primeira é a de que temos necessidade de alguma para viver; a segunda assevera que as utopias não existem mais – que, com a queda do muro de Berlim, toda perspectiva nesse sentido se perdeu.

Minha intenção é contestar, ou pelo menos relativizar, essas duas proposições. De um lado, pretendo apresentar uma crítica à perspectiva utópica. De outro, quero combater a ideia de que as utopias desapareceram.

Talvez caiba esclarecer, desde o início, que adoto a perspectiva de uma esquerda não utópica, ou, se quisermos, reformista e social-democrática, avessa à ideia de uma transformação radical, que se voltasse à redenção completa da sociedade.

Antes de expor o pensamento de alguns representantes dessa tradição política – por longo tempo desprezada em favor de atitudes consideradas como mais "consequentes"–, e de apontar as possibilidades que traz consigo, será necessário examinar com alguma paciência as conotações de que o termo *utopia* acabou por se cercar.

A palavra combina ao mesmo tempo uma associação negativa – "fantasia, projeto irrealizável" – e uma positiva – "aspiração por um mundo melhor, desejo de transformação". Não teríamos maiores problemas a partir dessa distinção, bastando em tese esclarecer em que sentido estivéssemos utilizando o termo. Se entendermos que utopia consiste apenas

---

1. Não havendo indicações em contrário, as traduções dos trechos citados são do autor. [N.E.]

na projeção de um estado de coisas melhor do que o atual, certamente não haveria nada de muito polêmico ou de contestável nesse conceito. Se, contudo, tomarmos utopia no sentido negativo, como sinônimo de algo impossível, tudo dependerá de que projeto, de que ideal estamos falando. Um mundo de paz cosmopolita, ao mesmo tempo respeitoso de identidades locais, em que estivessem garantidos tanto os direitos humanos quanto a manutenção de costumes religiosos tradicionais, sem necessidade de nenhuma força estatal que reprimisse a eclosão de conflitos entre uma coisa e outra, poderia sem dúvida ser considerado utópico, no sentido de irrealizável. Podemos pensar, entretanto, em outras aspirações, igualmente importantes, ainda que localizadas: o fim da fome no mundo, a humanização da polícia, o fim das prisões, o acesso de todos a uma moradia confortável – e estaremos diante de ideais não necessariamente utópicos, nem contraditórios entre si, embora longínquos.

Avançando um passo na análise, observe-se que, no seu sentido negativo, o de algo equivalente a um plano fantasioso, o conceito de utopia acaba recebendo sua inflexão em forma de adjetivo. Acabar com as guerras no mundo? Isso seria utópico. Já no seu sentido positivo, como projeto de uma sociedade melhor, o termo manteria sua forma substantivada: "Tenho uma única utopia: a de que toda criança brasileira pudesse contar com educação de qualidade".

Outro aspecto pode ser identificado a partir desta análise dos usos coloquiais do termo. O sentido negativo, adjetivado, de utopia tende a evocar seu uso em referência a uma terceira pessoa – "Fulano quer passagens de ônibus gratuitas para todos; trata-se de um utopista". Já o sentido positivo, substantivado, de utopia acaba sendo usado na primeira pessoa. "Eis nossa utopia: a de que homens e mulheres dividam igualmente as tarefas domésticas". Poucas pessoas se confessam utopistas, mas não aparentam ter problemas ao dizer que têm uma utopia.

Tendo em mente tais diferenças nos usos do conceito, é possível apontar alguns dos mal-entendidos, muitas vezes intencionais, a que se presta.

Tome-se como exemplo um famoso *slogan* de Maio de 68: "Sejamos realistas, exijamos o impossível". A graça do lema está, claro, em seu paradoxo. Tomado ao pé da letra, não poderia ser levado a sério; não há sentido nenhum em empreender uma luta social com vistas a uma reivindicação que se sabe irrealizável: que exigisse, por exemplo, a doação de um quadro autêntico de Van Gogh para cada operário em greve. O *slogan*, para ter efetividade prática, significaria coisa mais simples: diz-se, apenas, que aquilo que nossos adversários chamam de *impossível* é, ao contrário, realista – e que aquilo que classificam como utópico não o é.

Industriais, economistas, tecnocratas e "formadores de opinião", como sabemos, costumam reagir a todo tipo de reivindicação sindical tachando-a de impossível, prevendo que ao ser atendida haverá apenas de causar falência, miséria e desemprego. Por certo, mantidas intactas todas as demais condições da realidade, sem nenhum esforço adaptativo, é natural que qualquer modificação mais ou menos profunda tenda a produzir desequilíbrio no sistema. Dado que se recusa a possibilidade de qualquer adaptação, evidentemente apenas a eventualidade de desequilíbrio, de crise, é aventada – o que torna, na aparência, "razoável" a recusa a qualquer transformação. Segundo esse raciocínio, não há mudança possível num ponto porque é impossível mudar o conjunto. Quando *tudo é impossível*, nessa ordem de pensamento, obviamente o realismo está em reivindicar a mudança – pois, de uma perspectiva realista, também o resto do sistema haverá de adaptar-se; irrealista seria considerá-lo em estado de equilíbrio estático e perfeito. Não é preciso acrescentar, mais uma vez, que tudo depende da reivindicação específica e do sistema em que se está pensando[2].

O que tirar desse exemplo? Que, com o *slogan* de 68, entrou em cena um curto-circuito: a utopia *em primeira pessoa*, substantivada, em seu sentido positivo, de reivindicação ou projeto que se acredita digno de levar adiante, é enunciada, por um efeito de ventriloquismo irônico, na voz adjetivada da terceira pessoa – como algo impossível, como delírio, como fantasia "utópica". Eu, primeira pessoa, quero o "utópico", na terceira pessoa; adoto a terminologia do meu acusador, daquele que não acredita em mim.

Vejamos, a partir desse modelo, o que se passa com o bordão contemporâneo segundo o qual, depois da queda do muro, as utopias acabaram. Ocorre um curto-circuito semelhante. Certamente, o sentido básico da frase poderia ser parafraseado do seguinte modo: "depois de 1989, toda

---

2. Cf., a esse respeito, Albert Hirschman, "Reactionary Rhetoric", em: *The Essential Hirschman*, Oxford/Princeton: Princeton University Press, 2013, pp. 293-308.

essa conversa de mundo melhor, de socialismo etc., está encerrada, é hora de parar com essa bobagem e cuidar da vida real, sem mais agitações". O discurso não disfarça, nem teria por que disfarçar, sua inclinação direitista. Quem diz que as utopias acabaram nunca teve nenhuma utopia. Assim como ocorria no *slogan* de maio de 68, o poder persuasivo, quase hipnótico, da frase está justamente no curto-circuito que opera a partir daí. Aparenta ser uma lamentação em *primeira pessoa* (*nossos* projetos de melhoria desapareceram), mas na verdade utiliza a conotação positiva, substantiva, do termo *utopia* num significado em *terceira pessoa* (os sonhos estúpidos de vocês finalmente acabaram).

O que torna tudo mais enganoso, sem dúvida, é que para o outro lado do debate, a esquerda, nada havia de utópico, de ideal, de sonhado no sistema que caía em 1989. O regime soviético era designado, aliás, como *socialismo realmente existente*, em oposição ao que seria o "verdadeiro", o "autêntico" socialismo, o socialismo pretendido e sonhado por Marx e Engels. Excluindo-se uma minoria de ortodoxos que ainda defendia a União Soviética, era pertinente para a esquerda dizer "a utopia acabou" muito antes de 1989: quando a URSS invadiu a Tchecoslováquia, em 1968, por exemplo; ou quando invadiu a Hungria, em 1956; ou quando foram denunciados os crimes de Stálin, pouco antes no mesmo ano; ou quando se realizaram os julgamentos de Moscou contra velhos bolcheviques, na década de 1930; ou quando Lênin e Trotsky esmagaram a revolta dos marinheiros de Kronstadt, em 1921. Diferentes levas de desiludidos e críticos do sistema soviético foram compondo, ao longo do século XX, uma cultura de esquerda que, naturalmente, só poderia estranhar a ideia de que só com a queda do muro operara-se o fim de suas utopias.

Mas é inegável que a esquerda ficou atônita com a queda do muro – pois o evento não representou apenas o fim de um sistema tirânico e decrépito, mas também, e principalmente, consistiu numa demonstração da superioridade do capitalismo perante as clássicas previsões de que seu colapso era iminente. A expectativa de uma crise final, comprovando a inviabilidade sistêmica daquele modo de produção, foi ainda uma vez adiada – ou desfeita cabalmente – em função de uma vitória que coincidia com a ascensão do neoliberalismo econômico, encarnado nas políticas de Ronald Reagan, Margaret Thatcher e seus seguidores. Desse modo, a esquerda aceitou a ideia do fim das utopias, entendendo por utopia qualquer perspectiva de contestar os rumos tomados pelo neoliberalismo.

Ainda assim, continuou afirmando que "precisamos da utopia", e com isso caiu numa dupla armadilha: a de sugerir, de modo sem dúvida inconvincente, que "precisamos de planos irrealizáveis", e a de lamentar o fim de um regime, o soviético, que certamente se provou "realizável" enquanto durou, mas não correspondia aos sonhos de quase ninguém. Só nos sobra o irrealizável, agora que as utopias acabaram...

Consequência disso, passa-se a falar na "necessidade de utopias", como sinônimo de "necessidade de uma política de esquerda"; e, com isso, mesmo quem é de esquerda termina aceitando a ideia de que está engajado numa política puramente utópica, sem nenhuma chance de dar certo no mundo real. Aceita-se a frase de 1968, segundo a qual é preciso "exigir o impossível", mas sem a ironia que a cercava no momento em que foi concebida.

Cabe fazer um contraponto a esse tipo de lamentação. Não para dizer que a esquerda tem de retomar suas utopias. Ao contrário, trata-se de separar, mais do que nunca, as propostas e os ideais esquerdistas dessa aura utópica que, usada inicialmente como adjetivo crítico, pela terceira pessoa, foi alegremente incorporada pela primeira pessoa, *por nós*, sem perder entretanto o contrabando de impossibilidade e de desqualificação que leva consigo.

Trata-se de valorizar outra tradição de esquerda, que sempre teve uma atitude antiutópica, realista, acostumada a usar o termo *utopia* precisamente no seu sentido negativo, em terceira pessoa, de fantasia irrealizável. Seria o momento, portanto, de "dar o troco" para o discurso corrente de direita, que sequestrou o termo *utopia* para atribuí-lo à esquerda, negando assim a validade para qualquer política realista e qualquer tentativa de transformação social que esta venha a defender.

Cumpre fazer referência, assim, a teóricos de esquerda que compõem uma forte tradição antiutópica – o que não significa que tenham sido acríticos com relação ao mundo real.

O primeiro deles é ninguém menos que Friedrich Engels, autor de um texto bem menos lido hoje do que antigamente, e que ganhou o título "Do socialismo utópico ao socialismo científico". Foi escrito em 1880, ou seja, ainda nos últimos anos de vida de Marx. Nesse trabalho, Engels expressa sem dúvida sua admiração pelos defensores de uma sociedade socialista ideal, como Saint-Simon, Fourier e Owen. Mas não compartilha do idealismo desses autores.

> Tratava-se de descobrir um sistema novo e mais perfeito de ordem social, para implantá-lo na sociedade vindo de fora, por meio da propaganda e, sendo possível, com o exemplo, mediante experiências que servissem de modelo. Esses novos sistemas sociais nasciam condenados a mover-se no reino da utopia; quanto mais detalhados e minuciosos fossem, mais tinham que degenerar em puras fantasias[3].

Eram projetos que funcionavam como crítica da sociedade existente, sem ter contudo quaisquer condições de sucesso. Engels vai além na sua condenação dos socialistas utópicos. "Para todos eles, o socialismo é a expressão da verdade absoluta, da razão e da justiça, e é bastante revelá-lo para que, graças à sua virtude, conquiste o mundo"[4].

Só que, acrescenta, se quiséssemos "converter o socialismo em ciência, era necessário, antes de tudo, situá-lo no terreno da realidade"[5].

O que seria esse "terreno da realidade" cujo conhecimento poderia dar as bases científicas, isto é, práticas, não fantasiosas, para a construção do socialismo? Não haveria espaço aqui, naturalmente, para expor as certamente ambíguas e matizadas ideias de Marx e Engels sobre o assunto. Contentemo-nos em seguir a rápida argumentação de Engels nessa obra.

Inicialmente, o autor estabelece o contraste do mundo do trabalho medieval com o modo de produção capitalista. No pré-capitalismo, diz Engels, o artesão que produzisse uma mercadoria tinha a propriedade dos seus instrumentos de trabalho; a mercadoria que produzisse se tornava, assim, automaticamente sua, para ser vendida no mercado.

Com o surgimento das fábricas e do trabalho assalariado, a situação muda radicalmente. O trabalhador não mais é dono dos meios de produção, dos instrumentos de trabalho, nem da mercadoria que foi produzida. A forma da produção deixa de ser mais individual. "Os meios de produção

---

3. Friedrich Engels, "Do socialismo utópico ao socialismo científico", em: Karl Marx; Friedrich Engels, *Textos 1*, São Paulo: Edições Sociais, 1977, p. 31.
4. *Ibidem*, p. 37.
5. *Ibidem*.

foram convertidos essencialmente em fatores sociais"[6], isto é, coletivos, diz Engels.

Surge, entretanto, uma contradição: embora produzidas coletivamente, as mercadorias terminam sendo apropriadas por uma só pessoa, o proprietário dos meios de produção. Há, assim, "uma incompatibilidade entre a produção social e a apropriação do capitalista"[7]. Nesse esquema, conclui-se facilmente que o dono da fábrica, como simples "apropriador" da produção alheia, se torna figura supérflua. No raciocínio de Engels, a produção social na fábrica poderia manter-se tranquilamente sem uma personagem que não faz outra coisa a não ser se apropriar do lucro. Obviamente, ninguém ignora o quanto uma "nova classe" – uso o termo entre aspas – hoje em dia se encarregou de organizar os diferentes métodos de trabalho na fábrica, quantos disciplinadores, engenheiros, técnicos de produção, especialistas de logística e *software* se tornaram necessários para pôr a produção em funcionamento, maximizando sua eficiência; mas sigamos a exposição do esquema de Engels, que se limita a duas classes essenciais, uma das quais inútil, parasitária, supérflua.

À primeira contradição assim exposta, que se dá entre a produção social e a apropriação privada, Engels acrescenta uma segunda contradição. Na produção pré-capitalista de mercadorias, o artesão trabalha mais ou menos sob encomenda, ou para consumo próprio ou para um mercado tradicional, de demandas fixas e previsíveis, segundo regras estabelecidas pelas associações de ofício. Esse mundo estável e "pacífico" desaparece no capitalismo industrial. "As antigas associações começam a perder força, as antigas fronteiras [territoriais] vão caindo por terra, os produtores vão convertendo-se mais e mais em produtores de mercadorias independentes e isolados. A anarquia da produção social sai à luz e se aguça cada vez mais"[8].

Os produtores entram em guerra uns contra os outros, disputando mercados; a guerra se estende a países inteiros, numa luta selvagem pela existência. "A contradição entre a produção social e a apropriação capitalista manifesta-se agora como o antagonismo entre a organização da

---

6. *Ibidem*.
7. *Ibidem*.
8. *Ibidem*, p. 49.

produção dentro da fábrica e a anarquia da produção no seio de toda a sociedade"[9].

Nessa luta concorrencial, o capitalista vai investir cada vez mais em formas mais eficientes e baratas de produção. À medida que o processo avança, com novas máquinas e sistemas, o trabalhador vai perdendo o emprego.

> A maquinaria, o recurso mais poderoso que se pôde criar para reduzir a jornada de trabalho, converte-se no mais infalível recurso para converter a vida inteira do operário numa grande jornada disponível para a valorização do capital; ocorre, assim, que o excesso de trabalho de uns é a condição determinante da carência de trabalho de outros, e que a grande indústria, lançando-se pelo mundo inteiro, em desabalada carreira à conquista de novos consumidores, reduz em sua própria casa o consumo das massas a um mínimo de fome e mina com isso seu próprio mercado interno [...]. Isso dá origem a que a acumulação do capital corresponda a uma acumulação igual de miséria[10].

Segue-se que a produção acelera mais do que o consumo, surgindo daí um círculo infernal de crises periódicas: "Desde 1825 [...] não se passam dez anos seguidos sem que todo o mundo industrial [...] saia dos eixos"[11]. As máquinas param – o que significa, conclui Engels, que o sistema capitalista "não permite aos meios de produção funcionar, nem aos operários trabalhar e viver"[12]. A única forma de resolver essa contradição é que "as forças produtivas sejam redimidas de sua condição de capital, de que seja efetivamente reconhecido o seu caráter de forças produtivas sociais"[13]. O capitalismo começa a experimentar esse reconhecimento, diz Engels, com a substituição do antigo chefe de indústria pelas sociedades anônimas, e com a criação de trustes, com as fusões entre empresas. "É claro que, no momento, em proveito e benefício dos capitalistas. Mas aqui a exploração se torna tão patente, que tem

9. Ibidem, p. 50.
10. Ibidem, p. 51.
11. Ibidem, pp. 51-2.
12. Ibidem, p. 53.
13. Ibidem.

forçosamente de ser derrubada. Nenhum povo toleraria uma produção dirigida pelos trustes, uma exploração tão descarada da coletividade por uma pequena quadrilha de cortadores de cupões"[14].

O caminho seria, como sabemos, a tomada do poder político pelo proletariado, que converte em propriedade pública os meios sociais de produção.

Encerro aqui, com desculpas para os que conhecem o assunto, esse pequeno resumo de teoria marxista a respeito da necessidade do socialismo. Como se pode notar, toda a conexão entre progresso tecnológico e desemprego está exposta com clareza por Engels, e lendo esse texto de 1880 é impossível não reconhecer sua atualidade. Ao mesmo tempo, percebem-se algumas notas em falso nessa teoria. Certamente, o propósito de Engels é mostrar que a própria *natureza* do sistema capitalista forçava a seu desaparecimento, o que diferencia suas teses de qualquer utopismo. Com efeito, não é porque desejamos uma sociedade igualitária e livre que isso há de se realizar, e sim porque para além de nossos desejos e das boas intenções há uma lógica conduzindo a tal objetivo. Uma primeira nota em falso surge, entretanto, na última frase de Engels que acabamos de citar: "a exploração se torna tão patente [com a chegada das sociedades anônimas], que tem forçosamente de ser derrubada. Nenhum povo toleraria uma exploração tão descarada da coletividade por uma pequena quadrilha de cortadores de cupões".

O elemento subjetivo, o elemento da *vontade política*, surge aqui como determinante, e, a despeito dos muitos protestos que se verificam hoje em dia, em torno do *slogan* "nós somos os 99%" – em consequência do absoluto "descaramento" que se revelou com a crise financeira de 2008 –, é de se perguntar se o projeto socialista, em especial o projeto de Engels, tornou-se mais próximo nestes últimos anos. A questão fica em aberto, mas, depois de muitas crises periódicas do capitalismo, certamente o mais científico, no caso, seria nos perguntar por que o capitalismo sobreviveu, e não afirmar com tanta segurança, como se fazia em 1880, que estava em seus dias finais.

Aqui intervém uma segunda nota em falso, que é bastante conhecida nas discussões sobre o tema: a teoria, também expressa por Engels, em

---

14. *Ibidem.*

frase já citada, segundo a qual à acumulação do capital corresponde uma acumulação igual de miséria.

Dentro de uma perspectiva *científica*, ou, se quisermos evitar o exagero do termo, dentro de uma perspectiva realista, não utópica, abriu-se o debate no partido socialista alemão, pouco tempo depois dessas afirmações de Engels. Foi o executor testamentário do velho líder, encarregado de espalhar suas cinzas no mar, quem levantou dúvidas sobre a tese do crescimento da miséria, da pauperização do proletariado.

Tratava-se de Eduard Bernstein, que lançou seu livro *Os pressupostos do socialismo* em 1899. Três constatações, a seu ver, tornavam ilusório o modelo de tomada do poder teorizado por Marx e Engels.

Em primeiro lugar, embora houvesse todo um movimento de fusões entre empresas e formação de trustes, Bernstein demonstra que o número dos capitalistas não estava reduzindo; não se restringia a "uma pequena quadrilha de cortadores de cupões". Por intermédio do mercado acionário, a propriedade capitalista se disseminava, em vez de concentrar-se. Além disso, ao longo do tempo, o número de pequenas empresas crescia, e não o contrário. Podemos também lembrar, nos dias de hoje, o importante peso dos fundos de pensões, onde funcionários de uma empresa depositam parte de seus vencimentos com vistas à aposentadoria futura; tais fundos gerem o capital criado – comprando inclusive ações de empresas, naturalmente.

Em segundo lugar, acompanhando ainda o raciocínio de Bernstein, a própria classe operária tendia a se diferenciar internamente; em vez de uma única massa proletária, dentro da realidade de uma "produção social" no interior da fábrica, o que se via era um nítido crescimento das camadas médias, administrativas e técnicas. A classe média, em uma palavra, aumentava nos países industrializados. O interior do sistema produtivo se tornava menos "socializado", portanto, e cada vez mais diferenciado. Segundo o autor, "a expulsão do proprietário capitalista, ou dos muitos proprietários, da fábrica só por um exame superficial constituiria um ato decisivo na transformação das empresas capitalistas em empresas socialistas viáveis. As empresas capitalistas são organismos extremamente complexos"[15].

---

15. Eduard Bernstein, *Les Presupposés du socialisme*, Paris: Seuil, 1974, p. 148.

Em terceiro lugar, parecia claro que o operariado não estava empobrecendo e sendo jogado a uma vida miserável: seu bem-estar crescia continuamente.

A polêmica que se seguiu foi intensa e extremamente prolongada, envolvendo de início os grandes nomes da teoria marxista da época, como Kautsky, Plekhanov e Rosa Luxemburgo. O mais importante deles, do ponto de vista da autoridade que tinha no movimento socialista alemão, era Karl Kautsky. Contestando as conclusões de Bernstein quanto ao crescimento da classe média sob o capitalismo, insistiu na tese de que, fosse como fosse, a divisão entre possuidores e não possuidores permaneceria. Com relação à crescente miséria do proletariado, ele aceitava a ideia de que, em termos absolutos, isso não mais acontecia. Mas se a miséria material diminuía, o mesmo não acontecia com a miséria social; ocorria uma pauperização dos trabalhadores em termos relativos: dado o acúmulo de riqueza dos capitalistas, o bem-estar do proletariado não crescia na mesma proporção.

Para provar sua tese de que a miséria social do proletariado estava aumentando, apesar de não ocorrer uma pauperização absoluta, Kautsky empregava argumentos curiosos. "O aumento do trabalho das mulheres", dizia ele,

> é um sinal claro da agravação da miséria, é uma intensificação da miséria [...]. O trabalho assalariado da mulher causa seu esgotamento físico, uma vez que esse trabalho vem se somar ao trabalho doméstico [ele estava certo quanto a isso, mas vejam o desenvolvimento do raciocínio] e daí resulta que o casal vai se empobrecendo sempre, seja porque então eles vão comer fora, seja porque a operária, que não se preparou para seu papel de dona de casa, desperdiça tudo, uma vez que não conhece os princípios da arte culinária ou da costura. De que serve para o operário a alta dos salários, a baixa nos preços dos cereais, se sua mulher já não sabe mais preparar refeições apetitosas e nutritivas?[16].

---

16. Frédéric Bon; Michel-Antoine Burnier, "Qu'elle ose paraître ce qu'elle est", em: Eduard Bernstein, *op. cit.*, p. 265.

É difícil negar que, quando se recorre a argumentos desse tipo, a pura ideologia, o desejo de que as coisas sejam como se quer e como quer a teoria, já se substituiu a qualquer análise da realidade.

Ainda em 1965, conforme lemos no posfácio à edição de *Les Presupposés du socialisme*, um grupo de jovens comunistas franceses tentava contestar a tese do Partido Comunista Francês segundo a qual o empobrecimento do proletariado estava em curso, já que "o salário real do trabalhador francês [estava] em baixa com relação aos níveis de antes da Segunda Guerra"[17]. Dada sua heterodoxia, o grupo dissidente foi dissolvido pelo partido.

Retomando as teorias de Bernstein, e o tema deste artigo, temos de dizer que conduzem a uma conclusão inevitável. Se as condições reais do capitalismo não levavam ao empobrecimento do proletariado, à desaparição da classe média e a uma crise total no próprio sistema, então as propostas de Engels quanto à tomada do poder e à implantação do socialismo deixavam de ser científicas, baseadas em possibilidades concretas, e se tornavam... simplesmente utópicas.

O que não significava dizer que o movimento socialista devesse simplesmente desaparecer. A luta de classes persistiria. Bernstein cita um trecho de Marx para fortalecer sua posição.

> "A classe operária [...] não tem utopias prontas para instaurar por decreto do povo. Sabe que sua própria emancipação, como as novas formas de vida para as quais tende irresistivelmente a sociedade atual, supõe longas lutas, uma série de processos históricos que transformarão completamente as circunstâncias e os homens. Ela não tem que realizar o ideal, mas somente liberar as forças da sociedade nova que a velha sociedade burguesa que se desfaz carrega dentro de si." Assim se exprime Marx na *Guerra Civil na França*. É nesta passagem que eu pensava quando me interrogava sobre o "objetivo final". Marx não está dizendo, em substância, que o movimento, a sucessão dos processos, é tudo, e que, inversamente, os objetivos fixados por antecipação não apresentam nenhum interesse? Todas as teorias que fixam por antecipação o sentido e a natureza do movimento operário acabarão por

---

17. *Ibidem*, p. 275.

se transformar em utopias: a um momento dado, elas surgirão como verdadeiro obstáculo ao progresso[18].

Vem daí um *slogan* formulado por Bernstein, que teve fama na época: "o movimento é tudo, o objetivo final é nada". Com isto, nosso autor passou a ser identificado, no interior do movimento de esquerda, como "o revisionista Bernstein", em oposição aos representantes do marxismo original, ortodoxo, que tinham em Kautsky seu maior representante.

Uma ressalva pode ser, desde logo, levantada contra a ideia de que "o movimento é tudo, o objetivo final é nada". Surge naturalmente a pergunta: se objetivo não é nada, então para onde, para que rumo, se dirige o movimento? Talvez, mais do que nunca, se possa distinguir aqui entre uma visão utópica e uma visão realista das reivindicações e lutas dos trabalhadores. Podemos pensar que essas lutas se fazem com vistas à reparação de injustiças, estando inspiradas, assim, na construção, ainda que vaga, de um mundo ideal onde ninguém será oprimido, todos terão educação, crianças não precisem trabalhar etc. Estaríamos, mesmo numa estratégia puramente reformista, gradualista, não revolucionária, diante de um componente utópico a dirigir, vagamente que fosse, os rumos do movimento. Podemos pensar, também, numa alternativa diversa: o movimento não se dá *em direção* a um estado de coisas desejado, mas simplesmente como *fuga* de algo que não podemos suportar. A necessidade, e não o ideal, seria o móvel das lutas pela transformação social, impregnando assim de uma coloração profundamente antiutópica as próprias movimentações por um mundo melhor. Talvez o mais sensato seja pensar que uma mistura entre os dois componentes, utópico e antiutópico, manifesta-se na estratégia reformista. Um argumento interessante, e a meu ver precioso porque se afasta do sentimentalismo utopizante da esquerda atual, foi formulado em contexto diferente pelo filósofo Philip Kitcher:

> Com excessiva frequência a percepção do progresso se limita pelo fato de pensarmos esse conceito em termos de proximidade face a um objetivo prefixado: assim, o progresso cognitivo se identifica a uma aproximação na direção da verdade. Mas seria absurdo vislumbrar algum

---

18. Eduard Bernstein, *op. cit.*, pp. 221-2.

sistema ideal de transporte, e aí supor que o progresso nessa área consiste em alcançar suas características em estágios cada vez mais próximos do ideal; ou pensar em médicos tentando ajudar seus pacientes a se aproximarem de um estado ideal de saúde perfeita. Melhor pensar num "progresso escapando de um ponto" do que num "progresso em direção a um ponto"[19].

A história do século xx iria rapidamente – ou não tão rapidamente assim, conforme a inclinação de cada um – providenciar a "vingança" de Bernstein, refutando os que o criticavam. Uma das primeiras e mais significativas vítimas desse processo seria o próprio Kautsky, que se tornaria um crítico impiedoso da Revolução Russa, a partir da teoria do marxismo social-democrata alemão. Veja-se o que esse autor escreveu em 1933, quando o poder de Stálin já se consolidava.

Tendo tomado controle do poder, Lênin considerou-se imediatamente poderoso o bastante para empreender a partir de cima e por métodos utópicos a consecução de uma tarefa que até então ele próprio, como marxista disciplinado, encarava como irrealizável, a saber, o imediato estabelecimento da ordem socialista de produção com a ajuda de um proletariado imaturo.

[Dado o atraso econômico e político do povo russo] todo partido socialista na Rússia de hoje seria inevitavelmente levado a métodos de utopismo e ditadura se fosse colocado no poder por forças extraordinárias, sem apoio da maioria da população, e se suas próprias ilusões o impelissem a empreender a tarefa imediata de construir o socialismo. É nisso que reside a explicação dos métodos bolcheviques na Rússia. Os experimentos dos socialistas utópicos na Europa Ocidental, há cem anos, foram igualmente conduzidos pelo insuficiente desenvolvimento do proletariado em seus países. Os métodos tanto dos velhos utopistas, quanto dos bolcheviques não são meros acidentes, mas derivam sua lógica das condições existentes[20].

---

19. Philip Kitcher, *Life after Faith: The case for a secular humanism*, New Haven: Yale University Press, 2014, p. 42.
20. Karl Kautsky, *Marxism and Bolshevism: Democracy and Dictatorship*, Boston/New Orleans: Pine Flag Books, 2013, p. 31.

Em poucas palavras, o chamado socialismo realmente existente, o criado em torno do modelo soviético, pode ser justamente criticado não por ser socialista, ou revolucionário, mas sim por ser utópico – inviável, fruto de uma vontade política que só poderia impor-se pela violência, e inutilmente, porque condenado a não dar certo. O autoritarismo do modelo leninista e stalinista não é um acidente, mas sim consequência de seu caráter utópico – naquele mau sentido a que fazíamos referência. Nesse sentido, sem dúvida, só podemos festejar o tão lamentado fim das utopias.

O debate histórico-teórico em torno da Revolução Russa naturalmente está longe de resolvido, mas tomando em conta as críticas de Bernstein e Kautsky será interessante fazer algumas breves considerações sobre o momento atual.

Recordemos aquelas duas contradições básicas lembradas por Engels: a contradição entre a produção social e a apropriação capitalista, de um lado, e, de outro, a que contrapõe a organização da produção dentro da fábrica e a anarquia da produção no seio de toda a sociedade. Cooperação, dentro da fábrica, e concorrência feroz, fora da fábrica. Trabalho socializado, dentro da fábrica, e apropriação privada do lucro, fora da fábrica. Sem dúvida, podemos reconhecer brevemente que tais contradições ainda persistem, mas com diferenças muito importantes.

A primeira diz respeito à "anarquia da produção no seio de toda a sociedade". Engels teorizava a partir de um modelo de livre concorrência, no qual em última análise o capitalista produz mercadorias sem saber se serão compradas ou não – havendo o risco de seus produtos simplesmente encalharem nas prateleiras. Tudo indica que, por vários motivos, esse risco se vê acrescido de outros fatores mais complexos. O próprio Engels menciona a tendência para as indústrias se fundirem, se organizarem em trustes, acertando preço e quantidade de bens a serem produzidos. Algo que se faz até hoje, mas não se faz tranquilamente. O Estado intervém nessa tendência; surgem novos concorrentes internacionais; a estabilidade alcançada com esses subterfúgios leva a um progressivo atraso tecnológico, que por sua vez estimula o surgimento de novos concorrentes. Há uma tensão constante no sistema, ora incentivando maior anarquia no mercado, ora restringindo-a.

As próprias técnicas de produção se agilizaram enormemente, podendo adaptar-se com muito mais facilidade às oscilações da demanda

– como fazem supor os métodos japoneses do *just in time* e congêneres. Por outro lado, a própria demanda não é mais uma incógnita total para quem fabrica. É prevista, é planejada e, mais do que isso, é criada – pela propaganda e pela invenção do próprio produto.

Em outras palavras, o mundo *fora da fábrica*, do mercado, da concorrência, não se tornou mais tão obscuro e inconsciente, em contraste com a relativa clareza "socializada" do sistema de produção dentro da fábrica. Ao contrário, cresceram e tornaram-se muito complexos, claro, os meios de *controle e administração* das relações entre o mundo da produção e o ambiente exterior. Controles privados e controles públicos também.

Por outro lado, como se sabe, demandas imprevistas – e não apenas as de novos produtos, de novas marcas – estão sempre surgindo, enquanto outras desaparecem. Quem imaginava, para recorrermos a um exemplo bem corriqueiro, que a procura por tatuagens iria aumentar como tem aumentado nos últimos tempos? Notemos que se trata do reino, ainda, do pequeno artesão, até que alguém crie uma *franchising* de tatuagens, como existem as de salões de beleza, com a concentração da propriedade nuns poucos capitalistas. Desse modo, enquanto a satisfação de demandas em massa se torna cada vez mais administrada, aumentando e diminuindo, conforme o momento, o grau de concorrência ou de monopólio na produção, a imprevisibilidade que acompanha o surgimento de novas demandas – quando o acesso a bens básicos como alimentação e vestuário bem ou mal se satisfaz – permite novas levas de empreendimentos que exigem pouco capital.

Pensemos em outros exemplos. Todo o mercado de saúde e *fitness* cresce, enquanto o do tabaco diminui. Enquanto serviços de *personal trainer* se multiplicam, surgem pequenas academias de bairro, que por sua vez são compradas por redes de franquia – até que novas especializações e métodos de treinamento sejam lançados experimentalmente em pequena escala. A demanda, criada ou real, de remédios, com as pesquisas em medicina, não parece ter prazo para declinar. Como não pensar na indústria de entretenimento, de turismo? Ou da geração de energias alternativas? De modo que, se a tendência é de queda no emprego com o crescimento tecnológico, não é fora de cogitação pensar em novos setores industriais, ou "pós-industriais", que estão em constante crescimento, dada a virtual infinidade das necessidades humanas.

Para resumir, há aqui uma tensão entre *demanda administrada*, produzida artificialmente pela publicidade, e *demanda caótica*, criada a partir da própria abundância ou, se preferirmos, a partir da ociosidade da mente humana. Criada, enfim, a partir da satisfação de demandas anteriores. Vencida a fome, surgem os produtos para emagrecer.

Temos, então, dois focos de tensão, ou de dinamismo no sistema. No lado da produção – pelo próprio desenvolvimento tecnológico – surge uma estrutura incomparavelmente mais hierarquizada, mais tecnicizada, menos "igualitária" e cooperativa do que a existente no antigo sistema industrial. Ao contrário, baseia-se claramente na luta de todos contra todos, no interior da própria camada assalariada; é fato corriqueiro a divisão entre equipes rivais numa mesma corporação. Cria-se todo o imenso aparato de controles, de checagens, de padrões de tempo e qualidade, de sistemas logísticos que precisam ser implantados para que a produção se cole cada vez mais à demanda existente. A busca da diminuição das incertezas, do desconhecido, na esfera do mercado, leva à cientifização de todo o conhecimento administrativo – e ao declínio da solidariedade no interior da produção.

Quanto ao lado da demanda, a tensão surge da constante descoberta, da constante criação e invenção de novas necessidades, razoáveis ou estúpidas, reais ou artificiais.

Tais fatores conduzem a um razoável ceticismo quanto à possibilidade de colapso no sistema capitalista – tanto no que diz respeito à pauperização do proletariado quanto ao desaparecimento da classe média, e mesmo quanto a uma tendência infinita para o desemprego e para a concentração de renda. Crises desse tipo já foram anunciadas antes – mas é claro que nada impede que, desta vez, as profecias estejam certas.

É extensa, e talvez inabarcável, a literatura a respeito; limito-me a fazer referência a um teórico apenas, que aliás já acertou previsões importantes – como aquela, feita no início da década de 1980, a respeito do colapso da União Soviética. Aponta, agora, para o fim do capitalismo.

Para Immanuel Wallerstein, o sistema tem sobrevivido na medida em que se expande para novas áreas – e não utiliza o termo apenas em sua acepção geográfica. Seu modelo, por certo, é o da expansão colonial do século XIX, mas o raciocínio tem uma premissa mais ampla.

Num modelo de concorrência extrema entre capitalistas, o lucro tende a zero. A atividade capitalista só se torna compensatória quando um capitalista consegue se aproveitar de uma situação de quase monopólio. Só nesses casos, diz ele, os produtores

> conseguem vender os seus produtos a preços bem acima dos custos de produção. Em sistemas verdadeiramente competitivos, com um pleno e livre fluxo dos fatores de produção, qualquer comprador inteligente pode encontrar vendedores que irão vender produtos com lucro de um centavo, ou mesmo abaixo do custo. Não há como haver lucro real num sistema perfeitamente competitivo[21].

O produtor pode ser o único fornecedor de determinado produto, ou ser o primeiro a se instalar numa região, por exemplo. Para Wallerstein, o mundo se tornou pequeno demais: novas áreas de empreendimento monopolista se tornaram impossíveis de descobrir, e a globalização extingue as vantagens territoriais que ainda era possível encontrar. Três fatores, segundo ele, permitiram ao capitalista continuar maximizando seus lucros, ao longo dos últimos séculos, e esses fatores parecem em via de esgotamento. Primeiro, a existência de bolsões de mão de obra barata, de contingentes de trabalhadores recém-saídos da vida rural, que podem aceitar como vantajosa a remuneração nas indústrias, ainda que esta seja baixíssima comparada com a de outros países. Segundo, não é mais possível "externalizar", diz ele, os custos da produção. Durante séculos, as empresas não tiveram de pagar por todos os seus insumos: água não era problema, podia-se jogar o lixo industrial onde bem se entendesse etc. Em terceiro lugar, os gastos com infraestrutura de transportes e comunicações se tornam cada vez mais caros para que o Estado simplesmente se encarregue de provê-los. Crescem os impostos e os gastos diretos a que a empresa tem de responder[22]. A solução, diz Wallerstein, é a mesma que ocorre em todo ciclo declinante de produção industrial: a principal fonte de lucro passa a ser a especulação financeira, que se baseia no mecanismo básico de emprestar muito a quem não pode pagar o total da dívida, mas

---

21. Immanuel Wallerstein, "Structural Crisis, or Why Capitalists May No Longer Find Capitalism Rewarding", em: Wallerstein et al., *Does Capitalism Have a Future?*, Oxford: Oxford University Press, 2013, p. 11.
22. Ibidem, pp. 23-4.

é capaz de sempre nutrir o credor com os juros do que deve. Crescem os protestos, o desemprego e a repressão. Assim, conclui o autor, os governos não têm como reformar o sistema capitalista de modo a conseguir uma acumulação infinita do capital[23]. Veja-se que, para Wallerstein, não está no horizonte o fim da empresa privada, da economia de mercado e do trabalho assalariado: o que ele entende por capitalismo, cujo colapso prevê, é o sistema dirigido à acumulação sem fim do capital.

A questão, entretanto, não parece tão simples assim. Sem contar os países ainda mal integrados ao sistema mundial, o capitalismo encontrou novos continentes inexplorados, por assim dizer, como aponta o próprio Wallerstein. Primeiro, os próprios países do antigo sistema soviético. Em segundo lugar, e o movimento foi geral, o capitalismo encarregou-se de *colonizar* o próprio Estado, com privatizações em escala mundial (ferrovias, telecomunicações, geração de eletricidade), assegurando para o lucro privado vastas áreas antes inexploradas. Em terceiro lugar, para repetir o ponto, o desenvolvimento tecnológico assegura aos inventores, aos pesquisadores, sempre novas situações de monopólio – é para isso que serve o sistema de patentes, como estímulo para que, por determinado tempo, o descobridor de um novo produto, de um novo remédio, obtenha remuneração por seu investimento em pesquisa – que pode ser caríssimo.

Já notamos o papel da imprevisibilidade das descobertas e das demandas sociais no surgimento dessas "novas regiões" para o empreendimento capitalista; este é um dos pontos da consistente crítica a Wallerstein feita por Michael Mann. Mesmo num quadro em que a produção para o mercado cubra todo o planeta, rebaixando os níveis de lucro e crescimento econômico, nada impede – este o cenário mais otimista, cumpre lembrar, teorizado pelo autor – que o sistema se estabilize num "capitalismo de baixo crescimento de longa duração"[24]. A grande irrupção do capitalismo, diz ele,

> ocorreu na Grã-Bretanha dos séculos XVIII e XIX. Contudo, o crescimento britânico nunca excedeu a taxa de 2% ao ano. A "história de sucesso" britânica consistiu mais numa taxa de crescimento médio pouco acima

---

23. *Ibidem*, p. 35.
24. Michael Mann, "The End May be Nigh, But for Whom?", em: Wallerstein *et al.*, *op. cit.*, p. 90.

de 1% ao ano. No século XX, entretanto, o ritmo se acelerou [...] com taxas até então inéditas de 4% [no entreguerras]. Então, no fim do século XX, China e Índia [...] alcançaram taxas de 8%. Embora essas taxas tenham durado por ao menos duas décadas, irão inevitavelmente declinar. Mais adiante, a África e a Ásia Central poderão ter desempenho ainda melhor. De qualquer modo, terão muito tempo à frente até que encontrem o padrão de 1% da "história de sucesso" britânica. [...] Nesse momento, toda a humanidade poderia viver numa economia de quase imobilidade, como os japoneses têm feito pelos últimos vinte anos. O futuro do capitalismo pode não ser tumultuado, e sim aborrecido[25].

Há fatores, enfim, que parecem nos afastar da imagem de uma crise iminente no sistema e, portanto, de uma utopia socialista ou revolucionária. Vemo-nos talvez condenados a um sistema que, se sem dúvida foi capaz de aumentar o bem-estar material de parcelas sempre crescentes da humanidade – sabemos a que preço e com quantas delongas –, nem por isso deixa de estar fundado, de modo cada vez mais evidente, em algo que se poderia chamar de mentiras estruturais.

Mais e mais pessoas são forçadas a entregar suas vidas a uma rotina desgastante e a trabalhos sem sentido, para que possam consumir produtos de que, a rigor, não têm necessidade. Torna-se difícil imaginar uma saída para essa eterna procura do asno pela cenoura amarrada à sua frente, a menos que as bases de um novo ascetismo religioso, de uma nova crença ecológica na simplicidade, ou de um renovado vigor crítico se estabeleçam no comportamento das massas. Paradoxalmente, as políticas econômicas do capitalismo contemporâneo tendem a privilegiar situações de "austeridade" – retirando do orçamento público, sobretudo, benefícios sociais duramente conquistados – enquanto continuam a afirmar, como valor supremo da atividade humana, o desperdício e a ostentação.

Mas não terminemos em nota tão desolada as considerações deste texto. Poderíamos abordar a segunda contradição apresentada por Engels. Talvez seja menos claro, ou decisivo, hoje em dia, o que o autor diz a respeito da contradição entre organização social do trabalho e anarquia no mercado. Mas persiste como nunca a outra contradição, entre

---

25. *Ibidem*, p. 91.

trabalho social, riqueza produzida por toda a sociedade, e apropriação privada do lucro.

A luta de classes continua a ser uma realidade de todos os dias. Expressa-se, por exemplo, nos conflitos entre quem quer implantar um corredor de ônibus numa avenida e quem reivindica mais espaço para carros particulares. Entre uma incorporadora que quer construir um edifício no jardim de um casarão e os movimentos para transformá-lo em parque. Os exemplos são corriqueiros, urbanos, pequenos, mas podemos pensar na ocupação feita pelo movimento dos sem-teto num prédio particular desocupado. Mais ainda, naquilo que é um foco crucial da luta hoje em dia, e que nos envolve a todos, sem perceber, que é o problema das patentes. Pergunte-se, por exemplo, qual o prazo "justo" para sua duração? Os netos de Walt Disney, por exemplo, ainda deveriam receber *copyright* por suas criações? E quanto aos acionistas da empresa? Em que medida essa remuneração contribui para o desenvolvimento, ou para a estagnação, da criatividade de novos quadrinistas ou novos diretores de cinema? Qual a remuneração que um Bill Gates deve receber pelos *softwares* que desenvolve? Perguntas igualmente bruscas podem ser feitas na questão dos impostos sobre a riqueza, cuja intensidade ou moderação resultam, em grande parte, de uma correlação de forças políticas. Observe-se, aliás, que Wallerstein aponta justamente esse tipo de lutas e conflitos como indicativos de que, mesmo sem saber, estaríamos a caminho da superação do capitalismo.

A forma das lutas sociais hoje em dia parece se desenvolver em muitas frentes: a do consumidor de música gratuita contra o artista e as gravadoras, a do doente de aids em favor de remédios sem patente, a do consumidor, do cidadão urbano etc. O que parece unificar esses movimentos pode ser resumido como sendo o conflito entre o interesse público e o interesse privado. Não penso, portanto, na tomada do poder por uma classe que colocaria os conflitos em paz de uma vez por todas, nem na ligação entre essa proposta e os métodos internos de produção capitalista. Seria mais adequado dizer que há um processo de *colonização*, para usar o termo de Wallerstein, a ser feito em sentido contrário ao que habitualmente se verificou.

O capitalismo, como sabemos, "colonizou" a cultura, a religião, as sociedades tradicionais, o ensino, transformando tudo em mercadoria.

Todos os dias vemos, entretanto, um processo no sentido contrário: a ética, o interesse público buscam colonizar o empreendimento privado – que faz, por exemplo, do uso da madeira certificada, da produção politicamente correta etc. instrumentos de marketing, assumindo o "papel cidadão", a "função pública" da empresa. O que dizer, por exemplo, de leis que visem a regular ou proibir a doação de corporações privadas para campanhas eleitorais? Ou que desenvolvam mecanismos cada vez mais severos para coibir o *bullying* no ambiente de trabalho? Pura farsa? Ou influência da luta ideológica sobre o simples instinto animal do empreendedor privado? Não se trataria, mais exatamente, de múltiplas formas de desenvolvimento da luta de classes, sem que necessariamente se aposte numa resolução geral dos problemas humanos através da conquista do poder central?

Concluiríamos, como o velho Bernstein, que o *objetivo final* – a revolução, a propriedade coletiva dos meios de produção – não existe e que tudo é movimento. O capitalismo, naturalmente, sobrevive com tais iniciativas; podem ser vistas como "água no moinho do capitalismo", como reformas visando a mantê-lo vivo. Mas eu acrescentaria que, dialeticamente, tais reformas também são "água no moinho do socialismo". Socialismo e capitalismo caminham lado a lado, como sempre caminharam, e continuarão caminhando: sem nenhuma utopia pela frente, mas com um desejo utópico sempre renovado.

A utopia contemporânea dos corpos[1]
Frédéric Gros

Vivemos o fim das utopias? Há mais de trinta anos já, em 1979, Jean-François Lyotard, em seu livro *La condition post-moderne*[2] [A condição pós-moderna], anunciava *o fim das grandes narrativas*. Para ele, a pós-modernidade seria marcada pelo desaparecimento, o apagamento e a perda do que ele chamou então de metanarrativas, isto é, esquemas narrativos muito totalizantes que descreviam o progresso inelutável e maciço da humanidade a caminho de sua realização, e que anunciavam também um movimento de emancipação universal dos indivíduos pelo progresso dos conhecimentos. Reconhecemos aí tanto o projeto das Luzes (liberação da razão dos obscurantismos de toda espécie e dos fanatismos violentos) quanto a grande filosofia da história do século XIX, marcada pelos nomes de Hegel, Marx e Comte. Ora, esse anúncio por Lyotard de um fim, de um desaparecimento, de um apagamento progressivo do que fora a característica da modernidade ocidental, estava apenas começando. Ao longo dos anos 1980, sobretudo depois da queda do muro de Berlim, de maneira ainda mais intensa com a expansão e principalmente a democratização das novas tecnologias, com as mutações sociais e a globalização das trocas, foram anunciados outros fins nas esferas intelectuais: fim das ideologias, fim da política, fim da história e, em breve talvez, até o fim do homem. Vivemos certamente uma época de *fins*, uma época de mutação capaz de

---
1. A tradução do presente ensaio, incluindo as citações de obras feitas pelo autor, é de Paulo Neves.
2. Jean-François Lyotard, *A condição pós-moderna*, São Paulo: José Olympio, 2010.

provocar o apagamento do que por muito tempo foi a identidade de nossa cultura. Logo após a queda do muro de Berlim, o intelectual americano Francis Fukuyama publicou o livro intitulado *O fim da história*[3]. Ele considerava que o desmantelamento do bloco soviético era apenas o prelúdio do triunfo absoluto do modelo das democracias liberais, e que em breve veríamos o fim da história, o desaparecimento dos conflitos e a constituição de um mercado mundial harmonioso. Ora, dez anos mais tarde, Fukuyama redige um texto bem mais sombrio, *Nosso futuro pós-humano*[4], que fala do fim do homem de maneira muito mais angustiada. E o que o inquieta e amedronta são justamente as novas utopias, utopias sustentadas certamente pelo que fazem entrever as novas tecnologias (internet, telefones celulares, nanotecnologias), mas também o desenvolvimento da genética ou das neurociências. Ele apresenta então o que se começa a chamar de trans-humanismo como a ideologia mais perigosa para a nossa época. A mim também me parece que novas utopias surgem de uns anos para cá, e penso que elas se apresentam essencialmente como *utopias do corpo*, segundo uma expressão usada por Foucault num texto que escreveu para um programa de rádio em 1966. Portanto, vou proceder em três tempos: primeiro, dar algumas indicações gerais sobre a utopia em sua versão mais clássica, a de Thomas Morus ou de Charles Fourier; depois, evocar o texto de Foucault sobre as utopias do corpo; e, enfim, me interrogar sobre essas novas utopias chamadas trans-humanistas.

Convém, primeiro, precisar a significação e os usos do termo *utopia*. Há que constatar que é um termo bastante vago. De maneira muito ordinária, designa o que se relaciona com o ideal, o sonho, a quimera, a ilusão. Afinal, é essa a significação primeira, etimológica do termo: utopia é um não lugar, um lugar que não está em parte alguma. Diz-se que um discurso ou um projeto é utópico quando se vê que é irrealizável, quando está claramente desconectado da realidade, quando procede de puras construções imaginárias. A utopia, portanto, é o que se opõe à realidade material, à história concreta, ao real. Mas nessa oposição há, penso eu, uma tremenda ambiguidade, algo mesmo como um paradoxo estrutural que gostaria de sublinhar porque retorna de maneira muito regular no

3. Francis Fukuyama, *O fim da história*, Rio de Janeiro: Rocco, 1992.
4. Idem, *Nosso futuro pós-humano*, Rio de Janeiro: Rocco, 2003.

conjunto dos debates sobre a utopia. Quando se fala de oposição ao real, o que pode vir à mente é, de fato, a ideia de que a utopia seria uma formidável máquina para escapar ao real, para arrancar-se à finitude do mundo, para não ver mais a tristeza dos homens. A utopia seria, então, um puro fantasma, uma ilusão que agitamos para nos proteger das imperfeições ligadas à nossa finitude, um mundo paralelo desenhado pela imaginação e destinado principalmente a afastar de nós o desgosto do real, o pesadelo da realidade. Haveria na utopia algo como um movimento de fuga e de negação. Ao discurso utópico opõe-se então o realismo, um certo realismo, contudo: o realismo da resignação (de um tipo muito diferente, devo ressaltar, daquele de Marx ao criticar os socialistas utópicos). Dever-se-ia aceitar o real, até mesmo resignar-se às coisas tais como são em vez de forjar ficções irresponsáveis, gratuitas, inúteis, de ousar imaginar que as coisas poderiam ser diferentes do que são, que poderíamos nos livrar das coerções definitivas do real como ele é. Nesse sentido, a utopia é condenada porque não seria séria. Mas o que o *realismo antiutópico* oferece é uma estranha definição da realidade: esta não seria senão o que se deve aceitar, não o que devemos transformar, mas aquilo com o qual devemos nos conformar.

No entanto, é possível, talvez, ter outra perspectiva. Opor-se ao real poderia significar também denunciá-lo, criticá-lo. Poder-se-ia dizer, do mesmo modo, que a utopia se opõe ao real na medida em que, ao lhe opor outra possibilidade de vida ou de sociedade, ela o denuncia, o critica, sublinha as injustiças do presente. De fato, ao nos apresentar o quadro completo, argumentado, preciso de uma sociedade ideal, ela nos faz compreender o quanto nosso mundo está repleto de injustiças e saturado de ignomínias. A projeção de uma humanidade perfeita ou, pelo menos, de uma organização social diferente tornaria o real insuportável e, portanto, nos convidaria perpetuamente a transformá-lo. Aqui faço evidentemente referência ao famoso livro de Karl Mannheim escrito em 1929, intitulado *Ideologia e utopia*[5], que demonstra que a crítica, precisamente, é a função principal da utopia. A utopia seria um instrumento de denúncia, um questionamento da realidade presente e de suas injustiças, uma condenação das sociedades em seu modo de funcionamento atual. Mas Karl Man-

---

5. Karl Mannheim, *Ideologia e utopia*, Rio de Janeiro: Globo, 1952.

nheim vai mais longe ainda ao escrever que a utopia é o verdadeiro motor da história, que o imaginário seria a causa última da transformação do real. É porque o homem projeta seus sonhos que ele pode avançar; é porque crê em coisas loucas que pode mudar sua existência, a dos outros e a do mundo. Ora, se o livro se intitula *Ideologia e utopia*, é porque Mannheim considera a ideologia como um discurso que, em nome dos interesses de uma classe dominante, nos faz aceitar o real com suas imperfeições e suas injustiças, a fim de que ele se torne indefinidamente tolerável. Ao mesmo tempo, penso que, para além da oposição simples entre discurso crítico e discurso legitimador, é preciso notar que a utopia apresenta uma dimensão descritiva e narrativa bem maior que a ideologia. Pode haver ideologia nos saberes, nos discursos políticos, sem que haja uma coerção particular, enquanto a utopia é mais claramente orientada para o lado da narrativa. Por outro lado, a ideologia se apresenta sempre como a ideologia de uma classe, de um grupo social (a burguesia, os poderes financeiros etc.), enquanto a utopia está geralmente ligada a um autor preciso, a uma obra literária determinada.

Assim, caberia distinguir pelo menos três tipos de discurso: a narrativa utópica desrealizante, que talvez nem se deva qualificar de utópica, mas de quimérica (pela magia das palavras seriam criados, como Baudelaire chamou, *paraísos artificiais*, ilusões sem outra função senão a de servir de anteparo ao real, função de escapatória, portanto); o discurso ideológico, que teria a função de legitimação, ao justificar o estado do mundo tal como é; e, por fim, um discurso utópico com a função de tornar o real insuportável e de nos incitar a transformá-lo. Três tipos de discurso, portanto: quimérico, ideológico, utópico.

Vê-se, todavia, que a ambiguidade dessa oposição ao real é forte. Nesse nível, há quase coincidência com a noção de *ideal*. Afinal de contas, o idealista pode também ser considerado como alguém que denuncia o real para transformá-lo, ou que o nega em projeções abstratas. Mas me parece que o que faz a diferença entre os dois é a precisão, a meticulosidade da narrativa utópica. O ideal está ligado a noções abstratas: tem-se um ideal de justiça, de fraternidade, de igualdade. Mas na utopia a relação com o real é muito paradoxal, e é confrontando a noção de ideal com a de utopia que se compreende isso. De fato, a utopia não apenas enuncia ideais abstratos como articula numa narrativa precisa, longa, a organização social, as formas arquitetônicas, as estruturas econômicas que tornam esse ideal efetivo na vida dos homens, mesmo que essa efetividade seja evidentemente imaginária. No fundo, acho que por trás desse paradoxo há algo como uma definição muito estranha da utopia que se poderia formular assim: a utopia é a possibilidade do impossível.

Penso que, para ser completo, caberia mesmo acrescentar um quarto tipo de discurso, que não seria o quimérico, nem o utópico, nem o ideológico, mas o mítico. Refiro-me aos relatos míticos recolhidos pelos antropólogos e não necessariamente aos mitos filosóficos de Platão, cujo papel é certamente mais complexo (com efeito, pode tratar-se de belas mentiras nas quais se tem interesse de fazer acreditar para manter uma coesão social, ou de relatos construídos para desenvolver significações ricas e ocultas). Ora, os mitos têm ainda outra função que é a de fundar a história de um povo, fundar a identidade de uma comunidade, revelar o segredo das origens. Ato de fundação, portanto, o que não é a mesma coisa que um ato de legitimação. O mito se apresenta, da mesma forma, como uma narrativa extremamente detalhada, precisa, mas que se volta para o passado: é uma narrativa das origens.

Contudo, temos de ser um pouco mais precisos e tentar compreender agora a utopia por ela mesma. O que se chama utopia é primeiramente um gênero literário, certo tipo de narrativa codificada por Thomas Morus em seu livro justamente intitulado *Utopia*. É Thomas Morus, portanto, quem forja o nome *utopia* nesse pequeno texto que conheceu um grande sucesso ao longo de toda a Renascença. E nos habituamos a considerá-lo o fundador do gênero literário utópico, ainda que evidentemente se possa encontrar bem antes dele a descrição de sociedades idílicas, na cultura grega, por exemplo – penso em Atlântida ou na sociedade ideal tal como Platão a imaginou em *As leis*. Alguns anos depois do livro de Morus, Tommaso Campanella escreve sua *Cidade do Sol*[6]. São os dois exemplos mais conhecidos, mas evidentemente houve outras histórias semelhantes até o século XVIII. Como se sabe, o século XIX vê surgir um gênero de narrativa um pouco diferente, inspirado pelo socialismo. No que se costuma chamar de socialismo utópico (ou seja, os livros de Fourier, Owen, Saint-Simon e muitos outros), a dimensão da organização social é mais

---

6. Thommaso Campanella, *A Cidade do Sol*, Rio de Janeiro: Vozes, 2014.

pronunciada, com uma ênfase no trabalho e uma esperança no desenvolvimento das técnicas industriais. A dimensão programática também é mais pronunciada: trata-se menos de sociedades ou comunidades secretas do que de projetos a se realizarem num futuro próximo. Estimam-se ao todo, na cultura ocidental, mais de mil narrativas que podem pertencer à literatura utópica. Assim, a difícil e complexa questão que se coloca é a de saber se, para além dessa tremenda diversidade, há características comuns a essas narrativas, aquilo que se poderia chamar de traços estruturais. A tarefa é, de fato, muito difícil. Depois de ler mais de uma dezena desses relatos utópicos ou de consultar o *Dictionnaire des utopies*[7] [Dicionário da utopia] ou ainda o livro de Raymond Trousson, *Voyages aux pays de nulle part* [Viagens aos países de lugar nenhum], logo se percebe que é impossível estabelecer verdadeiramente traços estruturais, temas ou tramas narrativas que se possam encontrar em toda parte.

O que se pode tentar identificar são apenas algumas constantes gerais, mas cujo enunciado imediatamente suscita contraexemplos. A única base absolutamente comum a todas as narrativas, o núcleo mesmo de sua identidade, é que elas se apresentam como a descrição de uma sociedade perfeita, harmoniosa. Por outro lado, existe uma trama narrativa repetida com frequência, pelo menos até o século XVIII: um viajante é jogado, após uma tempestade, numa praia desconhecida, ou então chega pelo maior dos acasos a uma cidade isolada, escondida, ou ainda, depois de ter-se extraviado numa floresta imensa, vê abrir-se uma clareira improvável e ali descobre uma civilização maravilhosa, um povo bom e em plena saúde, que vive na paz e na harmonia, na abundância e na serenidade. O gênero literário utópico é primeiramente a descrição de uma cidade ideal, de uma organização política harmoniosa, de um povo feliz. A dimensão coletiva e social é determinante para os relatos utópicos clássicos e modernos que se apresentam sempre como a descrição de comunidades que, na maioria das vezes, são comunidades isoladas, separadas, sem contato com o mundo exterior. Com muita frequência são ilhas desconhecidas, cidades fortificadas, escondidas, ou ainda labirintos debaixo da terra.

A utopia descreve, portanto, sociedades perfeitas, mas essa perfeição social, essa harmonia, essa unidade são produzidas por meios humanos.

---

7. Michele Riot-Sarcey, *Dictionnaire des utopies*, Paris: Larousse, 2006.

Aí está, penso eu, a primeira grande diferença entre a narrativa utópica e a narrativa chamada milenarista ou quiliasta. Já fizemos uma distinção importante entre mito e utopia. Penso também que a utopia não se confunde inteiramente com as profecias milenaristas. Para a crença cristã no milenarismo, que logo foi condenada pelos patriarcas da Igreja, o fim do mundo seria precedido de um período de mil anos em que a humanidade viveria em plenitude perfeita: plenitude cósmica, com uma natureza generosa e pródiga; plenitude humana, com o desaparecimento de toda violência, de toda hostilidade, de todo sofrimento; plenitude também política e social, com o reinado de reis justos e o fim da pobreza. A referência a um período de mil anos encontra-se no Apocalipse de São João, e descrições gloriosas desse estado de perfeição na Terra estão presentes nas profecias de Isaías. Alguns patriarcas cristãos, como Justino, Irineu, Barnabé, professaram essa doutrina que será condenada pela Igreja, certamente porque ela introduzia a possibilidade de uma perfeição imanente, um estado de plenitude feliz na Terra. Dito isso, essa crença reaparecerá na Idade Média de maneira muito ativa: em algumas cruzadas (especialmente as cruzadas dos pobres); em alguns movimentos igualitários como os de John Ball ou de Thomas Munzer; no anúncio por Joaquim de Fiore de uma terceira e última era do mundo depois das eras do pai, do filho e do espírito, esta representada pelos monges contemplativos; na criação, enfim, de um mito político muito forte no Ocidente medieval, o mito do império dos últimos dias, a ideia de uma república cristã unificada que supõe a abolição das fronteiras e a reunião de toda a humanidade numa mesma fé. Trata-se, então, de anunciar que o Apocalipse seria precedido por essa era de plenitude, ela mesma precedida por um período de perturbações extremamente graves trazidas por um Anticristo.

Na utopia vamos reencontrar essas mesmas características de perfeição, de consumação, mas é preciso assinalar algumas diferenças. Em primeiro lugar, na utopia essa perfeição não é dada como o resultado de uma manifestação da transcendência divina, o cumprimento de uma profecia, o sinal do advento do reino de Deus na Terra. De resto, como já foi observado, a narrativa utópica, pelo menos em suas primeiras manifestações, não coloca a utopia num futuro, mas num presente que é simultaneamente ausente. É este o paradoxo da narrativa utópica:

descreve-se um impossível já realizado, mas longe, noutro lugar, num espaço secreto, escondido, que é ao mesmo tempo aqui e nenhum lugar, enquanto o relato milenarista coloca essa perfeição num futuro iminente que é ao mesmo tempo um passado findo. Quero enfatizar que o estado de perfeição que une a humanidade antes do fim dos tempos é também um retorno a uma idade de ouro perdida, à época do paraíso terrestre que precedeu o pecado original. Por outro lado, a narrativa utópica mostra essa perfeição realizada por certa comunidade, separada do resto da humanidade, distante e mantendo sua perfeição precisamente graças a essa distância. A utopia é algo à margem da história dos homens. Além disso, enquanto as profecias são geralmente muito vagas e se limitam a grandes referências simbólicas (regatos de leite e mel, leões vegetarianos etc.), a narrativa utópica é extremamente precisa; cada autor dedica centenas de páginas aos detalhes da organização social, descrevendo a distribuição das tarefas, o tamanho das casas, a alimentação, a repartição dos poderes. É nesse ponto que se fala da utopia de Morus, de Campanella, de Fourier, porque a cada vez se trata de um sistema muito preciso, muito diferenciado.

Há, entre as profecias milenaristas e as narrativas utópicas (a maioria delas, pelo menos), um ponto comum: a estrutura estritamente igualitária, o desaparecimento da propriedade privada, a ausência de desigualdades sociais, muitas vezes até a interdição do dinheiro – no fundo, o que se poderia chamar de realização de um comunismo. Mas nas narrativas utópicas essa igualdade não é o fruto de uma natureza infinitamente generosa. Ela é o resultado de regulamentações estritas, de um arsenal de leis severas, de uma organização artificial que em geral supõe um pequeno grupo de dirigentes extremamente meticulosos. Nas sociedades utópicas há muitas vezes um artificialismo: a perfeição é o resultado de um engenheiro genial, de um artesão inspirado. Mesmo assim, a narrativa utópica é obcecada pela seguinte questão: como eliminar entre os indivíduos todos os fatores de discórdia, todas as fontes de conflito? E a resposta é bastante imediata: suprimindo a propriedade privada, a moeda e às vezes até mesmo a família, anulando tudo o que poderia dar origem a ciúmes e cobiças. No extremo, trata-se mesmo de acabar com a dimensão individual: não deve haver indivíduos no sentido de singularidades marcadas por diferenças. A perfeição social e a plenitude da justiça são, portanto, asseguradas por uma regulamentação extensa, uma vigilância contínua, sobretudo a destruição de toda dimensão privada, suspeita de alimentar germes de dissensão social. No fundo, há relativamente poucas utopias anarquistas ou naturalistas. A sociedade como máquina maravilhosa, que dá a cada um sua parte exata de felicidade e de realização, supõe um círculo de dirigentes que são como os grandes tecnocratas do social. No entanto, essa ênfase num igualitarismo estrito, num funcionalismo quase cego (lembro aqui a fórmula de Saint-Simon de substituir o governo dos homens pela administração das coisas), no emprego necessário de um controle permanente dos indivíduos, acabou por suscitar, no século XX, as chamadas *contrautopias* ou *distopias*, isto é, versões narrativas de sociedades cuja perfeição tem mais a ver com o pesadelo que com o sonho: são as narrativas, por exemplo, de Yevgeni Zamyatin, *Nós*, de Aldous Huxley, *Admirável mundo novo*, ou de George Orwell, *1984*.

Nesses relatos do século XX encontramos a tirania da transparência, o despotismo do conformismo, o totalitarismo do funcionalismo. Os indivíduos não são mais que marionetes que se sorriem estupidamente e não pensam mais. A meu ver, a produção dessas contrautopias permitiu colocar uma série de questões muito ligadas, porém temíveis, que a narrativa utópica ao mesmo tempo mascara e revela: a produção autoritária pelo Estado da felicidade de um povo supõe a negação de sua liberdade? Só se pode ser feliz na obediência? Ou ainda: seria a felicidade apenas uma aspiração que nos move e um pesadelo tão logo se realiza?

Volto a citar o sucinto texto "O corpo utópico", de Foucault, escrito em 1966, que se constrói pela justaposição de dois momentos. No primeiro deles, imitando de maneira quase irônica o procedimento fenomenológico, Foucault constrói a ideia de que o corpo é a antítese da utopia, a instância contrautópica por excelência. Por quê? Bem, precisamente porque é um *aqui* absoluto, uma coerção definitiva, uma presença ao mesmo tempo pesada e incômoda, um acompanhamento contínuo, uma finitude insuperável. É a razão pela qual, explica o autor, as utopias são, de maneira bastante imediata, a negação do corpo: sonha-se livrar-se dele, ou imagina-se que ele é transparente, capaz de deslocar-se instantaneamente a velocidades infinitas. No fundo, para Foucault, o que se chama *alma* no Ocidente é também a projeção imaginária de um corpo, que seria, no entanto, incorpóreo. Toda utopia seria então, talvez, a negação do corpo.

No segundo momento do texto, de maneira bastante brusca, Foucault inverte todas essas análises para demonstrar, ao contrário, que o corpo é um enigma constante, um paradoxo contínuo: certamente sou meu corpo, mas ao mesmo tempo esse corpo me escapa; ele existe sobretudo no olhar dos outros, define um espaço confuso que habito mas que conserva suas próprias leis de funcionamento. Ele é um mistério: é simultaneamente uma interioridade e uma exterioridade, um sujeito e um objeto, uma máscara e um ponto de revelação. É, finalmente, uma virtualidade utópica, antes a fonte do que a negação das utopias, e no fundo, para Foucault, toda utopia se constrói como o prolongamento das virtualidades do corpo, o exagero imaginário de suas possibilidades.

Ora, parece-me, e por isso achei o texto de Foucault pertinente, que há esse duplo movimento naquilo que se poderia chamar de novas utopias, particularmente nas chamadas utopias trans-humanistas ou pós-humanistas. Quando falo aqui dessas novas utopias, designo uma série de discursos, de intervenções, de livros, também de anúncios ou até de instituições universitárias, que se passou a agrupar sob a bandeira do trans-humanismo ou do pós-humanismo. No livro de Rémi Sussan intitulado *Les utopies posthumaines* [As utopias pós-humanas], lê-se que as raízes primeiras dessa corrente se encontram na contracultura norte-americana californiana dos anos 1960 (portanto, uma corrente individualista e libertária), mas também na ficção científica. Dito isso, o que entendo por trans-humanismo ou pós-humanismo é uma série de discursos sobre as perspectivas abertas pelos progressos tecnológicos para o aperfeiçoamento humano, possibilitado pela convergência das nanotecnologias, das biotecnologias, das ciências da informação e das ciências cognitivas. Ora, esse trans-humanismo passou a ser levado a sério a partir dos anos 2000 e é o objeto de ações políticas nos Estados Unidos e na Europa, portanto, de financiamentos e de pesquisas para o melhoramento do indivíduo humano por essas novas tecnologias. Os grandes ideólogos, por assim dizer, dessa corrente, ainda que o termo seja um pouco pejorativo, são conhecidos: Max More e seu Instituto de Extropia; Raymond Kurzweil e sua Universidade da Singularidade, patrocinada pelo Google; Nick Bostrom, fundador da Associação Trans-humanista Mundial, que considera a constituição de uma *superinteligência*; podem-se incluir também personalidades como Aubrey de Grey, que anuncia a possibilidade de uma regeneração contínua das células, além de acadêmicos como James Hugues, Allen Buchanan etc. Na França, Marc Roux e Laurent Alexandre são considerados representantes do trans-humanismo.

Penso que, nos devaneios trans-humanistas, há de fato algo como um desprezo do corpo, que pode ser apreendido a partir de pelo menos três noções: o virtual, a conectividade e a inteligência artificial. A possibilidade de entrar em mundos virtuais, em universos paralelos, já existe através dos *videogames*, das visitas virtuais a sítios arqueológicos e a *sites* de museus ou de atrações de parques de diversões. O deslocamento num universo virtual se faz em âmbito puramente cerebral; no ciberespaço existimos sem corpo; a cibersexualidade nos propõe relações sexuais sem parceiro real. Alguém poderia dizer que, no fundo, o simples devaneio permite deslocar-se e existir sem o corpo. Mas aqui o mundo virtual nos é imposto. O que chamo aqui de corpo é apenas este fragmento de espaço ligado ao meu cérebro, bem mais do que a totalidade fisiológica que me faz existir. A utopia de uma existência num mundo virtual supõe a distinção entre o cérebro e o corpo, entre a velocidade das atividades cerebrais e a lentidão de um corpo preso ao seu próprio peso e prisioneiro de suas insuficiências. Do mesmo modo, quando um indivíduo se torna, armado com seu *smartphone*, cada vez mais um *homo connecticus*, um ser conectado (e aí não se trata mais de utopia), isto é, capaz de estar sempre em contato com outros indivíduos afastados fisicamente dele. Reencontramos a ideia de que existe um modo de presença que não está mais ligado ao corpo. Não é mais um corpo limitado no espaço e no tempo, um corpo com capacidades restritas que impõe as coordenadas da presença. Por outro lado, o projeto de criar uma superinteligência é uma nova variação desse desprezo do corpo. Usa-se a ideia de inteligência para falar de "telefone inteligente" ou "cidade inteligente". A utopia da cidade inteligente, por exemplo, é a de uma cidade saturada pelas tecnologias da informação, de tal modo que as coisas interagiriam constantemente entre si produzindo uma autorregulação contínua. Seria a criação de uma internet dos objetos, capaz de diminuir gastos de energia, de tornar mais fluidas as circulações, de prevenir catástrofes. Ora, o que me interessa aqui é o uso que se faz do termo inteligência. Será chamada inteligência a simples capacidade de captar uma informação e de responder a ela de maneira adequada. É o caso, por exemplo, do robô inteligente que a Mitsubishi desenvolve no Japão para ajudar idosos e que, ao escanear regularmente o rosto de seu mestre, pode adaptar suas intervenções vocais. Trata-se de uma inteligência que calcula a resposta ótima em função das informações dadas. O problema é saber se a inteligência pode se resumir ao cálculo e à capacidade de responder de maneira adaptada a um estímulo. A consciência, a intuição e a sensibilidade não participam também da inteligência? No fundo, a ultramodernidade nos obriga a voltar à ideia de uma estupidez da máquina e dos automatismos. Por muito tempo se considerou que a máquina não era mais que um boneco inerte que obedecia de maneira dócil a uma vontade superior, porque se estava no paradigma industrial. A cibernética e o desenvolvimento das tecnologias digitais fazem aparecer máquinas que tratam as informações de maneira diferencial, calculam possibilidades de resposta e interagem entre si sem necessidade da autorização de uma consciência humana para funcionar. Há um desprezo do corpo, portanto, nas utopias contemporâneas. David Le Breton escreveu um livro chamado *L'adieu au corps*[8] [O adeus ao corpo] para mostrar que todas as novidades tecnológicas tentam nos poupar ao máximo todo esforço corporal). Mas não só isso: exalta-se também uma inteligência resumida a funções de cálculo e de tratamento diferenciado das informações.

Mas creio que se pode perfeitamente fazer o equivalente do gesto de Foucault em seu texto de 1966. De fato, as utopias contemporâneas trans-humanistas talvez só desprezem o corpo de maneira marginal ou secundária. Também elas são movidas pelo sonho de uma transformação do corpo: trata-se de conservá-lo, mas eliminando dele tudo que é da ordem da limitação e da imperfeição. Pensamos aqui imediatamente nas três grandes dimensões do corpo: nascer, sofrer, morrer. Percebe-se que a utopia trans-humanista contém o projeto evidente de fazê-las desaparecer. Prometem-nos o apagamento do acaso do nascimento, uma duração de vida indefinidamente prolongada numa saúde perfeita, contanto que se aceite que nosso corpo seja atravessado por nanorrobôs que o reparam a todo instante, previnem as doenças e impedem o envelhecimento. Prometem-nos, evidentemente, *performances* inacreditáveis,

---

8. David Le Breton, *L'Adieu au corps*, Paris: Editions Métailié, 2013. Ed. bras.: *O adeus ao corpo – antropologia e sociedade*, São Paulo: Papirus, 2003.

uma sensibilidade multiplicada, uma alegria constante, o fim do câncer e em breve o fim da morte. Essas fantasias certamente não datam de hoje, mas as mutações tecnológicas as tornam, talvez, mais dignas de crédito, ainda que seja difícil imaginar que essas proezas tecnológicas estarão ao alcance de todos. Mas elas supõem também uma transformação do corpo, que será fundamentalmente híbrido e perpetuamente sustentado por nanotecnologias cuja importância é poder intervir num nível nanométrico. Nesse nível, como escreve Gilbert Hottois, "não há mais diferença absoluta entre matéria inerte, viva e pensante; entre natural e artificial; entre homem, máquina, animal". Ou seja, os elementos se compõem e se conjugam. É esse nível nanométrico que permite, por exemplo, imaginar a aprendizagem imediata, por *download* em nossos cérebros, de conhecimentos e capacidades teóricas, ou, ao contrário, o *download* do conteúdo de um cérebro em outro suporte que não o biológico, primeiro. Trata-se de considerar a criação de indivíduos que serão ditos *aumentados, melhorados*; não mais de imaginar simples próteses, mas verdadeiramente uma recomposição da química fundamental do ser vivo. Compreende-se então o que pode significar o termo *trans-humanismo* e sua passagem para o pós-humanismo. No fundo, em sua versão clássica, a utopia propunha algo como uma realização da humanidade. Desta vez se trata de ultrapassar a condição humana para poder conhecer a felicidade, e o caminho da perfeição estaria na elaboração sempre maior de uma continuidade entre o homem e a máquina, a constituição de um ciber-homem. No trans-humanismo só se fala de melhoria, de aumento, mas com a aceitação antecipada de que essas transformações fatalmente vão causar uma alteração, uma mutação da humanidade. A questão que se coloca, então, é a de nosso apego à humanidade: seríamos mesmo tão apegados à nossa humanidade? Não significa ela apenas uma série de limitações? Estaríamos cansados de ser humanos?

É possível que a distinção feita por Foucault, e que reproduzi na apresentação, entre desprezo e exaltação do corpo seja em grande parte artificial. Pois se trata de um mesmo movimento: quer-se um novo corpo, um corpo que não tenha mais esses elementos que fazem parte de sua definição, sua finitude. Eis por que essas utopias contemporâneas podem parecer assustadoras: sempre nos perguntamos, ao lê-las, se no fundo não exprimem certo fascínio pela morte, se não visam finalmente a uma transparência ausente de si mesma. Penso aqui na definição de Jean-Michel Besnier que, considerando com muito ceticismo e desconfiança essa corrente trans-humanista, diz que "a utopia é a morte tal como gostaríamos de vivê-la".

Talvez pudéssemos arriscar o seguinte. As grandes utopias clássicas podem ser lidas como reações de indignação diante da injustiça de um estado do mundo. Basta ler o texto de Thomas Morus para convencer-se disso. Ora, parece-me que as utopias contemporâneas do trans-humanismo têm a particularidade de surgir de outro sentimento, que seria um sentimento de vergonha: vergonha diante das capacidades de uma máquina que nós mesmos criamos. O trans-humanismo talvez seja a expressão dessa vergonha. Criamos máquinas que calculam e processam dados a uma velocidade que jamais atingiremos, podemos criar robôs androides com capacidades múltiplas, mais belos e eficientes que nós. E então sentimos a vergonha de ser homens, vergonha de nosso desempenho limitado. Alguém dirá que a vergonha, afinal, é um sentimento cristão: Adão foi o primeiro a senti-la depois do pecado original. Mas agora não é diante de Deus que temos vergonha, mas diante de uma máquina que nós mesmos criamos. O humanismo expresso nos escritos do século XVI (podemos pensar aqui no texto de Pico della Mirandola sobre a grandeza do homem) se baseava na descoberta de uma transcendência no sentido sartriano do termo: é a ideia de que o homem não tem lugar determinado, mas deve inventar-se a si mesmo, que seu destino é não ter destino, que ele deve sempre encontrar nele próprio o recurso do devir humano. O humanismo, penso eu, é fundamentalmente a ideia de que a humanidade é uma tarefa indefinida, e de que é preciso dedicar-se a ser homem, a humanidade sendo uma aventura. Mas essa aventura nos expõe ao acaso dos encontros, é um devir tortuoso, sem certezas. O trans-humanismo em sua versão mais radical exprimiria o projeto louco de uma autocriação de si perfeitamente controlada.

As críticas ao trans-humanismo (fascínio gelado pela máquina, sonho delirante e narcísico de autoengendramento e de sucesso) são certamente fáceis e se apoiam num humanismo um pouco clássico.

Dito isso, se esse conjunto de doutrinas me interessa (e convém notar que não são defendidas apenas por sonhadores idealistas e irresponsáveis, mas por acadêmicos reconhecidos, engenheiros e pesquisadores financiados por forças econômicas e políticas consideráveis), é porque apresentam para a filosofia de hoje uma fonte de inquietude formidável. De fato, elas nos permitem interrogar pelo menos duas oposições que acreditávamos fundadas e definitivas para a nossa cultura. Primeiro, a oposição entre o homem e a máquina: até que ponto podemos ser sustentados em nosso funcionamento interno por nanorrobôs, nanomoléculas, sem que isso altere a nossa identidade? Será que devemos imaginar, no extremo, relações de respeito a estabelecer com um robô androide para respeitarmos melhor a nós mesmos e aos outros humanos que passarão a ser um tanto híbridos? A segunda distinção que se fragiliza é a que se dá entre *terapia* e *melhoramento*. No fundo, grande parte da rejeição do trans-humanismo pelo humanismo clássico consiste em dizer que as técnicas biomédicas têm vocação de cuidar e não de aumentar desempenhos; de diminuir os sofrimentos e não de aumentar os prazeres. Mas até que ponto valem essas distinções? Quero dizer que, se uma deficiência ou uma inferioridade natural é sentida como um sofrimento, o melhoramento não significa para o indivíduo que dele se beneficia o equivalente de um cuidado, de uma terapia? De maneira mais ampla, será que o desejo de melhorar seus desempenhos, sua longevidade, de aproveitar as possibilidades técnicas quando existem (e, é importante acrescentar, quando se tem os meios financeiros para financiá-las), deve esbarrar numa recusa da medicina, que considera que você já viveu o bastante ou que seu desempenho é normal? Acrescento que o grande argumento dos trans-humanistas consiste precisamente em dizer que a possibilidade de corrigir desigualdades naturais é uma revolução democrática, pois essas desigualdades são as mais injustas de todas. No fundo, a sociedade que os trans-humanistas propõem (penso num livro como *From chance to choice: Genetics and Justice*[9] [Do acaso à escolha: genética e justiça]) é uma sociedade na qual cada um poderá livremente se escolher em vez de submeter-se a uma fatalidade genética (o problema é que, no fundo, se terá sido escolhido pelos pais), inventar-se e reinventar-se – na verdade, preferir-se de tal maneira e não de outra. A definição de liberdade do trans-humanismo, e talvez seja esse filosoficamente seu grande limite, é a capacidade de escolher e de preferir.

---

9. Norman Daniels; Daniel Wikler, *From Chance to Choice: Genetics and Justice*, Massachusetts: Cambridge, 2002.

Para concluir, direi então que essas utopias trans-humanistas devem ser tomadas a sério e provocar, da parte dos filósofos, algo mais que um desprezo condescendente ou uma rejeição pelo fato de serem apenas a expressão ideológica última do neoliberalismo. Por um lado, são utopias, porque permitem retomar o que chamei de grandes narrativas, a exemplo de Jean-François Lyotard. As grandes narrativas feitas pelas Luzes e pelo marxismo hegeliano do século XIX eram relatos da história. A história era o lugar da utopia, talvez desde Santo Agostinho e sua Cidade de Deus[10]; era o relato da aventura humana, de seu nascimento selvagem até o ponto mais alto de sua civilização. Ora, o que caracteriza o trans-humanismo é a proposta de uma utopia que não tem mais a história da humanidade como quadro, mas a evolução da espécie humana, uma espécie humana perfectível e indefinidamente transformável pela técnica. Não se trata mais de realizar uma essência e de revelar a humanidade segundo sua verdade autêntica, mas de aperfeiçoar uma máquina biológica e de fazer surgir indivíduos extremamente versáteis. Nisso o trans-humanismo certamente tem a ver com o que Foucault chamou de *biopolítica*, mas uma biopolítica não mais enquadrada por um Estado que quer controlar sua população e sim sustentada por indivíduos que consideram que são seus desejos que definem a extensão de seus direitos.

Por outro lado, e para terminar realmente desta vez, penso que o trans-humanismo nos obriga a recolocar a questão da finitude humana: essa finitude é ontológica ou simplesmente empírica? É um simples dado transformável ou está na raiz de nossa identidade? É com essa questão, para a qual evidentemente não tenho resposta, que terminarei.

---

10. Santo Agostinho, *A cidade de Deus*, v. 1, Rio de Janeiro: Vozes, 2011.

A sexualidade como utopia?[1]
Pascal Dibie

> *Eu me aproximo dois passos, ela se afasta dois passos.*
> *Caminho a dez passos do horizonte e o horizonte escapa dez passos mais longe.*
> *Enquanto eu caminhar, jamais a atingirei.*
> *Para que serve a utopia? Serve para isto: caminhar.*
> Eduardo Galeano

Sei que ainda hoje, ao falar de sexo, podem-se desencadear furores; sei que as conveniências não gostam muito que nossas alegres verdades individuais se exponham, e que o sexo no Ocidente, assim como em muitos outros lugares, foi e continua sendo às vezes muito impopular, embora cada vez mais presente em nossos imaginários midiáticos e agora globais. Estamos no cruzamento dos caminhos em que o material prevalece sobre o espiritual, o mecânico sobre o sensual, o racional sobre o sexual. E algo reage. Nossa época, nosso século em plena adolescência produz artistas que exprimem e expõem que é preciso não abandonar a utopia da libido, que é preciso combater para que a obscenidade do silêncio, imposto a tudo que denuncia, critica e questiona, não seja definitivamente triunfante. Como de hábito, pontuarei minha exposição com exemplos concretos, com coisas que acontecem a todos nós, mas cuja significação e consequências talvez não percebamos suficientemente.

---

1. A tradução do presente ensaio, incluindo as citações de obras feitas pelo autor, é de Paulo Neves.

Em Paris, em outubro de 2014, um artista americano erigiu na Place Vendôme uma obra intitulada *Green Tree*, uma árvore gigante de material inflável sem muita graça, devo dizer. Na França, o ambiente ainda estava aquecido pelas manifestações virulentas de integristas que se opunham ao projeto de lei Casamento para Todos que o parlamento acabara de votar. Estávamos, portanto, em plena comoção sexual, gerada pela discussão sobre quem tem o direito de deitar com quem e, mais do que isso, de desposá-lo. Eu disse que os espíritos estavam aquecidos e vigilantes. Assim, os integristas reconheceram na tal árvore um *plug* anal. Atacaram-no, desinflaram-no, e o *plug* gigante desmanchou-se no chão. Surgiu então uma polêmica sobre o sentido da arte, sobre a sexualidade e principalmente sobre a utilização do suposto *plug*. Paul McCarthy, é o nome do artista, defendeu-se e reiterou a provocação com outra exposição. Dessa vez foi no La Monnaie de Paris, onde, não muito tempo atrás, cunhava-se ainda moeda. Ele intitulou a exposição de *Chocolat Factory*, produzindo em série *plugs* e Papais Noéis de chocolate. "Fábrica louca, desregrada, em superprodução", como diz o programa da exposição, acumulando diariamente sua produção de *plugs* e de chocolate, fazendo surgir ali mesmo o problema logístico de sua capacidade de estoque. Sem que o dissesse, *Chocolat Factory* colocava a questão da sexualidade e a da superprodução de excrementos de nossa sociedade. Os reacionários se opuseram a tamanha obscenidade, mas, para o grande público, atraído pelo chocolate, foi a descoberta do *plug* e da analidade[2]. Paul McCarthy trabalha há quarenta anos com equivalentes visuais dos diferentes humores corporais: sangue, esperma, urina, excremento.

O que me interessa particularmente nessa aventura artístico-política é a dimensão utópica; como é que uma árvore, Papais Noéis com pinheiros de chocolate podem interpelar, chocar uma moral? Como isso causa uma indigestão? É preciso voltar às interdições e tabus que buscam conter e encerrar nossas sociedades, ao moralismo preocupado com a irrupção do que se considera como *baixo*, à famosa mediocridade do justo meio-termo que diferencia o *alto* do *baixo* no corpo, suas partes nobres de suas partes vergonhosas inomináveis, irreveláveis[3], e que, de repente

---

2. Jornal *Libération*, 27 out. 2014.
3. Pascal Dibie, *La tribu sacrée. Ethnologie des prêtres*, Paris: Metailié, 1999.

reveladas, expressas, provocam revolução ou revulsão. Não estamos aí, com essa história leve (e esse é todo o seu peso!), diante de algo que tem a ver com a *Utopia* no sentido em que Thomas Morus (1478-1535) a imaginou? Algo relacionado a um lugar que não está em lugar nenhum, a uma presença ausente, a uma realidade irreal, a um alhures nostálgico, a uma alteridade sem identificação? Em outras palavras, uma "prestidigitação filológica cujo propósito confesso é anunciar a plausibilidade de um mundo às avessas e cujo propósito latente é denunciar a legitimidade de um mundo supostamente correto"[4]? Parece-me importante notar que, desde Morus, a literatura utópica juntou-se a uma literatura de reflexão ligada à sociologia do conhecimento retrospectivo e, ao mesmo tempo, à ação prospectiva. Ou seja, a utopia não tem antes nem depois, mas nos promete um presente iminente.

No que concerne à etnologia, disciplina que me convém, e à questão da minha conferência, "A sexualidade como utopia?", tomarei do estudo de minha colega Françoise Héritier sobre o pensamento da diferença uma reflexão cuja evidência se impõe e que devo absolutamente repetir: "A reflexão dos homens, na emergência do pensamento, só pôde se ocupar do que lhe era dado observar de mais próximo: o corpo e o meio no qual ele está mergulhado", e mais o seguinte, com que concordo plenamente: "Ocorreu-me que havia aí um para-choque último do pensamento, no qual está fundada uma oposição conceitual essencial: a que opõe o idêntico ao diferente, um dos temas arcaicos que encontramos em todo pensamento científico, tanto antigo quanto moderno, e em todos os sistemas de representação". E ela acrescenta: "É menos o sexo que a fecundidade que está no centro dos problemas"[5].

Depois da "árvore-plug", se posso dizer, vai surgir na França outro caso, o da "vagina da rainha". Em 9 de junho de 2015 foi inaugurada nos jardins do palácio de Versalhes uma obra monumental de Anish Kapoor intitulada *A vagina da rainha que toma o poder*. Indignação geral da imprensa de direita, seguida de um ataque contra a trompa de aço que é manchada de tinta amarela. Sabiam os agressores que o amarelo é a cor da recusa, dos réprobos? O fato é que esse gracioso túnel de aço de sessenta metros

---

4. Henri Desroche; Joseph Gabel; Antoine Picon, "Utopie", *Encyclopaedia Universalis*. Disponível em: <http://www.universalis.fr/encyclopedie/utopie/>. Acesso em: 1 mar. 2006.
5. Françoise Héritier, *Masculin Féminin*, Paris: Odile Jacob, 1996, pp. 19-20.

de comprimento, colocado sobre um tapete verde e cercado de enormes blocos de pedra artisticamente salpicados de vermelho, que se abre em direção ao palácio do Rei Sol, é qualificado por seu autor de "muito sexual" e de *"dirty corner"* [literalmente, "canto sujo"] pela crítica horrorizada. *Le Figaro* escreve que ele é uma ficção para a qual "todo ato criativo põe em perigo um passado sacralizado ao extremo". Especialmente aqui, além da vagina, lugar de fecundidade, julgou-se que "o direito moral de Le Notre e Mansart não era respeitado"[6]. Ao falar de sua obra, o artista anglo-indiano disse: "Tive a ideia de perturbar o equilíbrio e de convidar o caos". E parece que ele conseguiu. Com a *Vagina da rainha*, o que Anish Kapoor questiona é exatamente o lugar do poder, com esta questão precisa: não é o sexo o agente do poder? E, mais particularmente, não são as mulheres convidadas a essa representação do poder?

É tempo de retomar a própria noção de sexo ou do sexo e de ver nele, para o que nos ocupa aqui, antes de tudo um sexo social, ou seja, um meio, como disse Françoise Héritier, de trabalhar com os limites, no sentido de fronteiras, tanto de nossas sociedades quanto do pensamento humano. Freud, que evocarei em seguida e que reencontraremos mais tarde um pouco maltratado nesse debate sobre as utopias, levou muito tempo para fazer nossa sociedade reprimida pelas religiões e pela moral admitir que o objetivo da sexualidade não era só a procriação, e que a sexualidade humana, no nível individual, estava em realidade a serviço dela mesma. Os especialistas da evolução observam que a descrição do papel das mulheres, em qualquer época, sempre esteve ligada à história da sexualidade. Nosso bipedalismo, isto é, o fato de podermos ficar de pé, mudou radicalmente para melhor nossa postura, com o entusiasmo, para ambos os sexos, de perceber a beleza sob um ângulo diferente: o macho se interessou um pouco menos pela bunda da quadrúpede[7] e desenvolveu um gosto novo pelos seios e pelos ventres macios que se ofereciam à visão; quanto às mulheres, que não podiam ver de frente seu parceiro, também elas descobriram sob outra luz uma parte da anatomia que, salvo

---

6. *Le Figaro*, 9 jun. 2015. [Le Notre e Mansart foram, respectivamente, paisagista e arquiteto de Versalhes – N.T.]
7. Mas isso não é verdade no Brasil – conforme minha conferência "O silêncio dos amantes", no ciclo *O silêncio e a prosa do mundo* (2013) – e nas culturas do Oriente Médio e de boa parte da África.

exceção, até então ficava oculta[8]. Deixo de lado a mecânica dos corpos; noto apenas que os deuses das mitologias em todas as culturas sempre tiveram uma sexualidade ampla e variada. Penso nos mitos como utopias. Entre os gregos, por exemplo, as bodas de Hermafrodite com Dioniso que engendraram Príapo...

Para me aproximar da minha cultura, aquela na qual, apesar da globalização, vivo ainda um pouco e da qual percebo os sobressaltos através dos exemplos que dou aqui, convém colocar, num primeiro momento, a questão sexual em termos de *utopia invertida*. No capítulo do sexo, a maior parte das religiões exigia de seus adeptos apenas uma continência temporária, mas os cristãos insistiram em que ela fosse permanente porque, como o lembra São Paulo, "nossos corpos são os membros do Cristo" (*I Coríntios* 6, 15-16) e porque

> quando Adão e Eva cometeram o pecado, eles se expuseram a forças novas e egoístas que não podiam mais jugular. Sua desobediência ao criador se manifestou por uma atividade súbita e pertinaz de seus órgãos genitais. Sua incapacidade de reprimir esse fenômeno novo os levou a costurar folhas de figueira para fazer um avental que ocultasse as *pudenda*, as partes vergonhosas – do latim *pudere*, ter vergonha[9].

Santo Agostinho, que cito aqui por meio de Reay Tannahill[10], acreditava que os remorsos do pecado original herdado pelos descendentes concupiscentes de Adão e Eva subsistiam nos humanos e que isso explicava a perversidade e a independência dos órgãos genitais, a natureza irreprimível do desejo carnal e a vergonha geralmente sentida após o coito. O instinto físico para assegurar a perpetuação da vida se transformou numa coisa infame, a luxúria. Para qualificar esses pecados, associou-se a eles o nome de Sodoma, que englobava o pecado do orgulho, o adultério

---

8. Reay Tannahill, *Le sexe dans l'histoire*, Paris: Laffont, 1982, pp. 15-7: "A posição ereta obrigou a humanidade a reconsiderar a postura de acasalamento dos primatas e, a seguir, a perceber a beleza sob um ângulo diferente. Os parceiros se veem de frente, os músculos, as extremidades das fibras nervosas, as mucosas e o ângulo de penetração contribuem para uma experiência voluptuosa recusada ao primata não hominídeo, permitindo nessa nova postura, em que o clitóris participa, o orgasmo da mulher".
9. Pascal Dibie, "O silêncio dos amantes", em Adauto Novaes (org.), *O silêncio e a prosa do mundo*, São Paulo: Edições Sesc, 2014, p. 355.
10. Reay Tannahill, *op. cit.*, p. 160.

e o espírito ateu, em suma, todos os vícios ditos antinaturais, a natureza querendo, sempre segundo Agostinho, "que os órgãos genitais tivessem sido destinados pelo Criador unicamente para a propagação da espécie e não pudessem ser legitimamente utilizados para outros fins"[11]. Acrescento à lista, e é a razão pela qual se atacou a árvore perversa de McCarthy, pecados geralmente enunciados em latim, a saber: coito interfemural, felação, polução manual, bestialidade e sodomia[12].

O que está precisamente no centro da visão cristã da relação sexual, sua preocupação maior, é excluir do conjunto das práticas sexuais aquelas julgadas não procriativas e que os teólogos dividem segundo dois conceitos complementares: o da vida antinatural – que é o objeto do cânone *Adulterii malum* – e o da esterilização, visado pelos cânones *Aliquando* e *Si aliquis*. Em teoria, o casamento cristão é um "remédio para a concupiscência dos cônjuges". O homem e a mulher gozam teoricamente de direitos iguais, mas essa igualdade não deve perturbar a hierarquia natural entre os sexos. "Na vida de casal cristão o amor enquanto paixão deve ser proscrito absolutamente"[13], observa Theodore Tarczylo em seu estudo sobre o sexo e a liberdade no século das Luzes. É nesse contexto que o catecismo do Concílio de Trento reafirma claramente a gravidade de toda prática anticoncepcional, notando que "essa ação só pode ser o efeito de uma conspiração de pessoas homicidas". Quanto aos pecados, "eles não perturbam apenas a ordem da natureza, eles minam o edifício social! A fornicação põe em perigo a instituição familiar, o adultério é fonte de desordem"[14]. Até o século XIX, a ordem natural atribui a cada criatura uma posição na hierarquia dos seres. No topo, o homem, rei da criação; embaixo, a mulher; e mais embaixo ainda, as criaturas subalternas: animais, plantas etc. Ora, perturbar a hierarquia é um crime porque é opor-se à vontade do Criador. Essa hierarquização do mundo se traduz até no ato sexual: "se a posição *mulier super virum* é julgada ilícita, é porque, além das suspeitas de esterilização, ela infringe a regra da supremacia viril. Todo movimento do topo à base significa uma diminuição do ser, uma anima-

---

11. *Ibidem*, pp. 129-30.
12. Pascal Dibie, "Nomear as coisas", em Adauto Novaes (org.), *Libertinos libertários*, São Paulo: Companhia das Letras, pp. 182-3.
13. Theodore Tarczylo, *Sexe et liberté au siècle des Lumières*, Paris: Presses de La Renaissance, 1983.
14. *Ibidem*, pp. 39-41.

lização"¹⁵. E é assim que, crime dos crimes, ato que aboliria a fronteira entre o homem e o animal, "o sodomita é um louco, um ser que não se pertence mais, alguém fora de si, fora da humanidade, desnaturado, exposto ao demônio"¹⁶. O verdadeiro crime é que com essa postura não se pode *conceber*. E a Igreja, misógina desde suas origens, acusará a mulher de serva tentadora, "semelhante a uma porta permanentemente aberta sobre o abismo da Queda". Eis aí, entre outras coisas, o que os censores inventaram e acreditaram reconhecer na Place Vendôme, em Paris, na árvore inflável de 24 metros de altura que eles mesmos qualificaram de *plug* anal: uma *utopia contrária* que não os fez rir...

Quanto à *Vagina da rainha*, no palácio de Versalhes, imagina-se facilmente por que a moral cristã também se melindrou. Não era mais um *sex toy*, mas um órgão que insinuava não só o princípio do excesso, mas o receptáculo mesmo do excesso. "Como o homem, a mulher é submetida às pulsões da genitália e do útero [...] é pelo útero que a mulher é fatalmente levada ao excesso, literalmente possuída pelo animal uterino, vítima obrigatória de seu afluxo de humores, de sua vontade de filhos", observa Tarczylo¹⁷. Não é só a mulher, fonte da desordem universal, que está em causa, mas, com a exposição *Vagina da rainha*, a exposição mesma do concreto da relação sexual, daquilo que, segundo Lacan, "se faz realmente", ao lembrar, em 1967, que "a sexualidade abre um buraco na verdade". Não estaríamos aí na aurora de uma utopia? Algo que, como eu disse mais acima, é da ordem de uma presença ausente, de uma realidade irreal, de um alhures nostálgico que obriga a dizer, a falar? "A sexualidade está inteiramente nas palavras", escreveu Freud. As utopias também.

Aristófanes nos fez rir muito ao propor, em *A revolução das mulheres*, substituir um governo masculino por um governo de mulheres. Ovídio nos fez sonhar com a primavera eterna das *Metamorfoses*, Campanella com a *Cidade do Sol* (1623) etc. – os catálogos de utopias mencionam mais de mil até hoje, que conhecemos mais ou menos¹⁸. O que me interessa aqui, e repito caso não me tenham entendido, é pensar a utopia social enquanto projeto imaginário de uma sociedade outra, este *outra* tendo por objeto

---

15. *Ibidem*, p. 42.
16. *Ibidem*.
17. *Ibidem*, pp. 83-4.
18. Jean Servier, *Histoire de l'utopie*, Paris: NRF, 1967.

a família ou a sexualidade. Em todo caso, é uma maneira de limitar a lista das utopias, embora nesse ponto elas ainda sejam numerosas, a alteridade indo da comunidade sexual ao monaquismo ou ao paramonaquismo generalizado, que pode acabar num eugenismo sem freios ou até mesmo numa sexualidade sem reprodução, uma sexualidade apenas para o sexo em que a disjunção dos prazeres pode ser vivida plena e individualmente – o que hoje, e voltaremos a isso, não é mais uma utopia. Por ora, deve-se entender a utopia como uma profecia: "ela anuncia e evoca, seja de modo fascinante para que as coisas aconteçam, seja de modo temível para que não aconteçam"[19]. A função mais positiva da utopia é a exploração do possível, no sentido de que ela é uma intenção de transformação da ordem presente; ela intervém "como uma alternativa à ordem social existente, revela o fosso entre as reivindicações da autoridade e as crenças dos cidadãos num sistema de legitimidade"[20].

Na Revolução Francesa, Saint-Just proclamou o advento da felicidade na Europa; Gracchus Babeuf e Pierre Sylvain Maréchal – de quem falei aqui longamente no ciclo "Fontes passionais da violência", em 2014 – escreveram o *Manifesto dos iguais* (1796); o abade Saint-Pierre, que Voltaire cognominou "Saint-Pierre da utopia", propôs um "Projeto para tornar a paz perpétua na Europa" (1713); em suma, o fato de o século XVIII ter visto surgir o termo *utopia* como substantivo em 1717, como adjetivo em 1789 e os próprios utopistas em 1792, é a prova de que "sua necessidade se fazia sentir mais que nunca", como escreveu Anne Richardot, ao constatar que "o imaginário utópico impregna uma parte considerável da produção literária no século XVIII"[21]. O que me interessa é a utilização ou a necessidade de utilização da sexualidade, sua aplicação ou sua reforma nas utopias que mencionei. Lendo-as, podemos nos perguntar se a sexualidade não seria o instrumento mais visível e também o mais eloquente para um militantismo filosófico no qual está em jogo tanto a sociopolítica quanto a psicologia de uma sociedade em transformação. "Lá onde a sexualidade aparece em destaque", observa Anne Richardot, "há ao mesmo tempo

---

19. *Encyclopaedia Universalis*, "Utopie", *op. cit.*
20. Paul Ricoeur, *L'Idéologie et l'utopie*, p. 90.
21. Anne Richardot, "Cythère redécouverte: la nouvelle géographie érotique des Lumières", *Clio. Femmes, Genre, Histoire. Dossier Utopies sexuelles*, 2005, n. 22, p. 2. Disponível em: <https://clio.revues.org/1747>. Acesso em: 1 mar. 2016.

paixão e desejo de regulamentação, através, é claro, de uma proposta de desregulamentação"[22]. Seguidamente situadas numa ilha em meio a oceanos improváveis – de preferência a Oceania – ou nas margens do Amazonas, em repúblicas de mulheres ou em "corsários fêmeas" à procura de reprodutores, há nas utopias um mundo inverso àquele que se conhece: são as mulheres que buscam se organizar democraticamente, às vezes até militarmente, reconfigurando as relações de sexo, propondo uma sociedade que se estabelece na tensão entre o desejo e o dever, e na qual as relações entre homens e mulheres têm por finalidade uma revolução genital radical. As utopias que vemos florescer a partir do século das Luzes nos passos dos libertinos[23] colocam de fato a questão da reorganização da reprodução e de sua gestão. Aliás, toda utopia é pensada para engendrar, seja de maneira genital ou espiritual. A título de exemplo, em *Les Amazones* [As Amazonas], de 1749, o homem tem funções apenas efêmeras: "Depois de três meses, a Senhora Amazona, como gentil pessoa, diz ao licencioso: Vamos, franguinho, caia fora". Numa outra utopia, *L'aventurier français* [O aventureiro francês], de 1782, de Robert Martin, "os machos são engordados como garanhões e usam um 'cinto singular', do qual cada mãe de família possui a chave. As damas de qualidade sustentam jovens rapazes, as mais ricas têm serralhos inteiros"[24].

Na verdade, o sonho profundo dessas utopias feministas – escritas em sua maior parte por homens e, nesse sentido, tanto fantasmadas quanto sob vigilância – não é tomar o poder, mas sim abolir os privilégios e as tarefas reservadas aos gêneros, até mesmo transcender ou abolir o poder. Anne Richardot se pergunta se, através dessas "utopias genitais" em que se é "possuidor de um corpo duplamente genitalizado", a ideia utópica não seria, talvez, a de enfim "reencontrar uma dimensão etérea"[25] de nosso erotismo, isto é, apaziguada, na medida em que nosso amor nada mais teria de carnal. Isto com a simples finalidade de retomar o mito platônico do andrógino, aquele tempo esperado no qual se realizaria finalmente a impossível busca original, preenchendo o vazio criado pela metade perdida. A questão é saber se a ausência de alteridade é vivível, sobretudo

---

22. *Ibidem*.
23. Cf. Adauto Novaes (org.), *Libertinos libertários*.
24. *Apud* Anne Richardot, *op. cit.*, p. 3.
25. Anne Richardot, *op. cit.*, p. 5.

ao sair da época cristã em que o sujeito do desejo sempre se identificou ao sujeito da lei. As feministas contemporâneas nos asseguram que "as relações de sexo são solúveis no gênero"[26].

> Segundo Monique Wittig, existiria somente um sexo. Ou seja: "o sexo" continua colado às mulheres. Sua esperança é chegar a uma humanidade universal, a uma só humanidade na qual o sistema reprodutor não tenha mais incidência do que o sistema digestivo – necessário, funcionando com frequência [...] mas cujas características não precisam ser elucidadas constantemente, lembradas em toda correspondência oficial (macho/fêmea), em toda saudação (bom-dia, senhora/senhor) e em cada frase (todos e todas). Wittig se inspira em dados antropológicos, históricos e linguísticos para criar um mundo à parte, uma utopia que é também um plano[27].

Portanto, é pela renovação da língua que a utopia de uma mudança radical de nossas sexuações poderia se realizar, pelo desaparecimento, para começar, de uma língua sexuada que a revolução poderia trazer, como pensa uma parte de nós.

Pensemos na outra parte, ou melhor, no partido que se viu confrontado à difícil instalação *na prática* de sua utopia comunista. Desta vez tocamos concretamente a utopia, já que foram nossos contemporâneos que tentaram vivê-la *in situ*; temos testemunhos dos que praticaram e viveram essa utopia até que ela se invertesse e se transformasse em pesadelo. Convém lembrar os poucos meses que se seguiram à queda da monarquia na Rússia e que foram sentidos como uma libertação sem precedentes em todos os planos. Foi um frenesi de gente tomando a palavra, de comícios cotidianos, de petições para tudo e para todos, e a rejeição de todas as formas de autoridade permitiu a Lênin dizer que os russos viviam no país mais livre do mundo. De fato, o historiador Marc Ferro lembra que em Moscou trabalhadores obrigavam seus patrões a aprender os fundamentos do futuro direito operário; em Odessa, estudantes ditavam o novo programa de história das civilizações a seus professores; em Petrogrado, os

---

26. Kate Robin, "Au-delà du sexe: Le projet utopique de Monique Wittig", *Journal des anthropologues*, 2011, n. 124-125.
27. *Ibidem*, pp. 2-3.

atores substituíam o diretor do teatro e escolhiam o próximo espetáculo; até mesmo crianças reivindicavam, para os menores de 14 anos, o direito de aprender a lutar boxe para se defender dos mais velhos. Era o mundo às avessas. Os sovietes pregavam a paz imediata, terra aos camponeses, jornada de oito horas de trabalho e uma república democrática. E as mulheres? Queriam a igualdade. Em suma, todos se emancipavam, mas a utopia demorava a se instalar. Sabemos hoje o que veio a seguir. Quanto à moral sexual leninista, ela colocou o amor sob vigilância. Freud era considerado um espírito perturbado cujas teorias tinham por finalidade oficializar os mais baixos instintos humanos. Lênin declarou que

> a moral burguesa me repugna tanto quanto essa paixão pelas questões sexuais [...] para esse tipo de ocupação não há lugar no Partido, no proletariado em luta e consciente de seu espírito de classe [...] as questões sexuais e matrimoniais não fazem parte da principal questão social [...] isso prejudica a clareza da questão, obscurece o pensamento em geral e a consciência de classe dos operários[28].

É verdade que a revelação de Freud foi, em seu tempo, entendida não como uma proposição utópica, mas como uma diabrura medievalesca, e isso tanto pela burguesia quanto pelo proletariado. O problema não era só revelar coisas em matéria de sexualidade, mas confirmar práticas. No entanto, Freud tirou a sexualidade humana de sua representação atrasada quando disse que o sexo devia ser, para seus contemporâneos do século XX, não uma descoberta, mas simplesmente uma redescoberta. Wilhem Reich, discípulo de Freud, foi mais longe. Mesmo reconhecendo em Freud sua exploração do inconsciente mediante as associações e as imagens verbais, ele achava que a psicanálise acabava sendo um discurso sobre um discurso, com tudo o que isso implica de impregnação ideológica, de limitações e de coerções culturais. Reich queria prolongar a obra de Freud e remontar aquém da linguagem falada. Ele abriu o imenso campo inexplorado das expressões emocionais que, a seu ver, se apresentavam sempre encarnadas, inscritas num corpo: o corpo inteiro, não o "corpo de

---

28. *Apud* Jacquy Chemouni, "Lénine, la sexualité et la psychanalyse". Disponível em: <http://olivierdouville.blogspot.com.br/2013/06/lenine-la-sexualite-et-la-psychanalyse.html>. Acesso em: 1 mar. 2016.

órgãos"²⁹. É assim que suas pesquisas o levaram à genitalidade e à teoria do orgasmo. Em vez da genitalidade posta por Freud a serviço da procriação, Reich afirmou o primado da sexualidade enquanto estrutura biossocial fundamental, propondo a revolução sexual. "Não se trata apenas de beijar, de abraçar, de ter relações. Trata-se da realidade da experiência emocional da perda do ego [...]. A libido é a energia que é modelada pela sociedade [...]. O mundo se apodera dela e a modela"³⁰. Com isso ele se interessou pela energia da sexualidade, a *orgone*, e insistiu na questão do orgasmo, "capacidade de descarregar completamente toda a excitação sexual contida, por meio de contrações involuntárias agradáveis ao corpo". Em 1930, publicou *A revolução sexual*, onde analisa, entre outras coisas, as causas da miséria sexual e afetiva das massas, propondo o direito à sexualidade das crianças e a liberdade sexual dos casais³¹. Em 1931 fundou, em Berlim, a Associação para uma Política Sexual Proletária (Sexpol), na qual dava consultas gratuitas. Em 1933 apareceu seu livro *Psicologia de massas do fascismo*, em que insiste sobre as estruturas de caráter do homem e a *peste emocional* que explicam o fascismo. Diante do *fiasco da moral sexual* – título da primeira parte de *A revolução sexual* –, Reich propõe a *luta pela "nova vida" na União Soviética* – título da segunda parte. Essa luta permitiria construir uma nova sociedade com métodos de educação radicalmente diferentes dos existentes, baseados no prazer e na realização dos desejos e não nas coerções sociais e na frustração permanente. O capítulo xiv é um verdadeiro manifesto, quando não uma utopia na qual "os problemas sexuais não podem ser abandonados como se fossem diversões em relação à luta de classes; ao contrário, essas discussões devem se integrar ao esforço total de construção de uma sociedade livre"³².

Embora hoje pouco conhecido fora da geração de 1968, Reich semeou, como ele mesmo escreve, "o cuidado da reestruturação sexual do homem, tendo em vista uma aptidão plena ao prazer", e isso "não pode ser deixado à iniciativa privada, é um *problema cardeal da vida social inteira*³³. De certa maneira, estamos de volta ao ponto de partida desta exposição,

---

29. Roger Dadoun, "Reich-Freud, Le débat fondamental", *Psychanalyse (témoignages) Psychanalyse (histoire) Psychanalyse (théories)*, n. 152, nov. 1972.
30. Wilhem Reich, *Reich parle de Freud*, Paris: Payot, p. 19.
31. Idem, *La révolution sexuelle*, Paris: Plon, 1968. Ed. bras.: *A revolução sexual*, Rio de Janeiro: Zahar, 1969.
32. *Ibidem*, p. 368.
33. *Ibidem*, p. 370. [Grifos do próprio Reich.]

quando eu falava dos *anticasamentos para todos*, dos anti-homossexuais, antissocialistas, antissacanagem etc., desses "dirigentes políticos de mentalidade ascética que representam um sério obstáculo [...] inexperientes e muitas vezes sexualmente doentes [...] que nesse ponto têm muito a aprender"[34].

Portanto, ao mesmo tempo em que alguns resistem a toda mudança, chegamos, muitos de nós, à ideia de que as categorias homem e mulher não são naturais, nem sempre correspondem ao sexo biológico e são reguladas mais pelas leis do significante do que pela biologia, embora a sexualidade tenha se tornado algo muito mais público e, para retomar Jacques Lacan, "a palavra *sexo* implique a ideia de 'um' ou de não-relação, ao contrário de divisão". Aliás, Lacan dizia que "não há relação sexual no ser falante", a fim de mostrar que a expressão corresponde ao imaginário, e afirmou – acrescento isso de passagem à nossa reflexão – que "o homem é casado com o seu falo. Ele não tem outra mulher como essa". Quanto ao que chamam de gozo sexual, Lacan explica que "ele é definido em relação com o falo" e, em razão dessa definição, "é marcado, dominado pela impossibilidade de estabelecer como tal, em parte alguma no enunciável, aquele único Um que nos interessa, o Um da ligação-relação sexual".

No entanto, o mundo muda a toda a velocidade, e o que era utopia tornou-se realidade. Ouvimos aqui Frédéric Gros falar da *utopia do corpo* na visão pós-humana e suas realizações atuais. Então falemos disto: a vertigem sexual – que, segundo Georges Bataille, não se pode afastar do debate – deve ser entendida como "a transgressão momentânea do descontínuo que são o organismo (individual) e o trabalho (social), em direção ao contínuo da espécie e da procriação, ao magma vida-morte--vida que faz o fundo da realidade"[35]. Herbert Marcuse, na esteira de Reich, apresentou o sexual liberado como o polo oposto do rendimento repressivo. Não há dúvida alguma de que o Ocidente atual compensou até agora, pela revalorização da sexualidade, alguns inconvenientes da sociedade industrial. Desde que a sociedade de consumo se instalou profundamente, o sexo, assim como a Coca-Cola e as férias, se tornaram *produtos* a consumir, pelo simples prazer de seu consumo. Será porque "o coito é o

---

34. *Ibidem*, p. 367.
35. Cf. *Encyclopaedia Universalis*, "Sexualité", v. 14.

último lugar da natureza pura (bruta) num mundo artificializado e urbanizado", como observou um psicanalista? Um pouco, talvez, para os mais velhos. Mas parece que, para os mais jovens, o sexo entrou nas práticas de comunicação na globosfera, alternando entre virtual e realização. A menos que os modelos de rendimento da informática tenham chegado a tal ponto de contradição que a utilidade, ou mesmo o utilitarismo, conquistou as expressões de todas as formas de vida e o ritmo prazer-prazer seja agora o fundamento mesmo de nossas existências. Então a presença, nossa presença, se tornaria secundária em tudo que fazemos e estamos entrando numa utopia desenfreada – a utopia, repito, sendo a possibilidade da existência de um lugar que ainda não está em lugar nenhum.

O princípio de prazer – entenda-se: o esforço de repetição do que, por natureza, escapa à sua intenção – seria então a verdadeira cultura, uma cultura corrigível a cada instante e que se edifica em torno desse vazio que é o único verdadeiro gozo reconhecido como total, o gozo sexual que só se instaura com sua perda, como sabemos. Desta vez chegamos lá: basta dar uma voltinha no *smartphone* pelo Tinder, OKCupid, Happn ou Icebreaker, um aplicativo de encontros por geolocalização, para ver que homens e que mulheres estão ao alcance, com a mesma vontade de realização imediata. Joga-se com este, com aquela, com seu tipo, seu fantasma. Marca-se um drinque num lugar público, para abrir o apetite, vai-se à casa de um, do outro ou a um motel, uma hora de diversão, sem troca de telefones, sem preocupações. Apenas divertimento e prazer. *Fast sex*. Fala-se também de *hook up* entre os gays para um encontro de uma noite[36]. Em todo caso, crescem os usuários de *sites* de encontros na França. Alguns ou algumas anotam num caderninho: "nenhum ressentimento, apenas momentos legais". Não há dúvida, porém, de que estamos a caminho de uma nova libertinagem. "As pessoas dizem agora que não há mal em fazer o bem"[37], diz o sociólogo Jean-Claude Kaufmann. De fato, esses "aplicativos de tentação"[38] parecem ser formidáveis restauradores de egos machucados. Chegamos à revolução sexual pregada por Reich nos sovietes? Melhor: hoje não há mais necessidade de tocar para gozar.

---

36. *Nouvel Observateur*, n. 2.646, 27 jul. 2015.
37. Jean-Claude Kaufmann, *Sex@mour*, Paris: Armand Colin, 2010.
38. *Ibidem*.

Viver sem esperança é viver sem medo ou contra a utopia
Vladimir Safatle

É comum ouvirmos a afirmação de que vivemos em um tempo desprovido de utopias. Alguns veem nisso sua maior fraqueza, outros, sua força mais sábia. Quando se diz que nosso tempo é desprovido de utopias, diz-se que, para o bem ou para o mal, o tempo reconciliou-se com suas formas atuais. O que pode significar duas coisas distintas. Primeiro, que nosso tempo é marcado pela melancolia de quem sabe que suas promessas de superação foram perdidas. Nesse caso, a reconciliação do tempo consigo seria uma reconciliação melancólica, resultado da diminuição de nossas expectativas em relação ao porvir. Teríamos nostalgia de uma época marcada pelas utopias e nada pareceria ter a força de reinstaurá-la.

Mas dizer que nossa época é desprovida de utopias pode querer dizer também que, de certa forma, o *establishment* seria uma certa "utopia realizada". Não são poucos os que procuram transformar os modos de vida liberais e as formas políticas que são próprias ao nosso tempo em horizonte utópico final do processo de modernização social. Um pouco como vemos na temática do "fim da história e o último homem". Independentemente das crises, há sempre liberais dispostos a serem um Leibniz das finanças e falarem que este é o melhor mundo possível. Se Deus não criou outro é porque fora do mundo liberal só haveria catástrofes.

De toda forma, tanto em um caso como em outro, há a defesa de que nossa época seria uma época reconciliada com suas próprias formas ou, ao menos, reconciliada com as dinâmicas próprias a animar a atualidade de suas formas. Como se não houvesse mais acontecimentos fundadores a esperar. No máximo, acontecimentos catastróficos a evitar ou confirmadores de nossas formas de vida.

Assim, uma questão relevante seria: precisamos mesmo da utopia para defender a força de transformação da política? A fim de responder a essa questão, gostaria de abordar o problema da utopia a partir das articulações entre tempo, política e afeto. Há uma temporalidade própria à utopia, assim como há um circuito de afetos que é próprio ao seu regime de temporalidade. Lembrar desses pontos se justifica se aceitarmos que pensar a política é, principalmente, pensar o circuito de afetos produzidos pela vida social e que sustentam a constituição de vínculos. Afetos que nos constituem de certa forma, que nos fazem sentir certos acontecimentos e não sentir outros, que nos fazem perceber certas situações e não perceber outras[1]. Neste sentido, nossa questão sobre utopia deve ser: que tipo de afeto o tempo das utopias produz e o que tais afetos nos levam a fazer?

HISTÓRIA E ACELERAÇÃO

Gostaria de começar a discutir esse ponto lembrando como não foram poucos aqueles que insistiram em que, a partir da Revolução Francesa, o tempo entrou em um impressionante processo de aceleração. Não se trata aqui simplesmente da aceleração resultante de desenvolvimentos tecnológicos exponenciais capazes de mudar nossa experiência da proximidade, da distância, do deslocamento e da velocidade. Desde a Revolução Francesa o tempo entrou em aceleração porque se modifica nossa compreensão sobre o que deveríamos entender por história. Isto a ponto de *história* ser, a partir de certo momento, o nome que daremos a um processo de aceleração do tempo e de convergência da multiplicidade das formas de temporalidade em direção ao que ainda não fora visto. Tal aceleração, se em certa dimensão foi influenciada pelo progresso das técnicas, em outra é resultado de uma inquietude profunda do tempo consigo mesmo. Inquietude resultante do que poderíamos chamar de *dessacralização das formas sociais*.

---

[1] Desenvolvi este ponto de forma mais sistemática em *O circuito dos afetos: corpos políticos, desamparo e o fim do indivíduo*, Belo Horizonte: Autêntica, 2016.

De Heródoto e Tucídides aos iluministas, a história significou, em larga medida, a "investigação através da interrogação de testemunhas"[2]. Investigação cujo objetivo maior será permitir aos sujeitos servirem-se do passado como quem se serve de uma coleção de exemplos[3]. Daí uma expressão paradigmática de Cícero: *Historia magistra vitae* (história como mestre da vida). Narra-se a história como quem procura feitos notáveis que nos indiquem como proceder diante de situações análogas no presente. Mas essa concepção de história com sua força pedagógica exigia a crença em um tempo contínuo, no qual passado e presente se desdobrariam no interior de uma mesma duração. Condição necessária para que o interesse pelo passado reduza-se, basicamente, à procura de relatos exemplares a serem repetidos no presente. Como disse o historiador Reinhart Koselleck: "Seu uso [tal uso do passado] remete a uma possibilidade ininterrupta de compreensão prévia das possibilidade humanas em um *continuum* histórico de validade geral"[4].

Mas, a partir do Iluminismo e, principalmente, da Revolução Francesa, tal *continuum* explode. A experiência de um tempo radicalmente novo ligado à revolução pressupõe a possibilidade de a ordem política poder ser profundamente reconfigurada. Nesse espaço aberto, orientar-se na ordem política não implica mais agir a partir do reconhecimento de exemplos vindos do passado, mas implica o conhecimento de causas que determinam o presente como depositário da latência do que ainda não se realizou. Haveria um processo em marcha, cada vez mais acelerado, que empurra o tempo para a frente em direção a uma realização sem referência com o que até agora foi feito. Haveria um projeto que parece indicar a possibilidade de encarnar na ordem política o que a filosofia iluminista tinha tematizado através da noção de progresso. O tempo entra assim em regime de progressão, de inquietude, e é dele que, a partir de agora, irá tratar a história. Por isso, a história não será mais o espaço de uma *reprodução* do passado no presente, mas de uma *construção* que nos remete ao que poderíamos chamar de *corpo social por vir*, ou seja, corpo

---

2. Odilo Engels *et al.*, *O conceito de história*, Belo Horizonte: Autêntica, 2013, p. 41.
3. Como dirá Koselleck: "Assim, ao longo de cerca de 2.000 anos, a história teve o papel de uma escola, na qual se podia aprender a ser sábio e prudente sem incorrer em grande erro" (Reinhart Koselleck, *Futuro Passado*, Rio do Janeiro: Contraponto, 2006, p. 42).
4. *Ibidem*, p. 43.

social que promete uma unidade semanticamente distinta daquela que se impõe na atualidade.

A consistência de tal corpo seria dada pelo caráter vetorial de um tempo que dá a impressão de progredir e acelerar em direção a um encontro consigo mesmo, superando assim sua inquietude. Pois esta era a forma de a consciência reconciliar sua essência com uma destinação que parece se realizar como pulsação temporal capaz de unificar, em uma rede causal contínua, origem e destino, passado e futuro. Mesmo quando o caráter vetorial do tempo histórico for pensado sob o signo da revolução e sua nova ordem da temporalidade, ele nunca deixará de operar como uma certa recuperação de dimensões esquecidas do passado, de promessas que haviam ficado à espera de outro tempo. Lênin se via como a ressureição dos *communards* – a Revolução Francesa não cansou de constituir seu imaginário através da rememoração da República romana. Ou seja, mesmo a descontinuidade será a efetivação de outra forma de continuidade. Ninguém melhor que Benjamin explorou tal característica de certo tempo revolucionário ao afirmar:

> O passado traz consigo um índice misterioso, que o impele à redenção. Pois não somos tocados por um sopro do ar que foi respirado antes? Não existem, nas vozes que escutamos, ecos de vozes que emudeceram? Não têm as mulheres que cortejamos irmãs que elas não chegaram a conhecer? Se assim é, existe um encontro secreto, marcado entre as gerações precedentes e a nossa. Alguém na terra está à nossa espera. Nesse caso, como a cada geração, foi-nos concedida uma frágil força messiânica para a qual o passado dirige um apelo. Esse apelo não pode ser rejeitado impunemente. O materialista histórico sabe disso[5].

Neste sentido, a tarefa política moderna será definida a partir de certa *politização da temporalidade* que obedecerá a duas estratégias: a *aceleração* do tempo em direção a seu destino teleológico e a *repetição* das lutas que ficaram para trás à espera de uma recuperação liberadora. Aceleração e repetição como dois vetores indissociáveis de uma mesma estratégia que visa ao advento de um corpo social por vir.

---

5. Walter Benjamin, "Sobre o conceito de história", em: *Obras completas, v. 1: Magia e técnica, arte e política*, São Paulo: Brasiliense, 1985, p. 223.

Tal tempo que visa à construção de um corpo social por vir foi muitas vezes compreendido como um tempo marcado pela utopia, ou como disse um dia Jean-François Lyotard, tempo ordenado por uma *metanarrativa*[6], já que a utopia garantiria que a noção de progresso não seria apenas a realização do que já se encontra em marcha no presente, mas a realização do que ainda não tem figura no campo dos possíveis a ordenar a vida social. Digamos que a utopia como metanarrativa é algo como um princípio transcendental de organização da história[7]. Transcendental no sentido kantiano do termo, ou seja, um conjunto de categorias que determina a condição de possibilidade de toda e qualquer experiência. Conjunto que, por sua vez, não depende da experiência para ter legitimidade, não se modifica a partir do contato com a experiência.

No entanto, poderíamos nos perguntar se precisamos realmente de um princípio transcendental como a utopia para pensar o tempo das realizações políticas. Não seria sua transcendentalidade a condição, ao contrário, para o bloqueio de toda política de transformação? Lembremos, inicialmente, que um conceito transcendental é expressão da determinação categorial de predicados em geral. Ele não define previamente quais objetos lhe convém, qual a extensão de seu uso, mas definirá quais as condições para que algo seja um objeto, que predicados algo pode portar. Nesta definição, decide-se previamente a extensão da forma do que há a ser experimentado, pois a determinação categorial transcendental ignorará acontecimentos que exigiriam mudanças na estrutura geral da predicação e que imporiam uma gênese de novas categorias. Tal determinação formal acaba por se transformar, assim, na expressão da impossibilidade de todo e qualquer processo no qual a experiência produza categorias estranhas àquelas que pareciam previamente condicioná-la. Experiências

---

6. Jean François Lyotard, *La condition post-moderne*, Paris: Seuil, 1982.
7. Da mesma forma que certo uso do conceito de revolução terá uma função transcendental. Lembremos de Koselleck e de sua afirmação segundo a qual, no interior da experiência moderna, a revolução adquiriu "um sentido transcendental, tornando-se um princípio regulador tanto para o conhecimento quanto para a ação de todos os homens envolvidos na revolução" (Reinhart Koselleck, *op. cit.*, p. 69). Isto quer dizer que ela se transformou em condição de possibilidade para a produção de sentido do tempo histórico em geral, sendo apenas isto, a saber, uma condição categorial de possibilidade para a produção de sentido e, consequentemente, da experiência histórica, por descrever a forma geral do tempo em movimento de aceleração e repetição. Mas, por ser forma geral, ela não poderá em momento algum ser encarnação de um tempo concreto. É esta impossibilidade de encarnação que lhe dá o caráter de uma espécie de transcendência negativa.

que, do ponto de vista das condições de possibilidade *temporalmente situadas no presente*, produzem necessariamente acontecimentos impredicáveis.

SPINOZA, ESPERANÇA E CONTINGÊNCIA

Percebam inicialmente que um tempo marcado pela utopia é um tempo de expectativa. A expectativa é forma de criar uma vetorialidade do tempo em direção a um futuro já projetado pelo presente. A imagem do futuro já está determinada, orientando o presente. O que a utopia faz é, aparentemente, potencializar as forças para que tal imagem se aproxime. Quando ela parece se aproximar, um afeto cresce, a saber, a esperança. Quando ela parece se distanciar, ocorre algo como a melancolia vinda do sentimento de retração do horizonte de expectativas. Por isso, podemos dizer que o tempo da utopia é marcado pela circulação da esperança como afeto político central. Mas tentemos entender melhor que tipo de afeto é a esperança, qual é sua configuração.

Partamos, a este respeito, da ideia da esperança ser, acima de tudo, uma forma de ser afetado pelo tempo, afeto indissociável do que poderíamos chamar de *temporalidade da expectativa*[8]. Nesse sentido, ela é um modo de síntese do tempo que partilha com outro afeto, a saber, o medo, uma relação com o que teóricos da história chamarão de *horizonte de expectativa*[9]. A crítica que gostaria de fazer é baseada, pois, na seguinte ideia: toda política fundamental na elevação da esperança a afeto central será também uma política do medo e toda política do medo é uma política da paralisia.

Lembremos do que diz Spinoza, um dos filósofos que melhor compreendeu a articulação profunda entre instauração política e circulação de afetos. Vem de Spinoza a compreensão de medo e esperança como relações ao tempo de valência invertida: "a esperança é uma alegria instável, surgida da ideia de uma coisa futura ou passada, de cuja realização temos alguma dúvida. O medo é uma tristeza instável, surgida da ideia de uma coisa futura ou passada, de cuja realização temos alguma dúvida"[10].

---

8. A esse respeito, ver Remo Bodei, *Geometria delle passioni: paura, speranza, felicitá*, Milano: Feltrinelli, 2003.
9. Reinhart Koselleck, *op. cit.*, pp. 306-27.
10. Bento Spinoza, *Ética*, Belo Horizonte: Autêntica, 2005, p. 243.

Pois se medo é a expectativa de um dano futuro que nos coloca em risco, esperança é expectativa da iminência de um acontecimento que nos colocaria no tempo da imanência potencialmente desprovida de antagonismos insuperáveis. Imanência própria à expectativa da concórdia da multiplicidade no seio da comunidade. No entanto, se o medo é fonte da servidão política por ser "o que origina, conserva e alimenta a superstição"[11] da qual se serve o poder de Estado para impedir o exercício do desejo e da potência de cada um como direito natural, a esperança mostrará seus limites por perpetuar um "fantasma encarnado da imaginação impotente"[12] aprisionada nas cadeias da espera. Neste sentido, ganha importância uma afirmação como:

> Supõe-se que quem está apegado à esperança, e tem dúvida sobre a realização de uma coisa, imagina algo que exclui a existência da coisa futura e, portanto, desta maneira, entristece-se. Como consequência, enquanto está apegado à esperança, tem medo de que a coisa não se realize. Quem, contrariamente, tem medo, isto é, quem tem dúvida sobre a realização de uma coisa que odeia, também imagina algo que exclui a existência dessa coisa e, portanto, alegra-se. E, como consequência, dessa maneira, tem esperança de que essa coisa não se realize[13].

A compreensão precisa de Spinoza sobre a impossibilidade de haver esperança sem medo, assim como medo sem esperança, vem do fato de os dois afetos partilharem a mesma relação com a natureza linear do tempo submetido a uma estrutura de expectativas, mesmo que sob valências invertidas. Neste sentido, a interversão da esperança em medo é afecção necessária de um tempo pensado sob o paradigma da linearidade. Pois expectativa é abertura em relação a possíveis, realização iminente de possíveis que não são necessários no momento de sua enunciação e projeção pelos sujeitos. Há uma distância linear, uma relação descontínua de sucessão entre a localização temporal na qual o possível torna-se efetivo e esta na qual ele é inicialmente enunciado como possibilidade. Esta temporalidade linear não pode escapar da aporia própria à *ideia de*

---

11. Idem, *Tratado teológico-político*, Lisboa: Imprensa Nacional, 1988, p. 112.
12. Remo Bodei, *op. cit.*, p. 78.
13. Bento Spinoza, *Ética*, pp. 243-5.

uma coisa futura ou passada, de cuja realização temos alguma dúvida. Pois a ideia de uma coisa futura ou passada é ideia de uma ausência, de uma não presença atual, ideia do que nos afeta inicialmente pela sua distância. Por ter sido gerada na distância, por ter sido enunciada na ausência, a realização do possível nunca poderá superar por completo a condição do que pode a qualquer momento não mais ser, voltar a sua condição inicial de não ser. O que passou uma vez pode passar novamente: esta é regra fundamental da descontinuidade pontilhista do tempo linear. Por isso, este tempo só poderá ser o tempo da ânsia.

Devemos falar em *tempo da ânsia* porque ele será assombrado pela possibilidade de dominar a contingência e, com isso, garantir as condições de possibilidade para a realização da ideia de uma coisa futura ou passada, quando for objeto de esperança, ou seu afastamento, quando for objeto de medo.

Spinoza contrapõe o medo e a esperança à segurança (*securitas*). "Se, desses afetos, excluímos a dúvida", dirá Spinoza, "a esperança torna-se segurança"[14]. O que o leva a afirmar que o fim último do Estado deve ser "libertar o indivíduo do medo a fim de que ele viva, tanto quanto possível, em segurança, isto é, a fim de que mantenha da melhor maneira, sem prejuízo para si ou para outros, o seu direito natural a existir e a agir"[15]. Desparecidos o medo e a esperança, ficamos enfim sob a jurisdição de nós mesmos, ficamos livres e seguros.

Mas notemos a estrutura temporal da segurança. Por ser a "alegria nascida de uma coisa passada ou futura da qual foi afastada toda causa de dúvida"[16], a segurança quebra a temporalidade da expectativa. Mas, para tanto, ela pressupõe ausência de dúvida que só pode aparecer quando "a contingência é dobrada por nosso poder sobre as circunstâncias"[17]. Ou seja, se a segurança é o afeto mais forte capaz de superar o medo e a esperança, ele só se afirma quando a ação que se desdobra na temporalidade é capaz de controlar a violência da contingência. Neste sentido, a segurança não pode ser pensada aqui como a racionalidade política que se alimenta da imagem fantasmática da dissolução iminente do vínculo social devido

---

14. Ibidem, p. 187.
15. Bento Spinoza, *Tratado teológico-político*, p. 367.
16. *Idem*, *Ética*, p. 245.
17. Marilena Chaui, *Desejo, ação e paixão na ética de Spinoza*, São Paulo: Companhia das Letras, 2011, p. 191.

à violência das relações entre indivíduos ontologicamente inscrita em seus seres, como podemos ver em Hobbes. Em Hobbes, é mais correto dizer que o Estado não se coloca como garante da segurança, mas como gestor da insegurança social, já que seu poder será sempre dependente da capacidade de fazer circular o medo como afeto social imanente às relações entre indivíduos. Já na obra de Spinoza, a segurança é o resultado de duas operações centrais: a moderação das paixões em relação aos bens incertos da fortuna, ou seja, o controle dos que "desejam sem medida" (*cupiant sino modo*), e a conservação e ampliação das circunstâncias que estão sob nosso poder, o que fornece "os instrumentos de estabilização da temporalidade, ou seja, instituições políticas que estão e permanecem em poder dos cidadãos e da coletividade"[18].

Segurança é, assim, indissociável da maneira com que o corpo político, pensado como *multitude*, desarma a sujeição produzida pelos afetos de medo e esperança, enfrentando a contingência através da partilha entre aquilo que não pode ser submetido ao engenho humano e aquilo que pode a ele ser submetido graças à institucionalização das condições que permitem a essa mesma *multitude* a estabilização da temporalidade. Daí uma afirmação clara como: "quanto mais nos esforçamos por viver sob a condição da razão, tanto mais nos esforçamos por depender menos da esperança e por nos livrar do medo, por dominar, o quanto pudermos, o acaso (*fortunae*), e por dirigir nossas ações de acordo com o conselho seguro da razão"[19].

Notemos como o tempo aparece assim como a potência fundamental do que nos desampara. Ao menos neste contexto, medo e desamparo são, em seu sentido mais profundo, afetos produzidos pela expectativa de amparo diante da temporalidade produzida por uma contingência que nos despossui de nossa condição de legisladores de nós mesmos. Pois há de se tirar as consequências de não ser a partir da contingência que se cria, mas contra ela, já que a contingência só poderia aparecer inicialmente, como bem compreendeu Hegel, como uma *necessidade exterior*. Transpondo para o campo político, isto significaria que a política em Spinoza desconhece a necessidade de integrar o reconhecimento do caráter impredicá-

---

18. *Ibidem*, p. 172.
19. *Ibidem*, p. 321.

vel da contingência como motor contínuo da transformação política, já que a contingência não poderia produzir outra coisa que as paixões que mobilizam a imaginação a criar suas fantasias de amparo. Dessa forma, a política só pode aparecer como a tentativa humana de esvaziar o tempo.

Podemos falar nesta função da política como esvaziamento do tempo porque, para haver tempo, faz-se necessário que as mudanças sejam impredicáveis, que as transformações não sejam o efeito imanente de uma causa eternamente presente. Para haver tempo em um sentido estrito não basta que fatos ocorram, que corpos entrem em movimento permitindo-me perceber um estado anterior e outro posterior, que devires se desdobrem de uma causa imanente retroativamente apreensível. Faz-se necessário que o *modo estrutural de compreensão das relações* também obedeça a mudanças e rupturas, tendo uma gênese e um perecimento advindo do impacto da contingência como acontecimento. A ideia, tão bem sintetizada por Kant, de que as coisas passam dentro do tempo, enquanto o tempo, como forma, não passa, esconde a crença equivocada de que a forma do tempo não estaria submetida a mudanças, que ela não teria gênese nem esgotamento. Isto significa pensar o tempo como totalidade imóvel devido à estabilidade formal do que permite a intelecção genérica do devir. Se o tempo é uma totalidade imóvel, então tudo o que ocorre em seu interior, todos os seus devires, todos os ritmos de suas sucessões, só podem ser, em seu nível formal, expressão de tal imobilidade. Por mais que coisas singulares se transformem, elas apenas desdobrarão os possíveis de uma totalidade formalmente já assegurada em sua eternidade. De certa forma, uma crítica da esperança, do medo e da segurança como afetos políticos é uma defesa de uma política capaz de criar a partir da contingência, e não contra ela. Mas isso nos colocaria fora dos limites impostos pela utopia e por seu corpo social por vir.

A POLÍTICA DO PRESENTE ABSOLUTO

Se nem medo, nem esperança, nem segurança são afetos que podem nos levar a uma criação política transformadora é porque todos eles estão caracterizados por tentar colocar a política em um tempo marcado pela luta contra a contingência. O que é contingente nos despossui de nosso controle, não se submete a nossas previsões, não aparece como um simples possível previamente definido, mas como impredicável. Nada afetado pela esperança com seu sistema de projeções pode operar com o desamparo produzido por acontecimentos impredicáveis. Pois a impredicação é o que mostra a inanidade de toda expectativa, não no sentido de mostrar seu equívoco de previsão, mas seu erro categorial. A temporalidade concreta dos acontecimentos é impredicável, pois sem referência com o horizonte de expectativas da consciência histórica. Por isso ela é expressão de um tempo desamparado, desprovido de horizonte utópico, marcado exatamente pela contingência.

Neste sentido, gostaria de defender que o afeto político central hoje é o desamparo. Não aquele desamparo que aparece à cena política como procura por amparo de figuras de autoridade, como transformação da política em cuidado (*care*). Quem pede por cuidado, pede para ser amparado por figuras de autoridade que lhe aparecem como constituídas, figuras que seriam dotadas de capacidade de controle e decisão. Mas demandas políticas não são demandas de cuidado. Elas são demandas de mudança na partilha do poder.

Por isso, a primeira condição para tal mudança é a afirmação do desamparo, ou seja, a afirmação de que o campo do político é atravessado por acontecimentos que nos descontrolam, que não obedecem a nossas previsões, que não são produzidos por nós, mas que nós, no entanto, devemos reconhecer. Notemos, neste sentido, que "estar desamparado" significa estar sem ajuda, não saber mais como esperar, ver sua capacidade de previsão e projeção desabar. Devemos, no entanto, estar preparados para tais desabamentos, ao invés de lutarmos com todas as forças para evitá-los. Todo verdadeiro acontecimento é um desabamento. Quando a Revolução Francesa ocorreu, por exemplo, a frase que mais se ouvia era: "Não estamos entendendo nada", ou seja, não há nada no nosso quadro de expectativas que possa dar conta das possibilidades abertas pelo acontecimento. Porque, a partir de então, o que era impossível pode se tornar possível.

Note-se que o desamparo como afeto político não deve ser confundido, ao menos neste contexto, com a aceitação resignada de certo desencantamento ligado ao desinflacionamento de nossas expectativas de reconciliação social. Muito menos deve ser visto como o saldo necessário da aceitação "madura" da inexistência de alguma espécie de providência a nos guiar. Como se fosse o caso de confundir maturidade política com alguma forma de afirmação do caráter necessariamente deceptivo da experiência comum. Em todos esses casos, afirmar o desamparo equivaleria a formas de melancolia social, o que o transformaria no afeto de uma vida democrática pensada como esfriamento geral das paixões de ruptura e como fruto da acomodação à finitude da potência limitada de nossas ações.

Na verdade, trata-se aqui de seguir outra via e compreender o desamparo como condição para o desenvolvimento de certa forma de coragem afirmativa diante da violência provocada pela natureza despossessiva das relações intersubjetivas e pela irredutibilidade da contingência como forma fundamental do acontecimento. Pois se estar desamparado é estar diante de situações que não podem ser lidas como atualizações de nossos possíveis, situações dessa natureza podem tanto produzir o colapso da capacidade de reação e a paralisia, quanto o engajamento diante da transfiguração dos impossíveis em possíveis através do abandono da fixação à situação anterior. A compreensão de tal produtividade do desamparo permite que, dele, apareça um afeto de coragem vindo da aposta na possibilidade de conversão da violência em processo de mudança de estado. Algo dessa coragem anima a experiência psicanalítica.

Neste sentido, diria que a primeira condição para uma abertura de nossos horizontes de transformação seria nos livrarmos de um tempo da expectativa, abandonarmos nossos horizontes de expectativa, para reconciliar-nos com um tempo do presente absoluto. Mas isso só é possível com a condição de compreendermos o presente de outra forma. Não o presente como um instante autárquico e coeso, mas como um tempo com muito mais camadas, muito mais tensões, muito mais contradições, sobredeterminações e movimento do que alguns querem nos fazer acreditar. Um tempo muito bem descrito por Freud ao dizer, sobre a estrutura psíquica do eu:

> Escolheremos como exemplo a história da Cidade Eterna. Os historiadores nos dizem que a Roma mais antiga foi a Roma Quadrata, uma povoação sediada sobre o Palatino. Seguiu-se a fase dos Septimontium, uma federação das povoações das diferentes colinas; depois, veio a cidade limitada pelo Muro de Sérvio e, mais tarde ainda, após todas as

transformações ocorridas durante os períodos da república e dos primeiros césares, a cidade que o imperador Aureliano cercou com as suas muralhas. [...] Permitam-nos agora, num voo da imaginação, supor que Roma não é uma habitação humana, mas uma entidade psíquica, com um passado semelhantemente longo e abundante – isto é, uma entidade onde nada do que outrora surgiu desapareceu e onde todas as fases anteriores de desenvolvimento continuam a existir, paralelamente à última. [...] Se quisermos representar a sequência histórica em termos espaciais, só conseguiremos fazê-lo pela justaposição no espaço: o mesmo espaço não pode ter dois conteúdos diferentes. Nossa tentativa parece ser um jogo ocioso. Ela conta com apenas uma justificativa. Mostrar quão longe estamos de dominar as características da vida mental através de sua representação em termos pictóricos[20].

É tendo em vista um tempo dessa natureza que podemos dizer: não ter nada mais a esperar pode significar também que *todas as condições para modificações profundas já estão no presente*. Basta saber percebê-las. Não precisamos reinstaurar o tempo das utopias. Precisamos, na verdade, ter uma visão mais complexa das tensões e tendências que operam no presente e compreender as latências de transformação que nos habitam.

---

20. Sigmund Freud, *O mal-estar na civilização*, São Paulo: Companhia das Letras, 2011, pp. 21-2.

Utopia e negatividade: modos de reinscrição do irreal[1]
Renato Lessa

ABERTURA: UTOPIAS E SUPLEMENTAÇÃO DA EXPERIÊNCIA

1. Nenhuma intenção, nestas notas, de demonstrar algo. Trata-se, antes, de *mostrar um argumento*. Melhor dizer, se calhar, que se trata de reunir fragmentos de um argumento em torno do tema das utopias; um argumento que procure associar disposição utópica e negatividade. As utopias são, em geral, assertivas e positivas a respeito das formas de mundo que constroem. Será essa a única forma possível de associação? A negatividade, como motor e pulsão, nada tem a dizer sobre a utopia, enquanto *vontade de não lugar*? É o que pretendo considerar.

A ideia de mostrar um argumento pode bem dispensar elementos de prova, na mesma medida em que uma peça de música não exige a fixação no ouvinte de qualquer verdade extrínseca ao ato musical. Afinal, o que prova, digamos, Debussy? Não obstante, o ato de mostrar uma música nada tem de inocente com relação a seus efeitos. Assim como os quadrados negros de Malevich que, segundo inspirada leitura de José Gil, acabaram por configurar uma linguagem para a arte[2], pelo hábito da audição musical, um conjunto de sensações ganha consistência, ao habituar-nos no usufruto de uma gramática e na organização de expectativas estéticas. O mesmo pode ser dito da "mostração" de argumentos: mais do que ilu-

---

1. Não havendo indicação em contrário, as traduções dos trechos citados são do autor. [N.E.]
2. Cf. José Gil, *Arte como linguagem*, Lisboa: Relógio D'Água, 2010.

minações a respeito de referentes externos, importa a prática do hábito do pensamento, como atributo intransitivo. Tal é o sentido dos atos de mostrar uma ideia: nem elucidação de dramas "exteriores" ao discurso, nem fruição autárquica e solipsista de símbolos, que só fariam sentido no interior dos sistemas gráficos e semânticos que os contêm. Entre o *exterior* e o *interior*, impõe-se o hábito de pensar. É esse, com efeito, o seu lugar de incidência intrusiva, a gerar efeitos significativos e simultâneos sobre nosso modo de representar tanto um como outro.

2. Trata-se, portanto, de mostrar fragmentos de um argumento acerca do vasto tema das utopias. Um ponto de aproximação possível bem poderia ser a sugestão de Ernst Bloch de que a utopia decorre de algo como a experiência de uma falta[3]. O próprio princípio blochiano da esperança exige o dirigir-se para algo que não está posto nas sensações imediatas. A sugestão de Bloch evoca, em chave distinta, a questão posta por Paul Valéry: o que seria de nós sem o socorro do que não existe?

Ambas as referências indicam pistas relevantes para uma aproximação com o tema das utopias. Do que se está a falar, afinal? Como explicá-las? A moda asfixiante das abordagens contextualistas não nos ajuda muito, por inibir qualquer encantamento: as utopias, por mais escabrosas que sejam, seriam explicáveis através da reconstituição dos contextos – dos *topoi* – originais dos quais teriam emergido. Em outros termos, as plataformas de lançamento de bólidos que se dirigem ao que não existe seriam referências compulsórias para o entendimento da trajetória percorrida: sempre haveria um *topos* a explicar o *não topos*, ou seja, a utopia. A rigor, não há utopia, já que todos os seus autores possuem os pés fixados em algum lugar, em algum ponto de elucidação. O incômodo da obsessão pela âncora, pelo porto, pelo suposto lugar de origem teria sido o que motivou Lord Acton a declarar que nada de mais irritante existe do que explicar a origem de uma ideia[4]. O encantamento e a sensação do extraordinário são à partida domesticados pela revelação de um suposto sentido originário, fundado na crença de que os princípios de causalidade são sempre elucidadores.

---

3. Cf. Ernst Bloch, *O princípio esperança*, v. 1, Rio de Janeiro: Eduerj/Contraponto, 2005.
4. "Poucas descobertas são mais irritantes do que aquelas que revelam a origem das ideias" – frase citada por Friedrich Hayek, como epígrafe da "Introdução" de seu livro *O caminho da servidão* (IMB, 2011).

Sem desconhecer a qualidade exemplar de vários esforços contextualistas, não é de todo descabido indagar a respeito de algo inscrito nos inventores de utopias, algo que lhes seja inerente como sujeitos epistêmicos, o que parece ser uma dimensão filosoficamente relevante. O que tal indagação pode revelar é a presença de um atributo inerente aos sujeitos das utopias, em nada deslocado de um substrato antropológico que nos é comum. Trata-se de reconhecer nos sujeitos humanos a presença de uma *expectativa de acréscimo* e de uma *vontade de suplementação*. Em outros termos, falo de um dado antropológico básico e originário, que diz respeito à capacidade produtiva – em sentido aristotélico – de suplementação da experiência. Toda intervenção humana implica atos de acréscimo: a adição de coisas e sentidos, tangível em nossa observação do mundo, é a evidência imediata e suficiente de tal proposição. Mesmo quando se quer conservar as coisas, tal esforço exige *atos de conservação* que necessariamente resultam de um *investimento de preservação*, cujo fundamento não deixa de ser alucinatório, pois não se pode assegurar que as coisas tenham em si mesmas o programa natural de sua preservação. As coisas são o que são; o mundo é o que é: são os sentidos que a eles imputamos que os movem. Há que acrescentar às coisas suas perspectivas tanto de preservação quanto de transformação.

O ato primário de *agarrar-se à vida*, tal como belamente posto por Fernando Gil, pressupõe um investimento considerável do sujeito, um acréscimo existencial com relação à hipótese, sempre latente, da dissipação da experiência, da terminalidade das coisas e de nosso vínculo com elas[5]. Viver não é "um fato, é um bem". Com essa fórmula, Fernando Gil indica que viver não é um "fato empírico". O agarrar-se à vida exige investimentos alucinatórios que excedem o *ipso facto*. Estar na vida é uma vivência que exige a suplementação simbólica, a esperança e a expectativa. Como encontrar tais elementos na ordem dos fatos empíricos? Se mantivermos nosso apego ao signo *fato*, será bem o caso de declarar: os fatos da vida são *fatos de sentido*, tanto quanto as crenças, na chave de Alexander Bain, são *hábitos de ação*.

---

5. Cf. Fernando Gil, "As razões de ser", *Acentos*, Lisboa: Imprensa Nacional/Casa da Moeda, 2005, pp. 145-55.

3. Um animal que suplementa é um sujeito que cria cultura: um agente que fala (Aristóteles), que simboliza (Cassirer), que deseja (Freud), que fabrica instrumentos de trabalho (Marx). Todos esses ângulos conduzem ao macrocenário da produção humana e social da variedade das culturas, vale dizer, das *formas de vida*. Todas elas contêm inúmeras formas de acréscimo à experiência imediata. Não é outra, a propósito, a razão da pregnância, posta por Ludwig Wittgenstein, entre formas de vida e jogos de linguagem.

É razoável supor que a disposição utópica tenha parte com esse mecanismo antropológico genérico, contido no que aqui designo como vontade de suplementação. Mas é bem o caso de perguntar: toda vontade de suplementação possui implicações utópicas? O que distinguiria a elaboração utópica dos atos alucinatórios ordinários que nos vinculam à experiência imediata? Uma resposta possível pode estar contida na suspeita de que a elaboração utópica exige alguma perturbação nos esquemas costumeiros de pertencimento. Com efeito, a possibilidade de pertencer de algum modo a *um lugar sem lugar* parece ser uma condição para que tal *u-topos* possa ser tanto vivenciado como descrito.

De toda forma, a *suplementação simbólica da experiência* ronda os humanos, tal como um fardo antropológico. Trata-se de investigar, para além dessa dimensão antropológica e epistêmica comum, o lugar que as utopias podem ocupar – ou puderam ocupar – na economia de nossas alucinações. As seções seguintes deste texto considerarão alguns modos do utópico. A seção final concentrar-se-á na ideia de utopia negativa.

MODOS DO UTÓPICO

1. Em seu belo e não menos útil livro, *Les Antiutopies classiques*, Corin Braga – professor de literatura da Universidade de Cluj, na Romênia – sustenta que o gênero utópico, com a modernidade, ter-se-ia deslocado de sua morada originária – o domínio do mito – para a da circunscrição do *logos*[6]. Deslocamento já visível no platonismo que, embora tenha buscado em referências mitológicas alguns de seus argumentos centrais – *e.g.*, o *Timeu* –, descreveu sua cidade, em *A República*, por meio de uma encena-

---

6. Cf. Corin Braga, *Les Antiutopies classiques*, Paris: Classiques Garnier, 2012.

ção da ideia abstrata de justiça. Se a *politeia* platônica é, em sentido estrito, uma utopia, sua configuração decorre sobretudo de uma decantação de um ideal de razão que, como tal, é portador de sua própria necessidade intrínseca. O mesmo é dizer que, em tal decantação, a razão é o operador da encenação.

2. Em registro também incontornável, Jean-Jacques Wunenburger associou a decadência do espírito utópico a um processo de *crise do imaginário*, já no início da modernidade. Subordinada às leis do *raisonnement* e ao princípio de realidade, a imaginação utópica teria perdido contato com "os fantasmas e com o pensamento mágico"[7]. Em bela fórmula, tudo isso teria significado "a desfiguração e o empobrecimento da função do irreal no homem", decorrente de uma "desculturação do imaginário"[8]. O que aqui se indica é uma passagem da "força ingênua" do mito para os domínios de "configurações geométricas mortificadas por qualquer ideologia ou programa político"[9]. A quebra do vínculo com a fantasia teria engendrado um subgênero, o das *utopias da razão*, diretamente ligadas ao fenômeno totalitário do século xx. Assim, a utopia, ainda segundo Wunenburger, ter-se-ia tornado "uma das expressões laterais do ideal do racionalismo filosófico"[10].

Voltemos ao tema do irreal e de sua função, para retomar os termos de Wunenburger, a partir da seguinte questão: qual o suporte epistêmico dos atos de alucinação utópica? A questão – na verdade, sua resposta – conduz-nos ao tema da imaginação. A imaginação é uma potência de suplementação da experiência; trata-se, tal como já sustentado, de um dado antropológico básico: não se origina da história ou das formas sociais, no tempo e no espaço. Não há aqui, tampouco, a ação do destino do instinto, mas a produtividade de uma vontade de suplementação que se exprime na diversidade e na *diaphonía*.

---

7. Cf. Jean-Jacques Wunenburger, *L'Utopie ou la crise de l'imaginaire*, Paris: Jean-Pierre Delarge, 1979, p. 13.
8. *Ibidem*, pp. 9-10.
9. Cf. Corin Braga, *op. cit.*, p. 13.
10. Cf. Jean-Jacques Wunenburger, *Une Utopie de la raison: essai sur la politique moderne*, Paris: La Table Ronde, 2002, p. 119.

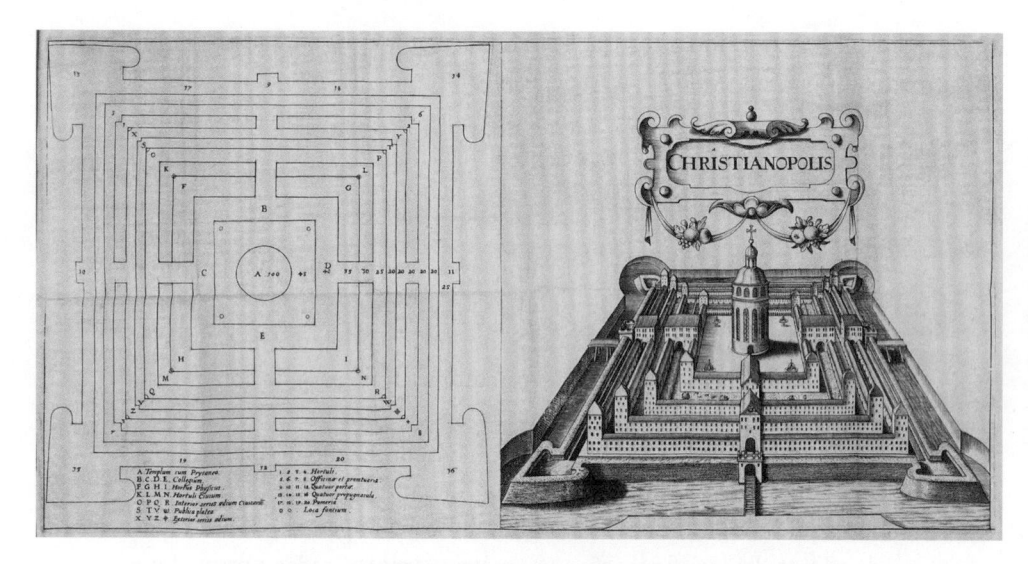

Frontispício de *Christianopolis* (1619), de Johann Valentin Andreae.

3. O tema da imaginação foi central também para o utopismo moderno. Entre os séculos XVI e XVIII o gênero não é pensado como extensão do pensamento racional; ao contrário, ele aparece ligado à faculdade da imaginação. Tal é o exemplo de Johann Valentin Andreae, autor de *Christianopolis*, uma alegoria barroca publicada em 1619. Na alegoria, a vida *real* é apresentada como uma errância, a carreira acadêmica como nociva e a fantasia como um "barco da salvação":

> Vagando como um estranho na terra, suportando com paciência a tirania, a falácia e a hipocrisia em busca de um homem, e sem encontrar o que ansiosamente procurava, decidi lançar-me uma vez mais ao Mar Acadêmico, apesar dos danos frequentes que este me causara. E assim embarquei no bom navio, o *Fantasia*, e deixei o porto junto com muitos outros, expondo minha vida e pessoa aos milhares de perigos que acompanham a sede de conhecimento[11].

---

11. Felix Emile Held, *Johann Valentin Andreae's Christianopolis: An ideal state of the seventeenth century*, tese submetida como requisito parcial para a obtenção do grau de doutor em filosofia alemã na The Graduate School of the University of Illinois, 1914, p. 142. Disponível em: <https://ia700409.us.archive.org/5/items/johannvalentinanooandrrich/johannvalentinanooandrrich.pdf>. Acesso em: 26 mar. 2016.

Thomas Morus, *Utopia*, 1516.

A moral da passagem: o veículo que conduz à utopia é a *imaginação*. O delírio de Andreae é índice da forma da utopia disseminada na modernidade: abandono do diálogo platônico e adoção do tema da viagem, tal como cerca de um século antes, em 1516, com o livro de Thomas Morus: *De optimo reipublicae statu deque nova insula Utopia* [Sobre o melhor estado de uma república e sobre a nova ilha Utopia]. Utopia, afinal, é uma ilha cujo acesso exige deslocamento espacial e a metáfora da viagem.

No livro, ouvimos a voz do navegante português, Rafael Hitlodeu, suposto companheiro de Américo Vespúcio, em suas viagens ao Brasil nos primeiros anos do século XVI. Tais viagens foram narradas por Vespúcio no livro *Mundus Novus*, de 1507, no qual os "selvagens", em via de se tornarem "americanos", são retratados como epicuristas.

O livro de Morus – que foi decapitado em 1535, aos 57 anos, por ordem do rei Henrique VIII – apresenta em suas duas partes um contraponto entre *topia* e *utopia*. Tais partes podem ser opostas do seguinte modo: (i) descrição do estado atual da Inglaterra – *topos*; (ii) descrição da ilha de Utopia e de sua capital, Amaurota.

O quadro a seguir dá a medida das oposições inscritas no contraste entre (i) e (ii):

Ilha imaginária Utopia	Inglaterra França Europa
Utopienses: cristãos sem cristianismo Concórdia interna	Belicismo Injustiça Tirania Orgulho como motor da guerra/conquista Governantes insanos

Não parece ser razoável sustentar que as vantagens evidentes da coluna da esquerda sejam curativas dos males igualmente salientes da coluna oposta. Utopia não é o bálsamo para a vida como ela é; trata-se apenas de um experimento diferente, dotado de vigência ontológica e que exige como condição de consistência o não existir. Com efeito, a integridade da utopia reside na ausência de sua decantação na contingência da vida. É o que sugere a reação de Rafel Hitlodeu, diante da sugestão de aplicar sua experiência de viajante para formular conselhos aos reis. É simplesmente inútil dar conselhos aos reis, diz-nos Hitlodeu, já que sua especialidade de navegante é a paz, artigo sem qualquer utilidade para soberanos, especialistas na guerra e na conquista. O que a passagem sugere é a inutilidade da presença e da ação de um *operador de utopia*, de um possuído por energias utópicas que, diante de sua obra, se dispusesse a passar ao ato e perguntasse "e agora, o que fazer?".

Para Morus, Utopia não nos serve de consolo para a Europa *real*. Ao fim do livro, ao tocar no tema da aplicabilidade do que se viu nas viagens à

Utopia, Morus declina: trata-se de "coisa que mais desejo do que espero". O utópico inscreve-se, pois, na esfera do desejo, ao mesmo tempo em que se desinscreve na da esperança, em curiosa dissociação entre *desejo* e *esperança*, no que tange à materialização de desígnios utópicos.

Imaginação parece não ter faltado a Margaret Cavendish, duquesa de Newcastle, autora de singular experimento utópico, sob o título abreviado *Blazing World* [Mundo resplandecente], de 1668. Trata-se de uma utopia feminista, *avant la lettre*. O novo mundo de Cavendish desloca todos os papéis femininos tradicionais, insurgindo-se contra a inserção subalterna das mulheres na sociedade inglesa. Sua utopia toma a forma de um governo de mulheres, em uma estranha configuração astronômica. O ponto essencial de sua fabulação reside na seguinte passagem:

> Não posso ser Herinque v nem Carlos ii, mas me empenho em ser Margarete i; e, embora não tenha poder nem ocasião de conquistar o mundo, como o fizeram Alexandre e César, ainda assim, em vez de não ser senhora de ninguém, criei um mundo meu, pelo que, espero, ninguém haverá de me culpar, pois está no poder de cada um fazer o mesmo[12].

Margarete i é ali entronizada por um ato de imaginação e fantasia, o que faz de sua investidura algo categoricamente *verdadeiro*. Cavendish não ignora as implicações de sua associação entre imaginação e verdade, já que assume de modo claro uma posição escandalosamente anticartesiana: a fonte de nossos erros não é a imaginação, mas a razão. Nossos erros, em outras palavras, são erros de razão. Por contraste, é imperativo reconhecer a impossibilidade de chegar a conclusões falsas quando se trata de inventar mundos fictícios: os universos concebidos pela fantasia podem não ser reais, mas serão sempre verdadeiros, em uma deliciosa quebra da identidade clássica entre realidade e verdade.

Margaret Cavendish é clara a propósito de seus termos: por *razão* compreende a "pesquisa racional das causas e dos efeitos naturais"; por *fantasia*, "as criações e produções voluntárias do espírito"[13]. A razão se

---

12. Kate Lilley (ed.), *Margaret Cavendish: New Blazing World and Other Writings*, London: Penguin, 1994, p. 124.
13. *Ibidem*, pp. 123-4.

propõe a explorar "as profundezas da natureza", na qual há apenas uma verdade inapelavelmente inscrita nos fenômenos naturais. Mas o homem é um fragmento de um grande todo, habitado por incontáveis possibilidades da verdade. Só a imaginação pode, portanto, ultrapassar a prisão da circunstância. O que se está a propor é uma oposição entre a noção de verdade como circunscrita ao imediato e outra mais adequada à inscrição humana no "grande todo".

4. Com o século XVII, põe-se a descoberta de um espaço alternativo entre o real (no sentido de existente ou *res extensa*) e o irreal (seja ele utópico ou sobrenatural) – o *espaço da evidência*[14]. O tema apresenta-se com clareza nas *Meditações*, de Descartes. Ali sustenta-se a evidência da existência a partir de uma pura operação do *cogito*: existo, não porque tenha uma mão – posso não tê-la, supondo que a tenho –, mas porque, para que disso possa duvidar, devo *pensar*.

Dois mundos se apresentam: os de primeira ordem e os de segunda ordem, opondo como sentimentos diversos de verdade *evidência* e *experiência*. A primeira é infalível e procede por demonstração; seus modelos são a matemática, a geometria e a lógica; sua forma de expressão é numérica. A segunda procede por mostração, prova e argumentação, todos procedimentos falíveis e sujeitos a alterações perceptuais e materiais. A primeira aspira ao universal; a segunda é inapelavelmente local, já que se expressa por meio de nomes e analogias imprecisos e mutantes.

O "truque" da evidência – pôr-se como condição necessária e irreal para revelar o real – exerce efeitos sobre a demanda por suplementação. Trata-se, agora, de buscar a definição de um ponto de vista racional para configurar a vida: a imagem utópica – ou distópica – do estado de natureza, graças aos utensílios da razão, está posta à mão.

É o que faz Thomas Hobbes, ao derivar do desenho racional de um estado de natureza uma regra que nos proteja da morte violenta. O mesmo que em John Locke: derivar, de tal estado, regras que protejam nossas vidas, nossos bens e nossas liberdades. Em chave não muito distinta, Rousseau formulará, no século seguinte, a hipótese da igualdade originária,

---

14. Remeto o leitor à mais genial investigação a respeito do tema da evidência entre os modernos, o *Tratado da evidência*, de Fernando Gil, Lisboa: Imprensa Nacional/Casa da Moeda, 1996.

como algo irreal e fora da história: um não lugar que elucida os lugares, ao revelar o que neles falta. Na verdade, teríamos vindo de uma utopia; caberia a nós repor no mundo a vigência dos marcadores originários.

5. As modernas filosofias da história arruinaram as utopias. São filosofias exaustivas do tempo e do espaço; desconhecem o que seria o fora de si mesmas. A ruína a que me refiro diz respeito ao movimento de *pôr na história* – ou seja, no âmbito da experiência tangível – aquilo que, de modo imaginário, o desejo visionário fixava em um não lugar. Ao pôr o desejo do não lugar na história, as filosofias da história acabaram por encontrar no tempo e no espaço aquilo que, por princípio, não possuía nem um nem outro. Utopias, por definição, não podem encontrar abrigo em endereços frequentados pelos nossos artefatos finitos. Quando transformadas em protótipos para experimentos tópicos, o que sucede, de modo invariável, é muito choro e ranger de dentes.

Há, aqui, a operar um *efeito de gravitação*: as figuras do imaginário valeriam não por sua vontade de escape, mas pelo que revelam a respeito do ponto de partida. Diante de um enunciado utópico, os procedimentos típicos da *episteme* das ciências humanas operam por meio de *protocolos de circunscrição*. De algum modo, o desenho do não lugar ao qual se imagina chegar deve ser elucidado pelo lugar de partida do trajeto. Em outros termos, o utópico é caudatário do tópico; é este último que dá sentido ao anterior. A geografia do utópico é de tal forma composta por uma topografia inteiramente fixada no não imaginário: *são os movimentos da vida como ela é que dão partida a alucinações de escape*. Não mais mapas para o impossível, os enunciados utópicos transformam-se em objetos ao sabor das sociologias do conhecimento e das histórias das ideias.

A crença aqui subjacente é a de que tudo é coextensivo ao cultural, ao social e ao histórico – para não dizer ao biológico. Isto trás consigo como implicação a *impossibilidade de pôr-se em um ponto de vista radicalmente exterior ao que há*. Não há o que não há: o que quer que tenha tal nome está fixado na história.

Um dos traços básicos da filosofia da história está contido em algo que pode ser designado como um *princípio de mundaneidade*. Por tal princípio, ocorre um deslocamento da expectativa de acréscimo, cujo endereço necessário é *este mundo*.

A expressão pode ser oposta a um *princípio de extramundaneidade*. Nos termos do filósofo inglês Arthur Lovejoy, trata-se de uma oposição entre duas modalidades de crença, por ele nomeadas como *otherworldliness* e *this-worldliness*[15].

O princípio da mundaneidade é uma *configuração* – no sentido que Norbert Elias atribui ao termo – que confere à vontade de suplementação um sentido preciso. Possui uma implicação ontológica precisa: a certeza de que estamos neste mundo. O princípio de extramundaneidade, por oposição, é componente necessário da elaboração utópica, fundado em uma oposição entre *realidade* e *verdade*. Arhur Lovejoy, na obra clássica *A grande cadeia do ser*, fala-nos de uma modalidade de crença ontológica fundada em um princípio de *otherworldliness*, cujo *rationale* estabelece que as coisas genuinamente boas são opostas a qualquer acontecimento ou objeto dispostos na vida humana ordinária.

Com a afirmação do princípio da mundaneidade, decorre a premissa de que estamos neste mundo. Em outros termos, o princípio do *hic et nunc* impõe-se à perspectiva do *hocus pocus*.

UTOPIA E NEGATIVIDADE

1. Há lugar para o irreal em nossa experiência de gravitação realista das utopias? Talvez seja possível dizer sim, com a condição de radicalizar a ideia de não lugar, de pensar a energia utópica – a que nos põe fora deste mundo – como um sentimento negativo, o que obriga a considerar a relação entre *utopia* e *negatividade*. O lugar do irreal deixaria de ser ocupado por uma espécie de reserva de esperança, como laboratório de alternativas marcado por um desejo de inscrição na vida tópica.

Estará a utopia condenada a operar como antecipação alucinada de configurações tópicas? Ou tem ela direito a uma vigência puramente extratópica, na qual eventuais fertilizações e decantações na vida como ela é não são suficientes para lhe conferir uma funcionalidade inequívoca? Para além da eventual decantação, há o *sobrepasso da utopia*, o movimento

---

15. Cf. Arthur Lovejoy, *The Great Chain of Being: A Study of the History of an Idea*, Cambridge: Harvard University Press, 1942, especialmente o capítulo 2, "The genesis of the idea in Greek philosophy: the three principles", pp. 24-66. Ed. bras.: *A grande cadeia do ser: um estudo da história de uma ideia*, Aldo Fernando Barbieri (trad.), São Paulo: Palíndromo, 2005.

necessário para a preservação do irreal em nós mesmos. Tal preservação, no lugar da afirmação daquilo que deve acontecer, como algo contratópico na ordem do tempo, toma a forma da expressão daquilo que *não pode acontecer*.

Passo à porção, digamos, prática do ensaio, por meio da sugestão de uma forma possível de inscrição do irreal: o programa de uma estética da desolação, da irreparabilidade, do sofrimento coagulado e não suprimível, tal como transparece na obra do genial multiartista sul-africano William Kentridge.

2. Sobre William Kentridge, os termos da crítica de arte Miriam Cosic são suficientes para apresentar as principais características do seu trabalho, fortemente marcado pela experiência do *apartheid*, desenvolvido desde a década de 1980[16]:

> Os temas e personagens centrais reaparecem em seu trabalho, geralmente em situações kafkianas em que o sujeito comum é agredido pela turbulência do mundo: negros pobres, empresários moralmente falidos, intelectuais idealistas mas fracassados, seus personagens às vezes ganham papéis simultâneos na condição de vítimas e perpetradores, redentores e redimidos[17].

William Kentridge é um artista que nos expulsa do mundo. Parte mais pungente de sua obra pode ser encontrada nas peças de animação, que bem materializam a imagem de "terra desolada" de T. S. Elliot[18]. Com efeito, o que derivar, do ponto de vista da organização da vontade, da observação da desolação, senão *a vontade de não estar ali*?

---

16. É já vasta a bibliografia sobre William Kentridge. Ao leitor brasileiro, a obra mais acessível é o excelente catálogo da exposição *William Kentridge: Fortuna*, realizada nas três instituições responsáveis por sua edição. Ver Lilian Tone (org.), *William Kentridge: Fortuna*, Rio de Janeiro/São Paulo/Porto Alegre: Instituto Moreira Salles/Pinacoteca de São Paulo/Fundação Iberê Camargo, 2012.
17. Cf. Miriam Cosic, "William Kentridge's artworks are drawn from life", *The Australian*, 3 mar. 2012.
18. Em especial, ver "Johannesburg, 2nd greatest city after Paris", de 1989, e "Felix in Exile", de 1994, duas geniais animações, ambas disponíveis no YouTube. Dois belos trabalhos da crítica de arte Jennifer Arlene Stone são iluminadores dos sentidos da obra de William Kentridge, a saber: *Freud's Body Ego or Memorabilia of Grief: Lucien Freud and William Kentridge* (New York: javariBook, 2006) e *William Kentridge's Noiraille: Politeness of Objects* (New York: javariBook, 2005).

As dimensões pessoais de seus personagens combinam-se e recombinam-se, sempre com efeitos cataclísmicos. Tudo é mutação, metamorfose, mudança e tumulto. Nada é imóvel: terra, objetos, faces, emoções e a presença do próprio artista, nunca vista mas sentida em toda parte.

Há em William Kentridge uma fina teoria da paisagem, que a representa como *experiência espacial e sensória na qual formas de vida estão ocultas*. Há coisas na paisagem: corpos decompostos, incorporados à terra; uma terra que é lugar de combate, disputa, segregação racial. Em suma, a paisagem como lugar no qual memórias permanecem como depósitos coagulados e inscritos:

> O que me interessa realmente é o ocultar de sua própria história pelo terreno, e a correspondência que isso tem [...] com o funcionamento da memória. A dificuldade que temos em reter paixões, impressões, maneiras de ver as coisas, o modo com que nos escapam e se esvaem as coisas que parecem indelevelmente impressas em nossa memória, é análoga à impossibilidade de o terreno reter os eventos que se desenrolaram sobre ele[19].

Há algo na paisagem kentridgiana que não é puramente pictórico: ideia de paisagem como desolação e como conjunto de experiências entranhadas, como que misturadas à terra[20].

A título de contraste, podemos evocar algumas obras do consagrado pintor Jacobus Hendrik Pierneef (1886-1957), um artista ícone da arte sul-africana de extração bôer. Nelas, as paisagens são postas como natureza intocada, como lugar idílico, sem cicatrizes e marcas da presença humana. Um quadro convidativo, quase um folheto turístico, a sugerir um desejo de escape para dentro da tela[21].

As paisagens de Kentridge, ao contrário, expulsam-nos de seus suportes. Nossa empatia eventual com seus personagem revela-se no desejo de

---

19. William Kentridge, "Felix in Exile: Geography of Memory", em: *William Kentridge*, London: Phaidon Press Limited, 2003, p. 122.
20. Há várias reproduções de suas obras disponíveis na internet, como em: <http://www.annandalegalleries.com.au/exhibition-enlargement.php?current=58&workID=2171&exhibitionID=205>. Acesso em: 15 abr. 2016.
21. Alguns exemplares estão disponíveis em: <http://www.absolutart.co.za/masters/jh-pierneef>. Acesso em: 15 abr. 2016.

retirá-los do contexto pictórico no qual foram postos. Em outros termos, há aqui a sugestão de uma vontade de escape e de resgate dos vitimados. É o que suscita uma mostração da paisagem como lugar de absorção e desaparecimento de corpos, com alusões à atmosfera física de Johannesburgo – *"a desperate provincial city"* – e a seu degradado East Rand.

A parte mais pungente da obra de William Kentridge pode ser encontrada na série de cerca de dez peças de animação que concebeu e realizou, das quais destaco, mais uma vez, *Felix in Exile,* de 1989[22]. As personagens da pequena peça de pouco mais de oito minutos são: Felix Teitelbaum, intelectual branco, obervador melancólico e emparedado em um quarto de hotel em Paris; e Nandi, mulher negra, que observa a paisagem e a terra com seu teodolito em Johannesburgo.

Quanto à ação, Nandi vasculha o mundo – por meio do teodolito e de um sismógrafo. Ela faz desenhos e fornece a Felix a visão do mundo, a partir de uma relação especular que estabelecem quando ele se barbeia diante do espelho, no qual ele a encontra. Kentridge faz sair do espelho um telescópio de duas pontas, que permite a Felix ver o olho de Nandi, o que ela desenha, o que ela mostra. A saída do quarto, do emparedamento, dá-se pelo olho dessa mulher: Felix seminu, confinado a um espaço austero e minimalista, com cama, pia, vaso sanitário e espelho, vê o mundo através do olho de Nandi. Ela, ao final, cumpre o destino dos seres inscritos na paisagem de Kentridge e funde-se à terra. Transforma-se, *kentridgianamente*, em substância de paisagem.

Durante todo o tempo, a força da terra – telúrica e terrível. O irrecusável *topos* que tudo aspira e retém. Assim aprendemos que uma representação da paisagem que não leve em conta o que a terra retém, como experiência e fixação da dor humana, é asséptica e bôer. Ao contrário, o que se impõe é a apresentação de uma terra na qual camadas de dor estão ali superpostas e retidas, em um amálgama que complementa a vida dos vivos. Em medida não pequena, o sentido da vida dos vivos implica a precedência existencial dessa "terra coalhada de ruínas", para usar expressão de Samuel Beckett (outro genial utopista negativo). A apresentação se dá por meio de uma estética que, através de recursos neoexpressionistas, impõe o tema e a sensação de angústia. Com efeito, a estética neoexpres-

---

22. Disponível em: <https://www.youtube.com/watch?v=VaTnchoukdY>. Acesso em: 29 mar. 2016.

sionista é uma estética da angústia. Que o diga Graciliano Ramos, cujo melhor romance – *Angústia* – vale-se de tais recursos.

O experimento estético de William Kentridge pode ser percebido como reiterada apresentação de cenários de insuportabilidade, interditando no espectador uma espécie de veto à incolumidade. Na verdade, trata-se de um tipo de estética que unifica obras díspares tais como as do próprio Kentridge, de Anselm Kiefer e de Christian Boltanski, por meio de uma arte na qual paisagens e fragmentos deslocam o espectador incólume, pela ação de operadores morais e expressivos[23].

Apresenta-se, assim, uma das formas possíveis de manter em nós o desejo do irreal, por meio de um modo de elaboração utópica fixado na negatividade. Seu efeito pretendido parece ser claro: o afastamento deste mundo é um imperativo, mesmo que em direção a algo cujos contornos desconheço. A negatividade, ao menos, pode ser útil para que reunamos uma listagem daquilo que não mais queremos ver em nossas vidas.

Registre-se, ao final, o que bem pode ser a forma de um *efeito Kentridge*:

Ver o real → desejo de destaque → imperativo do irreal → proceder na direção do que não há → demanda por investimento imaginativo alucinatório (não quero este mundo).

Ou seja, indução ao escape produtivo: vontade de suplementação movida pela recusa de não mais querer estar neste mundo. Inevitável a imagem do nexo possível da obra de Kentridge com a ideia adorniana de *utopia negativa*. No lugar de afirmar uma *utopia positiva*, Adorno sugere que operemos em um "estado de perpétua suspensão do juízo"[24] e que adotemos a perspectiva de "existir senão por meio do desespero e do excesso"[25]. Algo desse espírito parece ter se materializado nas imagens de William Kentridge.

---

23. Tomo a expressão "espectador incólume" do ensaio de Hans Blumemberg, *Naufrágio sem espectador*, Lisboa: Vega, 1990. Para um emprego da ideia com vista à definição de operadores estéticos e morais, ver Renato Lessa, "O silêncio e sua representação", em: Edelyn Schweidson (org.), *Memória e silêncio*, São Paulo: Perspectiva, 2009.
24. Cf. Martin Jay, *L'Imagination dialetique*, Paris: Payot, p. 73.
25. Theodor Adorno, *Minima moralia*, Paris: Payot, p. 218.

O pós-humano: rumo à imortalidade?[1]
Jean-Michel Besnier

No espaço de alguns anos, algo de extraordinário aconteceu no país de Descartes: fala-se de imortalidade não mais como de um fantasma, mas como de uma perspectiva aberta pelas tecnociências. Não é mais despropositado imaginar uma vida eterna, mediante a mudança contínua das peças do nosso corpo e da artificialização de nossos órgãos, ou mediante o teletransporte de nossa consciência para materiais inalteráveis. A única morte a considerar estaria ligada à escolha de desconectar-se e de recusar recorrer aos milagres da tecnologia. A única morte natural seria acidental.

A convergência tecnológica NBIC[2] conseguiu banalizar o discurso *hype* que lhes serviu de cartaz e de manifesto nos anos 2000. Conseguiu tornar a morte impensável e desencadeou uma expectativa frenética: hoje, alguns homens chegados à idade madura têm dificuldade de aceitar a ideia de que poderiam morrer antes de estarem disponíveis técnicas de imortalização. Ray Kurzweil faz parte desses homens e diz que, se chegar a 2030 e à emergência da *singularidade*, se beneficiará da imortalidade.

É uma atitude ao mesmo tempo irrisória e patética, mas não mais nem menos que a dos metafísicos de sempre que pretendiam acabar com o tempo, graças a sistemas integralmente autodedutivos e capazes de demonstrar a ilusão da finitude humana.

---

1. A tradução do presente ensaio, incluindo as citações de obras feitas pelo autor, é de Paulo Neves.
2. Sigla formada pelas iniciais de nanotecnologia, biotecnologia, infotecnologia (ou tecnologia da informação) e cognotecnologia (ou tecnologia cognitiva). [N.T.]

O homem é desejo de eternidade: é uma banalidade lembrar isso. Faz parte da natureza mesma do desejo querer o absoluto que dará um fim ao desejo. O paradoxo da natureza humana está inteiramente nesse desejo que busca suprimir-se e que, no entanto, nos diferencia dos animais e dos deuses. A metafísica aguça esse desejo, mas não consegue pôr um termo nele. Não conseguimos nos igualar aos deuses. Georges Bataille dizia de Hegel, o filósofo do saber absoluto que representa "o ápice da metafísica", que a prova mais convincente de seu fracasso é que ele está morto. O motejo é mais profundo do que se crê, sobretudo se pensarmos que a tecnologia anuncia estar prestes a realizar o que Hegel e a metafísica não puderam.

Como se chegou a isso? Como se restabeleceram as ilusões denunciadas por Kant e os adversários dos sistemas, que sabem perfeitamente que estamos condenados ao tempo e votados à morte?

Entre as respostas possíveis, haveria esta: a aceleração dos avanços tecnológicos e o sentimento de hiperpotência produzido por nossas máquinas provocam regressões de natureza animista: perdemos a consciência da diferença entre o animado e o inanimado (é o que caracteriza primeiramente o animismo) e, assim, estamos prontos a considerar que a vida não poderia deixar-se deter pela morte. Várias décadas de inovações em matéria de inteligência artificial, somadas à perspectiva atual no domínio da biologia de síntese, embotaram o racionalismo moderno que se empenhava em preservar a grande divisão, para citar Bruno Latour, entre a matéria e o espírito, o inerte e o vivo, o virtual e o real, a natureza e o artifício.

A imortalidade é produzida hoje por um conjunto de representações que pertenciam outrora a utopias forjadas pelos visionários de um mundo que teria conjurado a mudança graças a instituições, a rituais e a uma sabedoria voltada para a eternidade. As utopias são, por princípio, eternizantes: pretendem estabilizar a ordem das coisas. Mas acreditávamo-nos curados das utopias. Pelo menos desde os totalitarismos que evidenciaram que, ao expulsar o tempo, suprime-se a liberdade. Não queríamos mais saber dessas utopias que propõem o melhor dos mundos e uma felicidade insustentável. Ora, eis que elas voltam com força, graças a tecnologias que anunciam a remodelagem do homem, o aumento de sua capacidade e, em última instância, sua substituição por outra espécie.

As utopias geradas pelas tecnologias nos convidam a romper com a humanidade a que pertencemos ainda e, justamente por isso, a considerar a imortalidade.

Retomo minha pergunta: como se chegou a isso? Associo a descoberta da imortalidade como ambição pós-humana à era digital, isto é, à extraordinária alavanca que um procedimento aparentemente muito simples efetivou, e que consiste em converter todas as coisas numa sequência de 0 e 1. Esse procedimento chamado digitalização é hoje banal. Nosso mundo passou a ser visto como um conjunto de elementos discretos transformados em sinais (imagem, áudio, caracteres de imprensa, genes, impulsão etc.) – sinais que podem ser transportados, armazenados, manipulados etc.

No entanto, esse procedimento exerce uma influência considerável sobre nossa maneira de pensar o mundo: ele homogeneíza e torna intercambiável tudo o que existe, inclusive os humanos que somos. O homem digital não é só o que utiliza as ferramentas tecnológicas de hoje, é também aquele ao qual se aplicam essas ferramentas – *scanner*, sequenciador do genoma, quantificação biométrica, próteses eletrônicas, implantes intracerebrais. Já dá para ver como é fácil imaginar a imortalidade de um homem-código-de-barras, como se diz às vezes.

A digitalização foi uma revolução metafísica, a revolução com a qual os filósofos sempre sonharam (conforme a *mathesis universalis* de Descartes ou o sistema do saber absoluto de Hegel). Com ela se dispõe de um equivalente generalizado (as sequências de 0 e 1 e os algoritmos de tratamento dos dados) capaz de unificar e estabilizar o conjunto da realidade – e, a partir daí, controlar o mundo.

A utopia maior da sociedade de informação é a globalização – que começou com Cristóvão Colombo em 1492, ganhou um novo impulso com a Revolução Industrial e culmina no ano 2000 com os instrumentos que permitem aos indivíduos agir em escala planetária. Uma de suas formulações mais impressionantes é a de Thomas Friedmann, em 2006: "A Terra é plana", isto é, ela se contrai e se achata à medida que as tecnologias esmagam o tempo e o espaço, impõem os mesmos comportamentos e submetem tudo às mesmas eventualidades (das Bolsas, por exemplo). Não espanta que a globalização exprima a seu modo o fim da história anunciado por Hegel no início do século XIX, reativado nos anos 1930 por Kojève e lembrado em 1989 por Fukuyama. Ora, não importa o que se diga, esse fim da história exige que seja possível a emergência de um homem capaz de subtrair-se ao tempo e de estabilizar definitivamente as condições de sua existência.

A globalização oferece todos os ingredientes da utopia aberta pela era digital: o acesso aos conhecimentos, as trocas pacificadas entre os homens, a abolição das fronteiras geográficas e ontológicas, a inteligência coletiva, a medicina conectada. Não espanta que nela se enxertem com frequência espiritualidades mais ou menos inspiradas no budismo, que anunciam com a internet a realização das virtudes cardinais necessárias ao carma: o sentimento da impermanência de todas as coisas (ditado pelos fluxos aos quais estamos expostos), a convicção da ligação de todas as realidades num grande todo (a interconexão possibilitada pelo ciberespaço) e a revelação da vacuidade do eu (o sentimento da intercambialidade dos neurônios que somos, na escala do cérebro planetário). Pierre Lévy é, na França (e no Canadá, para onde emigrou), o exemplo do tecnólogo convertido ao budismo, porque considera que o ciberespaço nos transforma em chamas que circulam de maneira ubíqua, isto é, sem pressão. O ciberespaço nos espiritualiza porque nos desmaterializa. É o argumento místico espontâneo lançado pelo imaginário da internet e que alimenta facilmente o fantasma da imortalidade.

A utopia do *homo communicans* é a de um ser dessubstancializado, submetido ao nomadismo e ao mobilismo que associamos à liberdade (a de eternos turistas que nunca repousam em parte alguma) e que se opõem à inércia na qual vemos a morte. O ciberespaço conseguiu sugerir uma representação do futuro contrária aos valores de sedentarismo e de segurança que caracterizavam o *mundo de ontem*, para citar Stefan Zweig, e no qual vemos o triunfo da morte. Ele o sugere, no melhor dos casos, invocando a realização do *universal aberto* de Pierre Lévy, isto é, sem totalidade, tal como a contracultura americana e a geração de 1968 o haviam sonhado (sonhava-se então com a fusão graças às tecnologias do virtual, não mais apenas graças à música e ao LSD). No pior dos casos, o ciberespaço é apresentado como um fantasma coletivo no qual somos cada vez mais reduzidos ao estado de simples e efêmeros avatares expostos a ser desconectados (conforme o livro de William Gibson, *Neuromancer*, que originou o filme *Matrix* dos irmãos Wachowski). Ao querer nos livrar de um enraizamento mortal no real, a utopia acaba virando facilmente distopia. Mas não é o que acontece com toda ilusão de imortalidade? Ulisses partiu de Calipso que lhe prometia a imortalidade e a eterna juventude – para escapar do congelamento do desejo propriamente humano que a virtualização consegue hoje impor.

O imaginário da globalização e do ciberespaço se prolonga naturalmente nas utopias pós-humanas que os movimentos de contracultura incubaram, desde os anos 1960.

Sua mensagem é simples: dispomos hoje dos meios científicos e técnicos para realizar a humanidade, isto é, suprimir todas as imperfeições que lhe barram o acesso à felicidade. É a mensagem da maior parte dos trans-humanistas que se reconhecem na sigla H+, como Niels Bostrom ou Marc Roux. A utopia se faz presente na perspectiva de uma felicidade que porá fim aos erros da história. Alguns trans-humanistas radicais querem mesmo utilizar as tecnociências para suprimir a entropia, que vota tudo o que existe à extinção, como Max More, criador do Instituto de Exotropia. Estamos aí no fantasma absoluto.

O argumento médio, compartilhado por numerosos cientistas, é de que as tecnociências nos permitem controlar a evolução biológica e tomar o lugar da seleção natural. É o caso, por exemplo, das biotecnologias, das perspectivas em matéria de clonagem, das células-tronco, da hibridação do vivo e do eletrônico. A biologia é essencialmente eugenista, ideia hoje aceita, após ter sido temida. Não espanta que o mito da saúde perfeita, da supressão do envelhecimento – e a chegada da imortalidade – esteja no centro dos anúncios regularmente endereçados ao público.

A convergência tecnológica NBIC oferece os meios de acelerar a utopia de uma humanidade que se realizaria graças às tecnociências: ela alimenta a ideia de que estaríamos a caminho de um além do humano – um pós--humano, uma espécie inédita. Esse pós-humano surgiria como surgem as espécies novas na natureza, por mutações que nossas inovações introduzem no ambiente e por vantagens seletivas que elas apresentam nesse ambiente tecnologizado. Evidentemente não se pode dizer o que será esse pós-humano, já que será um fenômeno emergencial. Os tecnoprofetas o batizam de singularidade, sucessor, ponto ômega... Apenas se pode dizer que ele resolverá os problemas que se colocam à humanidade, a começar pela morte.

O homem *aumentado* é uma vaga aproximação desse *para além do humano*. A expressão designa as realizações que se obtêm e que se obterão cada vez mais da aplicação das tecnologias ao humano: por exemplo, aumento da memória, visão noturna, exoesqueleto, orelhas e retinas artificiais, psicoestimulantes para reforçar a atenção ou impedir dormir, ou ainda implantes intracerebrais para exercer ações à distância. Todo esse arsenal de realizações possibilitadas pela convergência tecnológica e, em primeiro lugar, pelas modelizações e simulações resultantes da digitalização, todo esse arsenal nos prepara, segundo os trans-humanistas radicais, para acolher o pós-humano.

Graças às tecnologias NBIC, não haverá mais necessidade de nascer por acaso (as técnicas de transgênese são o começo disso e a ectogênese é anunciada para breve); não haverá mais necessidade de sofrer (as neurociências já produzem as moléculas requeridas); não haverá mais necessidade de envelhecer (a nanomedicina saberá nos reparar até em nosso DNA); e não haverá mais necessidade de morrer, a menos que se decida baixar o conteúdo do cérebro em outro suporte. Há ingenuidade nessas especulações, mas elas dizem muito sobre a obstinação que sentimos em querer nos livrar daquilo que faz de nós homens e mulheres.

Na era digital, a humanidade revela o quanto gostaria de acabar com ela mesma. As tecnologias do virtual, por si sós, exprimem já esse cansaço de ser limitado pelo corpo, conforme Pierre Lévy já evocou. A utopia que triunfa é a utopia de uma saída do humano. Por isso nos assustamos muitas vezes com os exageros encenados na ficção científica (a representação de um mundo de zumbis incapazes de sentir a menor emoção ou de ter relações afetivas, nos filmes *Avatar*, de James Cameron, ou *Blade Runner*, de Ridley Scott). Mas por isso também nos deixamos fascinar pelos mesmos exageros quando somos tomados de desânimo diante de um mundo que produziu os piores horrores, como o Holocausto ou Hiroshima.

As utopias ligadas ao digital apostam na desmaterialização para engajar a humanidade no caminho de sua desincorporação, isto é, de seu desaparecimento. A imortalidade é o argumento choque dessas utopias, sustentado pela convergência tecnológica. Como resistir? Talvez buscando reconciliar a humanidade consigo mesma, curando-a desse *cansaço de si* que a levou a preferir as máquinas ao humano.

Somos capazes de reclamar uma regulação das técnicas que leve à recusa de fazer o que se poderia fazer (ou seja, o desafio da ética aplicada às tecnociências)? Não ceder cegamente ao eugenismo possibilitado pelas biotecnologias. Não dissimular que a supressão do sofrimento pode ter como avesso o desaparecimento de seu contrário, o prazer. Não diabolizar a velhice como um estado vergonhoso. Redescobrir que a morte dá um sentido à vida e que ela é mesmo a condição do desejo entre os homens (como em Platão a figura de Eros se opõe à dos deuses fechados em si mesmos).

As tecnologias criam desmedidas e, se devem ser controladas, não há como não barrar suas pretensões. De que maneira? No *front* das políticas de pesquisa, pondo um freio à corrida das inovações. No *front* das mentalidades, opondo-lhes outro imaginário que não o das utopias pós-humanas: um imaginário que valorize e preserve a vulnerabilidade e a consciência da fragilidade como o verdadeiro privilégio do humano.

O desejo de imortalidade, caso se realizasse, seria a morte do desejo. Será que podemos querer isso? Em um momento em que as tecnologias desencadeiam roteiros de apocalipse, a questão merece ser examinada.

Utopia e regeneração: a fênix, a aranha e a salamandra[1]
Catherine Malabou

Gostaria de apresentar aqui o problema da utopia a partir da questão precisa da *cura*. Hoje, a medicina regenerativa anuncia a possibilidade de curar o ser humano sem contribuição exterior, sem medicamentos nem enxerto, utilizando simplesmente seu potencial regenerador, isto é, suas células-tronco. Deveríamos assim, nós mesmos, poder nos regenerar inteiramente. Embora as técnicas da medicina regenerativa tenham se tornado em grande parte realidade, não dissimulam elas, apesar de tudo, uma utopia, um ideal inacessível? O que esconde essa promessa de regeneração? Quais são suas consequências éticas?

Antes de mais nada, o que significa curar, restabelecer-se, voltar a um estado normal, recuperar-se? Na maioria das vezes, o processo de cura é concebido como uma cicatrização. Cicatrizar é apagar a ferida conservando seu traço ou vestígio. Ora, a questão que eu gostaria de colocar aqui é esta: será o paradigma do traço, da inscrição, da cicatrização, sempre pertinente para pensar a reparação e a cura, ou assistimos à emergência de um novo paradigma, o da regeneração, que supõe que a parte do corpo ferida de certo modo "rebrota" por suas próprias forças, sem deixar vestígio?

Essas questões evidentemente não concernem apenas ao domínio da medicina, mas envolvem também a interrogação filosófica, assim como o devir da arte contemporânea. As três figuras, da fênix, da aranha e da salamandra, me permitirão dar uma tradução sensível desses novos desafios.

---

[1]. A tradução do presente ensaio, incluindo as citações de obras feitas pela autora, é de Paulo Neves.

Às figuras da fênix, da aranha e da salamandra correspondem três momentos essenciais da história da filosofia, dos quais partirei antes de ilustrá-los por três épocas da arte.

O primeiro momento é o momento hegeliano. Na *Fenomenologia do espírito*, em 1807, Hegel escreve esta célebre frase: "As feridas do espírito se curam sem deixar cicatrizes"[2]. Hegel já exprimia aí a utopia de uma cura que não deixa vestígio, de uma reparação na qual a cicatriz se apaga e desaparece. Há uma relação entre a concepção hegeliana da cura e o atual ideal da medicina regenerativa?

A frase de Hegel exprime precisamente a tradução espiritual da reconstituição da pele após a ferida, daquilo que chamo de plasticidade dos tecidos vivos. É a plasticidade, tal como Hegel a concebe, a mesma que se verifica nas células-tronco, que são ditas, também, plásticas?

Para responder a essas perguntas, vou mostrar que três interpretações da frase de Hegel são possíveis. Uma interpretação dialética – a do próprio Hegel; uma interpretação desconstrutiva – a de Jacques Derrida lendo Hegel em *La Dissémination*; e uma terceira que chamarei provisoriamente pós-desconstrutiva. Cada uma dessas três leituras, que coincidem com três momentos da história recente da filosofia – dialética, desconstrução e pós-desconstrução –, se baseia numa compreensão determinada da cura, da reconstituição, do retorno ou da regeneração. Essas leituras mobilizam precisamente as três figuras do restabelecimento que são a *fênix*, a *aranha* e a *salamandra*.

Primeiro momento. O próprio Hegel, em vários lugares de sua obra, utiliza a metáfora da fênix para caracterizar o processo de cura. A fênix é a ave fabulosa à qual Hegel compara o espírito. Tendo o poder de renascer, ela ilustra ou encarna uma capacidade – a do espírito – que se reconstitui constantemente a partir de suas feridas e não morre jamais. Aqui regeneração e cura tomam a forma da reconciliação dialética (*Aufhebung*). A ferida constitui uma primeira negação – a da lesão e do sofrimento. A cicatrização é a negação dessa primeira negação. Por fim, a negação da negação apaga a cicatriz. Desse modo, o espírito é pensado como uma perpétua reconstituição de si. Ele se repara dialeticamente a partir daquilo

---

2. Georg Wilhelm Friedrich Hegel, *Phénomenologie de l'esprit*, v. 2, Paris: Aubier, 1941, p. 197. Ed. bras.: *Fenomenologia do espírito*, Paulo Meneses (trad.), Petrópolis: Vozes, 1992.

que o feriu e não guarda nenhum vestígio. O espiritual, diz Hegel, prepara eternamente, como a fênix, "sua própria fogueira e nela se consome para que de suas cinzas surja eternamente a vida nova, fresca e rejuvenescida"[3]. Segundo o paradigma da fênix, a regeneração verdadeira é a ressurreição. A fênix, ave fabulosa, dotada do poder de renascer de suas cinzas e de ser imortal, simboliza o trabalho do espírito que retorna a si mesmo a partir da extrema cisão. Segundo esse primeiro paradigma, curar significa renascer das cinzas. A cura dialética implica assim uma reconstituição da primeira ferida, uma anulação da falta, da lesão. Eis aí uma primeira utopia: a da cura ideal, da imortalidade, da fonte de juventude que perpetuamente regenera a si mesma.

Segundo essa utopia, as feridas são apenas as preliminares de uma reconstituição ao idêntico do órgão atingido ou destruído. A separação, o sofrimento e a cisão não marcam senão efêmeros tempos de abertura. O negativo prepara perpetuamente sua própria regeneração. A negatividade é o ato de "reerguer-se ela mesma eternamente"[4]. A plasticidade dialética é a constante reconstituição da presença que a cada vez encontra, numa forma de vida superior, os recursos de sua juventude ou de sua saúde. Assim, o espiritual, que não morre, é o que vem em auxílio do corpo, o qual é necessariamente finito e vulnerável.

Essa utopia por muito tempo reinou em nossas representações da ferida, mas também da morte.

A segunda leitura da frase de Hegel apresenta-se como uma desconstrução da primeira. As cicatrizes não podem desaparecer, afirma Derrida. Não há senão cicatrizes, a finitude é insuperável. O pensamento derridiano da escrita e do texto coincide com um novo pensamento da finitude. O que é um texto? Em que somos comparáveis a textos? A figura da aranha, mobilizada por Derrida, permite responder. Um texto é uma teia. Viver equivale a tecer uma teia. Nesse sentido, escrevemos sempre, ao existirmos, nosso próprio *texto*. Mas essa tecedura é sempre cheia de acidentes, de feridas, de rupturas. Quando a teia da aranha é lesada, a aranha a reconstitui, mas essa reconstituição, contrariamente ao que diz

---

3. Idem, *Leçons sur la philosophie de l'histoire*, Paris: Vrin, 1981, p. 62. Ed. bras.: *Filosofia da história*, Maria Rodrigues; Hans Harden (trad.), Brasília: Editora da UnB, 1995.
4. Idem, *Phénomenologie de l'esprit*, v. 2, Paris: Aubier, 1941, p. 309.

Hegel, deixa um traço, uma cicatriz. A ruptura pode apagar-se, mas ao apagar-se ela deixa outro traço.

Em *La Différance*, Derrida afirma: "Não sendo uma presença, mas o simulacro de uma presença que se desconjunta, se desloca, se expulsa, o traço não tem propriamente lugar, o apagamento pertence à sua própria estrutura"[5].

Assim, é necessário distinguir duas concepções do apagamento: um apagamento do traço, um apagamento do traço como emergência de outro traço.

Se há um corte no texto, o seccionamento cria ainda texto. Por isso Derrida pode afirmar que não há *hors-texte* [fora do texto]. A teia volta a se tecer a partir de suas rupturas, criando uma sobreposição de véus. Mas nessa regeneração constante não é a pele que rebrota no idêntico; nenhum acréscimo de presença fecha a ferida nem corrige os defeitos. É o tecido do texto que se estende, se complexifica e se ramifica sem jamais chegar à evidência de uma forma definitiva. Um traço pode se apagar, mas o apagamento deixa, por sua vez, um traço. Em Derrida e, veremos também, mais adiante, em Freud, o verbo *curar* é compreendido, em todas as suas significações, a partir do texto-tecido. Ler, compreender, interpretar são atos cortantes, decisivos, que fazem incisões e cortes, que provocam em toda parte feridas na teia e na carne. O texto se reconstitui sempre, mas conserva as marcas ou os traços de todas as leituras. Aqui a regeneração do tecido vivo coincide com o processo de cicatrização e de inscrição da memória da ferida. Escrita contra ressurreição.

Mas, com o paradigma da aranha, não se trata ainda de outra utopia, a da inscrição? E quem pode nos garantir que o modelo do texto é ainda hoje pertinente? Será que o paradigma da inscrição, assim como o da dialética em seu tempo, não está também em via de desaparecer? Serão ainda a leitura e a escrita paradigmas pertinentes para pensar a finitude em geral e o trabalho da memória em particular?

A terceira leitura da frase da *Fenomenologia do espírito*, para além da significação dialética e da significação *diferencial* ou textual da cura, projeta seguir outro caminho, o da salamandra.

---

5. Jacques Derrida, "La différance", em: *Marges de la Philosophie*, Paris: Éditions de Minuit, 1972, p. 25. Ed. bras.: *Margens da filosofia*, Joaquim Torres Costa; António M. Magalhães (trad.), Campinas: Papirus, 1991.

Meu interesse pela medicina dita regenerativa partiu de minha pesquisa sobre a plasticidade que, como anunciei no início, desenvolve uma série de técnicas de autorreparação, de autorregeneração dos órgãos ou dos tecidos. Para isso, tal medicina se vale do potencial dessas surpreendentes células que são as células-tronco. Os cientistas trabalham com as células-tronco embrionárias, ditas pluripotentes, capazes de se diferenciar para dar origem a todos os tipos de células do organismo. Num período mais recente, eles buscam também produzir em laboratório células-tronco embrionárias a partir de células-tronco adultas. Em 2006, um pesquisador japonês, Shinya Yamanaka, fez uma descoberta notável: um meio de *desdiferenciar* células-tronco adultas para reencontrar sua pluripotência. Essas células podem se tornar *qualquer* célula do corpo – são chamadas células pluripotentes induzidas (ou IPS, do inglês *induced pluripotent stem cell*). Somente as células-tronco embrionárias, derivadas de um embrião humano de quatro a cinco dias, são naturalmente pluripotentes. A descoberta de Yamanaka significa que todas as células do corpo, excetuados os espermatozoides e os óvulos, podem agora ser transformadas em células-tronco pluripotentes.

A maior parte das células-tronco adultas normais geram, no momento da renovação, células semelhantes às do tecido do qual elas provêm. Graças às técnicas de desdiferenciação, ou transdiferenciação, é possível agora fabricar pele, músculo, neurônios a partir de qualquer célula-tronco induzida; regenerar, sem auxílio exterior, o órgão ou a parte do corpo doente.

Essa medicina, baseada no potencial das células-tronco, é dita regenerativa em referência à capacidade que certos animais possuem de reengendrar uma ou várias de suas partes lesadas ou amputadas. A salamandra é o exemplo mais conhecido e o mais espetacular. Ela é capaz de regenerar membros (patas, cauda) e porções de órgãos, como o olho ou o coração. A medicina regenerativa, pela utilização das células-tronco, tende hoje a redescobrir essa faculdade autorreparadora inscrita na memória das espécies. Com uma frequência cada vez maior, faz-se intervir a regeneração no tratamento do infarto do miocárdio, nas queimaduras ou na doença de Parkinson.

A biologia celular prova a possibilidade de uma dissociação entre regeneração e imortalidade. A hidra, quando cortada em duas, revela-se capaz de regenerar um animal inteiro a partir de cada uma das duas partes seccionadas. Se certos vermes são cortados, cada pedaço engendra um novo organismo idêntico ao original. A regeneração é, na realidade, uma clonagem. O animal é capaz de encontrar nele mesmo, à margem dos processos de reprodução, a possibilidade de, replicando-se, reparar-se.

Essas possibilidades terapêuticas inteiramente novas – surgidas apenas no final dos anos 1990 – solicitam o pensamento filosófico de múltiplas maneiras. Em particular, elas levam a compreender a frase de Hegel de outro modo. Quando a cauda de uma salamandra ou de um lagarto volta a brotar, temos aí de fato uma cura sem cicatriz.

No entanto, não se trata mais do primeiro caso examinado, o da fênix.

O órgão se reconstitui sem cicatriz, mas ao mesmo tempo o órgão que rebrota é diferente do anterior – em tamanho, em volume, em forma. A pata regenerada da salamandra é, em geral, menor que a precedente. Essa diferença não é nem uma forma de vida superior, nem um desvio monstruoso. Trata-se de uma reconstituição *finita*, de uma ressurreição sem milagre. Não há cicatriz, não há inscrição, mas há formação de uma diferença. Eis aí, certamente, o que separa a salamandra da fênix. A fênix renasce de suas cinzas, permanecendo eternamente idêntica a si mesma. A salamandra é mortal e se reconstitui, mas de maneira diferente do que era no início.

No homem, como em todos os mamíferos, a regeneração está praticamente extinta. Das capacidades regeneradoras da salamandra ou da hidra, somente algumas raras características subsistem. É o caso da epiderme e dos vasos sanguíneos que tendem a se reconstituir quando lesados. O fígado pode, em certos casos, regenerar-se. A última falange é suscetível de rebrotar nas crianças ou nos adolescentes. Mas essas possibilidades são extremamente limitadas e aparecem como vestígios de um passado imemorial.

Por que a regeneração se extinguiu? Esse ponto é particularmente interessante: parece que a *cicatrização* a substituiu ao longo da evolução. Nos animais superiores, é menos vantajoso conservar por muito tempo uma ferida aberta do que cicatrizar. A evolução teria descartado a regeneração nos animais complexos porque esta exige mais tempo do que a cicatrização e representa um fator de adaptação menos vantajoso, mais custoso. A cicatrização, portanto, é um modo de cura tardio na história das espécies.

É preciso ver que a cicatriz é um obstáculo físico à regeneração; ela forma uma crosta ou uma casca fibrosa que impede precisamente a reconstituição do membro ou do órgão lesados.

O que se passa se seccionamos a pata de uma salamandra? As células epidérmicas migram rapidamente para a superfície do coto e o recobrem inteiramente com uma espécie de invólucro. Quando a superfície amputada está totalmente coberta, começa uma segunda fase, a chamada desdiferenciação. Sob esse invólucro, as células-tronco que haviam se diferenciado em células nervosas, musculares ou vasculares perdem sua especialização. Elas se desdiferenciam e formam uma espécie de broto, o blastema de regeneração, a partir do qual vão regenerar toda a superfície amputada. Nenhuma cicatriz se forma. A ferida cura e não deixa cicatriz. Nos mamíferos, ao contrário, esse blastema não se constitui; em seu lugar aparece a cicatriz.

Atualmente, a medicina regenerativa baseia-se essencialmente na possibilidade de reativar essas funções perdidas, o que implica a inibição do processo de cicatrização, o apagamento da cicatriz. Essa inibição ou esse apagamento são possíveis de duas maneiras: pela ativação da desdiferenciação e da transdiferenciação das células-tronco – é a clonagem terapêutica – ou pela neutralização dos genes cicatrizantes – o que é uma função da terapia gênica.

Assim, os biólogos trabalham hoje para reencontrar o traço do processo de apagamento do traço ou da cicatriz. Com a introdução do paradigma da salamandra pela biologia contemporânea, estamos diante de um duplo processo de desaparecimento do traço. Em primeiro lugar, o desaparecimento ligado à regeneração natural: o membro ou o tecido se reconstitui, não há cicatriz, a marca da ferida se apaga. Em segundo lugar, o desaparecimento do próprio processo de cicatrização, desaparecimento este provocado pela técnica médica.

A salamandra nos lembra que a regeneração é uma desprogramação, uma *desescrita*, se quiserem. As células-tronco podem mudar de diferença, mudar de inscrição. A medicina regenerativa prova o caráter caduco de algo em que acreditamos até um período ainda muito recente, a saber, a irreversibilidade da diferenciação celular e da programação genética. Ora, o conceito de plasticidade é empregado hoje pelos biólogos precisamente para designar essa capacidade das células de modificar seu programa, de mudar seu texto.

A obra terapêutica e ontológica da plasticidade desarranja, assim, tanto o trabalho dialético de autorreparação do absoluto quanto os motivos da escrita e da textualidade em geral. A plasticidade toma o lugar da escrita para designar o modo de ser do que não é inscrito.

Observando a organização interna ou a arquitetura do cérebro, tendo a pensar hoje que o que se impõe como forma da reparação, mas também como paradigma da formação em geral, não é mais o texto, mas as configurações neuronais. A capacidade que certos animais possuem de regenerar a totalidade ou parte deles mesmos encontra seu eco na maneira como funciona a codificação cerebral.

O cérebro deve sua plasticidade ao fato de poder mudar de forma sob o efeito das experiências, dos hábitos e das aprendizagens. As conexões podem variar em tamanho e volume conforme sejam mais ou menos solicitadas. Ora, é impressionante constatar que essas solicitações não deixam, propriamente falando, nenhum traço nas redes neuronais. Há mudança de forma, mas não há inscrição.

A observação do cérebro nos ensina que, aí também, nem o modelo da fênix nem o da aranha se mostra agora pertinente. Detenhamo-nos primeiro no segundo modelo. O modelo gráfico não é mais pertinente para caracterizar o traço sináptico. Esse fato provoca uma ruptura com o modelo da *facilitação (Bahnung)*, apresentado e definido por Freud no "Projeto para uma psicologia científica"[6]. Nesse texto de 1895 e, mais tarde, em "Nota sobre o 'bloco mágico'"[7] (1925), Freud desenvolve – como o mostra Jacques Derrida em "Freud e a cena da escritura"[8] – uma problemática da facilitação que se identifica cada vez mais nitidamente com uma problemática do traço escrito e do texto[9]. Freud descreve a operação da facilitação como abertura de um caminho, de uma estrada que se traça combatendo a resistência de um meio. O texto se imprime rompendo a resistência do material, e encontra-se aí a segunda característica do traço

---

6. Sigmund Freud, "Projeto para uma psicologia científica", em: *Edição standard brasileira das obras psicológicas completas de Sigmund Freud*, v. 1, Rio de Janeiro: Imago, 1996, pp. 335-454.
7. *Ibidem*, v. 19.
8. Jacques Derrida, "Freud e a cena da escritura", em: *A escritura e a diferença*, São Paulo: Perspectiva, 1995, pp. 179-227.
9. *Ibidem*.

em Freud, pensado segundo o modelo da impressão, da ponta, do estilete na matéria.

Ora, o fato é que a facilitação não é uma categoria pertinente para pensar o traço sináptico. As conexões mudam de forma, mas não há marcas nem impressões. O traço sináptico não se inscreve no suporte neuronal como um selo na tabuinha de cera. Mais uma vez, as conexões se transformam em tamanho ou em volume, mas essa transformação não é o análogo de uma marcação num suporte. As reuniões de neurônios, aliás, podem se desfazer, não há a permanência da "tabuinha de cera", o modo de deposição da lembrança não corresponde mais, propriamente falando, a uma inscrição.

O modelo do bloco mágico também não é mais pertinente hoje. Em "Nota sobre o 'bloco mágico'", Freud explica:

> O bloco mágico é uma prancha feita de um pedaço de resina ou de cera castanho-escura com uma moldura de papel; consiste numa folha fina e translúcida que se acha presa na sua borda superior e livre na borda inferior. Para servir-se desse bloco mágico, escreve-se na folha de celuloide transparente. Um estilete pontiagudo risca a superfície onde a escrita se grava em baixo-relevo[10].

Ao puxar-se a folha, a escrita é apagada, mas ela é também conservada na camada de cera castanha. No inconsciente, mostra Freud, há o mesmo dispositivo de apagamento, mas trata-se de um deslocamento, não de um desaparecimento puro e simples. No psiquismo, o bloco mágico é um palimpsesto, os traços se sobrepõem.

Acontece que no cérebro não há, propriamente falando, inscrição. Assim, a rede neuronal e a plasticidade que nela existe não formam palimpsesto nem texto de várias camadas. O cérebro não é uma máquina de escrever.

Como pensar a memória sem a facilitação? Esse é um dos maiores desafios colocados à neurociência hoje. Da salamandra ao cérebro, encontramos a mesma dinâmica de uma formação, de uma reparação sem sinais

---

10. Sigmund Freud, "Note sur le 'Bloc-notes' magique", em: *Résultats, Idées, Problèmes*, t. 2, Paris: PUF, 1985, p. 120.

nem traços. Mas nem por isso reencontramos aqui o modelo da fênix, pois todo cérebro conserva em sua forma a marca das feridas passadas, mas a conserva sem inscrição.

Se a plasticidade contemporânea não coloca em questão os conceitos de cicatriz e de traço, mesmo assim ela nos obriga a pensar um novo sentido da cura. O que nos ensina essa nova figura? Ela determina a forma do real. Segundo a figura da fênix, o real é um sistema. Segundo a da aranha, o real é um texto. Segundo a da salamandra, o real é uma rede.

Sem ressurreição, mas também sem inscrição – tal é o aspecto de nosso futuro. Totalidade, cadeia significante, sinapse: entre essas três estruturas, uma nova aventura do corpo e do espírito começa.

Se essa aventura se apresenta como uma nova utopia, é porque ela anuncia que o homem pode apagar todas as cicatrizes, não no sentido de Hegel, mas graças à tecnologia. Darei um exemplo para terminar.

Recentemente a revista *Cell* publicou um artigo sobre uma nova forma de terapia do estado de estresse pós-traumático (PTSD, em inglês), que associa um tratamento medicamentoso e um acompanhamento psicológico. Trata-se, literalmente, de apagar as marcas do trauma no cérebro. Os pesquisadores utilizaram uma classe de medicamentos chamados *histone deacetylase inhibitors* (HDACi), conhecida por apagar as marcas epigenéticas presentes no DNA. Os medicamentos por si sós não funcionam e devem ser acompanhados de uma terapia; no entanto, permitem dissociar o acontecimento da emoção que o acompanhava. Isso é visto como uma espécie de cura que permite acalmar os efeitos do estresse intenso. Mas apagar o trauma não é também apagar a memória? A nova utopia de um corpo e de um espírito totalmente regenerado, sem traço, é desejável? Eis aí os enigmas que a medicina regenerativa e as técnicas de clonagem colocam. De Hegel às células-tronco, da dialética ao pós-humano, passando pela lógica do texto, o que temos, a cada vez, são visões idealizadas da ferida e da cura que deixam de lado a questão difícil da convalescença, da melancolia e do incurável.

Projeto e destino: de volta à arena pública
Guilherme Wisnik

> *Porque a frase, o conceito, o enredo, o verso*
> *(E, sem dúvida, sobretudo o verso)*
> *É o que pode lançar mundos no mundo.*
> CAETANO VELOSO

O sentido de transformação para o qual aponta a ideia de utopia indica um *vir a ser* que baliza o presente por uma determinada direção de futuro. Contudo, trata-se de um devir que ao se constituir no desenrolar de uma experiência temporal ocorre na forma de uma relação de disjunção espacial. Etimologicamente, a expressão cunhada por Thomas More no século XVI, que nomeia uma nação-cidade-ilha imaginária, resulta da fusão do "advérbio grego *ou* – 'não' – ao substantivo *topos* – 'lugar' –, dando ao composto resultante uma terminação latina" (*ia*)[1]. Trata-se, portanto, de uma palavra criada, e não preexistente, pois, em que pese a extrema erudição de More, a república ideal de Utopia não seria mais aquela de Platão, e sim o produto de um outro momento cultural e histórico. Sua operação, portanto, é de ironia e deslocamento[2]. Utopia, desse modo, refere-se a uma intenção projetiva que se realiza no espaço, fundando um novo lugar ideal.

---

1. George M. Logan; Robert M. Adams, "Introdução a Thomas More", em: *Utopia*, São Paulo: Martins Fontes, 1999, p. xiii.
2. "Os mesmos leitores helenistas que reconheceram a etimologia de 'Utopia' também encontrariam a sugestão desse significado no fato de a palavra ser um trocadilho com outro vocábulo composto grego, eutopia – lugar 'feliz' ou 'afortunado'" (*Ibidem*).

Vinculada ao ideário socialista nascente, a linhagem utópica novecentista estabelece uma tradição importante no campo do urbanismo, através de figuras como Robert Owen e Charles Fourier, dando a base para as vanguardas modernas do século xx, de Tony Garnier, Le Corbusier, Frank Lloyd Wright e tantos outros. Fazendo *tabula rasa* do presente e do passado em direção a um futuro radioso e ideal, o projeto utópico da cidade moderna recusa a instabilidade e a imperfeição do mundo existente, isto é, da dinâmica histórica, isolando um ou alguns de seus aspectos constitutivos – em especial a sua dimensão pública – para desenvolvê-los *in vitro*. Daí a idealidade do modelo de cidade utópica moderna, cuja maior virtude foi criar referências de exemplaridade em relação ao mundo decaído da realidade ordinária, simbolizada naquele momento pelo subúrbio da cidade industrial.

Não é por acaso que a ilha utópica de Thomas More seja, via de regra, associada à Atlântida de Platão. Nem é fortuito o fato de Mário Pedrosa ter caracterizado Brasília como uma *civilização-oásis*[3]. Pela sua própria condição de existência, a utopia assume a forma recortada de um círculo, de uma ilha, ou de um oásis[4]. Progressista, ela se separa do real decaído, constituindo uma mônada autônoma, autossuficiente e exemplar, que funciona, pelo menos a princípio, segundo as leis que ela mesma instaura, permanecendo imune à contaminação do mundo real ao redor. Situada no reino do absoluto, a utopia extrai elementos da realidade e os analisa, isola e purifica, segregando-os em funções lógicas. Daí que o panóptico de Bentham, tão bem analisado por Foucault, constitua um dos paradigmas mais explícitos da utopia tornada distopia totalitária: um sistema fechado, circular, todo voltado para o seu centro, onde se situa a torre de vigilância.

Ao mesmo tempo, a utopia é guiada por um ímpeto essencialmente narcísico, que se declara capaz de instaurar um mundo melhor do que o existente, dotado de forte exemplaridade. Nesse sentido, alguns projetos utópicos às vezes transcendem a sua insularidade, pretendendo-se definir como focos de contaminação positiva da realidade, por um lado, ou como postos vanguardistas capazes de serem fertilizados pelo mundo real, por

---

3. Ver Mário Pedrosa, "Reflexões em torno da nova capital", em: Guilherme Wisnik (org.), *Arquitetura: ensaios críticos – Mário Pedrosa*, São Paulo: Cosac Naify, 2015, pp. 131-46.
4. Significativamente, a *Carta de Atenas*, considerada a cartilha do urbanismo moderno, foi escrita em uma viagem de navio, a bordo do *Patris* ii, em 1933, no trajeto entre Marselha e Atenas.

outro. Mais uma vez, é essa a interpretação que Mário Pedrosa faz da Brasília de Lucio Costa, logo após a divulgação do resultado do concurso para o plano piloto da nova capital, em 1957. Sua aposta, naquele momento, é que a capital-oásis plantada no coração despovoado do planalto central pudesse ser fecundada pela vitalidade do país litorâneo, dotado já, àquela altura, de uma cultura autóctone[5].

A melhor definição que conheço para o *páthos* utópico moderno vem de Giulio Carlo Argan. Segundo o raciocínio do grande pensador italiano da arte, é a noção edificante e exemplar de projeto que encarna o ideal humano de emancipação em relação à resignação diante dos fatos ordinários da vida, isto é, diante dos acontecimentos cegos do destino. Em suas palavras:

> Não se projeta nunca *para*, mas sempre *contra* alguém ou alguma coisa: contra a especulação imobiliária e as leis ou as autoridades que a protegem, contra a exploração do homem pelo homem, contra a mecanização da existência, contra a inércia do hábito e do costume, contra os tabus e a superstição, contra a agressão dos violentos, contra a adversidade das forças naturais; sobretudo projeta-se contra a resignação ao imprevisível, ao acaso, à desordem, aos golpes cegos dos acontecimentos, ao destino[6].

É significativo o fato de que essa tentativa de escapar à aleatoriedade do destino, evitando o conformismo conservador, segundo Argan, se faça a partir de um conjunto de negativas (não, nunca, contra), equivalentes ao *u* (não) da palavra utopia. Afinal, o que esse projeto contradefendido por Argan pretende construir, como forma mais alta de emancipação humana, é exatamente o não lugar da utopia. Um *u-topos* que possa, de alguma maneira, premido pela *paixão pelo real* que alimenta o século XX, segundo Slavoj Žižek[7], romper o casulo da utopia e finalmente existir, instaurando-se revolucionariamente no mundo.

Na segunda metade do século XX, aquela idealidade moderna de matriz utópica – que tem o seu apogeu e crise em Brasília – é criticada e

---

5. Ver Mário Pedrosa, *op. cit.*, p. 136.
6. Giulio Carlo Argan, *Projeto e destino*, São Paulo: Ática, 2001, p. 53.
7. Cf. Slavoj Žižek, *Bem-vindo ao deserto do real*, São Paulo: Boitempo, 2003.

pressionada por vários lados. Uma das formas de ataque mais profundas vem das diversas formas de distopia. Já não exatamente as distopias totalitárias de antes – espécies de superutopias sem promessa de emancipação, como nos casos do referido panóptico analisado por Foucault, ou dos projetos grandiloquentes de Albert Speer para o Terceiro Reich –, e sim as distopias pós-modernas, que deram origem a um *hiperespaço* no qual não conseguimos nos orientar fenomenologicamente, perdendo a dimensão de distância crítica fundamental para realizar a conexão hermenêutica entre sujeito e objeto. Em termos concretos, como mostra Fredric Jameson, esse *hiperespaço pós-moderno* representa a substituição do espaço urbano por enormes edifícios que são como que minicidades em si mesmas, enclaves que entronizam em seu interior a experiência urbana, substituindo-a como simulacro no capitalismo tardio[8]. Aquilo que o arquiteto holandês Rem Koolhaas, um antiutópico declarado, caracterizou como *bigness* (grandeza), o maior protagonista da assim chamada *cidade genérica*[9].

Essa passagem, contudo, não é direta. Pode-se dizer que a grande revisão da utopia moderna é feita ao longo da década de 1960 – incluindo um pouco das décadas anterior e seguinte – por uma série de correntes divergentes entre si, das quais gostaria de destacar três: o movimento megaestruturalista, em primeiro lugar, a crítica ao urbanismo moderno através do exemplo de Las Vegas, em segundo, e a concepção de cidade por fragmentos, em terceiro, à qual associaremos o conceito de heterotopia.

Protagonizada por coletivos de arquitetos, como o Archigram, o Archizoom e o Superestudio, entre outros, e tendo Buckminster Fuller como guru, o movimento das megaestruturas representa uma espécie de canto do cisne da utopia moderna. Partindo do imaginário pop e misturando o universo dos *comics*, dos filmes de ficção científica e da cultura *hippie* com o otimismo tecnológico da "era de ouro" do capitalismo, as propostas megaestruturalistas confrontaram a utopia de redenção social moderna com uma superutopia técnica, feita de enormes cápsulas, domos geodésicos e pontes. Fundindo arquitetura e urbanismo em imensas estruturas contínuas, os projetos megaestruturalistas aprofundam a

---

8. Ver Fredric Jameson, *Pós-modernismo: a lógica cultural do capitalismo tardio*, São Paulo: Ática, 1997, pp. 27-79.
9. Ver Rem Koolhaas, "A cidade genérica", em: *Três textos sobre a cidade*, Barcelona: Gustavo Gili, 2010.

crença na autonomia dos objetos construídos como forma de negação do mundo ao redor.

No seu exemplo mais irônico e corrosivo, as *Walking cities* (1964), do Archigram, cidades-robôs se deslocam a esmo, com suas patas metálicas, por sobre um planeta destruído pela bomba atômica. Utopia negativa? Nem tanto. Em meio aos delírios escatológicos da década, esse projeto não se distancia muito, inclusive esteticamente, do *Yellow submarine* (1968) dos Beatles, uma comunidade de pessoas vivendo felizes, em uma cápsula metálica amarela, a milhas de profundidade abaixo do nível do mar.

Certamente uma das críticas mais contundentes e decisivas à utopia urbana moderna veio à tona com a publicação do livro *Aprendendo com Las Vegas*, em 1972[10], de Robert Venturi, Denise Scott Brown e Steven Izenour, professores na Universidade de Yale, no mesmo ano em que se demolia o conjunto habitacional de Pruitt-Igoe, em Saint Louis, considerado por muitos o funeral do movimento moderno[11]. Sistematizando o material coletado em viagens de campo à cidade, realizadas com estudantes em 1968, o livro lança dardos venenosos contra o narcísico ideal de pureza moderno. Colocando-se frontalmente contra a torre de marfim utópica da modernidade, os autores defendem uma aceitação do real como algo dotado de valor em si. Um valor que precisa ser compreendido e aceito pelos arquitetos, argumentam os autores, daí o título do livro. Guiada por uma visão antropológica, que funda um lugar discursivo no outro, a perspectiva crítica defendida no livro destitui o arquiteto do poder de afirmar e decidir unicamente a partir do seu juízo, ou do próprio umbigo, como deve ser organizada a vida das pessoas.

Advogando em nome do vernáculo – o vernáculo comercial de consumo norte-americano, bem entendido –, os arquitetos autores do livro adotam uma posição classificada como populista, já que defendem, em tese, o gosto icônico do povo por oposição ao gosto erudito e abstrato dos arquitetos modernos. Essa posição é de fundamental importância no debate em questão. Contra a tendência purista, exemplar e autonomizante da utopia, com seu universo de excelência apartado do mundo existente, Venturi, Scott Brown e Izenour propõem uma anistia do real,

---

10. Robert Venturi; Denise Scott Brown; Steven Izenour, *Aprendendo com Las Vegas*, São Paulo: Cosac Naify, 2003.
11. Cf. Charles Jencks, *The Language of Post-Modern Architecture*, New York: Rizzoli, 1977, p. 9.

reconhecendo o valor do existente como manifestação legítima de uma certa vontade coletiva. Do ponto de vista metodológico, temos aqui uma guinada radical: a fonte de ensinamento é encontrada no mundo ordinário, e não em construções modelares.

Com efeito, se de um lado a visão dos polêmicos professores de Yale se torna, desde aquele momento, o importante emblema de uma perspectiva antropológica de análise urbana nascente, abrindo caminho para uma valorização da alteridade que é muito relevante no debate cultural até os dias de hoje, por outro, ela não deixa de mostrar-se extremamente problemática à medida que instaura, com isso, uma espécie de conformismo diante do existente, ou, em outras palavras, uma tautologia do mesmo. Quer dizer: se uma coisa ganha valor à medida que existe, esse valor faz com que mais coisas semelhantes a ela passem a existir, reproduzindo-se de forma autojustificável. Assim, se a perspectiva utópica opera pela exceção exemplar, a defesa populista do existente favorece a reprodução *ad nauseam* daquilo que já é. Daí a genealogia antiutópica que vai da Las Vegas de Venturi, Scott Brown e Izenour, nos anos 1960-70, à *cidade genérica* e aos *espaços-lixo* teorizados por Rem Koolhaas nos anos 1990-2000, baseando-se em Cingapura e em Shenzhen.

Aqui chegamos à terceira linhagem interpretativa referida anteriormente: aquela que interpreta a cidade por fragmentos não totalizáveis, criticando a utopia moderna de uma forma muito distinta da que é posta em prática tanto pelas megaestruturas, surgidas em diversos lugares do mundo, quanto pelo populismo comercial e antropológico norte-americano. Refiro-me aqui a um conjunto de práticas revisionistas que têm origem nas *cidades-cluster* do grupo Team X e nas experiências de deriva e psicogeografia situacionistas, desde os anos 1950, e que ecoam em autores como Henri Lefebvre e Guy Debord – estes, integrantes do grupo situacionista francês –, e também Jane Jacobs, Kevin Lynch e Christopher Alexander, entre outros, em contextos distintos.

É nessa chave interpretativa, embora sem nenhuma relação direta, que surge a conceituação fundamental de heterotopia, feita por Michel Foucault entre 1966 e 1967, em explícito diálogo polêmico com o círculo arquitetônico francês do momento[12]. Conceito que se tornou central para

---

12. Em dezembro de 1966, Michel Foucault fez duas conferências radiofônicas sobre os temas "O corpo

a crítica urbana contemporânea, após sua recuperação por Edward Soja, nos anos 1990[13], e sua articulação com a revalorização do *direito à cidade* lefebvriano por David Harvey[14], no contexto de uma expressiva emergência de movimentos de contestação antiglobalização nas ruas e praças de diversas cidades do mundo desde o raiar do novo milênio[15].

Convidado a se pronunciar no Círculo dos Estudos Arquiteturais de Paris em 1967, após ter feito duas emissões radiofônicas sobre o conceito de heterotopia, Foucault se contrapõe ao conceito moderno de cidade como um espaço homogêneo e pontuado por elementos legíveis, base da chamada *Carta de Atenas*. Segundo sua posição, o espaço urbano não é vazio nem neutro, e sim um conjunto móvel de relações descontínuas. Claramente, àquela altura dos acontecimentos históricos, às vésperas da ebulição estudantil de 1968 em Paris, estava claro para Foucault que a ideia de cidade como uma totalidade legível e controlável havia sido definitivamente destruída pelo capitalismo avançado do pós-guerra. E, como ficaria mais evidente alguns anos depois, com a publicação de *Vigiar e punir* (1975), a arquitetura desempenhava um papel crucial na sociedade disciplinar. Sendo que o modelo do panóptico, em termos arquitetônicos, terminava não sendo muito diferente das cidades patronais utópicas, como o falanstério de Fourier (1832), ou o familistério de Godin, em Guise (1880).

Assim, se a distopia parece ser uma versão sinistra da utopia, e as formulações antiutópicas a sua sequela ou verdade mais pragmática, a heterotopia, tal como teorizada por Foucault, surge como uma forma progressista de crítica interna à concepção utópica. Uma negação da utopia que, no entanto, parece apontar para uma recuperação dialética da sua

---

utópico" e "As heterotopias", ambas reunidas em Michel Foucault, *O corpo utópico, as heterotopias*, São Paulo: n-1 edições, 2013. Em março de 1967, fez uma conferência no Círculo de Estudos Arquiteturais de Paris, depois publicada em parte com o título *Des espaces autres*.

13. Ver Edward Soja, "Heterotopies: Remembrance of Other Spaces in the Citadel LA", *Strategies: A Journal of Theory, Culture and Politics*, v. 3, 1990; e *Thirdspace: Journey to Los Angeles and Other Real and Imagined Places*, Cambridge: Blackwell, 1996. A reconstrução de todas as leituras desses textos de Foucault está em Daniel Defert, "Heterotopia: tribulações de um conceito entre Veneza, Berlim e Los Angeles", posfácio a Michel Foucault, *op. cit.*
14. Ver David Harvey, "A visão de Henri Lefebvre"; "O direito à cidade", em: *Cidades rebeldes: do direito à cidade à revolução urbana*, São Paulo: Martins Fontes, 2014.
15. Podemos nos lembrar da importante manifestação contra a Organização Mundial do Comércio em Seattle, em 1999, e na grande marcha zapatista que cruzou o México em 2001. Além, é claro, dos ataques terroristas de 11 de setembro daquele mesmo ano nos Estados Unidos.

promessa de emancipação. Pois, abandonando a perspectiva centralizadora da utopia moderna, as práticas heterotópicas incorporam as fricções da realidade em sua dinâmica de projeto, apontando para *lugares outros* latentes, espaços da alteridade, contraespaços inabarcáveis em uma mirada única, complexos, relativos, e próprios a situações e condições sociais e culturais não hegemônicas. São, em grande medida, lugares da fantasia próximos ao universo infantil, tais como o fundo escondido do jardim, a cabana de índios, ou a cama dos pais. Lugares à margem da vida produtiva, tais como, também, o cemitério, o prostíbulo, a prisão e a colônia de férias. Lugares limiares, oscilando entre a liberdade e o confinamento, e que supõem outros tempos de experiência.

Hoje, contrariando profecias antiutópicas "realistas", como as que consideram haver um refluxo dos espaços públicos para as telas de televisão e para o ciberespaço da internet, caracterizando a atividade do consumo como a forma final e *tardia* da esfera pública[16], uma série de movimentos ativistas organizados em rede e autogestionários surgem pelo mundo inteiro reivindicando os espaços públicos – entendidos como *comuns* – como lugares por excelência da realização política contemporânea[17]. Refiro-me aos vários movimentos contra a globalização e o neoliberalismo, que apareceram tanto nos acontecimentos contestatórios ocorridos na periferia de Paris em 2005, por exemplo, quanto depois nas praças Syntagma (Atenas, 2010-11), Zuccotti (Nova York, 2011), Tahir (Cairo, 2011), Porta do Sol (Madri, 2011) e Gezi (Istambul, 2013), assim como nas ruas de muitas cidades brasileiras nas chamadas jornadas de junho em 2013.

Seriam esses movimentos contestadores do século XXI materializações de um novo espírito utópico que teria frutificado hoje, mais ou menos cem anos depois de ter sido fertilizado *in vitro* pelas vanguardas modernas? Penso que sim e que não. Pois se, por um lado, esses movimentos parecem ser movidos por um idealismo político e social fundado no desejo da diferença, semelhantes àqueles dos projetos utópicos modernos, por outro, eles se definem por uma aderência extrema aos seus lugares específicos e ao momento histórico presente, ao contrário do que está contido na gênese da definição de utopia e no caráter antecipatório, e

---

16. Ver Rem Koolhaas, *Conversa com estudantes*, Barcelona: Gustavo Gili, 2002, p. 43.
17. A propósito das diferenças entre público e comum, ver Michael Hardt; Antonio Negri, *Multidão: guerra e democracia na era do império*, Rio de Janeiro: Record, 2005.

algo demiúrgico, das vanguardas. Em especial, substituem o modelo de pacificação harmônica da vida social, base da genealogia filosófica que vai do falanstério à Ville Verte de Le Corbusier, chegando a Brasília, por uma compreensão do espaço urbano como um lugar heterogêneo de fricção e conflito, dominado por forças em choque permanente.

Parece claro, portanto, que a potência heterotópica dos movimentos sociais que eclodem hoje pelo mundo atesta a crise do modelo antiutópico que parecia dominar a cena nas décadas de euforia neoliberal (1980-2000). "Um outro mundo é possível", diz a máxima criada no Fórum Mundial de Porto Alegre, em 2001. A beleza dessa frase está em contestar altivamente toda a insidiosa e pragmática *tirania do possível*, que invariavelmente acusa a intenção utópica de delirante[18]. Movidas pela imaginação e pelo desejo, nossas ações artísticas e ativistas não podem se resignar a aceitar o estreito horizonte do mundo que já existe no presente. Pois, sem tirarmos os pés do presente, evitando assim abandonar-nos a hipotéticos futuros, mas olhando para eles, precisamos ser capazes de *lançar mundos no mundo*.

---

18. Referência a observações feitas por Pedro Duarte em sua sinopse para a conferência "A utopia do pensamento", neste mesmo ciclo *Mutações: o novo espírito utópico*.

Ladrões da utopia: uma crítica tardia do entretenimento que serviu de linguagem a um sonho de esquerda[1]
Eugênio Bucci

Mais ou menos como o planeta Terra visto do espaço, o cartaz do novo ciclo da série *Mutações: o novo espírito utópico* é azul. Como a Terra, é bonito, agrada aos sentidos e é um lugar intrigante.

Ao alto, no canto direito, vemos o logotipo da Petrobras. O símbolo se compõe das letras maiúsculas B e R, em tipos não serifados, bojudos, inclinados para a direita, em itálico. Formam um par compacto, centralizado numa moldura quadrada. À direita da caixinha, segue-se o nome da companhia, escrito por extenso, também em maiúsculas. É a assinatura do logotipo.

A diagramação reservou a faixa superior para o selo da estatal, que cintila como estrela solitária. Ali fica o céu do pôster.

O observador menos apressado notará, bem na base da mancha formada pelo quadrado e pelo nome da empresa, o verbo *apresenta*. Não é um verbo qualquer. Desde os tempos do circo, do teatro de revista e, depois, dos programas de auditório do rádio e da televisão, esse verbo é pronunciado por aquele que brinda o respeitável público com uma atração digna dos palcos internacionais. Agora, na era do entretenimento globalizado, ubíquo e ininterrupto, com seus patrocínios faraônicos, vem sendo conjugado preferencialmente pelo patrocinador. Quem apresenta é quem paga.

---

1. Agradeço as correções e sugestões críticas de Marco Chiaretti, Carlos Eduardo Lins da Silva, Luiz Antonio Novaes, Maria Paula Dallari Bucci, Humberto Werneck e Ana Paula Cardoso.

No nosso cartaz, o *apresenta* vem em caixa-alta, numa tipologia de hastes finas, mais discreta. Discretamente, transforma o selo da Petrobras em sujeito de uma oração, que começa a se formar bem ali: "Petrobras apresenta". Mas *apresenta* o quê? O objeto direto irrompe em letras graúdas, ainda que em caixa-baixa: "o novo espírito utópico".

Espere. Há algo de estranho no ordenamento dos vocábulos. A expressão "o novo espírito utópico" não está na ordem direta. O *design*, caprichoso e benfeito, pôs a palavra *utópico* à frente e acima das demais, de tal modo que a frase que deveria ser "Petrobras apresenta o novo espírito utópico" adquire outra conformação: "Petrobras apresenta utópico, o novo espírito".

Nessa configuração, o termo *utópico* já não soa como adjetivo, mas como um substantivo, ou como um apelido carinhoso. Parece nomear um mascote, não bem um mascote esportivo, mas possivelmente um mascote acadêmico. Mais que um animal de estimação, teríamos um espírito de estimação: "utópico, o novo espírito".

As duas leituras possíveis bifurcam o sentido.

A visualidade do cartaz também tem duplos sentidos e cisões. O azul-claro do fundo, homogêneo e chapado, não evoca apenas o céu. Posso vê-lo como a água do mar. As imagens de bolhas, fotografadas com foco perfeito, sugerem um ambiente aquático, borbulhante. Não, não se trata de fervura. O que temos ali são águas calmas, luminosas, como seriam as águas do mar vistas por um mergulhador tranquilo, bem abaixo da superfície ensolarada. Só que não sabemos se as coisas ali estão aflorando na direção do ar, do céu, ou se afundam para a escuridão.

Se o que aparece nas fotografias são bolhas de ar, que fluem para o alto, a imagem é otimista. Se o que aparece é uma dessas esferas de vidro transparente, que têm bolhas do lado de dentro e servem de peso sobre a papelada no tampo de escrivaninhas, aí, nesse caso, a imagem é assustadora. Atiradas ao mar, essas bolas de vidro afundam como plataformas a pique. Desaparecem para sempre.

Pois bem, e agora? Como interpretar essa peça gráfica? Ela evoca leveza luminosa ou denota um naufrágio obscuro?

Se pensarmos na marca da Petrobras e no que ela representa, a ambiguidade se acentua. De certo ângulo, esse logotipo simboliza a soberania nacional, a independência, o desenvolvimento econômico. Inadvertidamente, entretanto, passou a sinalizar comportamentos menos edificantes, para dizer o mínimo.

À luz (ou à sombra) dessas ambiguidades, de que modo devemos entender a palavra *utópico* e seu entorno visual? Comporão uma força emancipadora, que emerge para a luz? Ou um sonho que fez água? Anunciam limpidez ou traem um embuste?

Não percamos de vista que esse cartaz nos interpela nos moldes indisfarçáveis da linguagem da indústria do entretenimento, cuja matriz significante não é neutra. A Petrobras, quando *apresenta* uma atração cultural, espera aportar uma carga positiva e favorável para a sua própria imagem. No nosso caso, aqui, a presunção procede? O pensamento crítico das conferências, como esta minha, é compatível com a estratégia de *marketing* da companhia estatal? Quem promove quem? Quem flutua? Quem submerge?

Essas e outras interrogações acerca das relações entre pensamento e entretenimento estarão conosco mais adiante.

★ ★ ★

O presente livro parte de um diagnóstico acertado: tem-se falado pouco de utopia no Brasil, e não apenas no Brasil. Já sabemos que, em parte, o vazio se explica pela dissintonia entre a substância evanescente da utopia, inclinada para o que é longínquo, inalcançável até, e a gramática da política, ocupada pelo fato, pelo factual e pelo factível. Em contraste com a imaterialidade das conjecturas utópicas, a política por vezes aderna, carregada com o que pesa demasiadamente, como o chumbo, ainda que seja um peso volátil, como a mentira, a tecnologia e o dinheiro. Nessa perspectiva, falar de utopia desorganiza a ação política mais cotidiana e gera desconforto prático no debate condominial a que vem se reduzindo o debate público.

Não é só isso. O sonho utópico perdeu espaço para o individualismo narcisista, na mesma razão em que a ordem do simbólico perdeu terreno para a ordem do imaginário. Além do que, o desmoronamento dos regimes alegadamente socialistas, um desmoronamento não apenas econômico e político, mas moral, que deixou órfãos ideológicos entre os escombros, contribuiu para o que Adauto Novaes – na primeira de suas

"Onze notas sobre o novo espírito utópico", no catálogo deste ciclo de conferências – chama apropriadamente de "triste silêncio".

De minha parte, só posso aduzir. Mas penso que há outro fator a ser considerado. Ao menos no Brasil, sinto que há uma força inibidora difícil de apontar com precisão, mas de forte presença. Se deixamos de falar de utopia, não foi apenas porque sentimos uma saudade recolhida do muro de Berlim. Nem pensar. Também não foi porque teríamos nos rendido ao gozo do consumismo imediatista (isso se deu com alguns, mas não com todos). Se paramos de tocar nesse assunto foi porque, em algum lugar, de alguma maneira, um sentimento difícil nos travou. Esse sentimento se aproxima do que poderíamos entender como vergonha, mas talvez não seja exatamente isso.

Até pouco tempo atrás, bem pouco, nós não nos inibíamos. Ao contrário, tivemos a nossa utopia e falávamos dela com altivez e entrega. O problema é que ela nos foi tirada. O problema é que ela nos foi traída. Ficou incômodo falar disso, pois falar disso implica olhar para o que houve de antiutópico dentro da utopia que tivemos.

Digo sim ao chamamento de Adauto Novaes, no texto ao qual já me referi. "Para sair da barbárie – era dos fatos –, voltemos, pois, às utopias", ele escreve. Não vou contrariá-lo. Voltemos às utopias. Apenas me permito a licença de tocar em alguns poucos fatos da nossa barbárie surda. Tentarei evitar a armadilha de fazer de conta que eles não estão a nos atropelar como tanques de guerra sobre o asfalto.

Vou vasculhar a nossa barbárie mais próxima como um catador de detritos nos lixões das metrópoles. Quero ver se encontro elementos para a necropsia de um sonho golpeado. Quero pensar com a vivência do militante que fui, como um crítico da cultura e como um cronista atrasado das memórias que restam. Mais do que fazer uma conferência, acho que vou contar uma história. Tentarei falar com leveza, de modo descomplicado, mas terei de falar daquilo que não cheira bem.

***

O revés não é de hoje. Voltemos um pouco no tempo, a setembro de 2007. Naquele mês, na edição número 73 da revista trimestral *Teoria e Debate*, da Fundação Perseu Abramo, do Partido dos Trabalhadores, Maria

Rita Kehl escolheu a palavra *fatalismo* para dar título à coluna que mantinha na última página. Em tom de presságio, ela escreveu: "Chamamos de fatalidades as grandes catástrofes naturais diante das quais o engenho humano pouco ou nada pode". Em seguida, Maria Rita comentou uma notícia rumorosa daquelas semanas: a vitória do senador Renan Calheiros (PMDB-AL) no Conselho de Ética do Senado, que, graças à colaboração de senadores petistas, conseguira se livrar de um pedido de cassação. A ajuda de "muitos senadores do próprio PT" se devia a "motivos obscuros" que excediam "o pretexto da 'governabilidade'".

Relembro um trecho:

> Se desde 2005 os eleitores e militantes não sabem quantos, entre os políticos eleitos pelo PT, permanecem petistas, agora temos *a impressão de que a sigla nos foi definitivamente roubada*. Aqueles que se consideram petistas em função do compromisso histórico com o projeto político e os valores éticos que o partido um dia representou perderam qualquer condição de ostentar o simpático símbolo da estrelinha[2].

Foi uma crônica de adeus. Depois de enviar seu texto aos editores, a autora disse que estava se despedindo da coluna. O adeus foi avisado ao leitor num *post scriptum* lacônico da redação, ao pé da página: "Maria Rita Kehl comunicou seu afastamento do quadro de colunistas de *Teoria e Debate*, infelizmente, pelos motivos aqui expostos"[3].

Quero voltar aqui, rapidamente, à menção da cronista ao ano de 2005. "Desde 2005, os eleitores e militantes não sabem quantos, entre os políticos eleitos pelo PT, permanecem petistas", ela diz. O que houve em 2005? Foi quando surgiram os primeiros sinais daquilo que viria a ser conhecido como o escândalo do "mensalão". Não que inexistissem nódoas anteriores a 2005. A história pregressa da legenda carregava capítulos tortuosos, plúmbeos, mal explicados, mas as irregularidades reveladas naquele ano abalaram mais diretamente o ânimo e a confiança de uma parcela expressiva dos militantes.

2. Maria Rita Kehl, "Fatalismo", *Teoria e Debate*, São Paulo: 2007, n. 73, página final.
3. Que não passe sem registro o gesto digno de *Teoria e Debate*, que publicou na íntegra a crítica ao PT. Já naquele período, esse tipo de abertura começava a se tornar improvável, com o recrudescimento de uma mentalidade autoritária secundada pela obediência dos funcionários da máquina, e aquela foi uma atitude meritória.

Desde então, outros capítulos tortuosos se seguiram. Agora mesmo, por exemplo, as irregularidades detectadas na Petrobras constrangem os filiados. As cifras mudaram, para cima. Os nomes dos envolvidos, nem tanto. Em 2015, ano desta conferência, Renan Calheiros continua senador e, como em 2007, ocupa a presidência do Senado. Embora viva de pirraçar o governo federal, conta com o Palácio do Planalto para dar a volta por cima e para manter o controle de sua fatia de poder no coração da República. Como em 2007, deve muito ao PT.

A crônica falava também dos "valores éticos que o partido um dia representou". Esses valores estavam no cerne da utopia. A aspiração de conciliar a atividade política a uma conduta pública menos viciosa constituía o eixo vital do sonho dos ativistas. Eu era um daqueles ativistas. Sabíamos que a conjugação entre política e virtude moral estava longe de ser uma trivialidade[4]. Mas acreditávamos que valeria tentar. E tentamos.

Recapitulemos as fibras que teciam a trama utópica. Comecemos pelo ideal da igualdade, que desembocava em outro, o ideal do socialismo democrático – este, reconheçamos, nunca se expressou num projeto claro, mas resistiu como ideal vivo por muitos anos. Sem a ideia de igualdade, nada feito. A desprivatização do Estado também aparecia como um imperativo inegociável. A solidariedade, claro, assim como a pretensão de promover um equilíbrio inovador entre os desenvolvimentos econômico, social e humano. Esse equilíbrio era um pré-requisito e também a finalidade da construção da democracia. Nós não separávamos direitos humanos de democracia, em nada.

Poderíamos citar outras balizas, outras metas, mas não é necessário. O que importa é que, no centro de gravidade da constelação de bandeiras democráticas, a ética predominava, qualquer que fosse o ângulo de mirada, e era ela que irradiava um sentido humanista para cada feixe da ação política. Os militantes não defendiam (ou: não defendíamos) uma ética utópica, como diziam os adversários. Postulavam uma *utopia ética*.

Repito: uma utopia ética, que cumpria a função de articulação mediadora entre o universo da política, necessariamente pragmático, e a esfera da utopia, com sua intangibilidade inspiradora. Nessa utopia ética,

---

4. Essa discussão, é bom tomar nota, foi tema do ciclo Ética, organizado pelo mesmo Adauto Novaes, em 1991.

o *como* fazer precedia o *que* fazer. Os meios eram o princípio. Os meios eram o verbo.

Elo de força imantada que ligava a política à utopia, a ética emprestava ao sonho um toque de possível. Bem a propósito, devo citar uma vez mais o filósofo Adauto Novaes. Comentando Hans Jonas no texto introdutório do nosso catálogo, ele diz que hoje nos cabe "trabalhar utopicamente pela ética da responsabilidade – uma ética voltada para o futuro – para tentar salvar o que nos resta". Não há utopia que não se expresse também como ética. Assim também nós pressentíamos, naqueles tempos idos.

Arrisco-me a propor que acalentávamos uma *utopia de meios*, mais do que uma utopia de fins. Nela, os métodos não se subordinavam hierarquicamente aos fins, posto que eram os meios éticos que promoveriam a ponte entre a ação política no presente e o devir utópico. Desse modo, a utopia se tornava mais próxima e menos etérea, ganhava materialidade no processo mesmo de sua procura. Os meios justos que imaginávamos empregar a faziam presente, viva, verdadeira.

Aquela era uma utopia radicalmente distinta de suas antecessoras. Basta comparar. Nos anos 1960 e 1970, parte da esquerda apostou na "violência revolucionária" da guerrilha. Já a esquerda que confluiu para o PT, poucos anos depois, pregava métodos pacíficos. As liberdades democráticas deixavam de ser vistas como um atalho e passavam a ser pensadas e tratadas como base da transformação social. A democracia era ao mesmo tempo o destino escolhido, o ponto de partida e a regra de conduta.

Várias outras bandeiras ratificavam essa visão política. A fórmula da autogestão, por exemplo. Ela despontava nas teses debatidas nas instâncias partidárias como um prenúncio do futuro desejado, um ensaio. A bandeira da autogestão também sinalizava a diferença entre a utopia petista e suas antecessoras. Era um antídoto contra métodos burocráticos (característicos do stalinismo), assim como uma oposição contra o autoritarismo e o discurso da competência (da ditadura militar). Era também, claro, um manifesto prático de oposição à concentração de poder e de capital. Outra bandeira da mesma família, a defesa da transparência na gestão da coisa pública denotava a mesma distinção. Todas as bandeiras políticas, sem exceção, eram princípios éticos ou a eles se conectavam muito diretamente.

O programa de ação do partido nascente, na sua integralidade, descendia da utopia ética. Por que lutar contra a desigualdade? Por uma questão de justiça. Por que refundar a democracia brasileira? Porque os princípios de solidariedade ativa, de liberdade (formal e material) e de abertura do poder a todos os cidadãos assim o exigiam. Não havia uma única vertente de ação que pudesse ser apartada da ética. Os meios não eram contingenciais, laterais, instrumentais. Eles consubstanciavam a utopia. Eram a própria utopia.

Não seria exagero dizer que, naqueles tempos, o movimento fascinava mais que os objetivos, pois era do movimento que o ideal extraía seu vigor e também o seu desenho, a sua fisionomia. A máxima segundo a qual os fins justificam os meios era letra morta e letra mortal. No lugar dela florescia uma nova convicção: a de que são os meios que determinam os fins, isto sim. Meios justos, bons e igualitários conduziriam a uma sociedade justa, livre – homogênea em seus padrões econômicos de vida; heterogênea em suas culturas e seus modos de viver.

Então, quando veio a descoberta de que uma coisa (a utopia) se perdera da outra (a ética), o golpe foi – e ainda é – difícil de assimilar. Vem desse trauma, ao menos em parte, a dificuldade presente com esse assunto, a utopia. Não nos enganemos. O fracasso ético esteve na gênese do fracasso político. A traição ética não matou os fins, posto que os ideais não morreram, mas degradou os meios e, com isso, dissolveu a força imantada que cumpria a função de elo para vincular política e utopia.

★ ★ ★

O século xx ensinou que uma filosofia que liberta e emancipa não cabe numa política que aprisiona e corrompe. Até o século xix, alguém de boa intenção poderia insistir na visão oposta. Depois da primeira metade do século xx, não deu mais. O PT, que nasceu contra o anti-humanismo do socialismo autoritário ou totalitário, poderia ter errado em tudo – não nisso. Ainda que desvios éticos fossem até esperados, em algum grau, pois já eram conhecidas ilicitudes de outras agremiações socialistas e democráticas recentes, em outros países, o PT não poderia ter errado aí. Não poderia ter errado com a intensidade que errou.

A ilusão prestativa de que meios viciosos poderiam ser tolerados na defesa de um suposto interesse universal foi longe demais. Em algum desvão da estrada, prevaleceu o entendimento de que atalhos contrários à moralidade pública poderiam abreviar o caminho para a justiça social, como numa adaptação degradada, errada mesmo, da crença liberal de que os vícios privados concorrem para as virtudes públicas. Lembremos, apenas de passagem, que, na crença liberal, os vícios privados não incluíam corrupção. Nisso, o liberalismo não foi tão primitivo.

O que houve na nossa trajetória foi um erro de incompreensão histórica, um erro de princípio e, dada a sua carga, um erro de grau. Admitir o desvio de recursos públicos para fins privados e ocultos não enaltece nenhum governo, qualquer que seja a corrente política. A corrupção vitima sempre os mais frágeis, os mais necessitados, seja nos hospitais sem medicamentos, seja nas escolas sem merenda. No caso da "sigla roubada", porém, o estrago foi pior. Além de desamparar os carentes, a quebra do decoro desorientou a lógica da administração pública, aprofundou a ineficiência do Estado e, no fim da linha, voltou o poder contra o povo em nome do qual deveria ser exercido. Não apenas não protegeu os ideais de justiça social e de direitos humanos, mas desmoralizou tragicamente as políticas públicas de combate à desigualdade, que perderiam verbas e, mais ainda, perderiam respaldo na opinião pública. A máquina que se supunha depositária da velha utopia passaria a atuar no sentido diametralmente oposto. Sem se dar conta, passou a ter compromissos cada vez menos com as lutas sociais e cada vez mais com os especuladores do capital clandestino e seu egoísmo desumano.

★ ★ ★

Há um texto de Mário de Andrade – não assinado, mas de autenticidade comprovada – que faz um delicado registro do que, para ele, era um renitente vício brasileiro: o egoísmo. Publicado num programa do Theatro Municipal de apresentação do concerto de 2 de março de 1936, faz comparações imaginativas entre a música e a vida nacional. Quase na conclusão, apresenta uma radiografia desconcertante da nossa mentalidade: "O nosso povo tem o defeito grave de ser muito individualista e por isso, em vez de se apaixonar e lutar pelos grandes ideais de todos juntos, cada qual cuida de si e vive se lastimando dos seus sacrifícios pessoais. Isso é egoísmo e falta de compreensão da humanidade"[5].

Essa pequenina joia faz parte de um livro organizado por Carlos Augusto Calil e Flávio Rodrigo Penteado, que acaba de ser lançado: *me esqueci completamente de mim, sou um departamento de cultura* (grafado na capa em letra minúscula, como no nosso cartaz; Mário também gostava da caixa-baixa). O escritor que publicara *Macunaíma* oito anos antes, em 1928, alertava que seu herói mentiroso, sem caráter, avesso à solidariedade e incorrigivelmente egoísta continuava imperante. Era por egoísmo que os ouvidos da gente brasileira, segundo ele, tinham pouca propensão à música polifônica, em que melodias autônomas convivem dentro de uma mesma partitura, mais ou menos como, na democracia, diferentes narrativas podem conviver sem ter que desejar eliminar umas às outras. Macunaíma não gostava e ainda não gosta de polifonias, assim como não gostava e ainda não gosta de coletividades plurais – a não ser aquelas que reforçam a sua individualidade pessoal. Macunaíma não quer saber da razão dos outros, da história dos outros. Quer pegar o seu e pronto. Macunaíma não perde tempo com utopias.

O ex-presidente Luiz Inácio Lula da Silva também reclamou do egoísmo. Agora mesmo, em 2015, no dia 22 de junho, durante um seminário internacional promovido pelo instituto que leva seu nome, afirmou que "o PT perdeu um pouco da utopia". A declaração, mesmo sendo amena (ele diz que se perdeu apenas "um pouco" e não toda a utopia), virou manchete. E Lula disse mais: "Hoje a gente só pensa em cargo, em emprego e em ser eleito. Ninguém mais trabalha de graça".

Notemos que ele diz "a gente", não diz "vocês aí". Logo, a crítica que dirige ao partido serve contra si mesmo. O ex-presidente é o crítico e também o criticado.

Haveria nisso uma contradição? "Não! Ele é dialético!", hão de se apressar a responder seus seguidores. "Lula não é contraditório. O que ele faz é uma autocrítica."

Levemos o argumento a sério. Na tradição da esquerda, a palavra *autocrítica* adquiriu *status* de um ritual equivalente ao arrependimento

---

5. Carlos Augusto Calil; Flávio Rodrigo Penteado (org.), *Me esqueci completamente de mim, sou um departamento de cultura*, São Paulo: Imprensa Oficial, 2015, p. 157.

religioso. Equivalente, mas não igual. A autocrítica não existe para reafirmar a velha ordem, como o faz o arrependimento religioso. O temente a Deus, quando renega o que andou praticando, reverencia a ordem contra a qual pecou. Pede o reingresso na velha ordem. A autocrítica é diferente. Não faz simplesmente um pedido de perdão. Embora tenham surgido elementos humilhantes de autoflagelação moral nas "autocríticas" da revolução cultural na China, o conceito mais consagrado de autocrítica não se reduz a uma rendição do indivíduo ao poder vigente.

Sobretudo quando o protagonista é um dirigente graduado, a autocrítica também propõe mudanças no *status quo* partidário. O sujeito questiona a própria conduta, sem dúvida, mas, ao lado disso, contesta a linha programática da organização a que pertence e reivindica a inauguração de um período novo. Tanto que, coerentemente, as autocríticas costumam vir acompanhadas da proposta de uma revolução interna.

No exemplo mais referenciado de autocrítica, Nikita Kruschev, no 20º Congresso do Partido Comunista da União Soviética, em 1956, conclamou o partido a mudar suas práticas – isso depois de denunciar os tenebrosos crimes de Stálin. Foi um choque. Os comunistas que não tinham ido a Moscou e liam as notícias do congresso pela imprensa burguesa logo se uniram na incredulidade. No Brasil, os membros do PCB rechaçavam as informações publicadas pelo jornal *O Estado de S. Paulo*, que reproduzia o material do *New York Times*, que por sua vez tinha conseguido com exclusividade os documentos do 20º Congresso. Até que os relatos começaram a chegar ao Brasil pelas vias oficiais do partido. Era tudo verdade. Stálin estava morto, Kruschev estava posto e os militantes, em sua maioria, acabaram fechando com o novo comando. Setores minoritários seguiram leais ao velho tirano, a quem conferiam – alguns conferem até hoje – títulos um tanto fanfarrões, como "farol do socialismo" ou "guia genial dos povos".

Kruschev os deixou para trás. Revogou o culto da personalidade de seu antecessor e tomou posse do espólio burocrático. Promoveu uma higienização ideológica para reacender autoritariamente a chama do ideário soviético. Reabilitou a utopia oficial. A seu modo, realizou uma revolução interna. No mínimo, fez uma reforma.

O próprio Lula, no seminário em que se queixou do fim da utopia, também falou em revolução interna: "Eu lembro como é que a gente acreditava nos sonhos, como a gente chorava quando a gente mesmo falava. [...] Fico pensando se não está na hora de fazer uma revolução neste partido, uma revolução interna, colocar gente nova, mais ousada, com mais coragem"[6].

É claro que não há paralelo possível entre Lula e Kruschev. Embora existam, ainda hoje, stalinistas sinceros dentro do PT, o PT não é igual ao PCUS dos anos 1950. A única aproximação entre as duas situações é o receituário genérico de tripudiar sobre o passado, preservar o aparato burocrático e reavivar a utopia original. Kruschev logrou seu intento. Quanto a Lula, ainda não sabemos.

Sabemos apenas que ele parece conceber a utopia mais ou menos como uma senha para o trabalho desprovido de remuneração, um salvo--conduto para a mais-valia da militância. Fora isso, o que ele quer dizer com essa palavra? Enquanto aguardamos respostas conclusivas, façamos uma retrospectiva ligeira.

O termo *utopia*, a exemplo do termo *autocrítica*, tem larga tradição na esquerda. No começo, a utopia era vista como um defeito, uma tolice pueril. No século XIX, Friedrich Engels e Karl Marx desqualificaram sem tréguas o socialismo utópico. Utópico era tudo aquilo que não se filiava ao materialismo histórico, que eles entendiam como *científico*. A expropriação do capital, mais do que uma conquista política, seria, para os dois, um avanço da ciência.

Já no século XX, a palavra teve direito a uma revanche. Virou um signo do bem, sinônimo de solidariedade, de abertura de espírito, de desprendimento, de coletivização espontânea e feliz. Para ser socialista, não era mais preciso ter lido *O capital* num grupo de estudos. Não era preciso ser proletário de nascença. Nem sequer era preciso ser proletário naturalizado. Bastava ter boa-fé e disposição para trabalhar de graça. Na segunda metade do século XX, a utopia se expandiu em sua aura positiva e passou a ter colorações sentimentais. Os socialistas utópicos não eram mais os inimigos do materialismo dialético. Eram simpáticos, eram companheiros. Eram aqueles que se comoviam com John Lennon cantando *Imagine*, que se fiavam no ensinamento de Che Guevara de não *"perder la*

---

6. Juliana Granjeia, "Lula defende 'revolução interna' no PT: 'hoje a gente só pensa em cargo'", *O Globo*, Rio de Janeiro: 22 jun. 2015. Ver também: Ricardo Galhardo; José Roberto Castro, "Petistas só pensam em cargos, afirma Lula", *O Estado de S. Paulo*, São Paulo: 22 jun. 2015.

ternura jamás", que pregavam a foto de Bakunin na parede do dormitório, que decoravam frases de Rosa Luxemburgo, que faziam passeatas pelo pacifismo universal e discorriam profusamente sobre o denominador comum que haveria entre o movimento hippie e Jesus Cristo.

É possível que Lula, quando diz que "a gente chorava quando a gente mesmo falava", tenha na lembrança esse universo romântico. As pessoas realmente se comoviam até as lágrimas. Mas por quê?

* * *

Chegou a hora do nosso reencontro com a indústria do entretenimento. A resposta a essa pergunta – por que as pessoas choravam? – passa pela dimensão estética do discurso político, que terminará por nos levar de volta ao entretenimento. Alguns ainda resistem à tese da estética *da* política e *na* política, mas a resistência é vã. O filósofo francês Jacques Rancière mostra por quê[7].

"Há uma espécie de convergência entre formas artísticas performáticas e formas propriamente políticas", diz ele[8]. Isso vale para as manifestações políticas de 2013 – e vale também para o crescimento do PT nos anos 1980-1990.

Para Rancière, "existe na base da política uma 'estética'", o que "não tem nada a ver com a 'estetização da política' própria à 'era das massas' de que fala Benjamin". A estetização da política, que atingiria o ápice no nazismo, não se confunde com o fenômeno apontado por Rancière. "Essa estética não deve ser entendida no sentido de uma captura perversa da política por uma vontade de arte, pelo pensamento do povo como obra de arte." A estética, nas palavras dele, refere-se agora a "um recorte dos tempos e dos espaços, do visível e do invisível, da palavra e do ruído que define ao mesmo tempo o lugar e o que está em jogo na política como

---

7. Em minha palestra do ciclo do ano passado, na conferência intitulada "A forma bruta dos protestos", recorri ao mesmo autor para enfatizar o mesmo ponto da estética na política. Cf. Eugênio Bucci, "Violência na linguagem: a forma bruta dos protestos", em: Adauto Novaes (org.), *Mutações: fontes passionais da violência*, São Paulo: Edições Sesc São Paulo, 2015, pp. 409-38.
8. Patricia Lavelle, "Um filósofo do presente", *Valor Econômico*, São Paulo: 7 nov. 2014. Disponível em: <http://www.valor.com.br/cultura/3770152/um-filosofo-do-presente#ixzz3JRebNC6N>. Acesso em: 10 dez. 2014.

forma de experiência". Seu campo é o domínio do "sensível"[9]. Para o filósofo, a estética seria uma "forma de experiência", que "vai muito além da esfera da arte"[10].

Muito do que falo agora também se refere ao domínio do sensível. Não que eu vá procurar nele todas as explicações para o que se passou com a nossa utopia. Só o que posso perscrutar nesse terreno são sinais, fragmentos de eventos passados. Pode parecer pouco, mas será suficiente. Talvez seja até demasiado.

Por certo, o discurso do PT nos anos 1980-1990 não poderá ser resumido a uma *estética*, qualquer que seja o sentido da palavra. Não era um discurso limitado ao sensível. Havia lá o condensado de uma vivência material e histórica que elaborava carências concretas de liberdade e dignidade humana, traduzindo-as numa força política inédita, inventiva, consciente e transformadora. Mas, sem prejuízo dessa dimensão, o discurso que fazia chorar seus dirigentes e seus adeptos era uma expressão *também* estética. Tinha uma forma própria e, principalmente, uma linguagem característica.

No cerne da dimensão estética da política é forçoso que esteja a linguagem, agora considerada como repertório imagético, como um léxico particular e também como rede de estruturas narrativas. E qual foi a linguagem da utopia petista? Se havia uma dimensão estética naquela intensa experiência política e se sua dimensão estética mobilizava e era mobilizada por uma linguagem, que linguagem foi essa?

Para buscar a resposta, podemos partir de uma constatação inicial. A linguagem que acolheu aquele movimento, a linguagem na qual ele se refletiu, em que se fez signo de modo quase natural, intuitivo, encontrando ali seu plano de representação, tinha de ser uma linguagem familiar àquela sociedade, naquele período. Tinha de ser – e foi.

Havia naquela linguagem as componentes óbvias da forma do melodrama convencional, uma forma narrativa que foi massificada pela indústria cultural, desde seus primórdios, ainda no final do século XIX, e em particular pela televisão comercial brasileira da segunda metade do século

---

9. Jacques Rancière, *A partilha do sensível: estética e política*, São Paulo: Editora 34, 2009, pp. 16-7.
10. Idem, "O que significa 'estética'". Disponível em: <http://cargocollective.com/ymago/Ranciere-Txt-2>. Acesso em: 24 nov. 2014.

xx. Essa forma narrativa soube mesclar a jornada do herói, sistematizada por Vladimir Propp[11], a outros enredos que consagram a vitória do bem contra o mal por meio da inocência como virtude e da força regeneradora do amor caridoso. Essa forma narrativa vem comovendo as gerações sucessivas e acumulando fortunas. Dos folhetins nos jornais diários, passando pelo cinema norte-americano e culminando nas novelas brasileiras, a forma do melodrama se firmou como receita imbatível há mais de cem anos e foi ela que definiu os moldes da cultura de massas no Brasil.

Em sua forma de expressão estética, a utopia petista aprendeu a falar a língua geral desse melodrama, com fluência e rara desenvoltura. Em meados dos anos 1990, falava aquela língua quase que sem nenhum sotaque proletário. Suas referências não vinham apenas da literatura marxista ou dos contestadores menos ortodoxos, que os marxistas chamavam de utópicos (no sentido pejorativo). Vinham também, e cada vez mais, da chamada cultura de massas, de uma *cultura pop à brasileira*, que fundia referências internacionais diversas em seus produtos nacionais. Nesse *blend* prazenteiro, Janis Joplin se fundia a Mercedes Sosa, Frida Kahlo se aliava a Madre Teresa de Calcutá, num *pot-pourri* que incluía também Cazuza e Lech Walesa, Martin Luther King e Gorbachev, Fidel Castro e Bob Dylan, ao som de um cancioneiro cujo arco se estendia do sertanejo das metrópoles à MPB em que ainda ecoavam balizas do realismo socialista, com seu proselitismo esquemático e sua pedagogia pretensiosa.

A linguagem da indústria ofertou os significantes necessários para representar o sonho e sua propaganda, mas não ficou só nisso. Forneceu, mais do que ferramentas publicitárias, uma gramática dos arquétipos, uma caixa conceitual, um modo de narrar que também levava junto um modo de pensar (ou de não pensar). O espetáculo de proselitismo que projetou a figura de Lula para o estrelato ensejava uma harmonia afinada entre o sindicalismo incipiente daquele novo operariado e as matrizes imaginárias da indústria. Naquelas representações iniciais, o modo de separar o bem do mal, o mocinho do bandido, era paulatina e impercep-

---

11. Vladimir Propp, *Morfologia do conto maravilhoso*, Rio de Janeiro: Forense Universitária, 1984. É interessante notar, também, que outras interpretações narrativas da saga do herói em estudos como o de Joseph Campbell, de fundo junguiano, influenciariam diretamente a elaboração de roteiros cinematográficos, como o da série *Guerra nas estrelas*. Cf. Joseph Campbell, *O poder do mito*, Carlos Felipe Moisés (trad.), São Paulo: Palas Atena, 1991.

tivelmente preenchido pelo repertório da indústria capitalista da diversão. O discurso utópico – que era libertário e transformador, político até o fundo – não tinha como evitar a tendência de virar uma fábula cada vez mais melodramática. A partir daí, a utopia, que já tinha inflamado a juventude, encontrou meios mais eficientes para contagiar a classe média que não era metalúrgica.

Com ou sem ironia, também nisso o PT foi um produto genuíno da indústria brasileira. Além de ter sido gerada pelos trabalhadores das montadoras de automóveis que se fixavam no ABC naquele período – sua base social material, por assim dizer –, sua imagem foi gerada na língua da indústria cultural brasileira que fulgurava na televisão, nas novelas, nas canções de amor rebelde e na publicidade.

E não nos enganemos com a palavra *entretenimento*. Ela é indústria. Indústria pura. Embora, ainda hoje, seja usada como um sinônimo inofensivo de passatempo, de lazer, das atividades relaxantes a que as pessoas se dedicam nas horas vagas, no intervalo entre suas ocupações mais sérias, como o trabalho, o estudo e as práticas religiosas, essa palavra não designa um conjunto de diversões inocentes, mas *uma* indústria, um negócio global, dominado por conglomerados que faturam, cada um deles, dezenas de bilhões de dólares ao ano. Aliás, a própria palavra *indústria* mudou inteiramente de sentido com a Revolução Industrial. Antes, nomeava apenas uma habilidade humana, o tal engenho humano, como se diz. Depois passou a significar todo o campo fabril em sua totalidade. Com o entretenimento deu-se o mesmo. O termo deixou de pertencer ao grupo vocabular do piquenique, da matinê e dos folguedos para integrar-se ao sintagma do capital, designando o sistema de difusão de mercadorias culturais que fabrica o valor da imagem da mercadoria, ou o seu *valor de gozo*, no dizer de Lacan.

Pois essa indústria foi uma das fontes do Partido dos Trabalhadores. Muito já se falou das três fontes políticas do PT: o sindicalismo do ABC, as comunidades eclesiais de base da Igreja católica e as organizações marxistas que sobreviveram à ditadura militar. Prefiro chamar as três não de fontes políticas, mas de fontes discursivas. Faltava ainda identificar, naquele ativismo insubordinado e barulhento, a sua quarta fonte discursiva: a linguagem do entretenimento como veículo e como caldo de cultura não apenas imagética e instrumental, mas também conceitual. Foi também por aí, embora não tenha sido *só* por aí, que a utopia contestadora foi se amoldando ao gosto das massas urbanas.

Eram tempos encantados. O PT era ao mesmo tempo uma festa popular e uma igreja; um culto libertário, embora careta, e um exército da salvação; um carnaval de rua e a procissão sagrada. O entretenimento o embalava com naturalidade e até com certo charme. Entre a utopia televisiva do PT e a novela *O rei do gado*, que foi ao ar em 1996, as diferenças plásticas eram mínimas, invisíveis ou mesmo inexistentes.

A adequação da propaganda do PT à linguagem da televisão comercial atingiu seu apogeu somente no ano de 2002, quando Lula foi eleito pela primeira vez para a presidência da República. Até aquele ano, havia pontos de tensão entre os dois repertórios: o da política de esquerda e o da indústria do melodrama. Havia contradições de fundo, arestas secas, mas as coisas iam se ajeitando como as águas num remanso até que, em 2002, a aderência se consumou completamente.

Não pretendo fazer generalizações injustas. Não quero reduzir a história do PT a um efeito de propaganda açucarada. Não é o que penso e também não é o que se passou. Mas me parece incontestável, hoje, que o peso do entretenimento nessa trajetória foi decisivo e instalou o imaginário do mercado, como um enxerto, no caule do imaginário original da utopia. Entre um e outro, o sinal de igual ficava mais e mais aberto.

Pode-se alegar que todas as campanhas publicitárias de todos os partidos políticos brasileiros, a partir dos anos 1980, buscavam extrair vantagens das formas significantes da publicidade e do melodrama industrial. Isso é verdade cristalina. Com o PT, no entanto, essa tendência foi mais longe e foi mais fundo. E não saiu de graça.

O que se deu foi uma simbiose fértil e florescente. O jovem partido ganhou de presente da indústria uma linguagem supereficiente para seu proselitismo. Mas deu muito em troca. De início, deu um conteúdo vigoroso e inédito para as fórmulas gastas e cansadas do melodrama industrial. A vibração petista era uma ilustração viva para as formas significantes da indústria. Nas suas raízes sociológicas mais profundas, aquelas que vinham *de baixo do barro do chão*, na sua composição humana mais autêntica, o PT era o próprio conto de fadas que se encenava sobre as pedras do real. A matéria-prima do imaginário utópico realizava o sonho que a indústria do entretenimento acalentava de, um dia, contar uma história verdadeira.

E que história. A figura de Lula, pelo simples fato de existir, dava comprovação à saga do herói, como o retirante que, abençoado pelo destino, transubstanciava-se no *selfmade man* que salvaria os trabalhadores deserdados. O final feliz de novela adquiria seu lugar na realidade por obra do melodrama capaz de mudar o mundo. Ali estava ela, a reluzente utopia, bem ao alcance do controle remoto. Os bens de consumo virariam direitos fundamentais. O paraíso social cabia no monitor da TV.

Acontece que havia – e ainda há – um problema nessa simbiose, nessa aderência, e esse problema nunca se resolveu. Enquanto a indústria do entretenimento é por definição o altar mais alto do culto da mercadoria, a alma do PT, em seu período utópico, acalentava o desejo, ainda que tímido, de antepor limites à tirania do mercado, de rejeitar o mercado como a régua única das demandas humanas. No duelo entre os dois polos, a utopia se desnaturava aos poucos, cedendo a fantasias mal-arranjadas, como a crença de que a expansão do consumo capitalista de massa poderia ser o canal de combate à desigualdade.

Deveríamos olhar para isso tendo em mente o diagnóstico de Guy Debord sobre o que, ainda nos anos 1960, ele chamou de "sociedade do espetáculo".

> [...] o espetáculo é o momento em que a mercadoria *ocupou totalmente* a vida social. Não apenas a relação com a mercadoria é visível, mas não se consegue ver nada além dela: o mundo que se vê é o seu mundo [...].
> O consumidor real torna-se consumidor de ilusões. A mercadoria é essa ilusão efetivamente real, e o espetáculo é sua manifestação geral[12].

Não haveria por que acreditar que a publicidade do PT, satisfeita em se converter em apelo de consumo eleitoral, fosse escapar à lei geral do espetáculo. Se nada escapa, por que ela escaparia? Não apenas ela não escapou, como teve de pagar um preço alto – pois a simbiose e a aderência, como já foi dito aqui, não sairiam de graça.

Na condição de altar-mor do fetiche da mercadoria, a indústria do entretenimento destila uma estética que não é neutra, não é inócua, não

---

12. Guy Debord, *A sociedade do espetáculo*, Estela dos Santos Abreu (trad.), Rio de Janeiro: Contraponto, 1997, pp. 30-4.

é inocente. Era essa estética que provocava lágrimas nos dirigentes e nos seus fãs quando a utopia petista começou a se tornar visível para as massas. Ao menos em uma de suas faces, aquilo que na história do PT comovia a ponto de fazer chorar não comovia tanto por ser utopia, mas por ser melodrama. Comovia porque operava com a linguagem da indústria, com os truques estéticos sintetizados pela indústria, que as massas adoravam. Aquela estética não vinha dos sonhos socialistas. Ela vinha do mercado.

Disso se desdobrou uma inversão perversa. Ao falar a linguagem do entretenimento para embalar sua utopia, o PT começou a incorporar uma estética mercadológica. Sua estrela virou logomarca. Para os outros partidos políticos de peso, a proximidade com o melodrama industrial e com a publicidade comercial não redundaria numa incongruência desestruturante. Para o PT, custou caro demais. Ao comprar a estética da indústria do entretenimento, comprou junto a estética da mercadoria.

★ ★ ★

A estética da mercadoria deve ser tomada por nós com o mesmo cuidado com que tratamos da estética na política. Em *A crítica estética da mercadoria*, Wolfgang Fritz Haug cuida de esclarecer: "Uso o conceito de estético de um modo que poderia confundir alguns leitores que associam-no firmemente à arte".

Ele continua:

> A princípio, uso-o no sentido *cognitio sensitiva* – tal como foi introduzido na linguagem erudita –, como conceito para designar o *conhecimento sensível*. Além disso, utilizo o conceito com um duplo sentido, tal como o assunto exige: ora tendendo mais para o lado da sensualidade subjetiva, ora tendendo mais para o lado do objeto sensual. [...] De um lado, a "beleza", isto é, a manifestação sensível que agrada aos sentidos; de outro, aquela beleza que se desenvolve a serviço da realização do valor de troca e que foi agregada à mercadoria[13].

---

13. Wolfgang Fritz Haug, *Crítica estética da mercadoria*, Erlon José Paschoal (trad.), São Paulo: Fundação Editora da Unesp, 1997, p. 16.

Notemos que, nesse quesito, suas cautelas ao pronunciar a palavra *estética* se aproximam das que são adotadas por Jacques Rancière. Para os dois, a estética se ocupa do sensível, não exclusivamente da arte. Haug não fica só nisso. Aponta a interpenetração entre as tramas melodramáticas da indústria e a estética da mercadoria, num trecho que ilumina o entendimento da traiçoeira aproximação entre a utopia petista e o culto da mercadoria. Diz ele: "As mercadorias retiram a sua linguagem estética do galanteio amoroso entre os seres humanos"[14]. Quer dizer: a mercadoria fala a linguagem do melodrama.

> A aparência oferece-se como se anunciasse a satisfação; ela descobre alguém, lê os desejos em seus olhos e mostra-os na superfície da mercadoria. Ao interpretar as pessoas, a aparência que envolve a mercadoria mune-a com uma linguagem capaz de interpretar a si mesma e ao mundo. Logo não existirá mais nenhuma outra linguagem, a não ser aquela transmitida pelas mercadorias[15].

É nesse sentido que a linguagem da indústria do entretenimento é a linguagem da estética da mercadoria. Por fim, Haug faz um alerta: "Os indivíduos servidos pelo capitalismo acabam sendo, ao final, seus servidores inconscientes"[16].

Não há como refutá-lo. Quando o espírito da velha utopia encontrou na linguagem do entretenimento o melhor feitiço para seduzir o eleitor, acabou se tornando servo da linguagem da qual imaginava poder se servir. A publicidade a serviço da utopia cantava para as massas as cantigas do fetiche da mercadoria. Que as massas acreditassem no fetiche da estrela seria de esperar. O que não se esperava é que alguns dos profetas da utopia embarcassem na mesma ilusão. Mas foi o que aconteceu. Alguns dos mais festejados profetas passaram a acreditar na mentira que sua verdade contava para os eleitores.

Em ritmo acelerado, a utopia foi cedendo lugar para egolatrias: o sonho de fama, fortuna e poder; um sonho de cinderela, talvez, de gata

---

14. *Ibidem*, p. 30.
15. *Ibidem*, p. 77.
16. *Ibidem*, p. 79.

borralheira, da moça pobre que vira princesa, mas uma cinderela fálica, voraz. Essas ambições quebraram o encanto.

No dia 1º de janeiro de 2010, quando foi lançado o filme *Lula, o filho do Brasil*, com uma cinebiografia mistificadora do líder metalúrgico que se encontrava no exercício de seu segundo mandato como presidente da República, o feitiço já não funcionava tão bem. Patrocinado por um grupo de empresas simpáticas ao governo[17], o longa-metragem fazia uma concessão suprema ao melodrama e à sua indústria, tanto nas suas opções estéticas como no seu modelo de financiamento.

Em suas opções estéticas, embarcou na propaganda vulgar. Era tecnicamente benfeito, como se disse reiteradamente. Tinha atores competentes, alguns até talentosos. Havia no elenco duas ou três estrelas de TV, o que também ajudava a engordar a bilheteria. À primeira vista, impressionava muito bem. Fora isso, porém, abria mão de ser arte: recusava-se a lançar um olhar, ainda que fugaz, para o desconhecido; seu único propósito era glorificar o conhecido, reafirmar o já posto. Dava-se por contente em promover a idolatria de um chefe de Estado em plena campanha eleitoral (2010 era ano de eleições gerais), empenhado em fazer de uma ministra, Dilma Rousseff, a sua sucessora. Por isso, era um filme muito ruim, apesar do esmero técnico.

Se existe o belo na arte que se formou com a modernidade, ele está no efeito do impulso de se afastar do manto do poder. A arte moderna se autonomizou em relação ao poder que a continha, desgarrou-se e se tornou um sistema à parte, outra forma de conhecimento. Sua beleza, se é que podemos chamá-la assim, deixou de se confundir com o ofício de maquiar o soberano e enfeitar seus ídolos, religiosos ou não, para mergulhar na aventura de se libertar. Nesse ponto, *Lula, o filho do Brasil* deu marcha a ré. Em lugar de ser livre em seu modo de olhar, preferiu bajular

---

[17]. Senai, Camargo Corrêa, GDF Suez, OAS, EBX, Brahma, Odebrecht, Volkswagen, Souza Cruz, Hyundai, Neoenergia, Oi, Estre Ambiental, Grandene, JBS, CPFL Energia. Os créditos iniciais ainda registram, após o desfile do logotipo dos patrocinadores principais, mais uma mensagem: "Apoio: Nextel". Antes, porém, de creditar seus financiadores, logo na abertura, o filme apresenta um cartaz com um aviso peremptório, para não deixar dúvidas, com todas as letras maiúsculas: "este filme foi produzido sem o uso de qualquer lei de incentivo federal, estadual ou municipal, graças aos patrocinadores". O Estado, portanto, não teria sido chamado a comparecer com recurso algum. Apenas as empresas amigas do governo. Três delas, OAS, Odebrecht e Camargo Correa, estariam, em 2014 e 2015, seriamente comprometidas com os negócios investigados pela operação Lava Jato, da Polícia Federal, no epicentro do escândalo que ficou conhecido como "petrolão".

o poder e quis ser uma obra antiutópica e anticrítica. Tentou alcançar – sem conseguir – um ideal estético medieval.

Em suas opções de financiamento, as concessões não eram menos comprometedoras. Alguns dos grupos econômicos que "apresentavam" a heroica biografia do presidente do Brasil eram os mesmos que patrocinavam campanhas do partido dele na vida real. Eram patrocinadores do Lula do filme e também patrocinadores do Lula de carne e osso. No horário eleitoral, seus nomes eram omitidos, mas, na tela do cinema, apareciam como amigos do personagem. Seria o personagem um amigo de todos aqueles patrocinadores, como os patrocinadores pareciam ser amigos dele? Será que se eximia de criticar seus patrocinadores? Seriam aliados? Seriam parceiros?

De um jeito ou de outro, àquela altura, já não importava tanto. O filme acabou frustrando os que esperavam dele um arrebatamento de massas. A mística se dissolvia sob os estilhaços de desvios diante dos quais Macunaíma parecia um anjo, uma criatura celestial.

Ao se perder gradativamente de seu referencial ético, a utopia petista perdeu o suporte a partir do qual poderia equacionar e, quem sabe, ultrapassar suas contradições com o fetiche da mercadoria, com o qual firmara um pacto de sangue. Sem o referencial ético, foram se desfazendo os parâmetros que poderiam orientar a radicalização da democracia, o combate à desigualdade de modo consequente e a consolidação do Estado de direito. Desconectada da ética, a utopia ficaria vaga, e a política, maquinal.

★ ★ ★

Foi assim que falar de utopia ficou difícil. O silêncio se tornou mais suportável do que a fala. Lembremos que, em 2005, naquele ano exato, Adauto Novaes deu a um de seus ciclos de conferências um título agudo: "O silêncio dos intelectuais". Silêncio sofrido. Uns ficaram doentes. Biografias se despedaçaram. Identidades se esfiaparam. Subjetividades entraram em fissão. O antigo militante queria se insurgir contra os que o traíram por dinheiro, mas sentia que não poderia abrir mão de proteger a crença que lhe deu esteio existencial até ali. Lutava consigo mesmo uma luta sem testemunhas.

É possível que ainda lute a mesma luta solitária, a luta que continua. Nem mesmo o espelho lhe serve de testemunha. Seu narcisismo é cego. Não lhe resta mais a esperança de ser o herói de si. Apenas procura não se perder de seu passado. Olha o presente sem forças para enfrentá-lo. Não sabe como combater o reacionarismo que cresce ao seu redor. Sente-se quase impotente diante das vozes raivosas que afirmam que o germe de toda corrupção vem das doutrinas de esquerda, como se nunca tivesse aparecido um único ladrão de direita no Brasil. Não tem meios de derrubar as muralhas de ressentimento que se levantam na planície da opinião pública.

Vê de perto o "fim das ilusões e o retorno do conservadorismo", para citar Francis Wolff, na conferência de abertura deste ciclo. Assiste à recidiva das paixões regressivas, que vem exumar os modelos mais arcaicos de padecimento humano. O militante em luta interior até que protesta, mas seu protesto é reativo, não toca no nervo do instante, não toca na responsabilidade que a "sigla roubada" teve e tem por ter aberto o vazio hoje usurpado pelas bandeiras do ódio.

Sobre essa responsabilidade, prefere não dizer nada. Acredita que falar agora seria entregar munição ao inimigo de classe. Aos seus olhos atônitos, o espaço público é território inimigo. Crê no inimigo porque só a ele pode imputar o mal-estar que o silencia.

Concedamos que, no começo da queda, ali em 2005, não dizer nada até que parecia uma escolha razoável. Os desvios eram tão menores – tão "pontuais", como se dizia – que não mereciam declarações públicas. O silêncio teria o efeito de uma fala contundente e deveria ser "ouvido" pela nação como signo de reprovação suficiente: não se diria nada contra os pequenos delitos, mas também nada se diria a favor deles, o que bastaria para condená-los à insignificância.

No mais, a opinião pública não tinha autoridade para exigir dos "guerreiros do povo brasileiro" o reconhecimento de sua responsabilidade. Naqueles tempos, em 2005 e 2007, muitos acreditavam que dar satisfações à sociedade seria se dobrar aos moralistas hipócritas. O mutismo confortava o intelecto.

Quando tudo estava ruim o suficiente, as coisas foram piorando. Os malditos fatos da maldita barbárie não paravam de piorar. Os pequenos delitos foram ficando maiores, e depois maiores, e depois maiores ainda. Onde antes havia um jipe dado de presente ou um contrato esquisito entre uma empresa de lixo e uma prefeitura do interior, começaram a aflorar desvios federais sistemáticos, comandados por uma hierarquia bolchevique embotada de ambição capitalista incrustada no aparelho de Estado.

Nessa curva do caminho, a consciência crítica que ainda existia, e que se mantinha silenciosa, arregalou os olhos. Chegou a tomar fôlego para pronunciar seu desacordo, mas, outra vez, reconsiderou. Proclamar uma condenação "contra os nossos" abriria uma crise que enfraqueceria todo o "nosso projeto" e fortaleceria o que há de mais conservador na sociedade brasileira.

De repente, o silêncio tinha virado condenação. Se fossem falar de verdade, os dirigentes, os profetas, seus protegidos e seus ideólogos profissionalizados, remunerados ou não, teriam de explicar por que tinham ficado calados por tanto tempo. E como explicar? Por que não tinham dito nada antes? Se a corrupção era uma questão de princípio, por que tinham fechado os olhos e a boca até ali?

Sem respostas, aumentaram as apostas no jogo do silêncio. Dobraram o cacife, como num cassino. O mutismo que antes "soava" como presunção de superioridade passou a "soar" como arrogância vulgar – e também como confissão involuntária de culpa, ou de sentimento de culpa.

O PT nunca fez em público a crítica dos métodos que o destroçaram, ou quase. Nunca prestou contas aos seus simpatizantes, aos seus filiados, aos seus eleitores. Quando muito, reclamou da seletividade maligna da Justiça, que posterga o julgamento do mensalão tucano, e da imprensa, que o persegue por "preconceito".

Como que para descomprimir o ar pesado, surgem aqui e ali subterfúgios involuntariamente anedóticos, quase hilários. Às vezes, o sujeito, por apego à sigla, busca uma justificativa derradeira na alegação de que o governo elevou o nível de vida dos mais pobres e, impaciente, xinga os críticos de udenistas. Quando confrontado com os fatos fatídicos, admite que a bandeira da ética está em frangalhos, mas logo se recompõe. Levanta a voz para dizer que o PT carrega outras bandeiras além da ética. Começa a falar como um convertido de uma corrente exótica a que poderíamos chamar de neoadhemarismo progressista. Os adhemaristas eram aqueles que, nos anos 1950, diziam "rouba, mas faz". Agora, os neoadhemaristas progressistas não repetem o bordão, mas acreditam, silenciosamente, claro, num bordão bem parecido: "Rouba, mas faz obra social".

Outras vezes, sem ter como aplaudir a quebra de decoro na "sigla roubada", os resistentes ingressam numa linha de defesa que consiste em apontar erros semelhantes nos outros partidos. Nessa variante, a desculpa se resume a um muxoxo, também ele anedótico: "Os tucanos fizeram igual". Trata-se de um álibi infantil, é evidente. Um álibi não enunciado, não proclamado, mas sentido em silêncio emburrado: "Manhê, foi ele que começou".

* * *

Olho outra vez para o nosso cartaz, do qual eu gosto, confesso que gosto muito. Ele me agrada. Ao mesmo tempo, já ficou bem claro que me incomoda um pouco. Olho para o logotipo da Petrobras, que apresenta o que eu vim falar aqui hoje. Vejo nisso uma caricatura – uma caricatura sensacionalista, eu diria – da mesma inadequação entre mercado (o mercado de cultura) e utopia que, na história do PT, vem desembocando no triunfo de uma distopia. E me pergunto: será que a presença do logotipo no pôster deveria extorquir de mim o silêncio sobre a Petrobras? Os bons modos deveriam me calar? Haveria nesse ponto uma etiqueta a ser observada? O patrocinador deve pairar, intocado, acima do pensamento, assim como paira acima do entretenimento? Ou deve ser pensado ele também?

A marca que me apresenta hoje, aqui, ainda significa que o petróleo é nosso? Significa vencer desafios, como pretende significar? Terá o dote energizante de reanimar a utopia roubada? Ou representa apenas o *habitat* dos que jamais acreditaram no sonho?

Talvez não tenha sido por acaso que, dentro desse logotipo, conviveram a principal política de fomento de produção de bens culturais no mercado brasileiro, isso em sua face pública, e a principal rede de corrupção de que temos notícia na atualidade, isso em sua face oculta. Teria havido algum ponto de encontro, ainda que virtual, entre as duas faces?

Como os negócios escusos na Petrobras, subordinados a estratégias contrárias ao interesse público, olhavam para a política cultural promovida pela mesma empresa, que é Estado e capital num corpo só? Esperavam que a política cultural contribuísse para uma domesticação da opinião pública? Esperavam que ela silenciasse opiniões contrárias? Que vetor político daria sentido material ao leviatã capitalista transfigurado em mecenas? Esse mecenas poderá acolher uma crítica direta? A Petrobras que me apresenta terá a capacidade de ser também a Petrobras que me escuta? Terá condições de refletir a partir do que eu falo aqui? Terá energia para mudar? Quero acreditar que sim, mas está difícil.

Que a palavra *petrolão* não nos fuja pelo ralo. Por menos que gostemos dela, do som que ela tem, por menos que gostemos daqueles que a saboreiam quando a pronunciam, não a desprezemos. Ela sintetiza a triste história do roubo da utopia. Ri do nosso orgulho, desdenha da nossa moral, assim como vai ferir de morte a filosofia que não for capaz de decifrá-la em voz alta. Quanto à utopia, está longe, muito longe, e vive tempos de acabrunhamento.

Pensamento e utopia: breves anotações militantes sobre a universidade[1]
João Carlos Salles

A universidade parece ser ambiente propício ao pensamento utópico e, por isso mesmo, à filosofia. Não foi sem surpresa, e mesmo com algum sabor de escândalo, que primeiro me deparei com o severo diagnóstico que Wittgenstein enuncia sobre a universidade. Ela não seria o lugar do pensamento. Por isso mesmo, não hesitava em sugerir a seus melhores alunos que se afastassem desse ambiente rarefeito e inóspito para o pensamento e se dedicassem a profissões mais úteis à sociedade. Mas, então, por que ele mesmo continuava sendo um professor universitário? Ora, retrucava, ele criaria sua própria atmosfera[2]. Essa separação entre universidade e pensamento causou-me tanto impacto, confesso, quanto aquele célebre verso de Augusto dos Anjos, "O beijo, amigo, é a véspera do escarro", que eu lera menino.

Mas, sendo a filosofia contemporânea, de modo quase ineludível, uma coisa universitária, por que a universidade lhe seria enfim tão inóspita? A reação de Wittgenstein seria mera idiossincrasia? A resposta é talvez trivial, podendo ser reencontrada em diversas reações na história da filosofia. Essa velha instituição seria, afinal, (i) o lugar da repetição, do pensamento com hora marcada e, logo, de negação da presença do espírito na palavra – estando, pois, a repetição na sala de aula para o

---

1. Não havendo indicações em contrário, as traduções dos trechos citados são do autor. [N.E.]
2. Aqui caberia um cuidado com o significado de atmosfera, uma vez que as expressões anímicas desafiam a autonomia da gramática. Entretanto, é difícil escapar a certas imagens, mesmo em contexto wittgensteiniano. Afinal, atmosfera é o que confere significado, o que alimenta, dá vida, identidade.

trabalho do pensamento como estaria talvez a palavra escrita em relação à fala viva do filósofo, revivendo ambas parcialmente um sentido que nunca poderiam recuperar de todo; (ii) o lugar da reprodução e, desse modo, sua defesa do mérito apenas velaria as diferenças que reproduz e que, por mais que as encubra, não deixariam de lhe ser exteriores; (iii) o lugar da competição, por recursos, por prestígio, por poder, nada sendo mais distante do pensamento e nada mais próximo da fúria de políticos ou da miopia de burocratas; (iv) o lugar de uma militância cada vez mais seletiva, que encobre exatamente os interesses que enuncia – sendo talvez a inimiga íntima e destruidora do valor universal que a universidade pode ter – e pode conferir-lhe, a essa vetusta anciã, um sentido utópico, muitas vezes difícil de agarrar ou pressentir em seu dia a dia. Este paradoxo é o mais grave e perigoso, uma vez que a militância, desenhada idealmente, deveria tender à universalidade, sendo capaz de acolher o outro e não apenas defender, muita vez ocultando-os, seus próprios interesses.

A contrapelo dessas fortes imagens, que bem justificariam a reação de Wittgenstein e de tantos outros filósofos e cientistas, pois não são fúteis e estão inclusive amparadas na dura realidade universitária, queremos explorar o potencial utópico que torna a universidade, sim, um lugar privilegiado do pensamento. Em nossa apresentação pretendemos, pois, testar a natureza desse ambiente, não por referência a índices de produção, que lhe mostrem o vigor científico ou lhe redimam, na produção final de verdades, dos brutais procedimentos que a sedimentam, mas sim através do confronto e da articulação de dois modelos de sociabilidade acadêmica – um *cartesiano* e outro *maquiavélico*, na falta de melhores termos. Pretendemos testar esse meio pela natureza da militância política ou cultural que abriga ou, sobretudo, pode abrigar, tomando como ponto de partida a ideia singela de que o militante (não seletivo), em todas as dimensões, é o portador da utopia. Pretendemos, assim, ver (não como resultado de análise histórica ou política, mas antes pela constituição de um quase tipo ideal) em que medida o ambiente da universidade favorece um vínculo especial entre energia pessoal e interesse coletivo.

★ ★ ★

Como podem ver, deslocamos a temática proposta por Adauto para este ciclo, que parece visar mais alto e mais longe, para o chão específico da universidade. Ora, o lugar é propício e desafiador. A universidade não é um objeto, um que, mas sim um sujeito coletivo, um nós, um quem[3]; entretanto, é um *quem* desconexo, esgarçado por interesses conflitantes, centrífugos, cuja unidade essencial parece sempre ameaçada e cujos propósitos definidores precisam sempre ser lembrados. É boa a perspectiva fichtiana, de tratar-se a universidade de uma instituição que sempre precisa justificar o próprio direito à existência.

Que lugar então é este, a universidade? Com que direito pode justificar sua existência essa entidade em cuja origem estaria a ideia de uma associação dotada de certa unidade, consistindo esta no interesse de mestres na formação de novos mestres, plasmada, enfim, em estabelecimentos de ensino[4]. Vale reter esse sentido para lhe enfatizar exatamente o caráter gregário e também agregador, bem como o interesse na formação, o que sempre coloca algum modelo de sociabilidade em funcionamento. Sua posição em nossa sociedade é, pois, estranha e rara, valendo a pena citar mais uma vez este texto da equipe Areser, que já retomei tantas vezes:

> A universidade é um lugar, talvez o único lugar, de confrontação crítica entre as gerações, um lugar de experiências múltiplas, afetivas, políticas, artísticas, por completo insubstituíveis [...]; lugar de concorrência entre saberes, de seu colocar-se em questão, e, portanto, forma insubstituível de espírito crítico e cívico, de espírito cívico crítico, lugar que viria a desaparecer atrofiando toda reflexão geral, aquela capaz de ultrapassar os limites das especializações disciplinares e das competências economicamente funcionais [...][5].

Nossa tese óbvia é também a menos corrente. Esse lugar singular, em que a palavra (em tese) teria preeminência sobre outros instrumentos de poder, pode alimentar sentidos utópicos, que contraria e subverte a todo

---

3. Discurso de posse na reitoria da Universidade Federal da Bahia. Cf. João Carlos Salles, *Entre o cristal e a fumaça*, Salvador: Quarteto, 2015, pp. 9-21.
4. Cf. Émile Durkheim, *L'Évolution pédagogique en France*, Paris: PUF, 1990, pp. 106-7.
5. Areser (Association de Réflexion sur les Enseignements Supérieurs et la Recherche), *Quelques diagnostics et remèdes urgents pour une université em péril*, Paris: Raisons d'Agir, 1997, pp. 120-1.

momento. Claro que, por isso mesmo, para quem está imerso em sua experiência, em suas mazelas cotidianas, em seu modo de reprodução, a afirmação desse interesse utópico parece apenas uma versão edulcorada do real. E, com efeito, essa universidade que esboçamos é inatual, mas, ao ousarmos propor ou lutar por que seja essa sua essência, somos antes desafiados por uma reflexão que, partindo desse lugar, naturalmente exige o primado da palavra e preserva, contra a urgência do tempo, a paciência do conceito.

* * *

Definir universidade assim, diriam alguns realistas, é estar doente dos olhos, é quase não enxergar os fatos. Isso é, para além de cegueira objetiva, uma manifestação de pensamento utópico. É como proferir a frase absurda "Gentileza gera gentileza", tensa, porque contraditória, uma vez que a sentimos falsa e verdadeira. Falsa como a que julgava impossível errar moralmente pelo conhecimento. Falsa, porque negada a cada dia e por toda experiência. Entretanto, também verdadeira, em um sentido mais profundo, pois aferrar-se ao dito é resistir a todo pragmatismo da vida e da política, onde vícios podem até gerar virtudes e virtudes afundam em vícios.

Como fulcro utópico, a universidade é o lugar mais próximo de realização do que chamaríamos de um auditório universal. Ou seja, a matriz mais pura da vida universitária seria a criação de condições para a unidade entre verdade e evidência, imaginando aqui, com Descartes, que ter a verdade é ter um caminho para ela, de sorte que não haveria conhecimento se uma proposição não expressasse uma virtude intelectual reconhecível e partilhável, e assim déssemos por mero acaso com a verdade, à semelhança de como, olhando para um relógio quebrado, acertaríamos as horas, com a maior precisão, duas vezes ao dia. Ter a verdade é, ao contrário, possuir as condições para a produção de um auditório universal, no qual apenas se exercitam as condições ideais da argumentação.

De um ponto de vista teórico (e deveras utópico), em que os conflitos podem ser resolvidos pela palavra e esta tem preeminência sobre outros instrumentos de poder, devem estar dados, como traços de sociabilidade prévia e comuns a esses contextos, determinando condições ideais de argumentação: (i) a igualdade de direitos de quantos argumentem; (ii) a igualdade potencial de compreensão; (iii) o reconhecimento da alteridade potencial ou efetiva; e (iv) a crença comum na eficácia da linguagem. Temos aqui conjugados, em um modelo ideal, um aspecto normativo (contido na igualdade de direitos), um cognitivo (expresso na possibilidade comum de compreensão), um político (na aceitação da alteridade e constituição de espaços para ela) e um decisivo componente pragmático (a ação mesma de confiança na linguagem e na argumentação).

Afinal de contas, quem desrespeita o primeiro aspecto, um ditador, por exemplo, não precisa argumentar, caso sua força seja suficiente para dispensar qualquer tipo de legitimação. Tampouco argumentamos, segundo aspecto, com quem se mostra incapaz de compreender nossas proposições, de acompanhar nossas inferências, sendo propedêutico e indispensável o acesso equânime a um mesmo patrimônio de linguagem. Menos ainda argumentamos, terceiro aspecto, com quem se mostra incapaz de aceitar nossas proposições, porque incapaz de tolerar a diferença, de conviver com a alteridade, não sendo produtiva uma discussão, caso a possibilidade da divergência esteja eliminada. Enfim, no aspecto pragmático, decisivo a todos, um certo emprego ou uma confiança no emprego da linguagem mostra-se indispensável, de modo que, uma vez reconhecida a diferença, os interlocutores confiem na linguagem como instrumento de persuasão racional, ou melhor, de convencimento – o que equivale, em última instância, a acreditar, com força militante, que o caminho para a solução de todos os problemas que porventura se apresentem na universidade está na própria universidade.

Essa máquina ideal parece capaz de produzir convencimento, mas não crença. É imbatível como modelo, mas não produz crença, sendo algo como um ordenamento jurídico descolado da realidade. Por isso, talvez, o aspecto pragmático, envolvendo a vontade, seja o mais importante e desafiador. Com efeito, essas condições ideais são amiúde ameaçadas mesmo no território livre da argumentação, significando exatamente o jogo das falácias (o uso de raciocínios incorretos, a falta de metodologia científica adequada, o desconhecimento dos padrões racionais de inferência etc.), o desrespeito a alguma das quatro cláusulas acima. Apelos à autoridade e apelos à piedade, por exemplo, conquanto aparentemente opostos, têm em comum o fato de romperem com a igualdade potencial de quem argumenta. Enquanto rupturas do contexto racional, enquanto práticas que anulam o contexto em que se pode efetivar a racionalidade, o recurso à força pode bem ser identificado à inconsistência formal. Desse modo, podemos dizer que há uma questão ética anterior ao uso dos argumentos e que lhes condiciona a possibilidade. E a falácia não deixa de ser, como aposta que se anula, uma contradição performática: lança argumentos que, pretendendo convencer, apenas podem persuadir. Com isso, o jogo das falácias supõe o contexto que nega e se vale do diálogo que, não obstante, sabota.

* * *

Ao tipo ideal de um contexto para a lógica, que ultrapassa interesses particulares e se volta a uma dimensão universal, contrapõe-se com força e presença constante em nosso dia a dia outro tipo também ideal, qual seja, o modelo da arte da guerra, como nos sugere um pequeno texto de Maquiavel. Enquanto, por exemplo, na construção de um auditório universal e na prática científica, é fundamental que tenhamos em conta previamente o método adotado e cheguemos em conjunto a um acordo sobre sua legitimidade, Maquiavel sugere: "Nenhum método é melhor do que aquele que o oponente não percebe até o adotarmos". Enquanto o método da lógica procura que sejamos juntos com-vencidos, Maquiavel aconselha: "dificilmente será vencido quem souber avaliar suas forças e as do oponente". Na verdade, em *A arte da guerra*, Maquiavel não fala em oponentes, mas sim em inimigos, quando já cessou a busca da universalidade e foi extinto o olhar divino, excelso, capaz de unir verdade e evidência. E suas máximas nesse texto têm sua valia determinada pela natureza do conflito, subordinando-se todas ao princípio que as preside, ao desejo de aniquilação do outro, que encabeça sua lista: "O que favorece o inimigo me prejudica; o que me favorece prejudica o inimigo"[6].

Não podemos, porém, ler a oposição entre lógica e guerra de forma maniqueísta. Há evidente sabedoria no reconhecimento do combate e de suas armas. Entretanto, sem um horizonte de excelência, no qual devemos ser sempre instados a pedir provas, a solicitar dados, a procurar

---

6. Maquiavel, *A arte da guerra*, Brasília: Editora da UnB, 1982, p. 37.

demonstrações, as universidades não podem cumprir a missão autêntica e necessária de inclusão, tornam-se más provedoras de assistência social e, ao fim e ao cabo, se destroem.

Cada modelo desenhado em traços rápidos foi também batizado de forma bastante artificial. O batismo, somos os primeiros a enfatizar, não faz justiça a Descartes nem a Maquiavel, mas serve a nosso propósito rápido e quase caricatural, com o acréscimo prudente de que cada modelo (ou qualquer modelo) tem sua verdade e sua limitação. Na universidade cartesiana, interesses pretensamente se apagam. É uma universidade de anjos, sem sexo, sem drogas, sem gênero, sem cor. Os desiguais estariam de início ou formalmente igualados, como se tivessem tido, por algum acaso, uma compensação na corrida (por talento ou favor), ou não muito atrasados e, assim, não estariam reduzidos a trabalhos de segunda linha. Quando sabemos que a universidade, ao contrário, se lugar da utopia, deve ser o lugar de recomposição do tecido, sendo a igualdade não um ponto de partida, mas um desafio e um processo.

Compreendidos os modelos, cabe enfrentar com realismo maquiavélico o desafio cartesiano, aprofundando sempre as medidas de qualidade com as de compromisso social e, com isso, combatendo as manifestações de militância seletiva, pois aferradas a interesses sem o horizonte da utopia. É preciso também reconhecer a nova realidade da vida universitária. Sem o reconhecimento dos novos tempos, estaremos voltando a projetos que amesquinham sua dimensão mais ampla de interlocução com outros saberes e com a sociedade, e se tornam modelos ampliados e sempre parciais de laboratórios de pesquisa.

O modelo cartesiano parece guardar o espírito inodoro de uma universidade em que não haveria muita diferença a aplastar. Nessa universidade, não seriam muito díspares as origens e interesses. Nossa realidade desafia decerto o modelo cartesiano, que todavia nunca deveríamos afastar de nosso horizonte, pois equivale ao horizonte da construção cotidiana de nossa identidade universitária. A natureza mesma da universidade sabe a um bom cartesianismo, embora a ciência universitária nos faça lembrar os interesses que se aninham na produção do conhecimento mais inocente.

A tolice não é nosso forte, dir-nos-ia M. Teste. Assim, somos cartesianos, mas com a importante aceitação do óbvio, qual seja, a de que a construção de condições ideais de argumentação depende da explicitação de interesses, bem como da escolha dos interesses da emancipação para além do contexto importante das lutas por reconhecimento[7]. Devemos ser cartesianos, mas redimidos pela boa lição de Lebrun, em *Passeios ao léu*, livro que pensou batizar de *Meus venenos* ou de *Meus pré-juízos*, "ficando bem entendido", diz ele, "que não confundo *pré-juízos* com *parti-pris*, isto é, opiniões tais que sua contestação só pode suscitar reações cabeçudas e passionais. Pois afinal, Descartes que me perdoe, como pensar sem *pré-juízos*? Como pensar, sem mobilizar o que a experiência nos ensinou? E haverá outra proteção além da experiência, por frágil que seja, contra as tentações da razão raciocinante?"[8].

* * *

As universidades são hoje, porém, o campo fértil da retórica. De uma militância que deixa de ser ato de fé para ser expediente de sobrevivência, por um lado, e de campo de conflito, não de emancipação, mas de reconhecimento. De certa forma, um mesmo padrão de reivindicação pode estar presente tanto no estudante que busca assistência e, com isso, reparação, quanto no cientista que, buscando financiamento, limita seu olhar a seu exclusivo laboratório. Nesse terreno pragmático, podemos viver os vícios da democracia sem o benefício de suas virtudes.

São perigosas as saídas fáceis, sobretudo quando ditadas pelo regime de urgência. Certamente, compreendemos bem o desespero de bons pesquisadores, as dificuldades para a produção do conhecimento em instituições de espírito burocrático, insensíveis à singularidade e à dinâmica da vida acadêmica e ameaçadas pela insuficiência e a irregularidade no fluxo do financiamento, muitas vezes pouco dependente da relevância da pesquisa ou do mérito dos pesquisadores e bastante determinado por componentes pouco desejáveis de pressões políticas. Não obstante isso, recusamos o atalho tomado por algumas soluções, que parecem jogar a toalha do trabalho permanente e repetidas vezes vão do convencimento.

---

7. Lembrando aos militantes que, na luta por reconhecimento, um oprimido busca talvez os mesmos benefícios ou direitos de outro oprimido; na luta por emancipação, bem mais radical, almeja conquistar a liberdade, junto com outro oprimido.
8. Gérard Lebrun, *Passeios ao léu*, Renato Janine Ribeiro (trad.), São Paulo: Brasiliense, 1983, p. 10.

É o caso da proposta apresentada pela Sociedade Brasileira para o Progresso da Ciência, em documento conjunto com a Academia Brasileira de Ciências. O documento propõe, entre outros itens, alguns de inegável mérito e pertinência, uma proposta que, todavia, vindo ao encontro de boas soluções retóricas (como a tópica de respeitar as diversas vocações), se confronta com a natureza mesma da universidade:

> Excelência na diversidade. À sociedade que a sustenta, a Universidade pública deve a excelência no cumprimento de seu plano de metas e de sua função social. Excelência que pode se manifestar de forma diferenciada para cada instituição, de acordo com sua vocação e com as necessidades regionais, envolvendo um ou mais focos de atuação, como a pesquisa de fronteira, a formação de profissionais para o mercado de trabalho ou de professores para a educação básica, ou ainda a participação em processos de inovação tecnológica nas empresas ou de inovação social[9].

Essa proposição, de aparente boa política, é estrategicamente fatal, uma vez que se rende a evidências circunstanciais e renuncia a toda chave utópica. A ideia de universidade é, segundo julgamos, estranha a esses pacotes regionais, mais favoráveis a carreiras que a vocações acadêmicas, que preferem restabelecer ou preestabelecer à força as condições do auditório universal da atividade científica. Devemos, porém, admitir um sabor exagerado e falso em nossas proposições. Nada disso se vê no mundo real, tudo é mero bolodório, se não formos tocados por um pensamento mágico e se aceitarmos os limites mesmos de nosso mundo, onde impera a guerra, não a lógica.

Mas aqui termino, lembrando Valéry (e aproveitando, com isso, para homenagear meu amigo Adauto), com uma fala de M. Teste:

> Veja, todos os tolos dizem que têm humanidade e todos os fracos dizem que têm justiça; eles têm, tanto um como outro, interesse na con-

---

9. Cf. "Em defesa das universidades públicas". Assinado pelos presidentes Helena Bonciani Nader (SBPC) e Jacob Palis (ABC), esse manifesto em formato de carta foi enviado em 14 de agosto de 2015 aos ministros do Planejamento, da Casa Civil e da Educação. Disponível em: <http://www.jornaldaciencia.org.br/edicoes/?url=http://jcnoticias.jornaldaciencia.org.br/1-em-defesa-das-universidades-publicas/>. Acesso em: 11 abr. 2016.

fusão. Evitemos o rebanho e a balança desses Justos tão enganados; acabemos com aqueles que querem que nos pareçamos com eles. Lembra simplesmente de que entre os homens só existem duas relações: a lógica ou a guerra. Pede sempre provas, a prova é a polidez elementar que devemos a nós mesmos. Se recusarem, lembra que estás sendo atacado e que vão tentar fazer-te obedecer por todos os meios. Serás tomado pela suavidade ou pelo encanto de qualquer coisa, apaixonar-te-ás pela paixão alheia; farão com que penses que não meditaste e não pesaste; serás enternecido, arrebatado, cegado; tirarás consequências de premissas que terão fabricado para ti, e inventarás, com alguma inteligência – tudo o que sabes de cor[10].

O realismo só é o caminho mais fácil se limitamos nosso horizonte. Nesse caso, é o melhor caminho apenas se retiramos da universidade sua substância e solo mais fecundo. Ousemos, porém, o absurdo, a surpresa, o espanto, e exercitemos nossa polidez utópica. Simplesmente, entre todos os caminhos e aventuras, escolhamos a lógica.

---

10. Paul Valéry, *Monsieur Teste*, Cristina Murachco (trad.), São Paulo: Ática, 1997, p. 103.

Sobre os autores

ADAUTO NOVAES é jornalista e professor. Foi diretor do Centro de Estudos e Pesquisas da Fundação Nacional de Arte, Ministério da Cultura, por vinte anos. Em 2000, fundou a empresa de produção cultural Artepensamento e, desde então, organiza ciclos de conferências que resultam em livros. Pelas Edições Sesc São Paulo publicou: *Ensaios sobre o medo* (em coedição com a editora Senac São Paulo, 2007); *Mutações: ensaios sobre as novas configurações do mundo* (em coedição com a editora Agir, 2008); *Vida, vício, virtude* (em coedição com a editora Senac São Paulo, 2009); *A condição humana* (em coedição com a editora Agir, 2009); *Mutações: a experiência do pensamento* (2010); *Mutações: a invenção das crenças* (2011); *Mutações: elogio à preguiça* (ganhador do Prêmio Jabuti, 2012), *Mutações: o futuro não é mais o que era* (2013); *Mutações: o silêncio e a prosa do mundo* (2014); *Mutações: fontes passionais da violência* (2015).

CATHERINE MALABOU é professora de filosofia na França, nos Estados Unidos e na Inglaterra. Sob a orientação de Jacques Derrida e Jean-Luc Marion, defendeu sua tese de doutorado pela École des Hautes Études en Sciences Sociales. Tem diversos livros publicados, entre eles: *L'Avenir de Hegel. Plasticité, temporalité, dialectique* (Vrin, 1996), *La contre-allée. Voyager avec Jacques Derrida* (em coautoria com Jacques Derrida, La Quinzaine Litteraire, 1999); e *Avant demain. Epigenèse et rationalité* (PUF, 2014).

DAVID LAPOUJADE é coordenador de conferências na Universidade Paris 1 (Panthéon-Sorbonne). É editor póstumo de Gilles Deleuze com os livros: *L'Ile déserte* (Éditions de Minuit, 2001) e *Deux Régimes de fous* (Éditions de Minuit, 2003). Escreveu livros sobre o pragmatismo: *William James, empirisme et pragmatisme* (PUF, 1997/2007), *Fictions du pragmatisme, William e Henry James* (Éditions de Minuit, 2008) e *Bergson, puissances du temps* (Éditions de Minuit, 2010). Pelas Edições Sesc São Paulo, participou com ensaios nas obras: *Mutações: o futuro não é mais o que era*; *Mutações: o silêncio e a prosa do mundo*, e *Mutações: fontes passionais da violência*.

EUGÊNIO BUCCI é professor livre-docente da Escola de Comunicações e Artes (ECA) e assessor sênior do reitor da Universidade de São Paulo (USP). Escreve quinzenalmente na "Página 2" do jornal *O Estado de S. Paulo*. É colunista quinzenal da revista *Época*. Ganhou o Prêmio Luiz Beltrão de Ciências de Comunicação, na categoria Liderança Emergente (2011); Excelência Jornalística 2011, da Sociedade Interamericana de Imprensa (SIP); e o Prêmio Esso de Melhor Contribuição à Imprensa (2013), concedido à *Revista de Jornalismo ESPM*, da qual é diretor de redação. Publicou, entre outros livros e ensaios: *Brasil em tempo de TV* (Boitempo, 1996); *Sobre ética na imprensa* (Companhia das Letras, 2000); *Do B: crônicas críticas para o Caderno B do Jornal do Brasil* (Record, 2003), e *O Estado de Narciso: a comunicação pública a serviço da vaidade particular* (Companhia das Letras, 2015). Pelas Edições Sesc São Paulo, participou com ensaio nas obras: *A condição humana* (em coedição com a editora Agir); *Mutações: a experiência do pensamento*; *Mutações: a invenção das crenças*; *Mutações: o silêncio e a prosa do mundo* e *Mutações: fontes passionais da violência*.

FRANCIS WOLFF é professor de filosofia na École Normale Supérieure, em Paris. Foi professor na Universidade de Paris-Nanterre e na Universidade de São Paulo (USP). É autor de artigos e livros dedicados à filosofia antiga, à filosofia da linguagem e à metafísica contemporânea, entre os quais se destacam: *Socrate* (edição portuguesa: *Sócrates*, Teorema); *Aristote et la politique* (edição brasileira: *Aristóteles e a política*, Discurso Editorial, 1999); *Dire le monde* (edição brasileira: *Dizer o mundo*, Discurso Editorial, 1999); *L'être, l'homme, le disciple* (PUF); *Notre humanité, d'Aristote aux neurosciences* (Fayard). Publicou ensaios em *A crise da razão* (Companhia das Letras,

1996); *O avesso da liberdade* (Companhia das Letras, 2002); *Muito além do espetáculo* (Editora Senac São Paulo, 2004); *Poetas que pensaram o mundo* (Companhia das Letras, 2005); *O silêncio dos intelectuais* (Companhia das Letras, 2006); *O esquecimento da política* (Editora Agir, 2007). Pelas Edições Sesc São Paulo, contribuiu para as coletâneas: *Ensaios sobre o medo* (em coedição com a editora Senac São Paulo); *A condição humana* (em coedição com a editora Agir); *Vida, vício, virtude* (em coedição com a editora Senac São Paulo); *Mutações: a experiência do pensamento*; *Mutações: elogio à preguiça*; *Mutações: o futuro não é mais o que era*, e *Mutações: o silêncio e a prosa do mundo*.

FRANKLIN LEOPOLDO E SILVA é professor aposentado do Departamento de Filosofia da Universidade de São Paulo (USP) e professor visitante no Departamento de Filosofia da Ufscar. Publicou: *Descartes, metafísica da modernidade* (Moderna, 2005); *Bergson: intuição e discurso filosófico* (Loyola, 1994); *Ética e literatura em Sartre* (Editora Unesp, 2004); *Felicidade: dos pré-socráticos aos contemporâneos* (Claridade, 2007), além de ensaios nos livros *A crise da razão* (Companhia das Letras, 1996); *Tempo e história* (Companhia das Letras, 1992); *O avesso da liberdade* (Companhia das Letras, 2002); *Muito além do espetáculo* (Editora Senac São Paulo, 2004); *O silêncio dos intelectuais* (Companhia das Letras, 2006); *O esquecimento da política* (Agir, 2007). Pelas Edições Sesc São Paulo, participou dos livros: *Mutações: ensaios sobre as novas configurações do mundo*; *Vida, vício, virtude*; *A condição humana*; *Mutações: a experiência do pensamento*; *Mutações: a invenção das crenças*; *Mutações: elogio à preguiça*; *Mutações: o futuro não é mais o que era*; *Mutações: o silêncio e a prosa do mundo*, e *Mutações: fontes passionais da violência*.

FRÉDÉRIC GROS é professor da Universidade Paris-Est Créteil (UPEC) e editor dos últimos cursos de Michel Foucault no Collège de France. É autor de livros sobre a história da psiquiatria e filosofia penal. Estabeleceu, com Arnold Davidson, uma antologia de textos de Foucault: *Philosophie* (Folio Essais 443/Gallimard, 2004). Escreveu ainda: *Caminhar, uma filosofia* (É Realizações, 2010) e *États de violence – Essai sur la fin de la guerre* (Gallimard, 2006). Pelas Edições Sesc São Paulo, participou com os ensaios: *Mutações: ensaios sobre as novas configurações do mundo*; *Mutações: a experiência do pensamento*; *Mutações: a invenção das crenças*; *Mutações: elogio à preguiça*;

Mutações: o futuro não é mais o que era; *Mutações: o silêncio e a prosa do mundo*, e *Mutações: fontes passionais da violência*.

GUILHERME WISNIK é crítico de arte e arquitetura. Doutorou-se pela FAU--USP, onde atualmente é professor. Foi curador da 10ª Bienal de Arquitetura de São Paulo (2013) e do projeto de Arte Pública Margem (2010), pelo Itaú Cultural. É autor de *Lucio Costa* (Cosac Naify, 2001); *Caetano Veloso* (Publifolha, 2005), e *Estado crítico: a deriva nas cidades* (Publifolha, 2009), além de organizador do volume 54 da revista espanhola *2G* (Gustavo Gili, 2010) sobre a obra de Vilanova Artigas. Suas publicações também incluem o ensaio "Modernidade congênita", em *Arquitetura moderna brasileira* (Phaidon, 2004), "Hipóteses acerca da relação entre a obra de Álvaro Siza e o Brasil", em *Álvaro Siza modern redux* (Hatje Cantz, 2008), e "Brasília: a cidade como escultura", em *O desejo da forma* (Berlin Akademie der Künste, 2010). É colaborador do jornal *Folha de S.Paulo*. Pelas Edições Sesc São Paulo, participou das coletâneas: *Mutações: elogio à preguiça*; *Mutações: o futuro não é mais o que era*; *Mutações: o silêncio e a prosa do mundo* e *Mutações: fontes passionais da violência*.

JEAN-MICHEL BESNIER é professor de filosofia na Sorbonne e no Institut d'Études Politiques (IEP), SciencePo, ambos em Paris. Escreve regularmente para as revistas francesas *Hermès* e *Sciences et Avenir*. Entre suas obras destacamos: *Histoire de la philosophie moderne et contemporaine* (Grasset, 1993; Le Livre de Poche, 1998); *Demain les posthumains* (Fayard, 2010; Pluriel, 2012) e *L'Homme simplifié – le syndrome da la touche-étoile* (Fayard, 2012).

JEAN-PIERRE DUPUY é professor na École Polytechnique, em Paris, e na Universidade de Stanford, na Califónia, da qual é também pesquisador e membro do Programa de Ciência-Tecnologia-Sociedade e do Fórum de Sistemas Simbólicos. Publicou *The Mechanization of the Mind: On the Origins of Cognitive Science* (Princeton University Press); *Self-Deception and Paradoxes of Rationality* (CSLI Publications); *La Panique* (Collection Les empêcheurs de penser en rond, Laboratoires Delagrange, 1991); *Pour un catastrophisme éclairé* (Seuil, 2002); *Avions-nous oublié le mal? Penser la politique aprés le 11 septembre* (Bayard, 2002); *Petite métaphysique des tsunamis* (Seuil,

2005) e *Retour de Tchernobyl* (Seuil, 2006). Pelas Edições Sesc São Paulo, participou das coletâneas: *Mutações: ensaios sobre as novas configurações do mundo* e *A condição humana* (coedições com a editora Agir); *Mutações: a experiência do pensamento*; *Mutações: a invenção das crenças*; *Mutações: elogio à preguiça*; *Mutações: o futuro não é mais o que era*; *Mutações: o silêncio e a prosa do mundo* e *Mutações: fontes passionais da violência*.

João Carlos Salles é professor do Departamento de Filosofia e, atualmente, reitor da Universidade Federal da Bahia. Foi presidente da Associação Nacional de Pós-Graduação em Filosofia (Anpof) entre 2002 e 2006. Publicou, entre outros, os livros *A gramática das cores em Wittgenstein* (CLE/Unicamp, 2002); *O retrato do vermelho e outros ensaios* (Quarteto, 2006) e *Secos & Molhados* (Quarteto, 2009). Em 2009, teve publicada pela Editora da Unicamp sua tradução das *Anotações sobre as cores de Wittgenstein*, em edição bilíngue do texto restabelecido. Pelas Edições Sesc São Paulo, participou das coletâneas: *Mutações: a experiência do pensamento*; *Mutações: a invenção das crenças*; *Mutações: elogio à preguiça* e *Mutações: o futuro não é mais o que era*.

Jorge Coli é professor titular em história da arte e da cultura da Unicamp. Formou-se em história da arte e da cultura, arqueologia e história do cinema na Universidade de Provença. Doutor em estética pela Universidade de São Paulo (USP), foi professor na França, no Japão e nos Estados Unidos. Foi também colaborador regular do jornal francês *Le Monde*. É autor de *Música Final* (Unicamp, 1998); *A Paixão segundo a ópera* (Perspectiva, 2003); *Ponto de fuga* (Perspectiva, 2004) e *O corpo da liberdade* (Cosac Naify, 2010). Traduziu para o francês *Os sertões*, de Euclides da Cunha, e *Memórias do cárcere*, de Graciliano Ramos. Pelas Edições Sesc São Paulo, participou de: *Ensaios sobre o medo*; *Mutações: a experiência do pensamento*; *Mutações: a invenção das crenças* e *Mutações: elogio à preguiça*.

Marcelo Coelho é mestre em sociologia pela Universidade de São Paulo (USP) e membro do Conselho Editorial da *Folha de S.Paulo*, jornal para o qual contribui regularmente. Escreveu os livros: *Noturno* (Iluminuras, 1992); *Gosto se discute* (Ática, 1994); *A professora de desenho e outras histórias* (Companhia das Letrinhas, 1995); *Trivial variado: crônicas* (Revan, 1997);

Patópolis (Iluminuras, 2010). Participou de: *A crise da razão* (Companhia das Letras, 1996); *O silêncio dos intelectuais* (Companhia das Letras, 2006); *O esquecimento da política* (Agir, 2007). Pelas Edições Sesc São Paulo, publicou artigos nas coletâneas: *Ensaios sobre o medo*; *Vida, vício, virtude*; *Mutações: a invenção das crenças* e *Mutações: fontes passionais da violência*.

MARCELO JASMIN é historiador, mestre e doutor em ciência política. É professor no Departamento de História da PUC-Rio no Programa de Pós-Graduação em Ciência Política do IESP-UERJ. Publicou os livros *Alexis de Tocqueville: a historiografia como ciência da política* (Access, 1997/Editora da UFMG, 2005); *Racionalidade e história na teoria política* (Editora da UFMG, 1998); *Modernas tradições: percursos da cultura ocidental* (séculos XV-XVII), com Berenice Cavalcante, João Masao Kamita e Silvia Patuzzi (Access/Faperj, 2002); e *História dos conceitos: debates e perspectivas*, com João Feres Júnior (PUC-Rio/Loyola/Iuperj, 2006); além de ensaios sobre as relações entre história e teoria política em periódicos e livros. Pelas Edições Sesc São Paulo, participou com um ensaio em: *Ensaios sobre o medo* (em coedição com a Editora Senac São Paulo); *O esquecimento da política* (em coedição com a Agir); *Mutações: a invenção das crenças*; *Mutações: elogio à preguiça*; *Mutações: o futuro não é mais o que era* e *Mutações: o silêncio e a prosa do mundo*. É pesquisador do CNPq.

MIGUEL ABENSOUR é filósofo especializando em filosofia política. Foi presidente do Collège International de Philosophie, em Paris, e professor emérito de filosofia política na Universidade Paris 7. Foi responsável por introduzir o pensamento da Escola de Frankfurt na França. Publicou diversos ensaios e livros, dos quais destacamos: *La Démocratie contre l'état. Marx et le moment machiavélien* (PUF, 1997); *De la capacite* (Slatkine, 1982); *L'Utopie, de Thomas More à Walter Benjamin* (Sens & Tonka, 2000); *Le procès du maître rêveur* e *L'homme est un animal utopique* (Sens & Tonka, 2013).

MARIA RITA KEHL é doutora em psicanálise pela PUC-SP. Integrou o grupo de trabalho da Comissão Nacional da Verdade. Atuante na imprensa brasileira desde 1974 e autora de diversos livros, entre eles: *O tempo e o cão* (Boitempo, 2009; Prêmio Jabuti em 2010), *Ressentimento* (Casa do Psicólogo, 2004), *Videologias* (em parceria com Eugênio Bucci, Boitempo,

2004), *Sobre ética e psicanálise* (Companhia das Letras, 2001). Pelas Edições Sesc São Paulo, participou das coletâneas: *Ensaios sobre o medo*; *Mutações: ensaios sobre as novas configurações do mundo*; *Vida, vício, virtude*; *Mutações: a condição humana*; *Mutações: elogio à preguiça* e *Mutações: fontes passionais da violência*.

OLGÁRIA MATOS é doutora pela École des Hautes Études, Paris, e pelo Departamento de Filosofia da FFLCH-USP. É professora titular do Departamento de Filosofia da USP e da Unifesp. Escreveu: *Rousseau: uma arqueologia da desigualdade* (Editores Associados, 1978); *Os arcanos do inteiramente outro: a Escola de Frankfurt, a melancolia, a revolução* (Brasiliense, 1989); *A Escola de Frankfurt: sombras e luzes do iluminismo* (Moderna, 1993) e *Discretas esperanças: reflexões filosóficas sobre o mundo contemporâneo* (Nova Alexandria, 2006). Colaborou na edição brasileira de *Passagens*, de Walter Benjamin, e prefaciou *Aufklârung na Metrópole – Paris e a Via Láctea*. Pelas Edições Sesc São Paulo, participou das coletâneas: *Mutações: ensaios sobre as novas configurações do mundo*; *Mutações: a experiência do pensamento*; *Mutações: a invenção das crenças*; *Mutações: elogio à preguiça*; *Mutações: o futuro não é mais o que era*; *Mutações: o silêncio e a prosa do mundo*, e *Mutações: fontes passionais da violência*.

OSWALDO GIACOIA JUNIOR é professor do Departamento de Filosofia da Unicamp. Doutor em filosofia, com tese sobre a filosofia da cultura de Friedrich Nietzsche pela Universidade Livre de Berlim. Publicou, entre outros livros: *Os labirintos da alma* (Unicamp, 1997); *Nietzsche como psicólogo* (Unisinos, 2004) e *Sonhos e pesadelos da razão esclarecida* (UPF Editora, 2005). Pelas Edições Sesc São Paulo, participou com um ensaio nas coletâneas: *Mutações: ensaios sobre as novas configurações do mundo*; *A condição humana*; *Mutações: a experiência do pensamento*; *Mutações: a invenção das crenças*; *Mutações: elogio à preguiça*; *Mutações: o futuro não é mais o que era*; *Mutações: o silêncio e a prosa do mundo*, e *Mutações: fontes passionais da violência*.

PASCAL DIBIE é professor de antropologia na Universidade de Paris-Diderot, codiretor do Pôle Pluriformation des Sciences de la Ville e membro do laboratório Urmis. Diretor da coleção Traversées, da Editions Métailié, escreveu os livros: *Ethnologie de la chambre à coucher* (Éditions Métailié,

2000; edição brasileira: *O quarto de dormir*, Globo, 1988); *La Tribu sacrée: ethnologie des prêtres* (B. Grasset, 1993); *La Passion du regard: essai contre les sciences froides* (Éditions Métailié, 1998). Pelas Edições Sesc São Paulo, participou com ensaio nos livros: *A condição humana*; *Mutações: a invenção das crenças*; *Mutações: o silêncio e a prosa do mundo*, e *Mutações: fontes passionais da violência*.

PEDRO DUARTE é mestre e doutor em filosofia pela PUC-Rio, onde atualmente é professor na graduação, pós-graduação e especialização em arte e filosofia. Ainda como professor, colabora para o mestrado em filosofia da arte na Universidade Federal Fluminense (UFF). Autor do livro *Estio do tempo: romantismo e estética moderna* (Zahar, 2011). Tem diversos artigos publicados em periódicos acadêmicos e na grande mídia com ênfase de pesquisa em estética, filosofia contemporânea, cultura brasileira e história da filosofia. Pelas Edições Sesc São Paulo, participou das coletâneas *Mutações: o silêncio e a prosa do mundo* e *Mutações: fontes passionais da violência*.

RENATO LESSA é professor titular de teoria e filosofia política do Departamento de Ciência Política da UFF, no qual é coordenador acadêmico do Laboratório de Estudos Hum(e)anos. É presidente do Instituto Ciência Hoje e Investigador Associado do Instituto de Ciências Sociais, da Universidade de Lisboa, e do Instituto de Filosofia da Linguagem, da Universidade Nova de Lisboa. Dentre os livros e ensaios sobre filosofia política que publicou, destacam-se: *Veneno pirrônico: ensaios sobre o ceticismo* (Francisco Alves, 1997); *Agonia, aposta e ceticismo: ensaios de filosofia política* (Editora da UFMG, 2003); *Ceticismo, crenças e filosofia política* (Gradiva, 2004); *Pensar a Shoah* (Relume Dumará, 2005); *La fabricca delle credenze* (Iride, 2008); *Montaigne's and Bayle's Variations* (Brill, 2009); "The Ways of Scepticism" (*European Journal of Philosophy and Public Debate*, 2009) e *Da interpretação à ciência: por uma história filosófica do conhecimento político no Brasil* (Lua Nova, 2011). Pelas Edições Sesc São Paulo, participou das coletâneas: *Mutações: ensaios sobre as novas configurações do mundo*; *Vida, vício, virtude*; *A condição humana*; *Mutações: a experiência do pensamento*; *Mutações: a invenção das crenças*; *Mutações: elogio à preguiça*; *Mutações: o futuro não é mais o que era*, e *Mutações: o silêncio e a prosa do mundo*.

VLADIMIR SAFATLE, professor livre-docente do Departamento de Filosofia da USP, professor visitante das Universidades de Paris VII, Paris VIII, Toulouse e Louvain, bolsista de produtividade do CNPq. Autor de: *Fetichismo: colonizar o outro* (Civilização Brasileira, 2010); *La Passion du négatif: Lacan et la dialectique* (Georg Olms, 2010); *Cinismo e falência da crítica* (Boitempo, 2008); *Lacan* (Publifolha, 2007), e *A paixão do negativo: Lacan e a dialética* (Editora Unesp, 2006). Desenvolve pesquisas nas áreas de epistemologia da psicanálise, desdobramentos da tradição dialética hegeliana na filosofia do século XX e filosofia da música. Pelas Edições Sesc São Paulo, participou das coletâneas: *A condição humana; Mutações: a experiência do pensamento; Mutações: a invenção das crenças; Mutações: elogio à preguiça; Mutações: o futuro não é mais o que era; Mutações: o silêncio e a prosa do mundo*, e *Mutações: fontes passionais da violência*.

Índice onomástico

A

Abensour, Miguel, 12-14, 25, 27-28, 71, 117, 193, 392
Adams, Robert M., 341
Adão, 171, 276, 283
Adorno, Theodor, 14, 16, 28, 71, 75, 83, 117, 322
Adriano, Públio Élio Trajano (imperador), 212
Agostinho (Santo), 213, 278, 283-284
Alain (pseudônimo de Émile-Auguste Chartier), 18, 25, 27
Alexander, Christopher, 346
Alexandre (o Grande), 315
Alexandre, Laurent, 273
Alkinoos (personagem de Homero), 199
Alloa, Emmanuel, 207
Anders, Günter, 16
Andrade, José Oswald de, 70, 240
Andrade, Mário de, 359-360
Andreae, Johann Valentin, 312-313
Anjos, Augusto dos, 377
Apolinário, Pedro, 201
Arendt, Hannah, 55, 64, 204
Areté (personagem de Homero), 199
Argan, Giulio Carlo, 343

Argos (personagem de Homero), 199, 200
Aristófanes, 185, 285
Aristóteles, 37, 104, 310, 388
Artemision (deusa grega), 212
Atal, Idil, 52
Aureliano (imperador), 305

B

Babeuf, Gracchus, 286
Bachelard, Gaston, 19, 23
Backzco, Bronilsaw, 113
Bacon, Francis, 132, 213
Badiou, Alain, 25-26, 213, 215
Bain, Alexander, 309
Bakunin, Mikhail, 363
Ball, John, 269
Bardi, Pietro Maria, 219
Barnabé (patriarca cristão), 269
Bartleby (personagem de Melville), 195, 212
Bataille, Georges, 219, 291, 324
Batout, Jérôme, 151, 160
Beckett, Samuel, 112, 117, 321
Beethoven, Ludwig van, 63, 68
Bellamy, Edward, 21
Bellows, George, 226

Benjamin, Walter, 14, 16, 25, 27, 64, 65, 76, 81-88, 192, 214, 296, 363, 392, 393
Bennington, Geoffrey, 69
Bentham, Jeremy, 342
Benveniste, Émile, 199
Bergson, Henri, 121, 388, 389
Berkeley, Busby, 227-228
Berlin, Isaiah, 171-172
Bernstein, Eduard, 250-255, 262
Berque, Augustin, 190
Besnier, Jean-Michel, 11, 276, 323, 390
Bessone, Magali, 51
Biran, Maine de, 19-20
Birnbaum, Antonia, 82
Bloch, Ernst, 16, 26, 29, 88, 90, 111, 137, 308
Blumemberg, Hans, 322
Bodei, Remo, 298-299
Böhler, Dietrich, 139
Boibessot, Valentin, 203
Boltanski, Christian, 322
Bon, Fréderic, 251
Bostrom, Nick, 272
Bostrom, Niels, 327
Boudon, Philippe, 29
Boullée, Étienne-Louis, 29
Bradbury, Ray, 62-63, 68
Braga, Corin, 310-311
Brecheret, Victor, 224
Bréhier, Émile, 20
Bretonne, Réstif de la, 19
Brito, Antero Ferreira de, 33
Brizard, Gabriel, 179
Brown, Denise Scott, 345-346
Buarque de Holanda, Luisa Severo, 54
Buarque, Aurélio, 167
Bucci, Eugênio, 351, 363, 388, 392
Bucci, Maria Paula Dallari, 351
Buchanan, Allen, 273
Buck-Morss, Susan, 65-66
Burke, Edmund, 73
Burnier, Michel-Antoine, 251
Burry, René, 223

C

Cabet, Étienne, 33, 36
Calheiros, Renan, 355-356
Calil, Carlos Augusto, 360
Camacho, Oliveira, 33
Cameron, James, 328
Campanella, Tommaso, 13, 213, 214, 267, 270, 285
Campbell, Joseph, 365
Camus, Albert, 213
Canetti, Elias, 152
Cardoso, Ana Paula, 351
Carlos II, 315
Carlos, o Temerário, 130
Cassirer, 310
Castro, Fidel, 365
Castro, José Roberto, 362
Cavalcante, Berenice, 392
Cavendish, Margaret, 315
Cazuza, 365
Cesar, Júlio (imperador), 101, 315
Chacal (poeta), 69
Chamayou, Grégoire, 123
Chaplin, Charles, 230
Chaslin, François, 218-219, 222
Chastel, André, 225
Chaui, Marilena, 17, 18, 191, 300
Che Guevara (Ernesto Guevara de La Serna), 362
Chemouni, Jacquy, 289
Chiaretti, Marco, 351
Cícero, Marco Túlio, 295
Cionarescu, Alejandro, 173
Clastres, Pierre, 193
Coelho, Marcelo, 241, 391
Coli, Jorge, 217, 391
Colombo, Cristóvão, 325
Comte, Auguste, 263
Cosic, Miriam, 319
Costa, Lucio, 223, 343, 390
Crépon, Marc, 194, 215
Cristo, 283, 363 (*ver também* Jesus)

Crusoé, Robinson, 232
Cunha, Euclides da, 391

D
Dadoun, Roger, 290
Daniels, Norman, 277
David, Marcel, 116
Davidson, Arnold, 389
Davis, J. Colin, 172, 174, 176
Deaton, Angus, 43
Debord, Guy, 346, 368
Debussy, Claude, 307
Defert, Daniel, 347
Defoe, Daniel, 232
Deleuze, Gilles, 67-68, 119-120, 193, 388
Derrida, Jacques, 69, 189-199, 201-203, 205-208, 210-215, 332-334, 338, 387
Descartes, René, 46, 73, 111, 203, 316, 323, 325, 380, 383, 384, 389
Desroche, Henri, 281
Dibie, Pascal, 279-280, 283-284, 393
Dioniso, 283
Disney, Walt, 261
Duarte, Pedro, 53, 349, 394
Dubreuil, Catherine-Marie, 40
Dumitru, Speranta, 52
Dupuy, Jean-Pierre, 147-148, 158, 390
Durkheim, Émile, 379
Dylan, Bob, 365

E
Édipo, 196, 200
Elias, Norbert, 16, 21, 25, 60, 68, 318
Eliot, George, 126
Ellen (personagem de Chaplin), 230
Elliot, Thomas Stearns (T. S.), 319
Eneias (personagem de Virgílio), 201
Engels, Friedrich, 13, 33-34, 59, 103, 110, 116-117, 244-250, 252, 255, 260, 362
Engels, Odilo, 295
Eros, 329

Espinoza (Spinoza), Baruch de (Bento), 72, 166, 298-301
Estrada, Henrique, 188
Eumeu, (personagem de Homero) 199
Eurich, Neil, 172
Eva, 171, 283

F
Felix Teitelbaum (personagem de Kentridge), 319-321
Feres Júnior, João, 392
Ferro, Marc, 288
Fichte, Johann Gottlieb, 73-74
Fiore, Joaquim de, 269
Ford, Henri, 227
Foucault Michel, 22-25, 119, 264, 271-272, 274-275, 278, 342, 344, 346-347, 389
Fourier, Charles, 13, 19, 33, 36, 59, 67, 72-73, 87, 110, 246, 264, 267, 270, 342, 347
Franco, Francisco (general), 98
Freud, Sigmund, 196-197, 235-236, 240, 282, 285, 289-290, 304-305, 310, 319, 334, 338-339
Friedman, Milton, 158-159
Friedman, Rose, 159
Friedman, Thomas, 325
Frugès, Henry, 220-221
Frye, Northrop, 174-175
Fukuyama, Francis, 264, 326
Fuller, Richard Buckminster, 344

G
Gabel, Joseph, 281
Gagarin, Iuri, 206-207, 209
Galeano, Eduardo, 279
Galhardo, Ricardo, 362
Galton, Francis, 227
Garnier, Tony, 342
Gates, Bill, 261
Gauchet, Marcel, 151
Giacoia Junior, Oswaldo, 129, 145, 393
Gibson, William, 326

Índice onomástico **399**

Gil, Fernando, 309, 316
Gil, Gilberto, 231
Gil, José, 307
Giles, Peter, 172
Glauco, 53-55
Godin, Jean-Baptiste, 347
Goethe, Johann Wolfgang von, 63
Gogh, Vincent van, 243
Goldenberg, Ricardo, 232
Gorbachev, Mikhail, 365
Granjeia, Juliana, 362
Grant, Madison, 227
Grey, Aubrey de, 44, 272
Gros, Frédéric, 263, 291, 389
Guattari, Félix, 120
Guimarães Rosa, João, 70

H

Hamlet (personagem de Shakespeare), 196
Hardouin-Mansart, Jules, 282
Hardt, Michael, 348
Harvey, David, 347
Haug, Wolfgang Fritz, 369-370
Hawking, Stephen, 45
Hayek, Friedrich, 308
Hazard, Paul, 213
Hegel, Georg Wilhelm Friedrich, 18, 24, 58-59, 61, 67, 109, 213, 263, 301, 324-325, 332-334, 336, 340, 387
Heidegger, Martin, 67, 90, 131, 133-134, 204-210
Heisenberg, Werner, 132
Held, Felix Emile, 312
Henrique VIII, 169, 314
Heráclito, 204, 209
Herinque V, 315
Héritier, Françoise, 281-282
Hermafrodite, 283
Hernandez, Marta, 191-192
Heródoto, 295
Hertzka, Theodor, 21
Herzog, Werner, 213

Hesíodo, 171
Héstia, 204
Hirschman, Albert, 153-154, 243
Hitler, Adolf, 61, 132, 206, 213, 219, 224, 227
Hitlodeu, Rafael, 56, 169, 172-173, 313-314
Hobbes, Thomas, 78-80, 301, 316
Homero, 171, 198-200
Hoog, Anne Hélène, 203
Horkheimer, Max, 75, 100, 102
Hottois, Gilbert, 275
Houaiss, Antonio, 167
Hugo, Victor, 151
Hugues, James, 273
Hume, David, 154
Husserl, Edmund, 77
Huxley, Aldous, 21, 62, 68, 97, 99, 102, 232, 271

I

Illich, Ivan, 147, 160-161
Irineu (patriarca cristão), 269
Irudayadason, Nishant Alphonse, 193
Isaías, 269
Izenour, Steven, 345-346

J

Jacobs, Jane, 346
James, William, 116, 126-127, 388
Jameson, Fredric, 68, 344
Jarcy, Xavier de, 219-220
Jardim, Eduardo, 188
Jasmin, Marcelo, 167, 392
Jay, Martin, 322
Jeanneret, Charles-Édouard, 220
Jeanneret, Pierre, 220
Jencks, Charles, 345
Jesus, 200-201, 283, 363
João (São), 269
João da Cruz (São), 15
Jonas, Hans, 21-22, 129, 137-145, 357
Joplin, Janis, 365
Justino (patriarca cristão), 269

K

Kafka, Franz, 112
Kahlo, Frida, 365
Kamita, João Masao, 392
Kant, Immanuel, 57-60, 63, 67, 74, 95, 108, 302, 324
Kapoor, Anish, 281-282
Kaufmann, Jean-Claude, 292
Kautsky, Karl, 251, 253-255
Kehl, Maria Rita, 231, 354-355, 392
Kentridge, William, 319-322
Keynes, John Maynard, 148-149
Kiefer, Anselm, 322
King, Martin Luther, 111, 365
Kitcher, Philip, 253-254
Klee, Paul, 16
Kojève, 14, 18-19, 326
Koolhaas, Rem, 344, 346, 348
Kornwachs, Klaus, 132
Koselleck, Reinhart, 56, 177-178, 185, 295, 297-298
Koyré, Alexandre, 213
Kruschev, Nikita, 204, 361-362
Kubrick, Stanley, 21
Kurzweil, Raymond, 44, 136, 272, 323

L

L'Aulnaye, François Henri Stanislas de, 179
La Mettrie, Julien Offray de, 19
Lacan, Jacques, 15, 232, 235, 285, 291, 366, 395
Lacroix, Michel, 112
Landauer, Gustav, 72, 75
Lapoujade, David, 115, 388
Latour, Bruno, 324
Lavelle, Patricia, 363
Le Breton, David, 274
Le Corbusier (pseudônimo de Charles-Edouard Jeanneret-Gris), 218-224, 342, 349
Le Notre, Andre, 282
Le Tourneur, Pierre Prime Félicien, 179
Lebrun, Gérard, 131-132, 384
Lefebvre, Henri, 346-347
Lefort, Claude, 193
Leibniz, Gottfried Wilhelm, 178, 293
Lênin, Vladimir Ilitch, 244, 254, 288-289, 296
Lennon, John, 362
Lessa, Renato, 307, 322, 394
Lévinas, Emmanuel, 77-81, 88, 90, 194, 205-207, 209-210
Levy, Joaquim, 149
Lévy, Pierre, 326, 328
Lilley, Kate, 315
Locke, John, 316
Logan, George M., 341
Loraux, Nicole, 191
Lord Acton (John Dalberg-Acton), 308
Lovejoy, Arthur, 318
Löwith, Karl, 59
Luís XI, 130
Luís XIV, 184
Luís XV, 178
Lula, 360-363, 365, 367-368, 371-372 (ver também Silva, Luiz Inácio Lula da)
Luxemburgo, Rosa, 251, 363
Lynch, Kevin, 346
Lyotard, Jean-François, 135, 263, 278, 297

M

Macunaíma (personagem de Mário de Andrade), 360, 372
Madden, Samuel, 178
Madre Teresa de Calcutá, 365
Malabou, Catherine, 331, 387
Malevich, Kazimir, 225-226, 307
Mandela, Nelson, 68, 127
Mandeville, Bernard de, 152-153, 158-159
Mann, Michael, 259
Mann, Thomas, 112
Mannheim, Karl, 265-266
Manuel, Frank, 173, 175

Manuel, Fritzie P., 173
Maquiavel, Nicolau, 176, 382-383
Marcuse, Herbert, 61, 291
Maréchal, Pierre Sylvain, 286
Margarete I, 315 (*ver também* Margaret Cavendish)
Mariani, Anna, 225
Marinetti, Filippo Tommaso, 196
Marion, Jean-Luc, 387
Marquês de Sade (Donatien Alphonse François de Sade), 19
Marramao, Giacomo, 213
Marsh, Reginald, 226
Martin, Robert, 287
Marx, Karl, 13, 18, 26-27, 33-34, 41, 58-61, 65, 67, 72, 90, 103, 107, 110, 116-118, 120, 130, 149-150, 153-154, 158, 193, 195-198, 203, 213-214, 232, 244-246, 250, 252, 263, 265, 310, 362, 392
Mateus (São), 200
Matos, Olgária, 189, 393
McCarthy, Paul, 280, 284
Melville, Herman, 195, 212
Mercier, Louis-Sébastian, 178-185
Meslier, Jean, 176
Michaux, Henri, 16
Michelet, Jules, 27, 76
Mirabeau, Honoré Gabriel Riqueti de, 19
Mirandola, Pico della, 276
Mondrian, Piet, 225-226
Monnet, Jean, 154
Monsieur Teste (personagem de Paul Valéry), 383, 385-386
Montesquieu, 154, 158, 185
Moraes, Reinaldo, 240
Morales, Alexandre, 232
More, Max, 272, 327
More, Thomas, 53, 56-57, 59-60, 67, 173, 341-342, 392 (*ver também* Morus, Thomas)
Moretti, Franco, 232
Morris, William, 21

Morus, Thomas, 9, 12, 16, 32, 36, 70-71, 89-90, 96-97, 102, 105, 107, 112, 115, 169-170, 172-173, 176-177, 213, 232, 264, 267, 270, 276, 281, 313-315 (*ver também* More, Thomas)
Munzer, Thomas, 269
Musil, Robert, 13
Mussolini, Benito, 219, 224

N

Nader, Helena Bonciani, 385
Nandi (personagem de Kentridge), 321
Negri, Antonio, 348
Neves, Paulo, 71, 115, 263, 279, 323, 331
Nietzsche, Friedrich, 15, 69, 75, 129-130, 134, 201, 203-204, 393
Novaes, Adauto, 11, 31, 65, 126, 283-284, 287, 353-354, 356-357, 363, 372, 379, 385, 387
Novaes, Luiz Antonio, 351

O

Odisseu (personagem de Homero), 199-200 (*ver também* Ulisses)
Oliveira, Luiz Alberto, 17
Orwell, George, 21, 62-63, 68, 96-99, 102-103, 105, 271
Ovídio, 285
Owen, Robert, 59, 72, 110, 246, 267, 342

P

Packard, Vance, 201
Palis, Jacob, 385
Paquot, Thierry, 19, 190
Park, Luna, 209
Pascal, Blaise, 38, 207
Patuzzi, Silvia, 392
Paulo (São), 283
Paz, Octavio, 66-67
Pedrosa, Mario, 342-343
Penélope (personagem de Homero), 199
Penteado, Flávio Rodrigo, 360
Penteado, Olívia Guedes, 224

Perelman, Marc, 219
Philonenko, Alexis, 74
Piacentini, Marcello, 224
Picon, Antoine, 281
Pierneef, Jacobus Hendrik, 320
Platão, 32, 36, 53-58, 60, 67, 110, 171, 189,
    190-192, 214, 232, 267, 329, 341-342
Plekhanov, Gueorgui , 251
Polansky, Roman, 239
Polanyi, Karl, 160
Pollock, Jackson, 226
Prévost, André, 71
Príapo, 283
Propp, Vladimir, 365
Pure, Michel de, 178

Q
Quarta, Cosimo, 169

R
Rabelais, François, 230
Ramos, Graciliano, 322, 391
Rancière, Jacques, 363-364, 370
Reagan, Ronald, 244
Rehberg, August, 73
Reich, Wilhem, 213, 289-292
Reinhardt, Karl, 204
Renouvier, Charles, 115
Ricardo, David, 149
Richardot, Anne, 286-287
Richir, Marc, 73, 77
Ricoeur, Paul, 286
Riefenstahl, Leni, 227-229
Riot-Sarcey, Michele, 268
Robert, Jean, 147
Robin, Kate, 288
Roche, Daniel, 209
Rodrigues, Antonio Edmilson Martins, 188
Rodrigues, Henrique E., 169
Roterdã, Erasmo de, 169-170
Rousseau, Jean-Jacques, 179, 183, 316, 393

Rousseff, Dilma, 371
Roux, Marc, 273, 327
Rubel, Maximilien, 90
Ruge, Arnold, 103
Ruymbecke, Bertrand van, 227

S
Sá, Maria Elisa Noronha de, 188
Sade, (Marquês de), 19
Safatle, Vladimir, 293, 395
Saint-Just, Louis de, 74, 286
Saint-Pierre, 286
Saint-Simon, 33, 59, 246, 267, 271
Salles, João Carlos, 377, 379, 391
Sandel, Michael, 162-163
Sarkozy, Nicolas, 164
Savoye, Pierre, 222
Schuback, Marcia Sá Cavalcante, 69
Schweidson, Edelyn, 322
Scott, Ridley, 328
Searle, John, 46
Sen, Amartya, 50, 164
Servier, Jean, 285
Shakespeare, William, 65, 101
Silva, Carlos Eduardo Lins da, 351
Silva, Franklin Leopoldo e, 93, 389
Silva, Luiz Inácio Lula da, 360, (ver também Lula)
Singer, Peter, 40
Skinner, Quentin, 173
Smith, Adam, 149, 153, 156-160
Sócrates, 53-55, 189-192, 388
Soja, Edward, 347
Sosa, Mercedes, 365
Speer, Albert, 224, 344
Stálin, Josef, 98, 244, 254, 361
Starling, Heloisa Maria Murgel, 169
Steiner, George, 64
Stiglitz, Joseph, 164
Stone, Jennifer Arlene, 319
Strauss, Leo, 12
Stuart, James, 154

Sussan, Rémi, 272
Szapiro, Ana Maria, 147

T
Tannahill, Reay, 283
Tanczylo, Theodore, 284-285
Telles, Marcela, 169
Thatcher, Margaret, 118, 244
Thiel, Peter, 12
Tiedemann, Rolf, 81
Timeu (personagem de Platão), 189-192, 310
Tocqueville, Alexis de, 155-156, 392
Tone, Lilian, 319
Tournier, Michel, 232
Trotsky, Leon, 244
Trousson, Raymond, 173-174, 176, 268
Truffaut, François, 63
Tucídides, 295

U
Ulisses (personagem de Homero), 198-199, 205, 327 *(ver também* Odisseu*)*

V
Valéry, Paul, 14-16, 20, 25, 27-28, 64-65, 196, 308, 385-386
Veloso, Caetano, 341
Venturi, Robert, 345-346
Vernant, Jean-Pierre, 205
Vespúcio, Américo, 313
Vico, Giambattista, 71

Vilanova Artigas, João Batista, 390
Virgílio, 171, 201
Vitaglione, Daniel, 115
Voltaire (François Marie Arouet), 185, 286
Vosskamp, Wilhelm, 56
Vullierme, Jean-Louis, 227

W
Wachowski (irmãos), 326
Walesa, Lech, 365
Wallerstein, Immanuel, 257-259, 261
Weber, Max, 213
Weil, Simone, 210
Weiler, Vera, 60
Weizsäcker, Carl Friedrich von, 132
Werneck, Humberto, 351
Wikler, Daniel, 277
Wisnik, Guilherme, 341-342, 390
Wittgenstein, Ludwig, 17, 310, 377-378, 391
Wittig, Monique, 288
Wolff, Francis, 12, 31, 37, 373, 388
Worms, Frédéric, 194, 215
Wright, Frank Lloyd, 342
Wunenburger, Jean-Jacques, 311

Y
Yamanaka, Shinya, 335

Z
Zamyatin, Yevgeni, 271
Žižek, Slavoj, 343
Zweig, Stefan, 326

Fontes Dante e Univers | *Papel* Avena 80g/m²
Impressão Ipsis Gráfica e Editora | *Data* Julho 2016

MISTO
Papel produzido a partir
de fontes responsáveis
FSC
www.fsc.org FSC® C011095